古欢

黄易与乾嘉金石时尚

薛龙春 著

生活·讀書·新知 三联书店

图书在版编目（CIP）数据

古欢：黄易与乾嘉金石时尚／薛龙春著. —北京：生活 · 读书 · 新知三联书店，2019.9 （2024.2 重印）
ISBN 978－7－108－06571－1

Ⅰ. ①古… Ⅱ. ①薛… Ⅲ. ①黄易（1744-1802）－人物研究 ②金石学－研究－中国－清代 Ⅳ. ① K825.72 ② K877.24

中国版本图书馆 CIP 数据核字（2019）第 067446 号

特约编辑 孙晓林
责任编辑 杨 乐
装帧设计 蔡立国
责任印制 董 欢
出版发行 生活 · 讀書 · 新知 三联书店
（北京市东城区美术馆东街 22 号 100010）
网 址 www.sdxjpc.com
经 销 新华书店
印 刷 天津图文方嘉印刷有限公司
版 次 2019 年 9 月北京第 1 版
2024 年 2 月北京第 2 次印刷
开 本 720 毫米 × 245 毫米 1/16 印张 22
字 数 160 千字 图 212 幅
印 数 7,001－9,000 册
定 价 82.00 元
（印装查询：01064002715；邮购查询：01084010542）

自　序

起初，我只计划为所能搜集到的黄易友朋往来书札做一份考释，以方便研究金石学史与艺术史的学者利用，这些信札对于了解黄易与乾嘉时期其他金石学人的交往是极为难得的资料。《黄易友朋往来书札辑考》一书差不多有四十万字，根据惯例，我需要在卷首写一篇文章，向读者介绍这些信札的特点及其意义。但在接近完成时，我才发现竟然拉拉杂杂写了七万余言。这是一个十分尴尬的字数。

我将初稿寄给北京三联书店的孙晓林女士，在等待她的阅读意见时，我也寄了一份给白谦慎教授。多年以来，我们之间养成了互相阅读未定稿并提出修改意见的习惯。白先生看完之后直言不讳地对我说，这篇长文可以写得更"松"些，它或许应该扩展为一本小书。当我将他的想法转告孙女士时，她的反应是"深获我心"。于是才有了眼前这本小书。一本书的"前言"最终独立成书，于我也是一桩意外事。

黄易（1744—1802）活跃于乾隆后期至嘉庆初年，是金石学史与艺术史上一位值得重视的人物。他是当时最重要的金石收藏家之一，藏品收录于《小蓬莱阁金石文字》与《小蓬莱阁金石目》。嘉庆初年，他在嵩洛、泰山等地访碑，留下了描绘详尽的日记与访碑图卷。黄易也擅长书法、绘事与篆刻，隶书与山水画在当时负有盛名，篆刻更被后人与丁敬（1695—1765）、蒋仁（1743—1795）、奚冈（1746—1803）合称"西泠四家"，是浙派的先驱。

讨论黄易与乾嘉金石学，有很多不同的角度。本书所关心的不仅是黄易的金石学成就，还希望通过这一个案，理解此一时期金石学的社会生态环境，高官、学者、地方官员、山长、幕僚、布衣，他们如何参与到这样的学术潮流中，并形成一个事实上的共同体？他们以什么作为纽带？他们如何合作？在这样的环境中，黄易有怎样的企图心，他如何成为拓本既博且精的收藏家，他如何动员，又如何将他的藏碑与访碑活动经典化，从而在这个共同体中完成自我形象的塑造？本书试图对上述问题做出结构性的解释，从研究的视角而言，或可作为乾嘉金石学的“外篇”来看待。

黄易与乾嘉金石学的研究，不仅有许多可以关注的面向，也有许多可以利用的材料。本书既是《黄易友朋往来书札辑考》的直接产物，充分解读这些信札所提供的信息自然是作者的责任。尽管论学不是这些信札最核心的内容，但其中所涉及的各种琐碎事体，在经过考证与勾连之后，仍可构成关于黄易金石收藏活动较为完整的叙述，并进而帮助我们理解金石学在乾嘉年间的生存状态与部分特点。

1777 年底，黄易报捐成功，将由直隶之任山东，在临别时给丰润县知县潘应椿（1759 年举人）的信中，他深情地写道：“金石古欢，世有几人，能不神依左右耶？”所谓“古欢”，是说在金石拓片的摩挲与研玩中，他们获得无限的乐趣，而正是这种乐趣，将黄易与乾嘉金石学人以及那个伟大的时代紧紧联系在一起。令人遗憾的是，过去在讨论乾嘉金石学与考证学时，人们对于政治—社会因素倾注了大量的精力，而对于其间的乐趣，却关心甚少。

黄易的友朋书札，有相当部分是他有意识地编次留存的，国家图书馆庋藏的十三大册，黄易颇有深意地为之取名为“古欢”。本书拈此为题，应是再恰当不过。

目 录

版

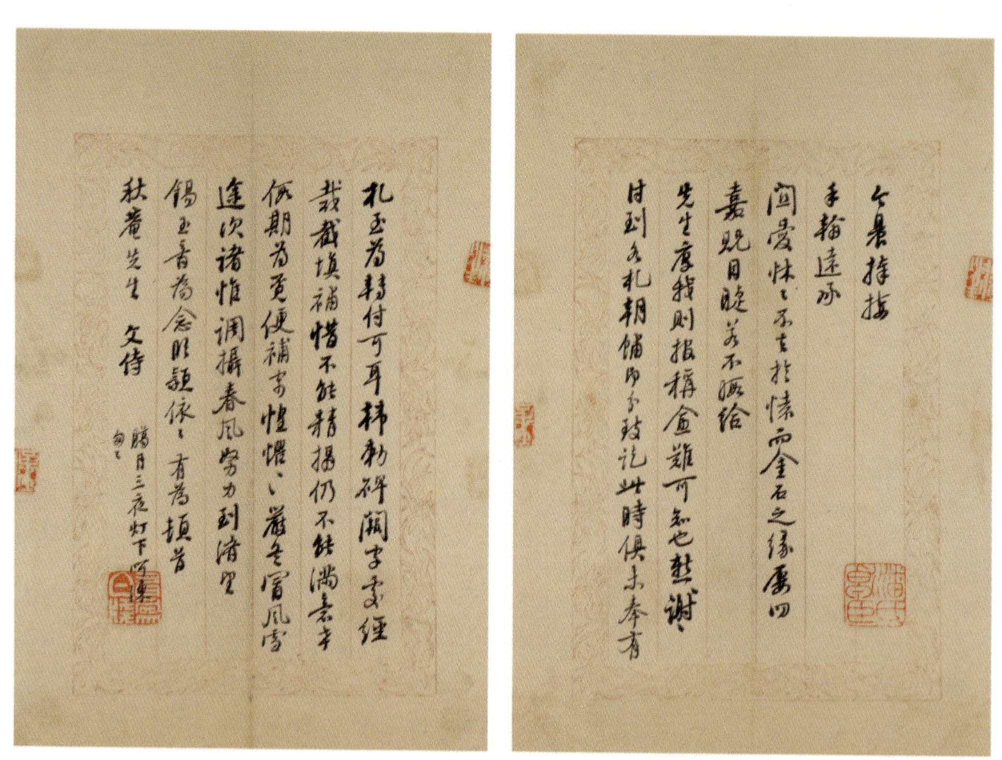

3　　1

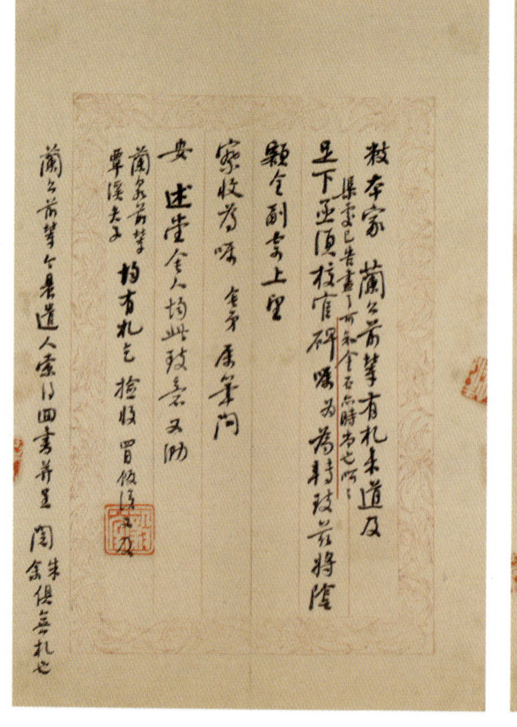

4

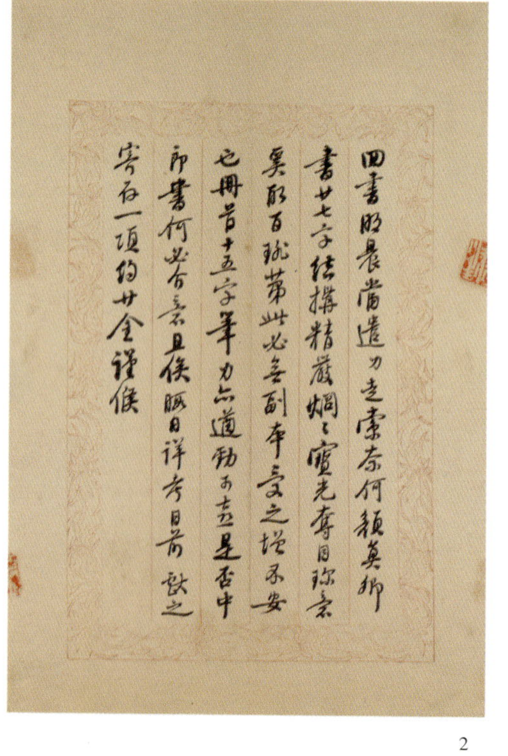

2

图版1　潘有为《致黄易》　见《黄小松友朋书札》第十三册

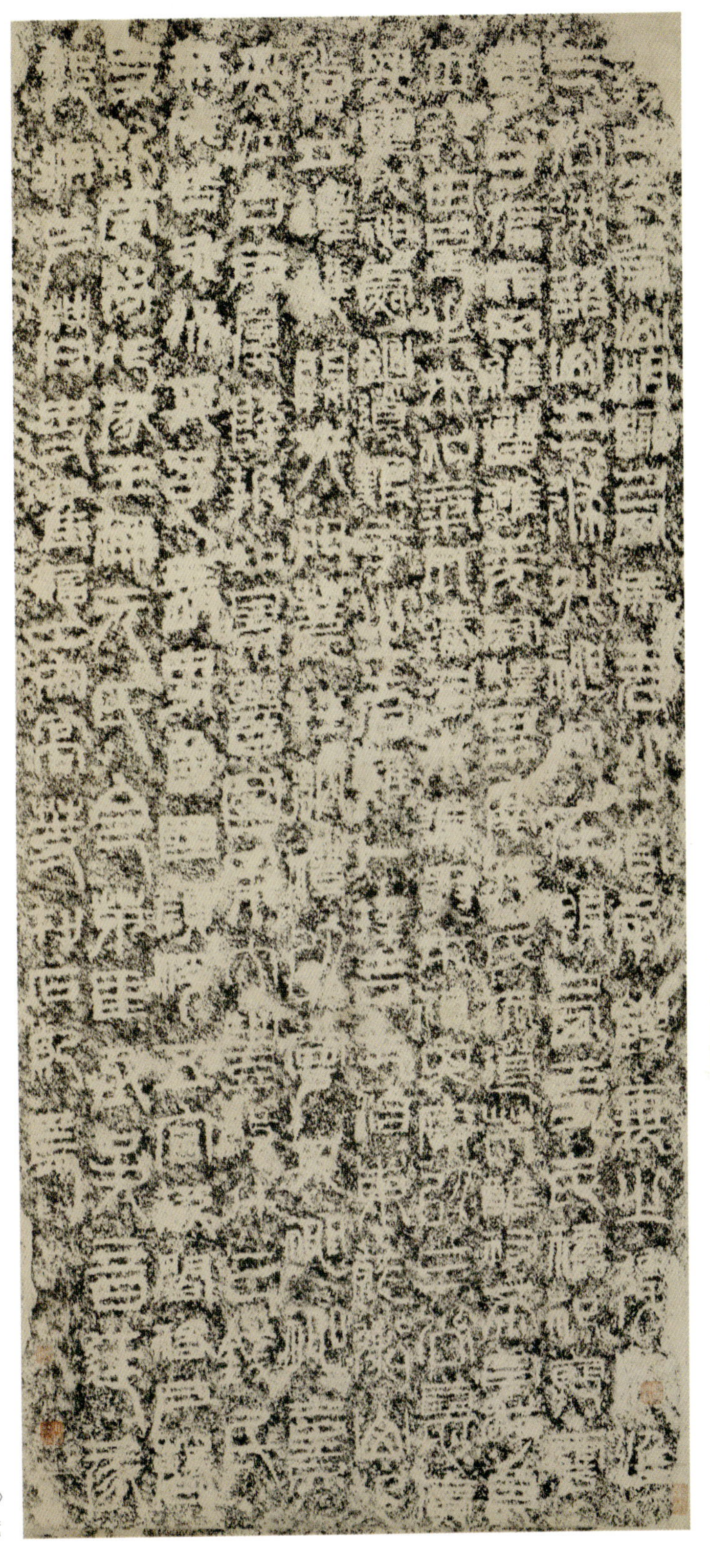

图版2　汉《祀三公山碑》
黄易鉴藏本　故宫博物院藏

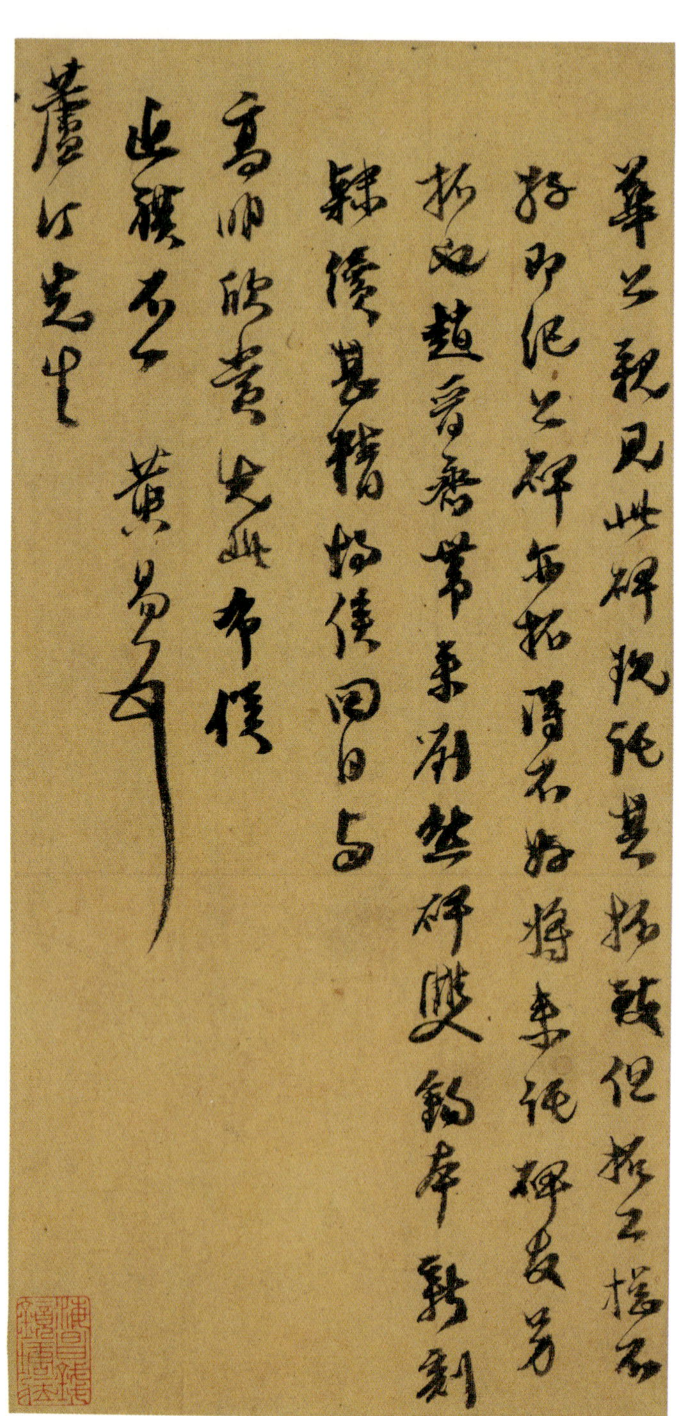

图版3　黄易《致顾文铁》
上海图书馆藏

距白露六有九日歸期不遠欣幸欣幸金鄉
畫像極力搜搨不但畫好而多且有朱長舒之
墓並字承清閟大家贈董文敏七十歲
壽爭坐帖之附有沈繹堂長跋絕佳碑之
陰碑頗拓到數行西門豹祠中北齊八分碑
字徑二寸已移至安陽縣城內城隍廟內

图版4　武亿《致黄易》　苏州笃斋藏

頃一札自省中附去內有鄙著數冊晉齋
兩小刻併入一函儻輒意其不違因更草此
以煩
視聽庽閲
閣下去歲還自都中爲政之暇搜繕編著

必有奇觀然私計不肖承
閣下眷厚於今已三年雖鄙陋未敢希
執友之末但恃在
契義猶未覿
大君子有所

垂教豈於凡材秘惜不宣耶抑誠懇未足
以動耶皇恐皇恐前承

图版5　桂馥《致黄易》　见《小蓬莱阁同人往来信札》第一册　　2

打碑人來即遣往天柱山住數日空手回云并無古刹問其山形乃誤入擔物境内之大澤山後令人導往始拓得銘未鄭文公名羲上碑即在天柱之陽董姓不肯搜尋遂遣之歎再遣往彼有雜色拆鬱而羆獲觀登雲峰山搜出鄭公論經書五言詩土石埋數尺使卻人據出又搜得題名一處宋崇寧題名三處政和題名二處鄭公像一處所有雲峰摩崖若錄別紙鄭公觀海

1

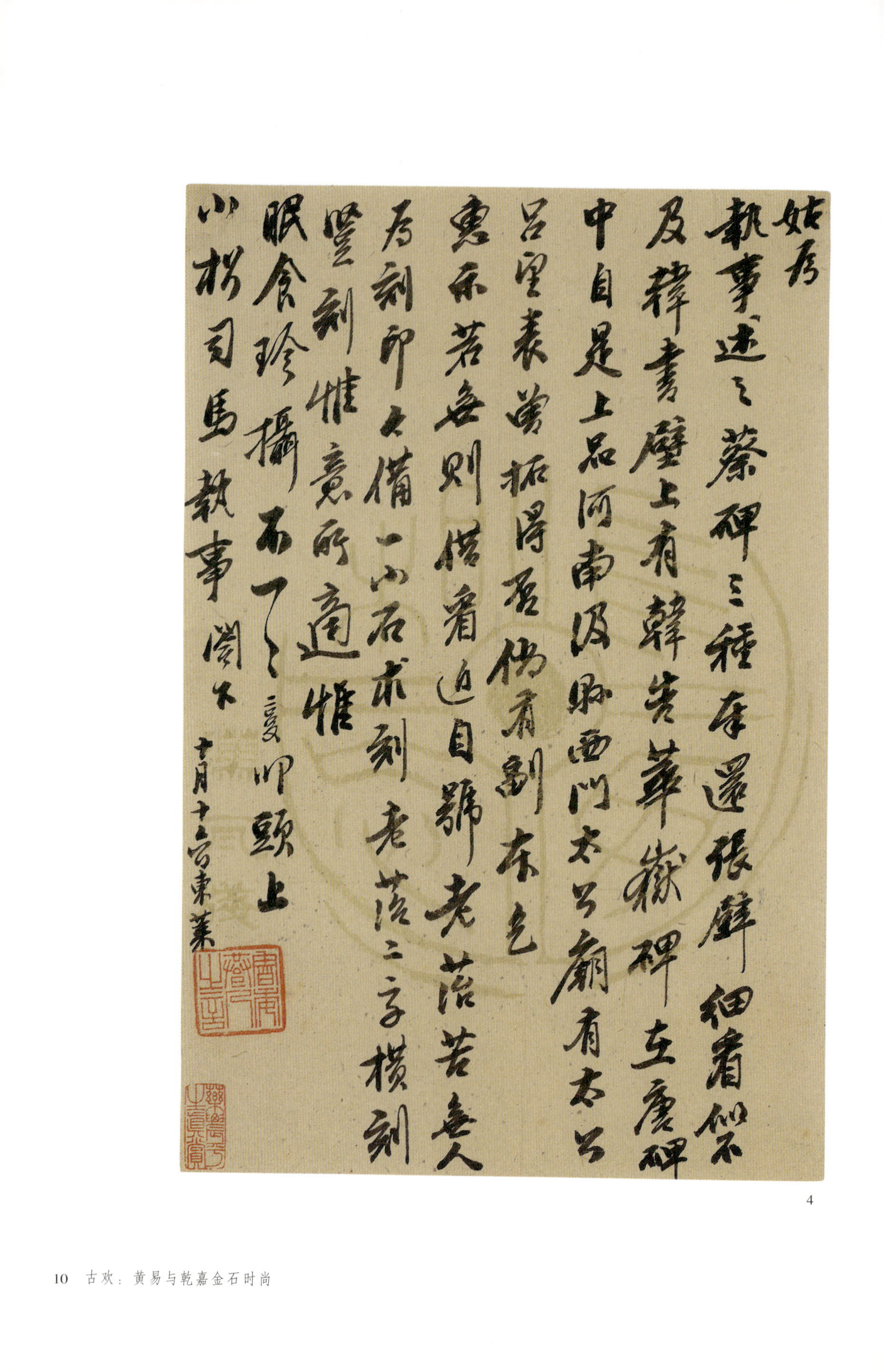

4

即見在福山縣界海邊北人多有知者惜登萊
每一回好又不能親至其處付之浩歎前在郡
門宋芝山以鄭臣石室畫像見示中有一像
衆人在船上共舉一鼎繫兩耳岸上人分
牽之脱一耳芝山命為作跋以不解辭之昨
看書偶得其事南越志云熙安縣山下有神
鼎天清水澄則見刺史劉道錫常使繫
其耳而牽之耳脱而鼎潛既而執綱者莫
不病耳蓋尉佗之鼎也續漢畫像即此
事恨不速使芝山聞之又無畫像題其上

图版6　黄易《筇屐访碑图轴》
中国嘉德2010年春拍

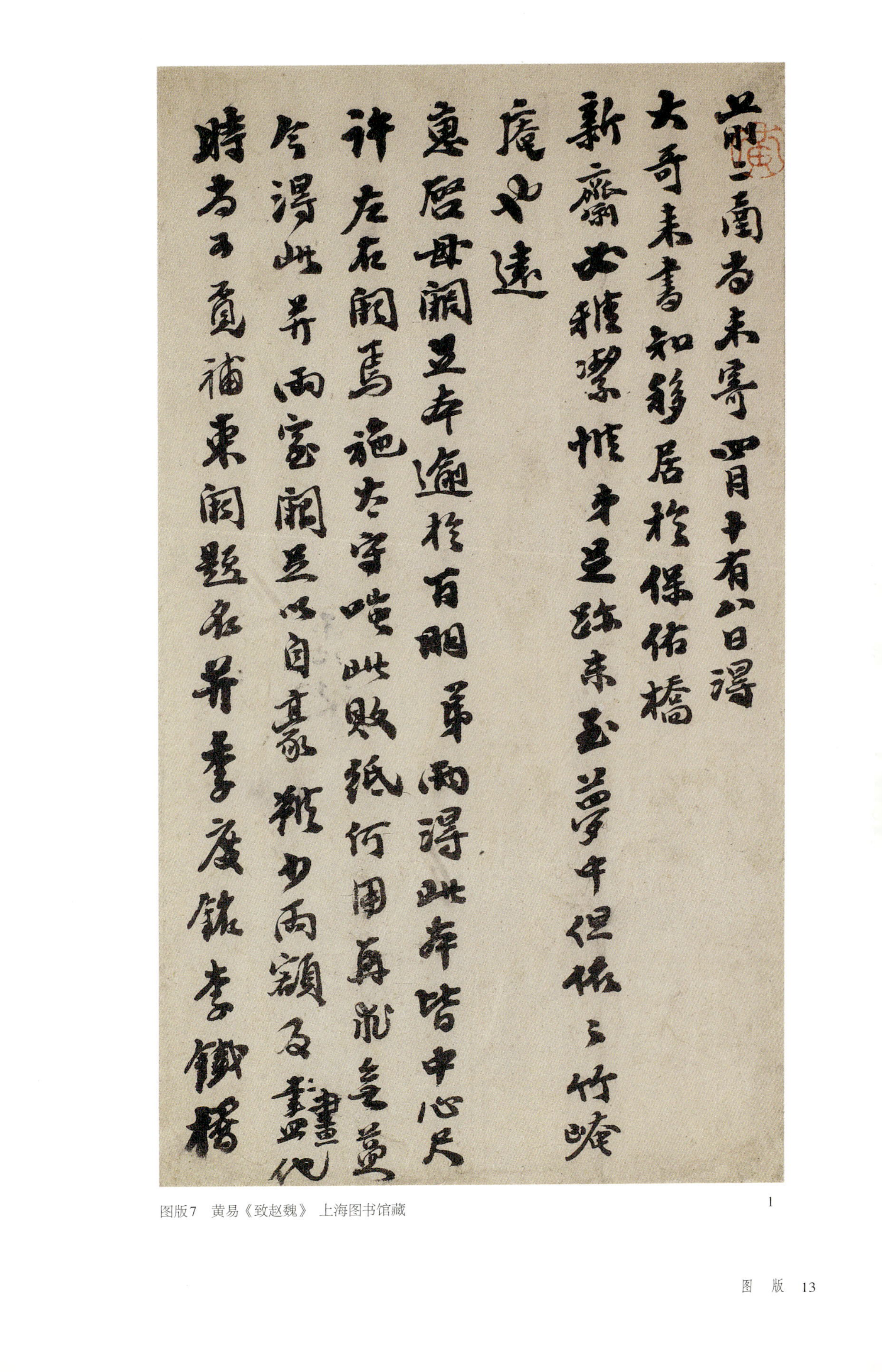

图版7　黄易《致赵魏》　上海图书馆藏

1

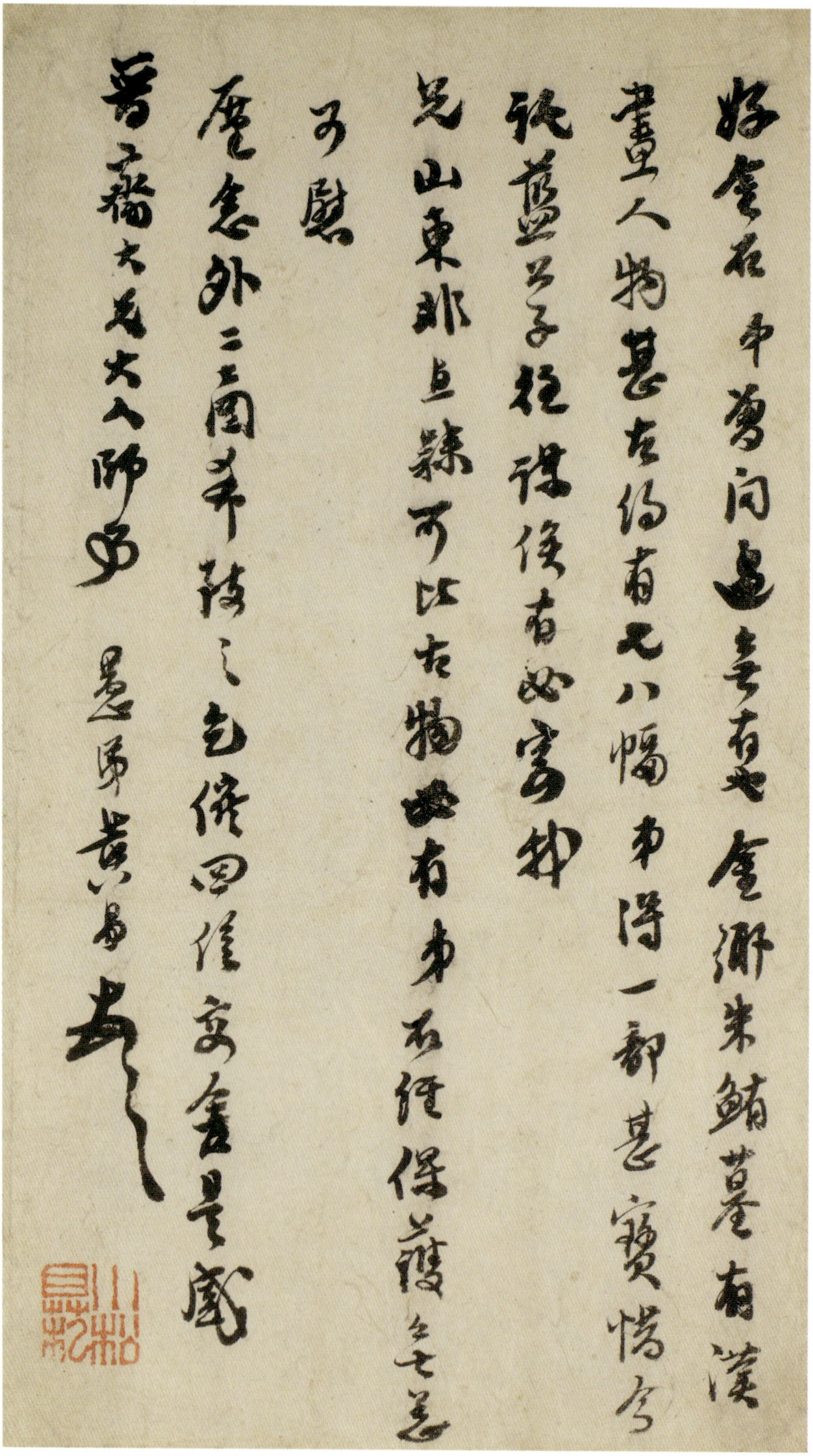

3

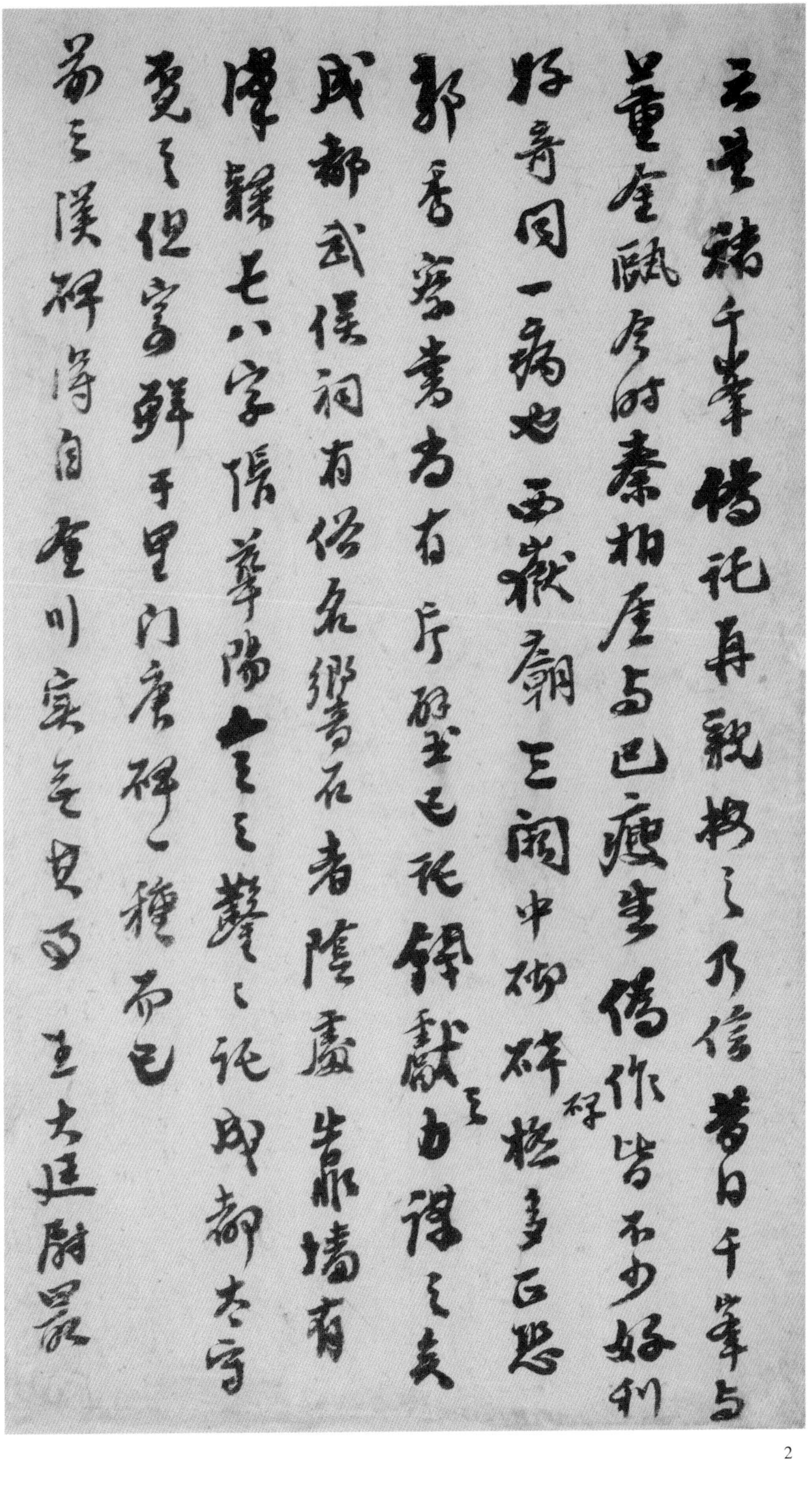

2

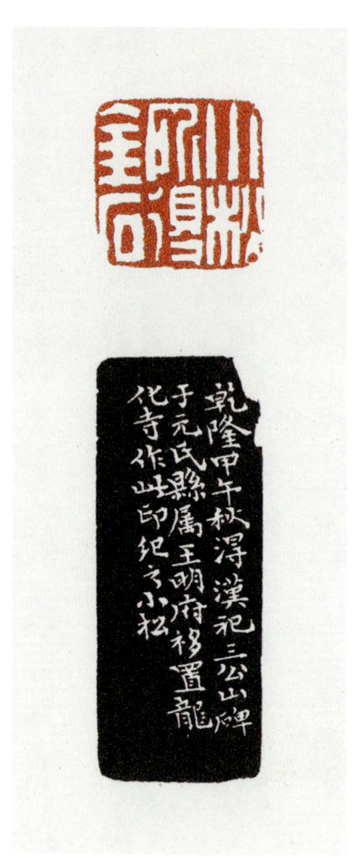

图版8　黄易“小松所得金石”及边款　收入小林斗盦编《篆刻全集》第四册

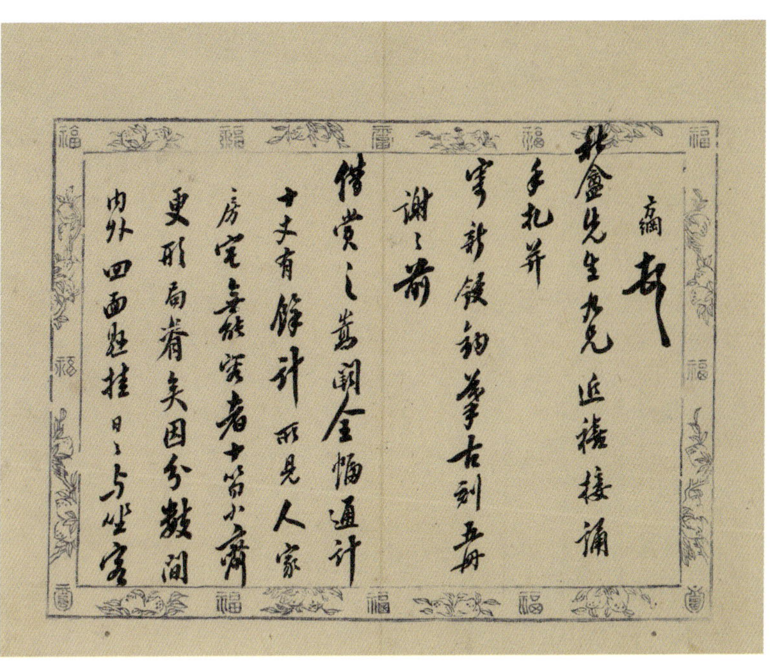

痛
啟
北盦先生九兄近禧接誦
手札并
寄新鐫鈎摹古刻再
謝謝前
借賞之墓闕全幅通計
十丈有餘計所見人家
房室無能容者十笏小齋
更形局脊矣因分數間
内外四面懸挂日日与坐室

1

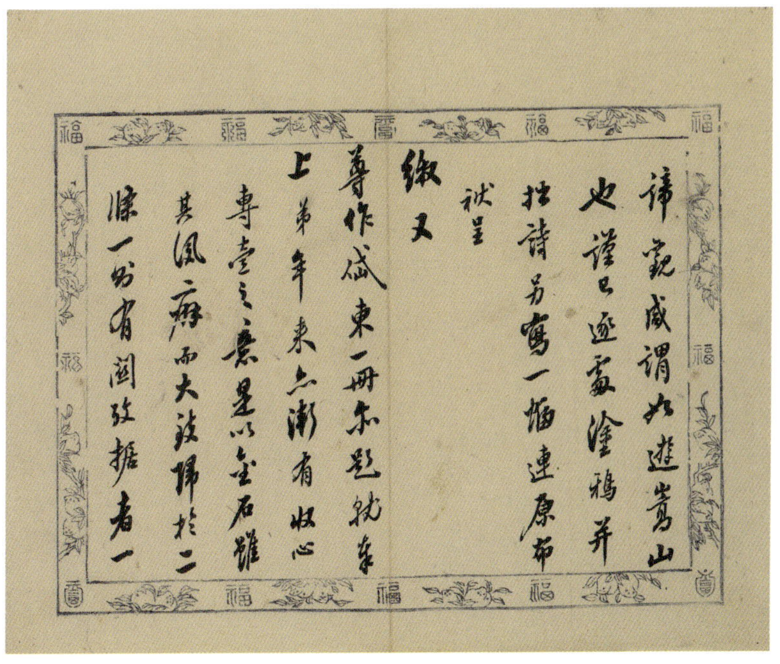

諦觀咸謂如游嵩山
也謹以遊嵩塗鴉并
拙詩另寫一幅連原本
祗呈
繳又
尊作岱東一冊亦題就奉
上弟年來亦漸有收心
專壹之意是以金石雖
其風癖而大致歸於二
源一以有關攷據者一

2

图版9　翁方纲《致黄易》　故宫博物院藏

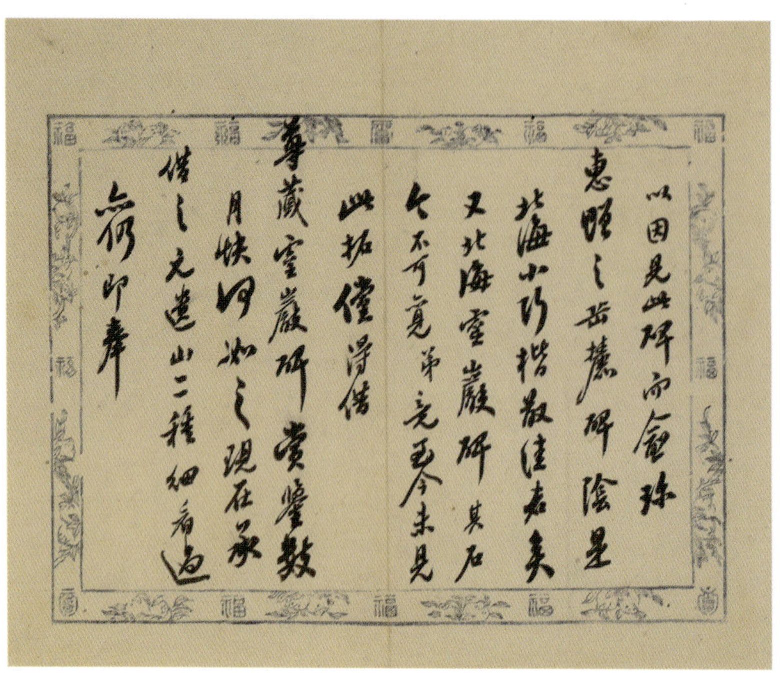

5

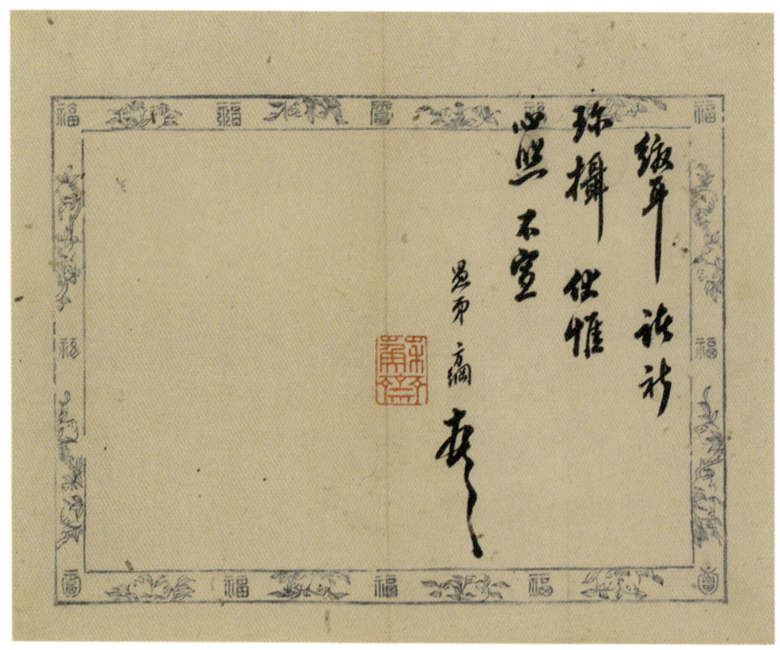

6

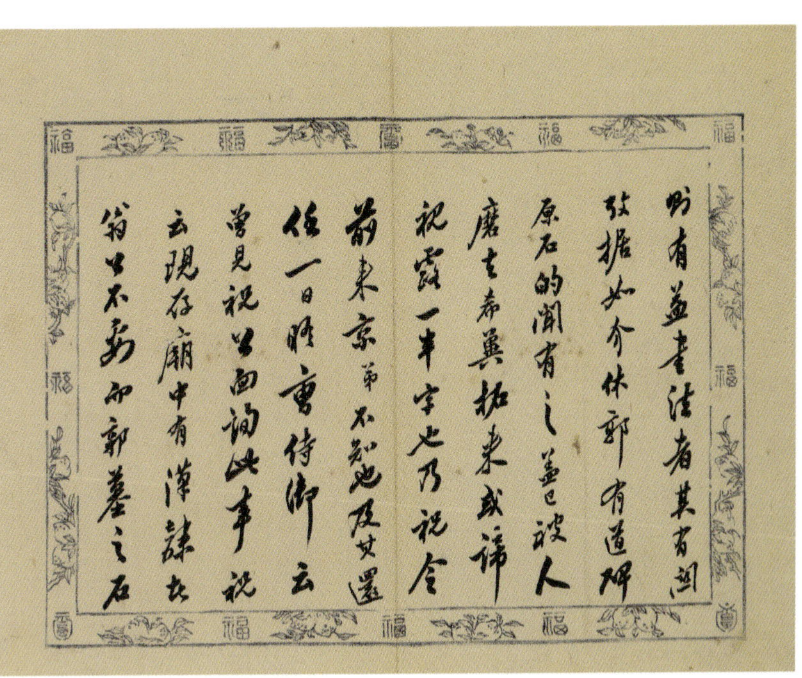

時有益書法者其有關
攷據如介休郭有道碑
原石的聞有之蓋已被人
磨去希冀拓來或謀
視露一半字也乃視今
前來京弟不知也及其還
任一日晤曹侍御云
曾見視生面詢此事視
云現存廟中有漢隸共
翁生不敢而郭墓之石

3

竟無一字要拓何用
此在翰林出身之賢令
尹其言尚且如此則何
怪古刻之日湮乎現已急
寫札往云郭墓之石雖
無字亦必拓之但不知其
肯拓否耳　安得嗜
古精心如
兄者乎　李北海書盧府君
碑竟非其得意之作所

4

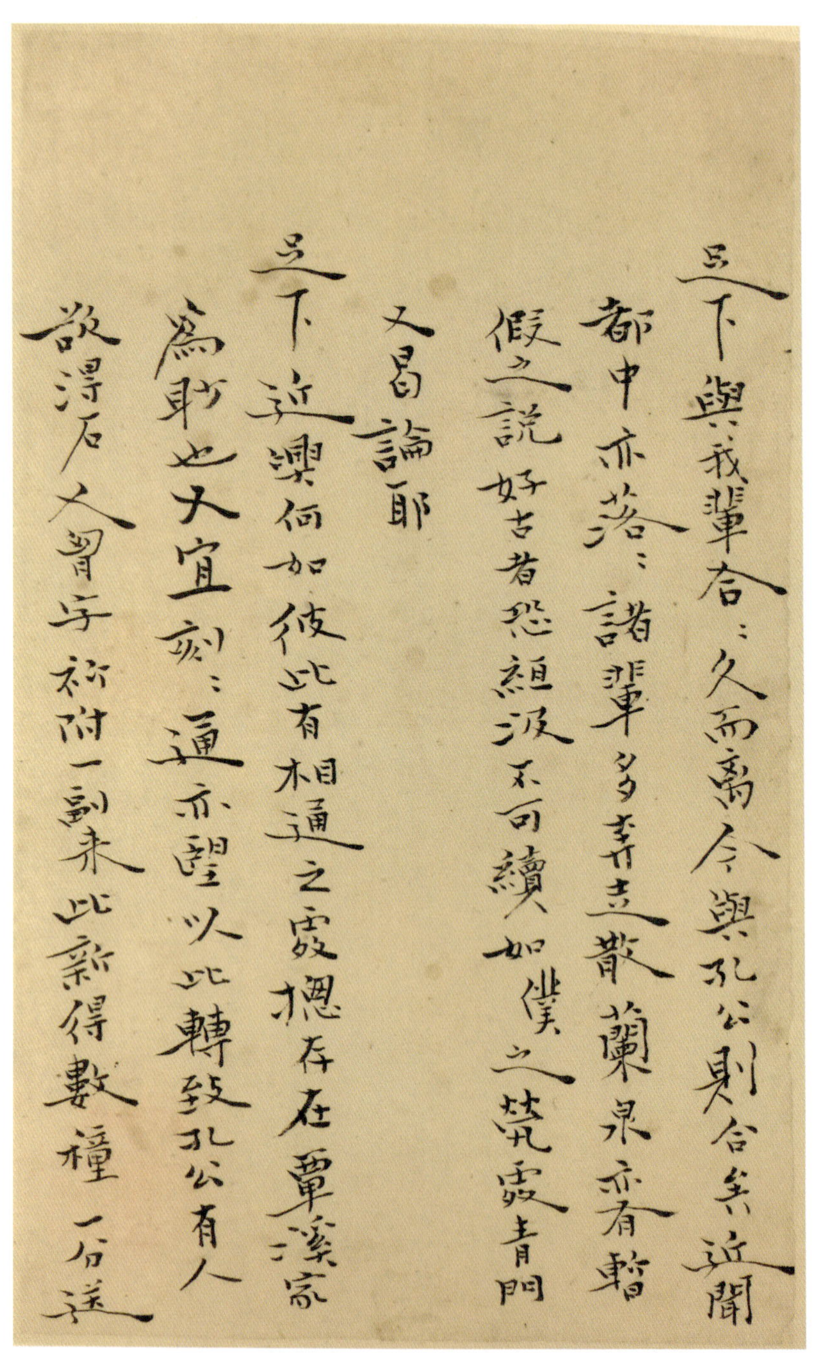

足下與我輩合，合久而离，今與孔公則合矣。近聞都中亦落落，諸輩多喜書散，蘭泉亦有暫假之說，好古者恐絶汲不可續，如僕之荒處青門文昌論耶？

足下近澳何如？彼此有相通之處，想存在覃溪家，為耶也？大宜刻刻。通亦望以此轉致孔公，有人敬得石文習字裱附一副來，此新得數種，一併送

图版10　钱坫《致黄易》　私人藏　　2

戊二月廿六日錢坫頓首上
小松先生足下東西間阻莫便鄭鴻欲寄素縑又屢中
止然馳溯之心與日俱進殆刻刻縈回
左右也近者敝軀多病客中惟清齋禪坐而已他一
無所為也聞有人以金石至則訢然讀之然新
奇可喜者甚少裴岑碑見亦不可得或得之
專寄良友有相需者又有相合者如

1

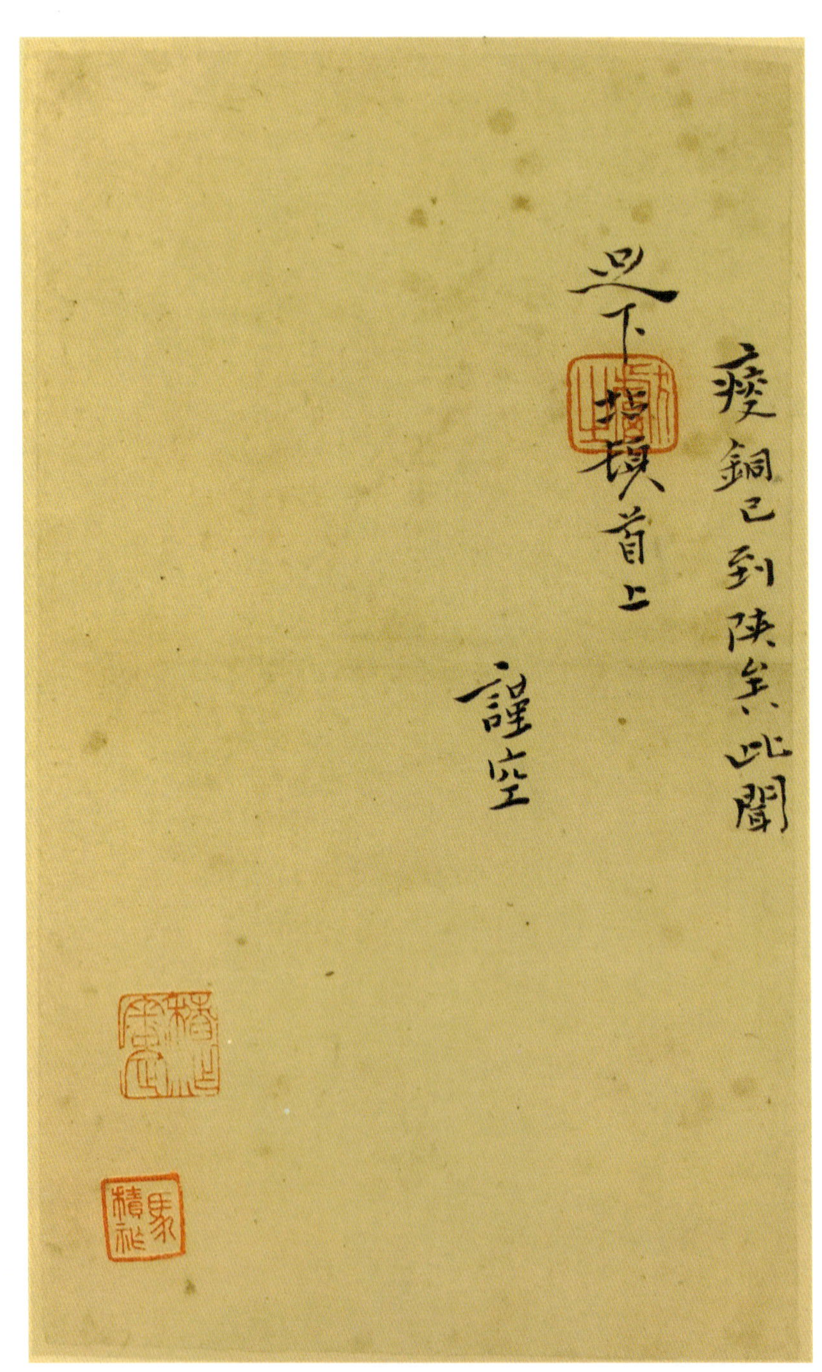

夔銅已到陝矣，此間
足下易頓首上
謹空

4

孔公一分

足下自用孔公不復寄書見時祈致意吉金樂石之

齋六字扁祈為一書約橫二尺十分尺之五直只

用五分尺之三隸書再作跋語亦隸書承許

刻約四分小名字章 亦亟欲得僕以今秋

冬交定南歸八月前能到陝與否恐阻滯也

3

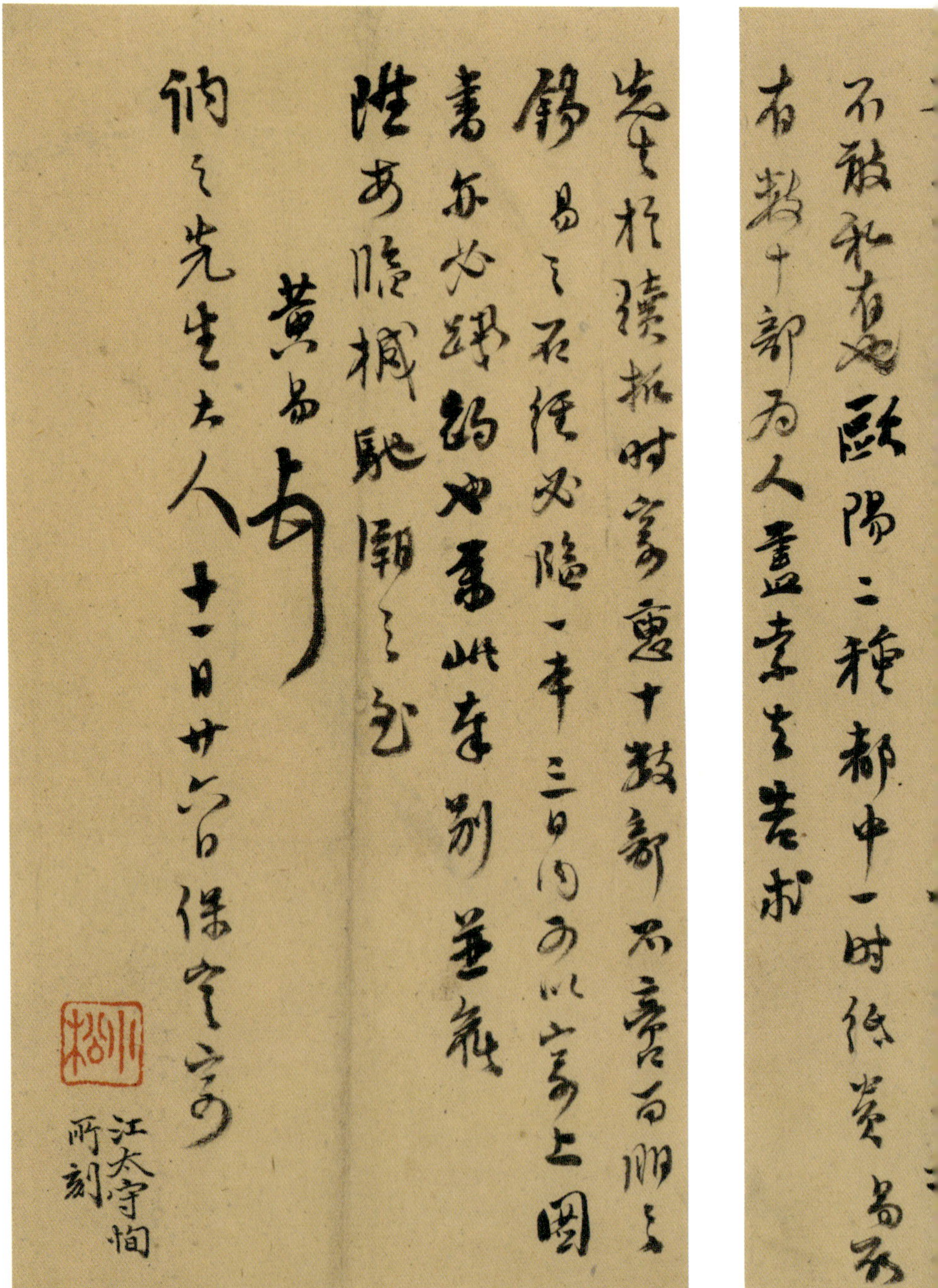

图版11　黄易《致潘应椿》　上海图书馆藏

前託
貴書寄上一函并影考隸帖等件想經
收覽　易　交代之事已有眉目除若畫泥來得
東壯發擬在　大府壽誕時起程不知果否數十
日在鄂州底上盤桓寧暑耶　員若先生來聚
與此紫軒三日可謂暢集不識能否
先生一別至今不甚歡世有識人能不神依

老兄耶　前寄大劉二種　舊拓禹碑一冊
附奉
清賞此本濟寧學宮有漢碑亦當刷盡淨
請示若急收回

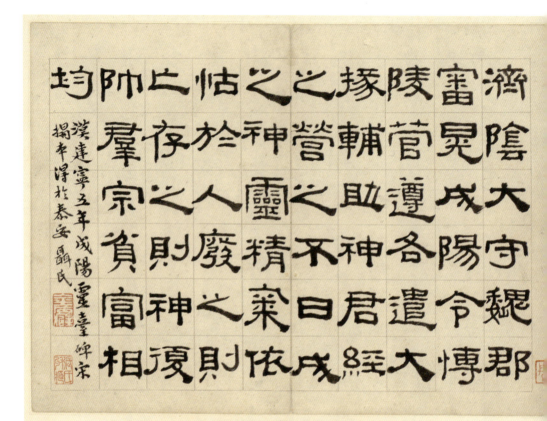

图版12　黄易《临听松》《临成阳灵台碑》　见台北私人藏黄易《书画册》

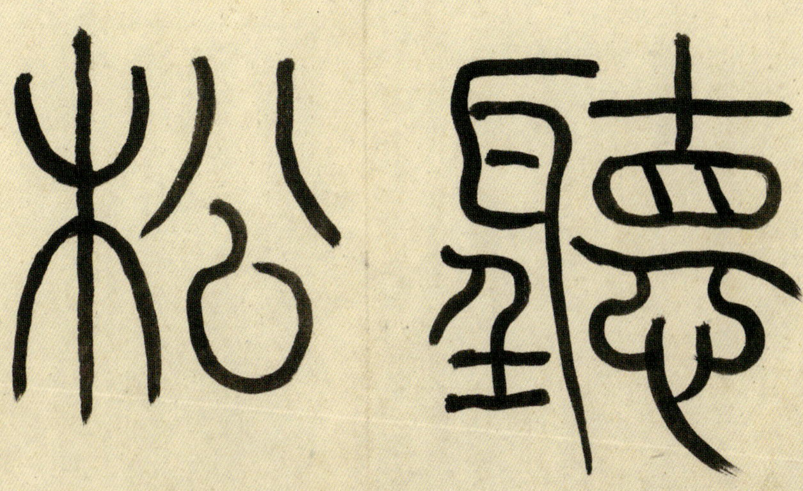

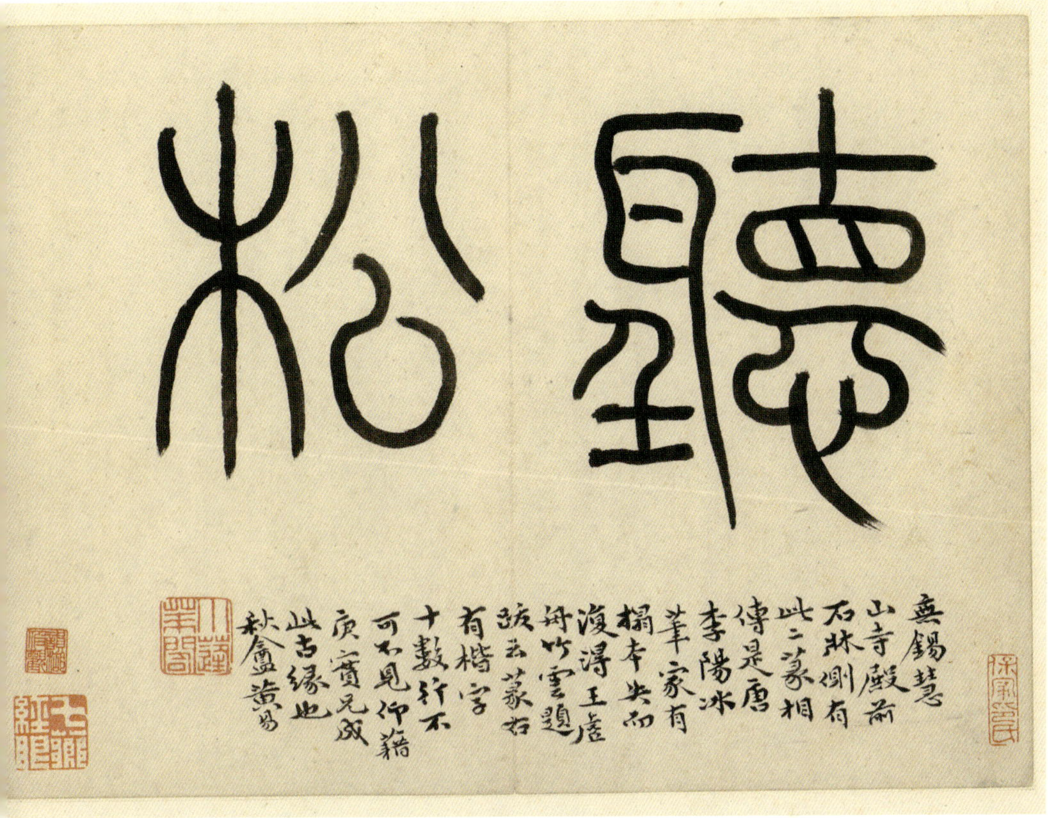

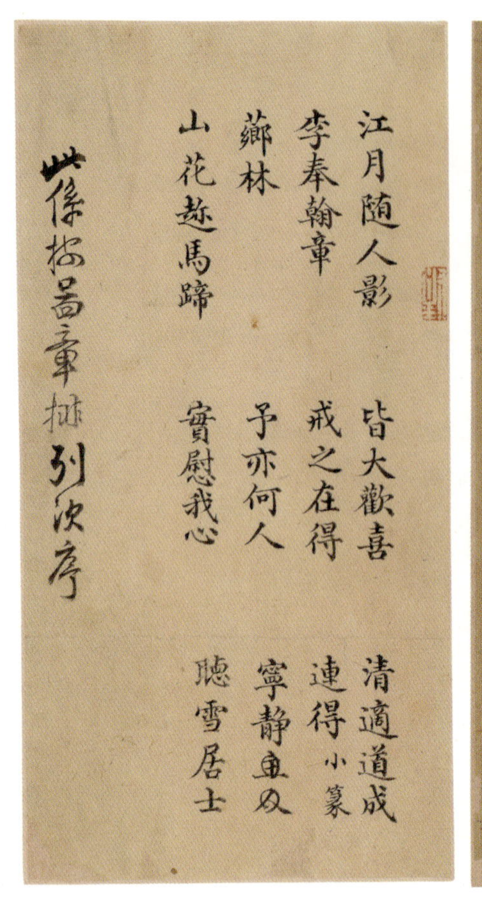

江月随人影
李奉翰章
鄉林
山花趁馬蹄

皆大歡喜
戒之在得
予亦何人
實慰我心

清適道成
連得小篆
寧静且夙
聽雪居士

此係擬圖章排列次序

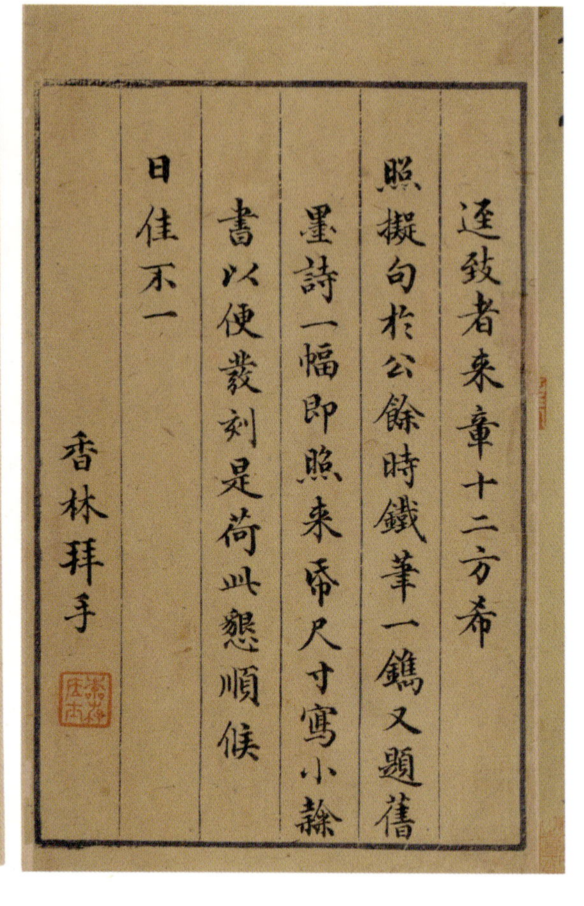

逕致者来章十二方希
照擬句於公餘時鐵筆一鐫又題舊
墨詩一幅即照来帋尺寸寫小隸
書以便裝刻是荷此懇順候
日佳不一

香林拜手

图版13　李奉翰《致黄易》
见《小蓬莱阁同人往来信札》第三册

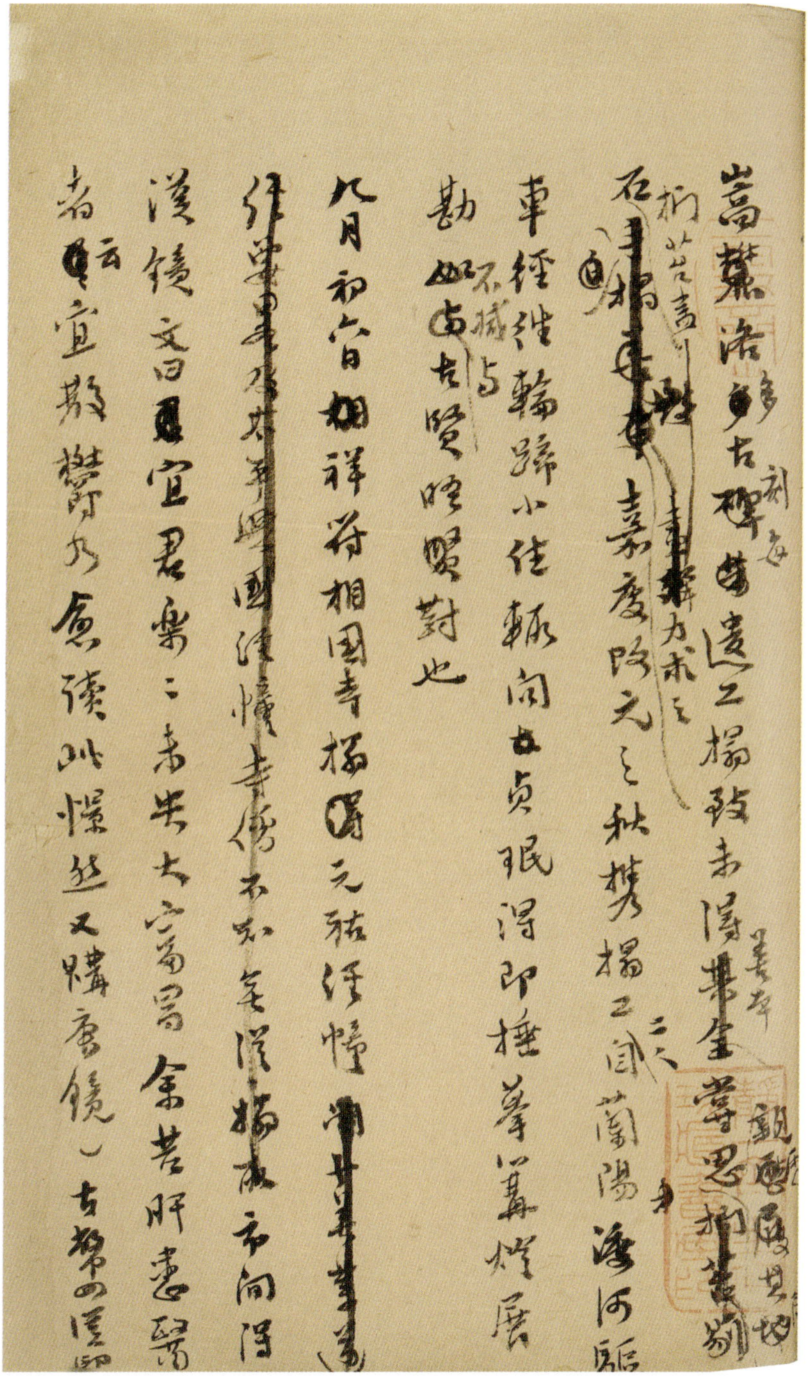

图版14　黄易《嵩洛访碑日记》稿本　见《嵩洛访碑日记暨丙辰随录手稿》

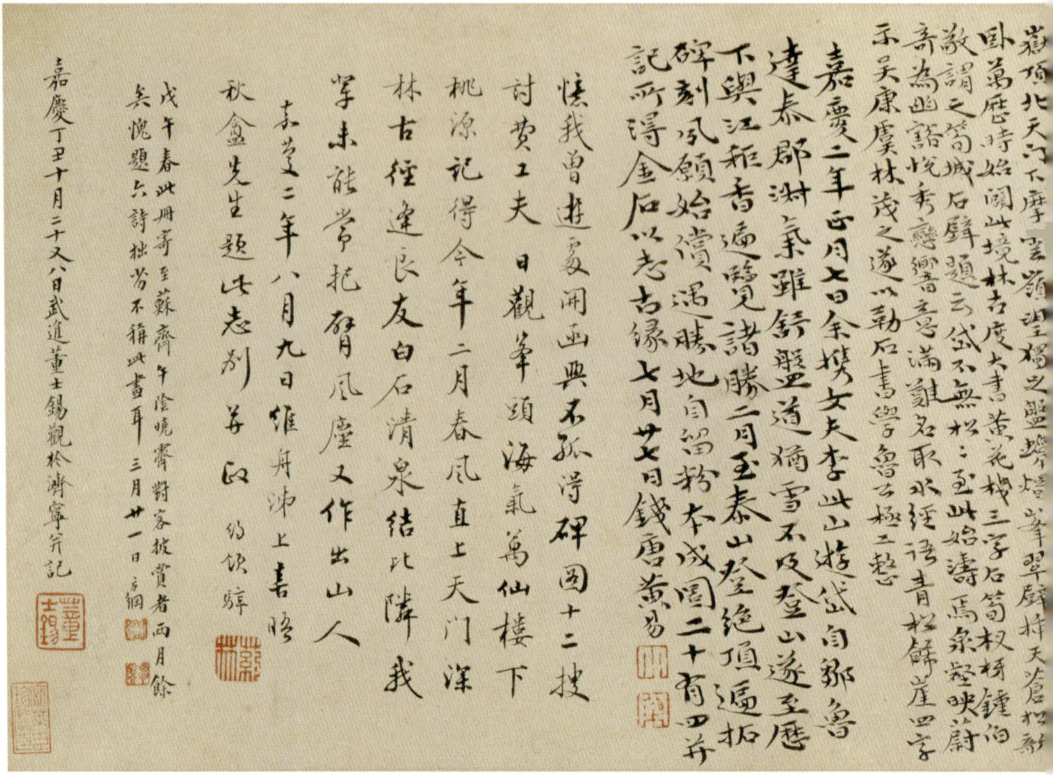

图版15　黄易《岱麓访碑图》“后石屋”　故宫博物院藏

後石屋

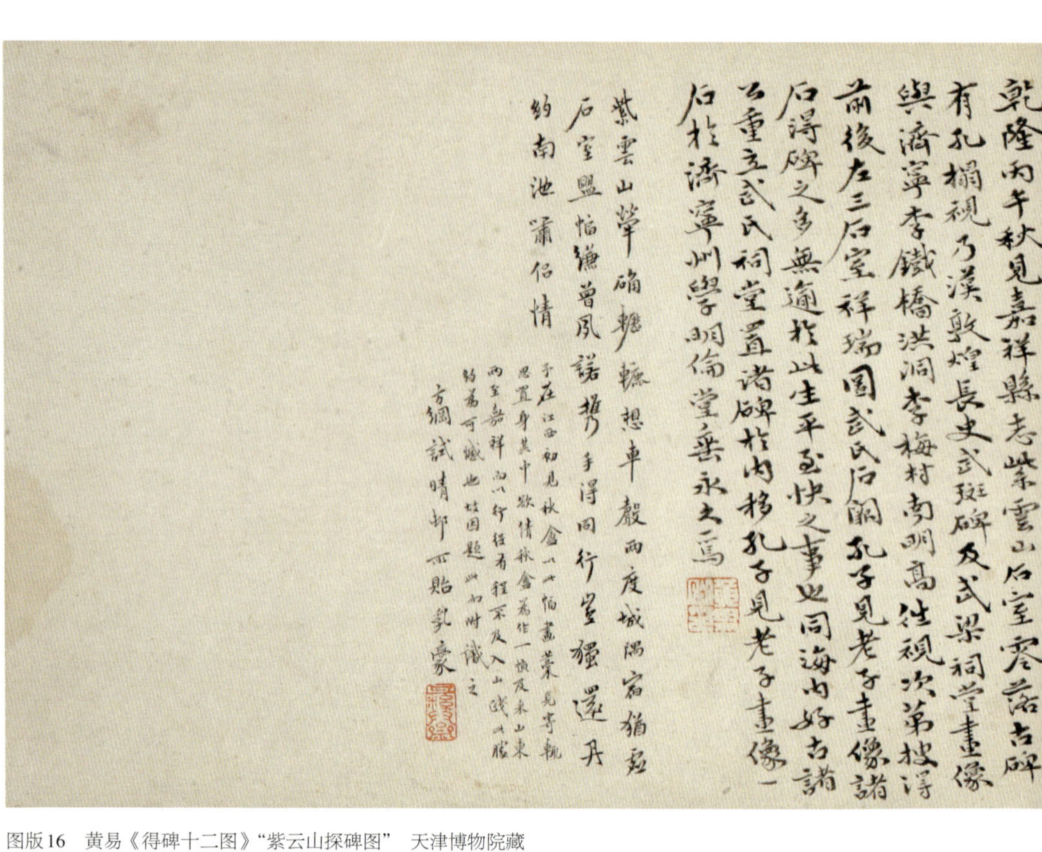

图版16　黄易《得碑十二图》“紫云山探碑图”　天津博物院藏

紫雲山探碑圖

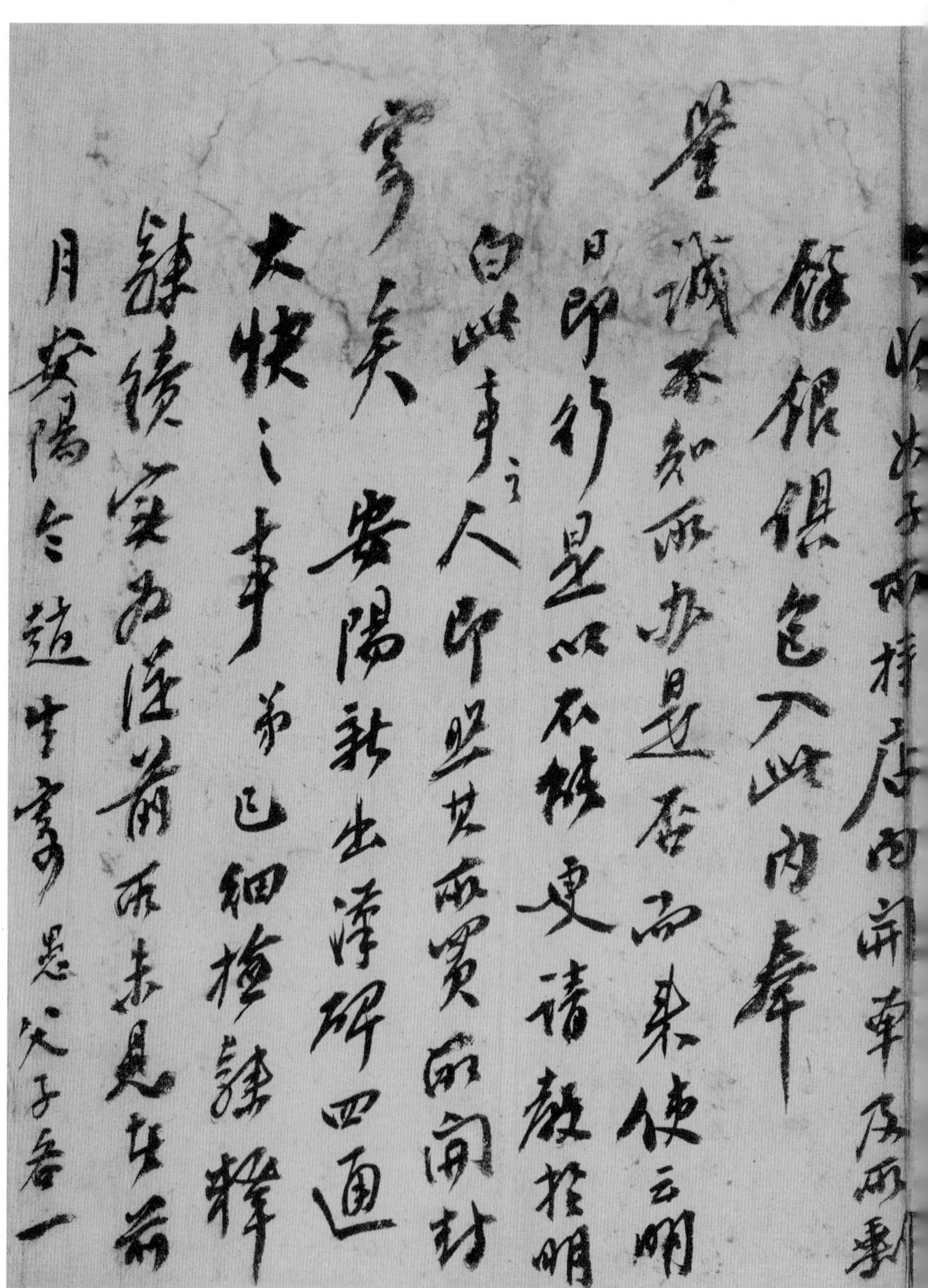

图版17　翁方纲《致黄易》　故宫博物院藏

2

1

4

付煙其紙墨不精於二付八通內揀
擇紙墨精者謹得一付四通正值
伊墨卿典試湘南道過安陽即爲
覆札與武虛谷俾乘墨卿役還
之便多拓見寄其時與墨卿商
兩漢碑再四甚得京中選善工
精性刻妙矣覺來果也今見
先寄來三通則點不精俟墨卿役還
之君能多拓再選一其清精者奉

3

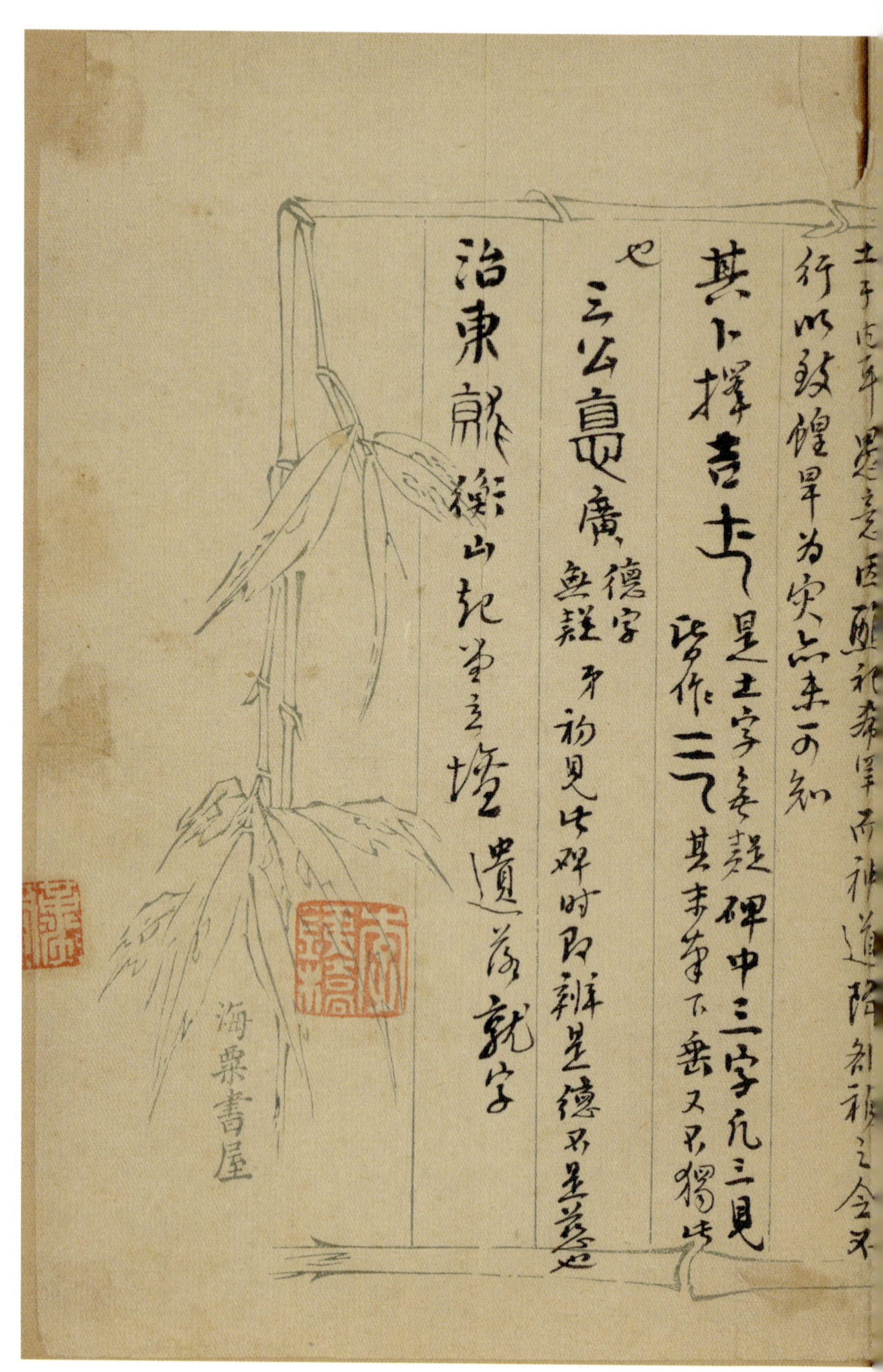

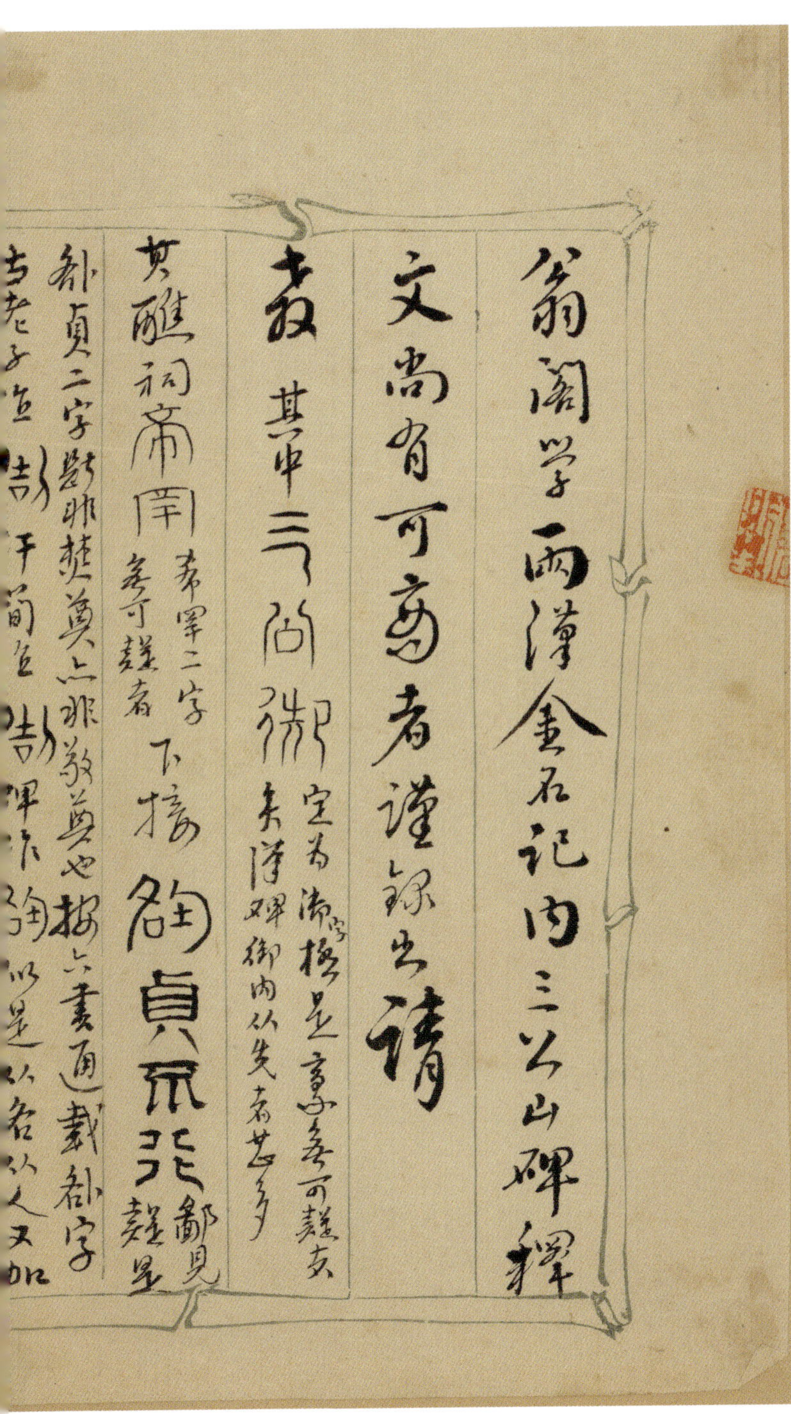

图版18　李东琪《致黄易》
见《黄小松友朋书札》第七册

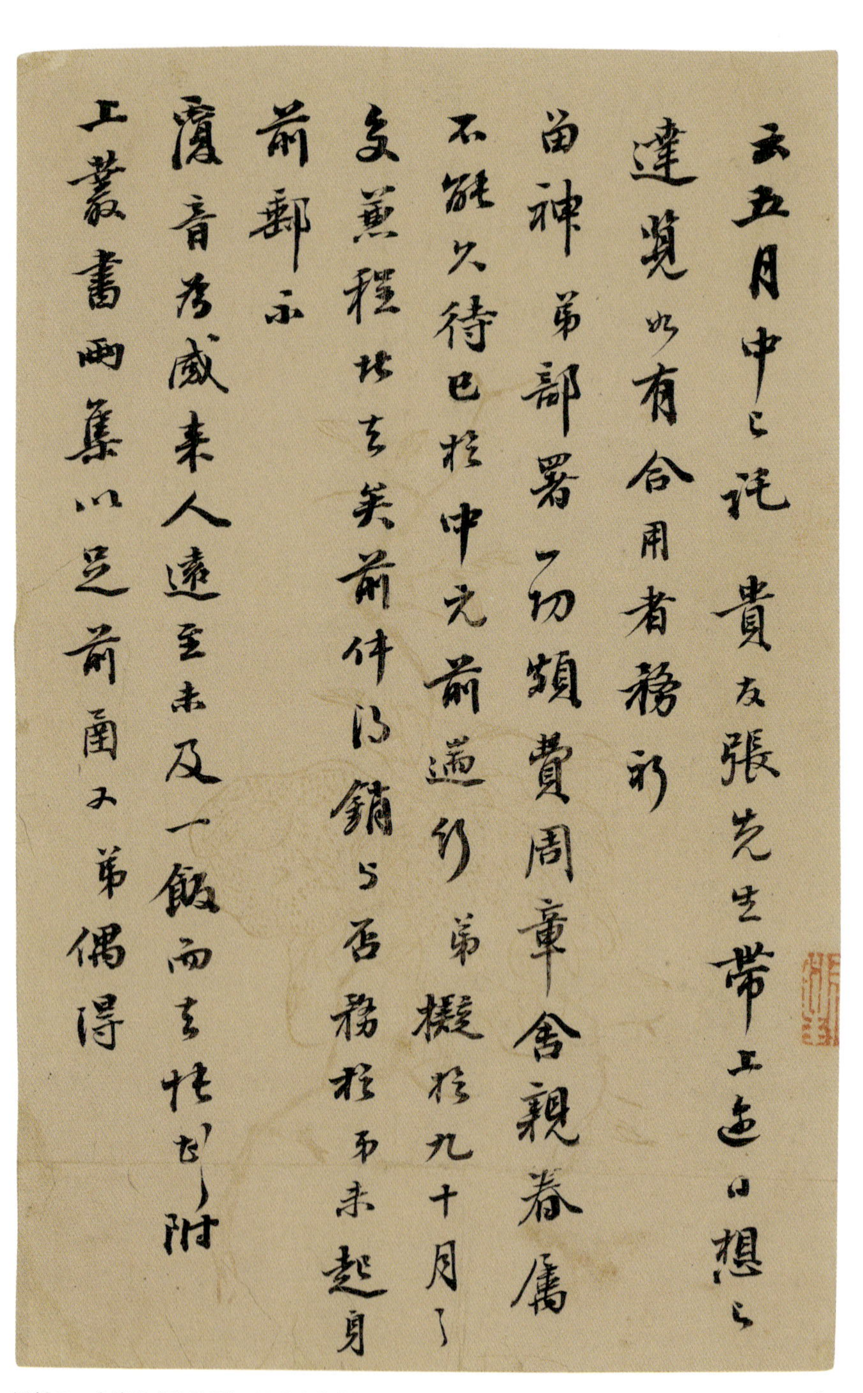

去五月中〻托貴友張先生帶上畫目，想〻
達覽。如有合用者，務祈
留神。弟部署一切，頗費周章，舍親眷屬
不能久待，已於中元前遣行。弟擬於九十月之
交兼程北去矣。前件仍鋪〻店務，於弟未起身
前郵示
覆音。若盛來人遠至，未及一飯而去，悵〻。附
上叢書兩集，以呈前閱。又弟偶得

图版19　金德舆《致黄易》　见《小蓬莱阁同人往来信札》第一册　　2

心松九兄使君大人閣下夏間得朗齋先
生来書快慰
侍奉萬福
尊候轄佳藉慰心祝〻私頌者復荷
手翰具細
注存書畫價一宗並畫軸碑帖兩匣俱收到
項貴
清神感勒無似春間多存未餘前信物據

1

前奉寄書畫數
王文恪字卷
李竹懶山水卷
王雅宜洛神賦袖卷
董思翁叢居高士圖卷
丁南羽羅漢卷
黄尊古漁父圖卷
沈石田寫生蔬果冊
項易菴山水冊
王忘菴花卉冊
張文敏蘭花冊

王友石山水
董思翁細筆山水
陳白陽水仙梅花
徐天池右軍書扇圖
戴葦菴墨竹
楊子鶴春林散牧圖
俱立軸

呂成龍文、水
宋石門書義
山水四軸　共一匣

沈椰華　項東井
徐紹質　惲南田花卉
山水四軸　共一匣

共二十四件

4

老伯大人法書樞帖葉葉摹勒謹將原書並
拓本賫呈伏祈
察入再啓
兄繪事之妙久深傾倒此餘仍蒙
惠寄感刻無量並須之恉以便裝入集續之冊中也
專此佈謝並候
闓祺臨書不盡惓切
愚弟金德輿頓首上
外札祈致
朗齋先生為感
七月十六日燈下

3

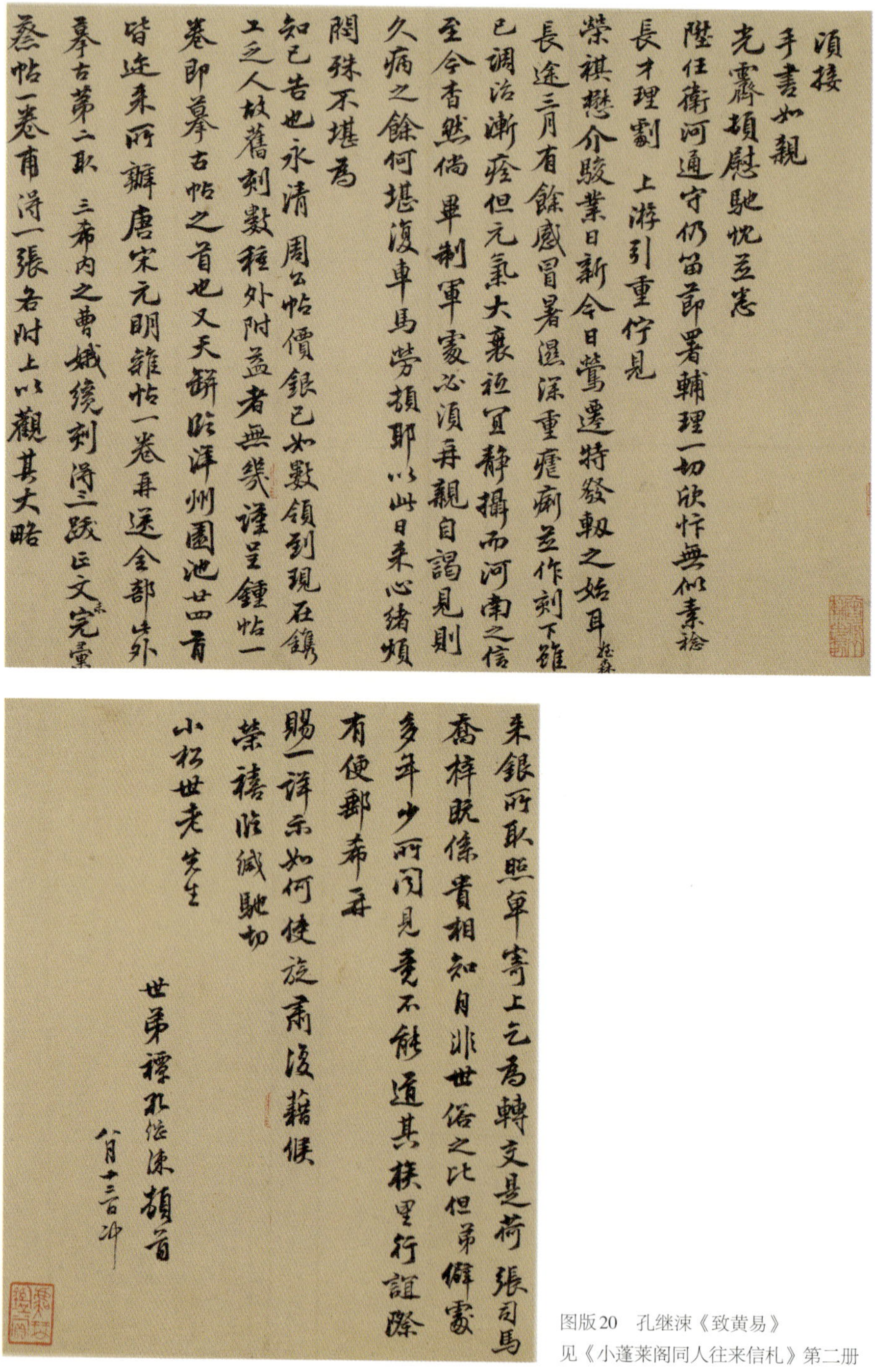

图版20　孔继涑《致黄易》

见《小蓬莱阁同人往来信札》第二册

引言

1786年八月，黄易（1744—1802）自开封返回济宁，在途经嘉祥时，他偶然发现了武梁祠画像石刻。

本年黄易刚刚升任卫河通判，实际上，自从1778年簉仕济宁以来，他一直留在东河总督的幕府，[1]这一选择很可能与黄氏家族擅长水利有关，他的父亲黄树榖（1700—1751）甚至写过专门的著作《河防私议》，黄易则"取其法，悉心讲求"。[2]

清代自雍正七年（1729）以降，设北河（直隶）、东河（河南山东）、南河（江南）三总督，分驻天津、济宁与淮安清江浦，以保证黄淮安澜与运河通畅。东河总督总理山东、河南段黄、运两河事务，并为附属的河流、湖泊、闸座、泉源等水利设施负责。每年冬季，他们要四处勘察河干，并在春季完成"岁修"，包括挑浚河道与修防工程；而伏秋大汛时，他们则要主持河防事务。济宁地势起伏，水文地质条件复杂，水源不足，水位也不平衡，加之黄运交汇、黄泛冲淤等情况，使这段运道的开挖与运营十分艰难。[3]

在后来所写的《武斑碑》跋文中，黄易提到这一年（1786）八月"大河恬顺"，[4]其实此前他刚刚经历了极为惊险的河堤抢护，在次年给友人陈灿的信中，黄易写道："弟客岁夏秋在豫，值河防异常危险，竭蹶不遑。"[5]本年豫省河工自七月中旬以后屡次报长，十五日，朝廷收到河南山东河道总督兰第锡（1736—1797）等人的奏报："豫省新堤各工在在危险，竭力抢护。"除了兰第锡，河南巡抚毕沅（1730—1797）此际也督率员弁，分投抢护。直到二十一日，节逾白露，水势才得以控制，工程渐趋平稳。[6]

在开封河工效力数月之后，黄易于八月中由河南返回山东。[7]在经过距济宁五十里左右的嘉祥县署时，他稍事停留，翻阅县志，这时他偶然注意到县南三十里的紫云山有一座西汉太子墓：

> 石享堂三座，久没土中，不尽者三尺，石壁刻伏羲以来祥瑞，及古忠孝人物，极纤巧。汉碑一通，文字不可辨。

县志记载这块碑刻时，特别提到中有一孔，敏感的黄易马上意识到，碑既有穿，必是古物，于是立即遣人前往椎拓。由于此碑数十年前为土人从坑中拽出，横于道旁，因此没费太大的周折，这个月的二十三日黄易就如愿得到了拓片。碑乃圭形，额曰“敦煌长史武君之碑”（即《武斑碑》），碑额与碑文都是隶书，不过漫漶殊甚。[8]

武斑碑立于东汉建和元年（147），与西汉太子并无半点关联，但这却让黄易联想到赵明诚（1081—1129）《金石录》中的相关记载：

> 右《汉武氏石室画像》五卷。武氏有数墓，在今济州任城。墓前有石室，四壁刻古圣贤画像，小字八分书题记姓名，往往为赞于其上，文词古雅，字画遒劲可喜，故尽录之，以资博览。[9]

嘉祥为古任城地，与赵氏之说合若符契。洪适（1117—1184）则将这些画像更精确地命名为《武梁祠堂画像》，并在《隶续》卷六摹刻了画像与题赞。即使在南宋，武梁祠画像也只有拓本流传，赵、洪二人都未曾真正到过这个祠堂，故洪适为武梁祠定名之后，自信地声称：“后之人身履其壤，会能因斯言以求是。”[10]

黄易就是洪适所期待的“后之人”。说起来也很凑巧，1775年五月，黄易随着幕主郑制锦（1760年恩科举人）远赴直隶南宫之前，

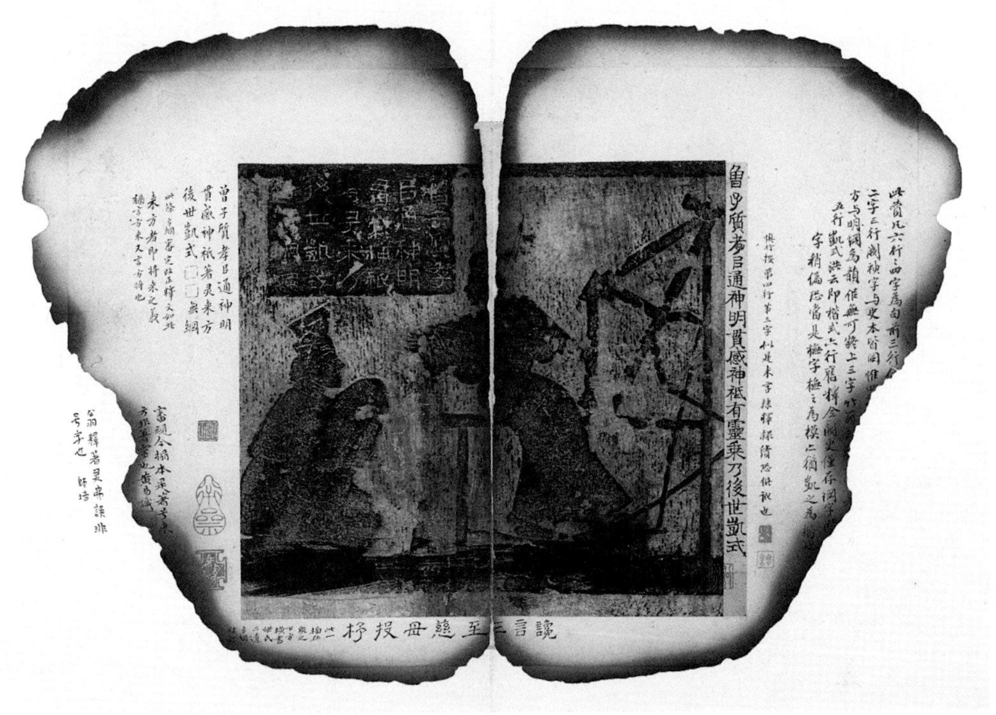

图引1 《唐拓武梁祠画像》 黄易旧藏本 故宫博物院藏

曾在扬州江春（1720—1789）的秋声馆观摩《唐拓武梁祠画像》，觉古香可爱，为之心醉。【图引1】这很可能是黄易对金石收藏产生强烈兴趣的开端。回环胸次十多年之后，这件所谓的唐拓本也神奇地归黄易所有。[11]

《武斑碑》既已出土，武梁祠之重见天日当指日可待，黄易对此充满信心。回到济宁之后不久，黄易于当年九月再度回到嘉祥，除了工人，这一次他还带上了三位友人，一位是济宁人李东琪，此人好古善隶书，数年前曾发现《胶东令王君庙门碑》，另两位是寓居济宁的山西洪洞人李克正与南正炎，他们对探幽访碑也兴趣浓厚。一行人到了紫云山下，从土人那里询知山名“武宅”，又曰“武翟”。由于代代河徙填淤，建造于汉代的祠堂早已七零八落，但恰恰是汉太子墓的讹传，加上雕石工巧，土人将之当作皇陵，故即便碑石纵横，却历久不毁。根据黄易的记载，他们次第剔出了《武梁祠堂画像》三石【图引2】、《孔子见老子画像》一石与《武氏祠双阙》，这

图引2　汉《武梁祠堂画像》 黄易鉴藏本　故宫博物院藏

些连同先前发现的《武斑碑》，都曾为赵、洪二家著录。[12]当年冬日，在写给杭州友人何梦华（元锡）的信中，黄易谈到此次访碑的收获：

> 此间汉魏六朝碑帖埋没于土中者极夥，仅访得武氏碑三种，不足尽兴，其它已差人各处去搜矣。先拓三种呈教，余俟搜得后即拓奉清赏也。[13]【图引3】

次年仲春，他们又有了一些新的发现：武梁石室后东北一石室，计七石；一石室画像，十四石；祥瑞图残石三。这三种为前人载籍所未有，黄易名之曰《武氏前石室画像》《武氏后石室画像》与《武氏祠祥瑞图》。在距离发现地一二里之外，黄易又得画像二石，因无题字，难以确定为何室之物。

总之，黄易与友人亲履其壤，收获极大，不仅所得画像多而且古，八分题字也极为精妙，堪称奇遇。《武氏后石室画像》的一百六十余字隶书，黄易认为风格接近于《曹全碑》。[14]《曹全碑》明万历年间（1573—1620）出土于陕西郃阳，百余年来一直是人所钦仰的名碑，清初周亮工（1612—1672）称之为“天留汉隶一线”，[15]明末清初的隶书名家无不夺胎于此。黄易将画像题字与《曹全碑》相提并论，其所着意的显然不仅是榜题的文献价值。

这次访碑的情景，被黄易定格为《紫云山探碑图》。[16]此画引首“奇文共欣赏”隶书五字，出自李东琪之手。在画款中，黄易也提到了所有的参与者：“乾隆丁未（1787）二月十有八日，与李铁桥、李梅村、南明高至嘉祥扪汉武氏诸碑刻，欢赏竟日而还，为图记之。”虽说武梁祠画像的发现者共有四人，不过在后来的舆论中，另外三人却很少为人提起。而黄易选择1787年二月而不是1786年九月的访碑场景入画，很可能与这一次的发现为赵、洪著录所无，也更有意义有关。

当年冬日，画册寄到时任江西学政的翁方纲（1733—1818）手中，翁欣然题诗，并以不获与担石之役为歉，希望黄易再画一轴，挂到他的宝苏室中，他可以借此分享黄易等人的惊喜与欢快。此后的1788年、1792年、1795年与1800年，黄易的这幅画又陆续征集到洪亮吉（1746—1809）、赵怀玉（1747—1823）、桂馥（1736—1805）、何道生（1766—1806）等人的题诗。[17]如同曾蓝莹所言，正是利用绘画，黄易让远离山东的友人以文学想象的方式参与了武氏祠的发现。[18]

黄易并未满足于“二三同志饱嗜好于一时”，他开始规划武梁祠的复建。这些曝露于荒野中的碑刻，牧子樵夫不知爱惜，如果不急于收护，无疑将面临再次湮没的命运。这些古物因他而出，如果置之不顾，似乎有负古人，于是及时复原并加以保护，就成为黄易无法推卸的责任。因为与孔子有关，黄易将诸多石刻中《孔子见老子画像》【图引4】一石移至济宁州学，其余的如《武斑碑》，本来也应该与《武荣碑》并立于学宫，但石材厚大，远移非便。在与李东琪、李克正、南正炎等人商议之后，黄易决定就地创立祠堂，俾诸石寿世无穷，而人知爱护。[19]

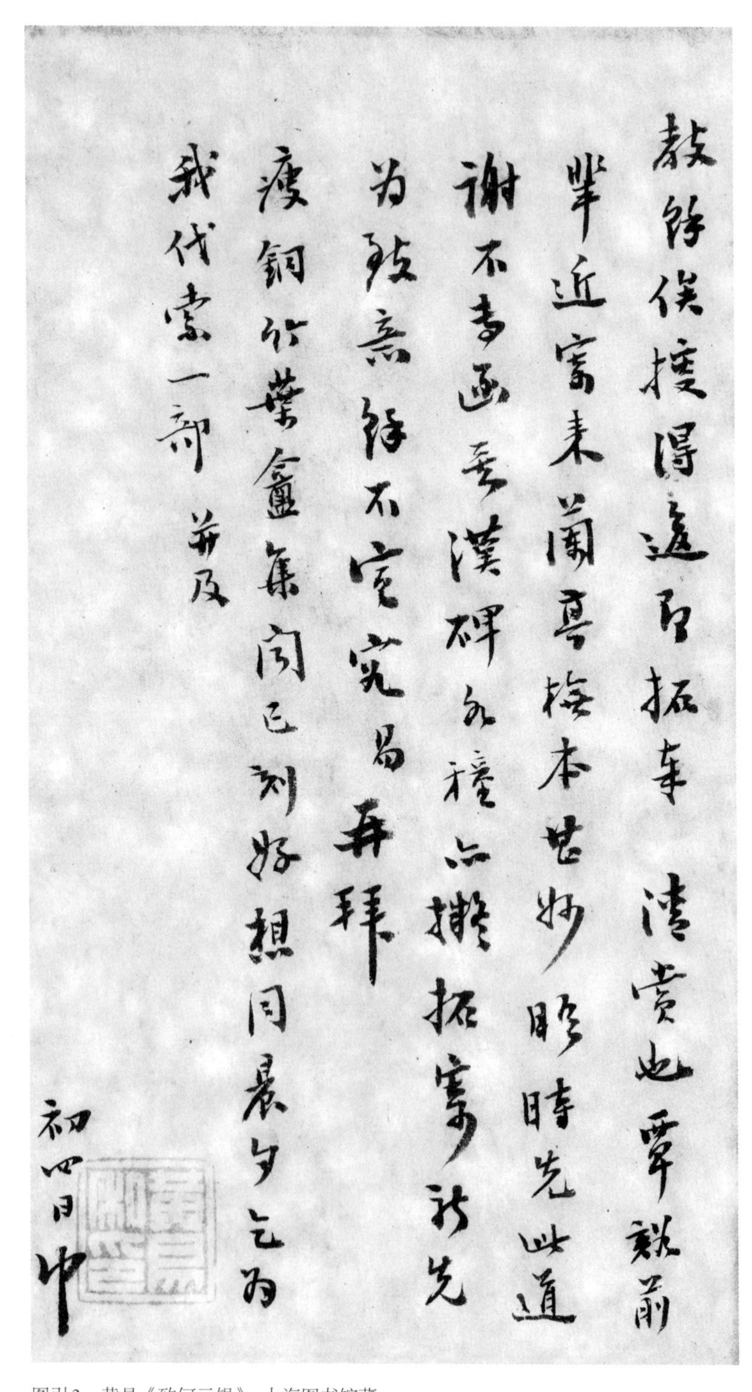

图引3　黄易《致何元锡》 上海图书馆藏

愚弟袁昶頓首拜上
夢華仁兄侍者 前月初旬接奉
翰教 備悉種種 為頌 弟自到山左 追抗塵走
俗冗甚腰脚舊患 时覺不良于行 及至
兩月後始霍然 此間漢魏六朝碑帖埋沒
于土中者極夥 僅訪得武氏碑三種 示臣
畫真已差人至要去接 吳先拓三種呈

图引4　汉《孔子见老子画像》 清拓本　故宫博物院藏

武梁祠自 1787 年六月开始兴工，但很可能直到 1794 年才最后完成。[20] 由于黄河泛滥，汉人建造石室、石阙之地早已淤高，有些碑石长年沉埋土中。黄易在复建武梁祠时，决定平治地基数尺，让所有碑刻重见天日，不留遗憾。《武氏左石室画像》即 1789 年七月平治祠基时所得，[21] 督工建祠的李克正与刘肇镛在题识中声称，他们一共续得十石，隶书一百零六字，为古人所未见者。[22]【图引 5】这些发现再一次减少了可能的缺失，而使得武梁祠的复原成为可能。事实上，黄易进一步寻访的脚步从未停息，他认为既然《武荣碑》《武斑碑》都已出土，则《武梁碑》《武开明碑》二种“安知不尽在其处”？[23]

与此同时，黄易开始命工精拓画像与题字，广赠同好。1786 年九月，翁方纲视学江西前收到黄易所拓第一纸，到南昌后复得续寄数纸。[24] 王昶（1725—1806）、王念孙（1744—1832）收藏的拓本，也是黄易第一时间所赠。[25] 与洪适所见相比，新发现的画像缺少“休屠像”“李氏遗孤”“忠孝李善”等数行榜题，却多出“颜淑独处”等十榜所题一百余字，此外还多出画像多种。曾子一版内“著号来历”四字，前人辨识多误，而在黄易的精拓本中，这几个字灼然无疑。

尽管宋人洪适对武梁祠画像已进行过一些研究，[26]但黄易的新发现还是引起了学术圈的高度重视。在此后的数十年间，翁方纲、黄易、钱大昕（1728—1804）、王昶、武亿（1745—1799）、桂馥、王念孙、阮元（1764—1849）、瞿中溶（1769—1842）等人在新拓本的基础上，从文字、声韵、名物、历史、艺术等各个角度对之进行研究与辨正。嘉定钱大昕精于考证，以余力研讨金石，横纵勾贯，援据出入。在讨论音韵时，他据武梁祠画像榜题中“范且”之名，论及战国秦汉人多以“且”为名，如穰且、豫且、夏无且、龙且，或加“隹”，如范雎、唐雎，文殊而音不殊。但胡三省注《资治通鉴》却将范雎之“雎”注音为“虽”，显然是误“雎”为“睢”。胡注之误因此碑而得以证明。[27]此后二十年间成书的《两汉金石记》《山左金石志》与《金石萃编》也为此花费了大量笔墨，王昶还将《武梁祠画像》三石的图像与榜题寿诸梨枣，此举虽仿洪氏之例，但

> 洪氏仅取画缩为上下两列，三石牵连不甚分晰，其所摹人物粗具形迹，与碑参校，全失其真。又题字另详于《隶释》，而于碑图但列人名二三字，是画与赞离而为二，观者不能了然。

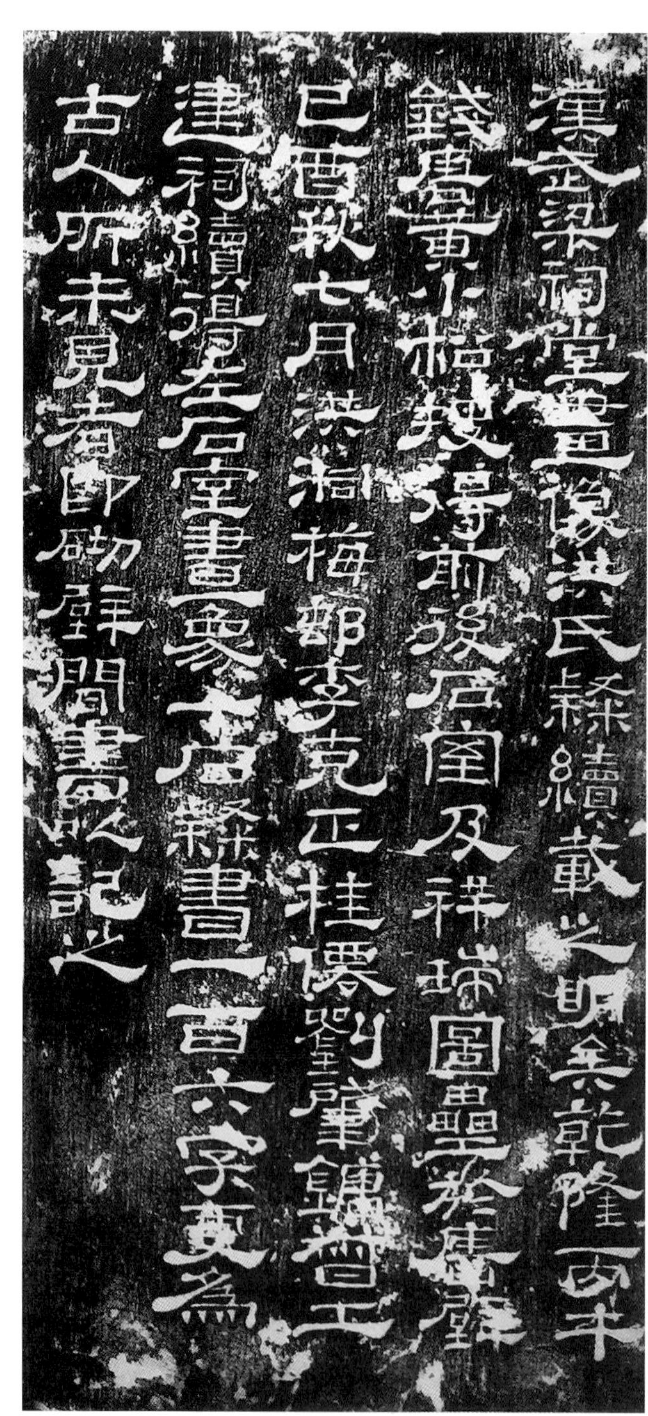

图引5　汉《武氏祠画像题字》
李克正、刘肇镛题刻
黄易监拓批校本　上海图书馆藏

而王昶则悉依原碑，画、赞全摹，且每石各层之上下界画处山形、水纹、枣核等画虽无关系，亦依样并摹，从而完整再现了古碑刻画之式。[28]

值得注意的是，尽管洪适在《隶续》中谈到汉画的内容，并称“画绘之事，莫古于此”，[29]但翁方纲、阮元诸人对武梁祠画像的兴趣在于榜题文字，于画像多忽焉未作深考，王昶虽然缩刻了部分画像，却未加一语辨正。在众多学者中，瞿中溶对于这些图像独有兴味，认为“此刻画像甚精细，人物动作之间皆有神气，后代画师盖无能出其范围者，实可为画学之宗祖”。[30]道光五年（1825），他荟萃平昔所记，成《汉武梁祠堂石刻画像考》六卷，在深入考证的基础上，特别指出武梁祠堂画像所刻古来帝王圣贤及孝子忠臣、烈士节妇故事，目的是教诫子孙，与汉代明堂、宫殿壁画有着相当的一致性：

> 今观《武梁祠堂画像》，每与《天问》及灵光、景福二殿赋合，而帝王下及亡国之夏桀，又与孔子所睹明堂像合。[31]

他的看法与今日学者将《武梁祠堂画像》解释为墓葬艺术迥然不同。[32]

武梁祠的发现与重建，是黄易对乾嘉金石学的最大贡献。我们之所以在这里详尽地重构其发现过程，以及在学术圈所引起的反响，是因为它是黄易访碑活动的一个缩影：它不仅牵涉金石的信息，也关乎拓取的行动；既体现新发现的价值，也凸显精拓本的意义；它还包罗了针对拓本的学术研究与对话，发现地的复原与保护，访碑活动的图像化与视觉化，以及题跋、钩摹、刊印等各种面向的文化衍生。

有关乾嘉金石学最为鲜活而又恰如其分的概括，来自广东番禺的潘有为（1743—1821）。潘于1772年考中进士，任内阁中书，是翁方纲学术圈的一位重要成员。1777年十二月三日，他在写给黄易的信中颇有感慨地说："可知金石亦时尚也，呵呵！"[33]【图版1】这番感慨源于黄易向翰林院编修潘庭筠（1778年进士）索要《汉校官碑》拓本，然其人所藏若干本早已为人索要一空。虽说此一时期的文人对于拓片的追逐，尚不能用"举国如狂"来形容，但既被称为"时尚"，说明金石已不再是少数古物鉴赏家的专利，文人间普遍流行赏玩拓片，并将之视为文化身份的某种象征。古代的金石遗文，历千百年而不灭，其间点画字句之同异，足以证经，铭勋之刻、藏幽之文，又多与史传相表里，而书法之美亦得以附庸。在当日的学术圈，如果一位文人对金石文字没有辨识与利用能力，等于没有掌握与他人沟通的密码，也就无法参与到学术对话乃至时尚话题之中。即使是作为风雅的礼品，金石拓片在18世纪三四十年代以后也变得炙手可热。

事实上，无论是证经补史，还是裨益书学，金石遗文都是学者们无法漠视的新资源。翁方纲曾经这样自我解剖："金石虽其夙癖，而大致归于二条：一则有关考据者，一则有益书法者。"[34]钱大昕亦云："自宋以来，谈金石刻者有两家：或考稽史传，证事迹之异同；或研讨书法，辨源流之升降。"[35]这些看法代表了清中叶学者对金石文字的价值认知。由文字而训诂、而名物、而义理，正是乾嘉学术的基本路径。虽然乾嘉学术的兴盛为顾炎武（1613—1682）所不及见，但其研究旨趣向新出土资料的缓慢转移，很难说没有顾氏"采铜于山"观念的影响。[36]至于稍后由阮元引发的碑学运动，更是彻底改变了千百年来的书法趣尚、范本、技法乃至器具。

在这样的环境中，任何新面世的金石遗文——尤其是突然出土的古物，自然会耸动为一时的新闻。[37]而我们的主角黄易，正是乾嘉金石时尚中屡屡制造轰动效应的人物。在近三十年的访碑生涯中，与他相关的《祀三公山碑》《汉石经残字》《汉魏五碑》《郑季宣碑》《武梁祠画像及碑刻》《熹平二年残碑》《范式碑》《衡方碑阴》《唐模武梁祠画像》等，每一次的发现、保护、收藏与刊布，无不成为乾嘉学者普遍关注的焦点，而其中所曝露的新信息，也很快转换为学者们的新成果。

虽说金石收藏与研究是乾嘉学者的集体兴趣，但黄易的个案却有可能帮助我们更深入地把握当日的金石学环境，以及一个事实存在的共同体的运作。黄易的履历并不复杂。他字小松，又字大易，浙江钱塘人。十五岁起跟随长兄黄庭（1729—1780）坐馆湖北汉阳一带，1765年黄庭缘事遣戍新疆，黄易旋里负米养母，但不久他又前往固安、武冈等地谋生。1770年代初，他成为郑制锦幕中的师爷，郑时任盐大使，驻盐城伍佑场。〔38〕由于扬州在清代盐业中的特殊地位，黄易也时常往来扬州。此后郑氏迁直隶南宫知县，又调清苑知县，黄易则随其迁徙流转。1777年秋，在郑制锦的帮助下，黄易循例报捐，获得成功，〔39〕次年分发东河，效力于河工。此后的二十余年间，黄易历升东平州州判、兰仪同知、运河同知，并在去世前一年两次以同知代理运河道道台事。

在友人的描述中，黄易虽然矩步蹒跚，但说话清高刚直，行事颇有大义。〔40〕他通晓水利，是一位干练的河道官员，为历任上司所倚重。但在当日的金石圈，他的本职往往为人淡忘，使人印象深刻的反而是他对金石的痴迷，以至于不少人称他为“碑痴”：

> 钱大昕题诗：二千年中图十二，合呼黄九作碑痴。
> 何道生题诗：难得碑痴即大痴，生平快事聚于斯。
> 魏成宪题诗：碑痴墨癖是多才，秦汉遗文未劫灰。〔41〕

【图引6】

虽然黄易难以跻身一流学者之列——除了一些个人收藏的整理性著

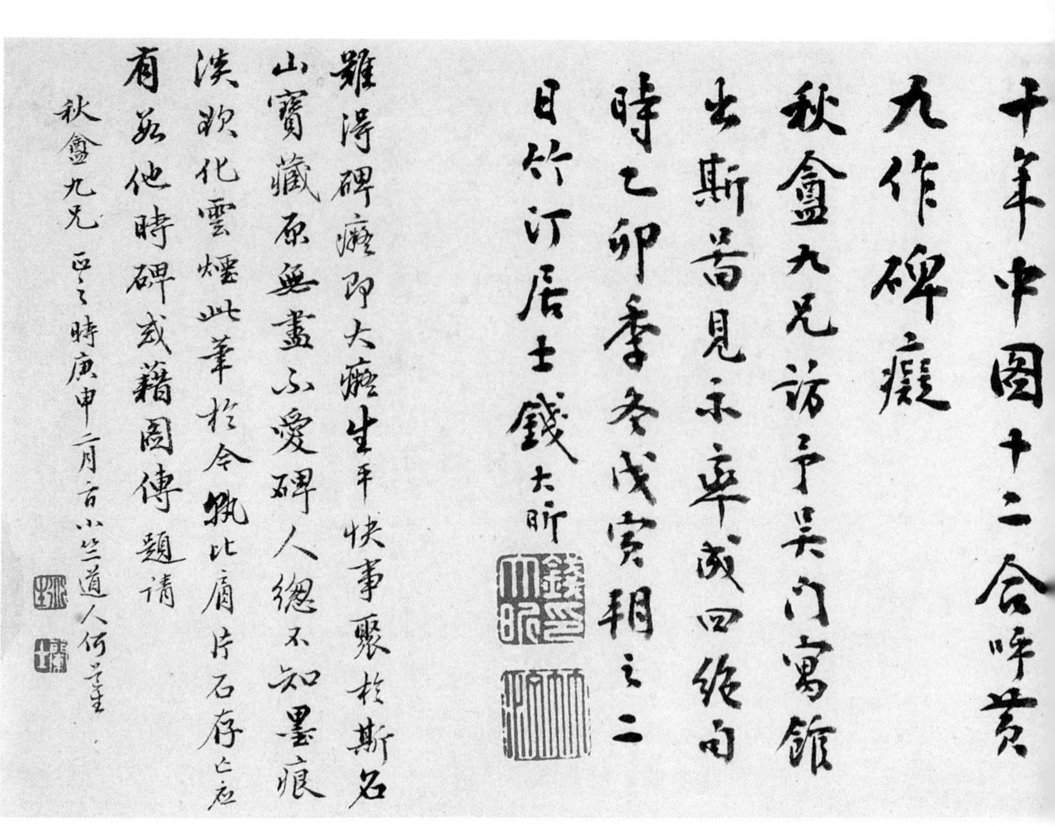

图引6　黄易《得碑十二图》 钱大昕等题诗　天津博物院藏

作，他并未像翁方纲、孙星衍（1753—1818）或是王昶那样，完成一部像《两汉金石记》（1789）、《寰宇访碑录》（1802）或《金石萃编》（1805）〔42〕那样集大成的巨著，尽管这些著作多少都得到过黄易的帮助，《寰宇访碑录》一书黄易甚至还曾深入参与，孙星衍《致黄易》云："弟此来意欲辑鲁中古迹、金石成一志，以配齐乘，俟兄来助我成之。"〔43〕黄易《致郑震堂》亦云："因孙观察嘱办《寰宇金石目》，急欲告成，无日不事笔札。"〔44〕不过在近三十年中，黄易积累了超过五千种以上的碑帖，其中不少宋拓旧本，因而是这个时期声名最为显赫的金石收藏家。〔45〕

在黄易《嵩洛访碑图》的题跋中，王念孙曾经写道：

> 秋盦司马醉心金石，凡蜡屐所经，断碣残碑无不毕出，访剔之勤，榷拓之精，实前人所未及。〔46〕

白谦慎在研究黄易生平之后也认为，黄易对金石学最大的贡献并非他的学术成就，而是他重新发现了许多古代碑刻，并制作和收藏了大量精拓本。[47] 正是凭借着这些新发现与精拓本，黄易与翁方纲、王昶、钱大昕、毕沅、阮元及其周边学术精英结为金石同盟，他的访碑与收藏活动也时刻为他们所瞩目。

曾经两次拜访黄易的钱泳（1759—1844），在比较了同时十数位金石学家之后声称，黄易收藏精而且博，四海好古之士莫不延颈愿交：

> 泳窃见近日好古家如翁宫詹覃溪，家侍讲辛楣，安邑宋氏，洛阳武氏，阳湖孙渊如，阳曲申铁蟾，歙之程彝斋、巴慰祖，杭州之赵晋斋、何梦华，海盐之张芑堂，长洲之陆贯夫之数君者，皆当世所谓博雅之士也。观其所藏金石，搜罗

> 且遍天下，琳琅甲乙，著录盈笥，多者至三千余种，此欧赵以后所未闻者。然就其中博采不精者有之，一隅难遍者有之，而执事以为政余闲，能修废起顿，补古人之所不及，如立《武梁画像》，出《范巨卿碑》，使四海好古之士靡然向风，皆欲交于执事。〔48〕

钱泳在信中提到了翁方纲、钱大昕、宋葆淳（1748—?）、武亿、孙星衍、申兆定（1762年举人）、程敦、巴慰祖（1744—1793）、赵魏（1746—1825）、何元锡、张燕昌（1738—1814）与陆绍曾（1736—1795），几乎囊括了当日最重要的金石收藏家，他们大多也是黄易的直接友人。钱泳的看法代表了时人对黄易的普遍评价，但是，居官不达而又学问平常的黄易何以成为乾嘉金石时尚中"靡然向风"的中心?

注　释

〔1〕关于此时的任职，黄易《郑季宣碑》碑侧题字自称"卫河通判"。孔继涑本年八月十三日《致黄易》亦云："并悉升任卫河通守，仍留节署辅理一切。"《小蓬莱阁同人尺牍》第二册。知其时黄易虽升卫河通判，仍在河道总督幕中。然据潘庭筠《山东兖州府运河同知钱唐黄君墓志铭》（魏谦升抄本），黄易上年升东平州州判后，由卫粮通判调张秋捕河通判，又权开封府下南河同知。《墓志铭》装裱于黄易《山水卷》拖尾，浙江省博物馆藏，《中国古代书画图目》第十一册，页603。

〔2〕《山东兖州府运河同知钱唐黄君墓志铭》，页603。

〔3〕参见汪孔田《济宁是京杭大运河的河都——从元明清三代派驻济宁司运机构看济宁的历史地位》，《济宁师范专科学校学报》2003年第4期，页5—10。运河道署衙门为总河属下的治运分理机构，乾隆元年（1736）加兵备道衔，故又称山东通省运河兵备道。运河同知衙门为运河道副署，又称运河厅，以同知、通判司其职。山东运河道所辖同知衙门，除运河厅外，还有泇河厅、捕河厅、上河厅、下河厅、泉河厅等。运河厅、泉河厅均开府济宁州。

〔4〕黄易《敦煌长史武斑碑跋》，《小蓬莱阁金石文字》第三册，国家图书馆藏黄易手书版，页5b—6a。这是一个完全不同于嘉庆五年（1800）刻本的版本，详见后文。跋文亦收入王昶《湖海文传》卷七十二，页1a。

〔5〕 故宫博物院藏，收入秦明等编《故宫藏黄易尺牍研究 · 手迹》，页 78—83。

〔6〕 见《清高宗实录》，台湾“中央研究院”数字资源。

〔7〕 黄易六七月间曾在毕沅中州节署见到故友徐坚，并与孙星衍、洪亮吉等人相识。黄易旧藏《朱龟碑》拓本徐坚题识云：“小松黄九，予之石交也，自上谷分手，忽忽十年，中间仅一通问，而无由见面，每怅念之。兹来大梁，始获把晤。”《成阳灵台碑》徐坚题识云：“丙午（1786）夏六月，识于大梁节署。”黄易旧藏《石经残字》拓本洪亮吉题识云：“乾隆丙午（1786）七月朔，阳湖洪亮吉为小松主人题汉石经一百二十七字拓本后，时在河南使院嵩阳吟馆。”

〔8〕 黄易《敦煌太守武斑碑跋》，页 1a。

〔9〕 赵明诚《金石录》卷十九《汉武氏石室画像》，《石刻史料新编》第 1 辑第 12 册，页 8914。需要说明的是，在文献中，画像与画象、拓碑与搨碑，用法两见，本书全部统一为画像与拓碑。

〔10〕 洪适《隶释》卷十六《武梁祠堂画像　赵作武氏石室画像》，《石刻史料新编》第 1 辑第 9 册，页 6918—6919；《隶续》卷六“碑图下”，《石刻史料新编》第 1 辑第 10 册，页 7125—7132。

〔11〕 黄易《小蓬莱阁金石文字》“武梁祠画像”条，《石刻史料新编》第 3 辑第 1 册，页 629。《唐拓武梁祠画像刻石》原为江春所藏，时转赠汪畬。1791 年正月，汪畬去世四年之后，其弟汪大宗遵其遗嘱将这套拓本赠予黄易。

〔12〕 黄易《修武氏祠堂记略》，收入王昶《金石萃编》卷二十，《石刻史料新编》第 1 辑第 1 册，页 363—364。

〔13〕 黄易《致何元锡》，上海图书馆藏。

〔14〕 黄易《修武氏祠堂记略》，页 363—364。

〔15〕 周亮工《赖古堂集》卷三十《致倪师留》，页 786—787。《曹全碑》全称《汉郃阳令曹全碑》，刻于东汉中平二年（185）十月二十一日。

〔16〕 这套图册著录于端方《壬寅消夏录》，《续修四库全书》第 1089 册，页 212—214。

〔17〕 诸人题诗见《壬寅消夏录》。赵怀玉接受委托之后，将此画置之行笈竟至年余，至 1794 年三月因王昶水程南归，始猛然省忆。赵怀玉《致黄易》，《黄小松友朋书札》第十二册。诗亦收入《亦有生斋集》诗卷十三，《清代诗文集汇编》第 419 册，页 223。

〔18〕 参见曾蓝莹《媒介与信息：武氏祠的再发现与清代的文化生产》，收入秦明主编《黄易与金石学论集》，页 259。

〔19〕 黄易《修武氏祠堂记略》，页 363—364。不过，在钱泳 1792 年六月的题刻中，提到“董是役者，洪洞南正炎，兴工成事者济宁李锺沛、李东琪也”，李锺沛为黄易亲家，黄易长女黄润嫁其子李大峻。钱氏题刻，济宁市博物馆藏。

〔20〕 孙星衍《孙渊如先生全集》济上停云集所收《正月十一日同黄小松司马易至嘉祥山中访武梁石室画像，小松作图纪游》其二小注云：“前年司马重葺武氏祠，立碑，题碑阴。”《续修四库全书》第 1477 册，页 609。诗作于 1796 年正月，其后附录黄易和章《次韵赠渊如观察》。

〔21〕王昶《金石萃编》卷二十一《武氏左石室画像题字》则称李东琪发现了这些画像，页372。

〔22〕参见《武氏祠画像题字　黄易监拓批校本》，收入《上海图书馆善本碑帖综录》卷一，页55—79。

〔23〕《修武氏祠堂记略》，页363—364。

〔24〕翁方纲《两汉金石记》卷十五《武梁祠画像》，《石刻史料新编》第1辑第10册，页7420。

〔25〕《金石萃编》卷二十一《孔子见老子画像题字》，页385。王念孙《汉隶拾遗》所收《武梁石室画像三石》，《石刻史料新编》第3辑第2册，页604—605。黄易赠王念孙《武梁石室画像》三石拓本，亦见闵尔昌《王石臞先生年谱》，页26。

〔26〕如洪适《隶释》指出此碑以"祝诵"为"祝融"，而介于伏羲、神农之间，所采三皇之说，来自《白虎通》，页6919。

〔27〕钱大昕《潜研堂金石文跋尾》续卷一《武梁石室画像》，《续修四库全书》第891册，页510。

〔28〕《金石萃编》卷二十《武梁祠堂画像题字》，页370。此外，丁敬之子丁传也有校正异同、刊补洪氏未备的计划，见1792年八月二十四日《致黄易》，《小蓬莱阁同人尺牍》第四册。

〔29〕《隶续》，页7132。

〔30〕潘有为见到《郭巨石室像》，曾联想到明末清初陈洪绶的人物画，并说"近始悟从汉画脱稿"。但关于这一问题，潘氏没有进一步的探讨。潘有为《致黄易》，收入《黄小松友朋书札》第七册。

〔31〕《汉武梁祠堂石刻画像考》序。序文亦收入瞿中溶《奕载堂文集》卷一，《清代诗文集汇编》第492册，页702—703。

〔32〕比较有代表性的是巫鸿，他认为墓葬祠堂是个人和家族的纪念碑，武梁祠上的装饰，其功能与根深蒂固的灵魂信仰有关。参见《武梁祠：中国古代画像艺术的思想性》，页239—240。

〔33〕潘有为《致黄易》，《黄小松友朋书札》第十三册。

〔34〕翁方纲《致黄易》，故宫博物院藏。

〔35〕钱大昕《潜研堂文集》卷二十五《郭允伯〈金石史〉序》，《清代诗文集汇编》第364册，页230。类似的看法，还见于王昶《金石萃编》序："非独字画之工，使人临摹把玩而不厌也；迹其囊括包举，靡所不备，凡经史、小学暨于山经地志，丛书别集，皆当参稽会萃，核其异同，而审其详略，自非辁材末学能与于此；且其文亦多瓌伟怪丽，人世所罕见，前代选家所未备，是以博学君子咸贵重之。"页3。

〔36〕魏长宝《顾炎武与乾嘉学派》，见《江汉论坛》2000年第3期，页52—54。《日知录》一书"庶几采山之铜"的说法，见顾炎武《亭林文集》卷四《致人书》，《清代诗文集汇编》第42册，页670。

〔37〕参见曾蓝莹《媒介与信息：武氏祠的再发现与清代的文化生产》，页257—274。

〔38〕郑制锦为乾隆二十五年（1760）恩贡举人，就职盐大使，分两淮，历新兴、伍佑二场，总盐以卓异荐，迁直隶南宫知县，转清苑，后升真定知府，擢甘肃按察使，未行，就补直隶布政使，未几，署仓场总督，卒。参见《（同治）续纂江宁府志》卷十四之三《人物》，页22—23。

〔39〕报捐意为纳捐若干，报请取得某种官职。黄易报捐，王宗敬《我暇编》为黄易所作传记称“由川运例捐从九品”，《续修四库全书》第1179册，页389。

〔40〕何道生《双藤书屋诗集》卷十《至泲宁喜晤黄小松司马易》，《清代诗文集汇编》第481册，页54。

〔41〕黄易《得碑十二图》，天津博物馆藏。

〔42〕《金石萃编》序作于1805年，但此书应该有更早的版本，参见黄易《致赵魏》，收入《袁氏藏明清名人尺牍》，书法可议，内容可信。《金石萃编》收罗金石自三代至元，欲“使读者一展卷而宛见古物焉，至题跋见于金石诸书及文集所载，删其繁复，悉著于编。前贤所未及，始援据故籍，益以鄙见，各为按语”。页3—4。未收入此书的元以后金石，又有《金石萃编未刻稿》三卷。

〔43〕见关西竞买2017年春拍。

〔44〕北京艺术博物馆藏。

〔45〕王宗敬《我暇编》所收《黄小松》云：“集宋以上碑帖过五千种。”页389。翁方纲《复初斋文集》卷十三《黄秋盦传》则称其“所蓄金石甲于一时”，《续修四库全书》第1455册，页472。

〔46〕黄易《嵩洛访碑图》“开母石阙”对题，故宫博物院藏。明清士人雅称州同知为司马、通判为别驾，故于黄易的称呼中，屡见小松司马与小松别驾。

〔47〕白谦慎《黄易及其友人的知识遗产：对〈重塑中国往昔〉有关问题的反思》，《中国美术》2018年第2期，页80。

〔48〕钱泳《致黄易》，《黄小松友朋书札》第七册。

第一章

金石拓本

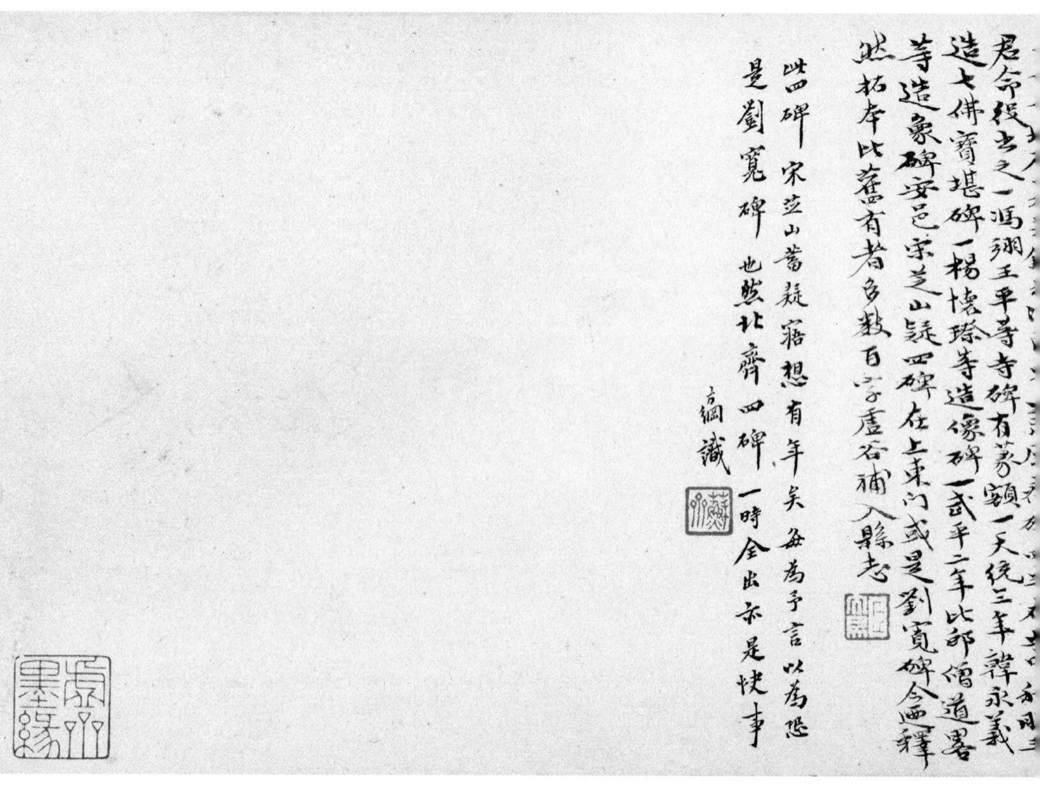

图1.1　黄易《嵩洛访碑图》“平等寺”　故宫博物院藏

在讨论这个问题以前，我们需要略微回顾一下17世纪以来的亲历访碑活动，从而对这种风气的由来，拓本的文献与书法价值，以及黄易“精拓本”的意义等，有一基本的认知。

有一种流行的说法认为：乾嘉学术是清廷文字狱的结果，文字狱令人谈虎色变，所以学者们为了避祸，不再过问现实政治，而纷纷钻入故纸堆中，这种集体的从现实的出逃，反而十分意外地成就了一种独特的研究方法。〔1〕这一外缘性的解释，虽有一定的合理性，但不是最有力的历史解释。余英时倾向于从“内在理路”来探讨清代考证学的形成。他认为自16世纪以后，儒学就发生了从“尊德性”向“道问学”的转变，因为义理是非的争执，到了一定的阶段必须回到典籍考证本身。〔2〕

作为乾嘉考证学最重要的辅助学科，金石学的提倡也无法完全归结于外部的力量。人们对于金石的兴趣，并非一夜之间骤然发生

的，这种兴趣的成长，即使从晚明算起，也已经历了一个多世纪。除了借此考证经史，突破传统法帖范畴，寻求书法新变，也是内在的动力之一。

发地数尺

1796 年九月，丁忧期间的黄易迎来一段稍稍闲暇的时光，他带着拓工从济宁前往河南嵩山、洛阳一带游览访碑。此行收获甚多，以至于他需要在当地不断招募新的拓工。在接近洛阳的义井铺平等寺旧址，黄易注意到荒原中的四碑，一半还埋在土中。【图 1.1】此前他的朋友安邑宋葆淳说，这可能是东汉中平二年（185）所立《太尉刘宽碑》，但与黄易同行的偃师知县王复（1747—1797）命役掘出，才发现是北齐四碑，椎拓之后，比旧拓本多出了数百字。〔3〕

类似的情形，在17世纪的文献中其实也不难见到。如顾炎武在西北边塞见到《唐景云二年敕》，碑下为积土所壅，顾来游数四，最终募人发地二尺，得录全文。没有让顾炎武失望的是，敕文辞藻斐然，是一篇颇有价值的唐代佚文。[4]又如曹溶（1613—1685），经过太原郑村时见到《李存进碑》，虽仅露碑顶，仍派人掘出，树于大道之旁，而王陵庄的《史匡翰碑》，掘地竟至一丈多深。[5]朱彝尊（1629—1709）则在汾阳县北七十里的郭社村挖出《任君墓碑》与《刘府君碑》。叶奕苞（1629—1686）曾说：

> 锡鬯（朱彝尊）同曹侍郎（曹溶）历晋燕之间，访得古碑，不惮发地数尺而出之，从者皆善摹拓及装潢诸事。文人好古，近罕俦匹。[6]

叶氏本人也曾两至山左，访求阙里汉碑，《礼器碑》《鲁峻碑》等他曾身至其下，当他见到《孔彪碑》时，碑尚埋孔林土中三尺。[7]

即使陵谷迁变没有改变碑刻原有的位置，但积年阴湿，碑刻上布满苔藓，椎拓也是非常困难的事。郑簠（1622—1693）虽没有掘地发碑的记录，但剔碑之勤，颜光敏（1640—1686）曾经耳闻，在郑簠《汉隶九种册子》的跋文中，他写道：

> 篆隶书，人皆以为博雅嗜古之所为，而不知为行楷宿源，故鲜有好者。己未岁余在里中见东汉诸碑剜苔剔藓，锋铩毕出，较往昔遂大不同。人言此谷口郑子过阙里，坐卧其下，手自磨洗者也。因知先生好古竺志如此。[8]

经过剜剔磨洗，汉隶的锋芒如新发于硎，郑簠据此揣摩点画精神，以及篆隶与行楷之间的笔法渊源。他的隶书所展现的讲究锋芒与振动感的用笔方式，很可能源于这样的视觉经验。在20世纪大量战国至汉晋简牍出土以前，人们只能根据碑刻来还原篆隶用笔，从而理解王羲之（303—361）笔法的源头。

以上提到的顾炎武、曹溶、朱彝尊、叶奕苞与郑簠，都是康熙年间热衷访碑的南方人。顾炎武出生于江南昆山，1657年避仇北上，足迹遍及北方五省。他在经学、史学、音韵、小学、金石与舆地学等方面都有杰出的贡献，被视为清代学术的开山之祖，《金石文字记》与《求古录》是他的两部金石学力作。曹溶是浙江秀水人，1637年进士，在明官至御史，降清后曾任广东布政使，1656年降一级改任山西阳和道。他的访碑活动集中于任职山西以后。曹溶工诗词，精鉴别，金石书画收藏甚富，著有《古林金石表》。朱彝尊是曹溶的同乡，1679年举博学鸿词科，除检讨，1683年入直南书房。他是清初重要的史学家之一，也是词坛的领袖。在入仕以前，曾多次栖身曹溶幕府，从曹氏南游岭表，西北至云中，所至荒冢残碑，无不搜剔考证，与史传参校异同，著有《曝书亭金石题跋》。叶奕苞也是昆山人，曾与朱彝尊一道参加博学鸿词科的考试，但为忌者匿卷而罢归。他的祖、父两辈都热衷收藏碑刻，不过悉数散去。由于“少喜临池，得墨碑百本，审其拓偃之势而知师承”，叶奕苞颇欲搜访隐僻，以补赵明诚之遗。[9]郑簠是江南上元人，宋元以来，他是第一位以隶书名世的书家，起码有十五位当代诗人为他写过“八分书歌”，一时声称藉甚。[10]1676年秋冬之际，他北游燕都，道经山东，曾游历曲阜、济宁等地，摹拓汉碑，又至嵩山、华山访碑，带回南方的拓本积有四橱。[11]

南方学者的访碑活动，是对北方学者赵崡、郭宗昌（也许还有王弘撰、傅山）等人的响应。自17世纪20年代，陕西学者就开始了古长安周边的访碑活动，其中最著名的，是被称为“关中二士”的赵崡（活跃于1573—1620）与郭宗昌（？—1652）。[12]赵是陕西盩厔人，1585年举人，但从未做官。他少时即耽于金石，因所居邻近周秦汉唐的故都，曾从西安招一善拓者李守才，在外出访碑时负楮墨随行，[13]每得一碑，赵必亲为拭洗，椎拓精致，这些碑刻被载入《石墨镌华》一书。[14]郭宗昌是华州人，崇祯间曾应召入都，然不屑逢时，很快就返回了陕西。他擅长隶书，也喜好搜求金石。[15]与赵崡保存“六书遗响”的旨趣相似，他的《金石史》也专门讲论三代以来金石书法的优劣。四库馆臣对于赵、郭二人专事品题书法，而未能旁证史传，不甚有裨于考证稍嫌不满，但此一时期发端于陕西的亲历访碑活动，因南方学者的桴鼓相应，很快就形成一时之声气。

四库馆臣的态度代表了清代金石学的主要企向。学者访碑，原为经史研究寻求第一手材料，正如欧阳修（1007—1072）在他的时代就曾宣称的："夫可与史传正其阙谬者以传后学，庶益于多闻。"[16]史事难以传信，盖因人、地、时、事之类讹误者不一，因出自后来臆说，所以其间多所抵牾。倘若有旧日铭题作为参证，千载积疑往往一下子就涣然冰释。即使文献价值不高，其词意之高奇、笔画之精微，也足以悦心研虑。

但“见”与“不见”原碑，差别甚大。叶奕苞曾说：

> 明人录金石文者，惟都少卿穆《金薤琳琅》见碑录文，虽少而妙，又录宋元人题跋，如《潘乾校官碑》是也。杨升庵《金石文》、徐献忠《金石古文》，竟录《蔡中郎集》内文字，不必亲见此碑，故不足贵。[17]

虽然明代中叶以来著录金石文字的著作层出不穷，但像杨慎（1488—1559）和徐献忠（1469—1545）那样，根据前人文集过录碑文，其性质与都穆（1458—1525）见碑录文有本质的不同，前者是经过编辑（或篡改）的文献，而后者则保留了文献最初的样貌，其史料价值大相径庭。而在亲历访碑的过程中，即使原先已有拓片，学者也常常会有意外的发现，比如碑额、碑阴、碑侧与题名，拓工常常偷懒不拓，拓本时有模糊难辨之处，或经后人剜补修改，凡此所导致的材料的缺陷，都可能在亲自摩挲碑石时得以补充或修正。成书于乾隆十年（1745）的《金石图》是当时的金石学名著，摹图者褚峻声称，采自传闻易疑误后人，故非亲见手摹不著于录。[18]

18世纪下半叶，也就是黄易活动的主要年代，访碑的规模与结构都呈现出强烈的扩张之势。无论是访求的对象、区域，还是参与的人数，与明末清初相比都有了显著的变化。虽然汉唐碑刻仍是追逐的中心，但是宋元乃至近代的碑刻（包括题名）开始进入人们的视野，砖瓦、鼎钟、铜镜、钱币、印章等品类也逐渐齐全；在地域上，除了北方陕西、河南、山西、直隶、山东等碑刻较为集中的省份，新疆、四川、云南、广东与福建等边远地区的碑版也开始受到重视；在人数上，除了一流学者的普遍参与，众多地方官员与布衣之士也沉浸其中，仅浙江一地，访求、收藏与研究金石的文人就有数十人之多；而金石学著作的出版，也呈现井喷之势，几乎到了人撰一卷、汗牛塞屋的程度。

即便如此，没有人能够亲近所有的古物，人们研究的、欣赏的或是收藏的，主要还是当日流通的各种拓本。因此所谓的金石学，本质上是关于金石拓本的学问，古物反在其次。在这样的情形下，什么样的碑刻与拓本最具价值，就开始成为一个问题。

文献与书法

1774年，河北元氏县知县王治岐在野陂发现《祀三公山碑》，【图版2】碑立于东汉安帝元初四年（117），字体在篆隶之间。欧阳修《集古录》、赵明诚《金石录》虽也著录了一块《汉三公山碑》，不过是东汉光和四年（181）的隶书碑，比《祀三公山碑》晚了数十年。尽管此碑曾为元人访得，但素无拓本流传。[19]当黄易第一次见到访碑人杨鹤洲带来的拓片时，他所受到的震动可想而知。[20]这种

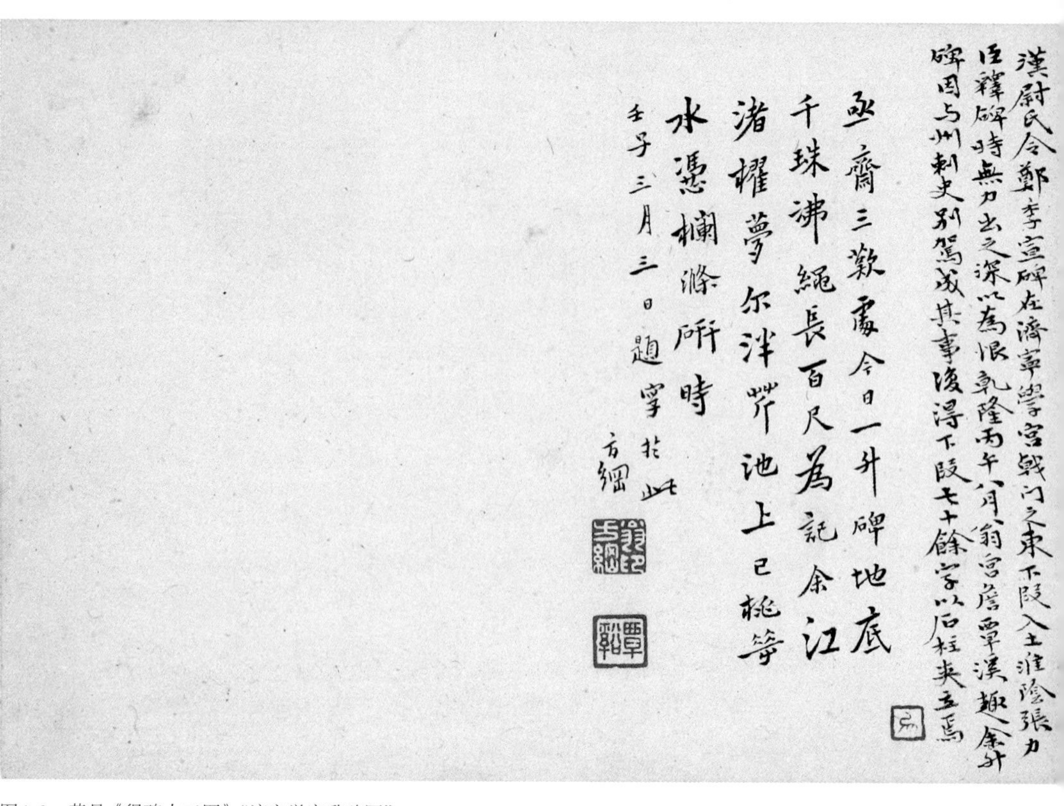

图1.2　黄易《得碑十二图》“济宁学宫升碑图”

震动，1798 年翁方纲得到安阳新出四汉碑的拓片时也曾体会到，在其时写给黄易的信中，他强调 ：“弟已细检《隶释》《隶续》，实为从前所未见者！”〔21〕从文献的角度说，这种新发现且从未见诸著录，或者即使有著录却未有拓本传世者最为珍贵。这意味着这些材料在整个学术史上从未被人利用过，其价值可以想见。

一些再度被发现的碑刻，倘若可辨识文字多于既往所知者，于学者而言也足称幸事。晚清叶昌炽（1849—1917）曾解释过这一现象 ：古碑出土时或断裂失去一角，嗣后复访得之，又或者阴、侧之字因为洗剔才显露出来，因此就有了先拓本字转少、而后拓本字转多的情况。〔22〕武梁祠画像及题字的发现就是最好的例子，在得到黄易赠送的拓本时，钱大昕声称 ：“画像倍于洪氏，且有出于洪录之外者。”〔23〕翁方纲则说 ：“补出洪氏所未见者数十字。”〔24〕无论是图像还是榜题，黄易的发现都超出了宋人根据拓片所做的记录。而

流传于江南的《唐拓武梁祠画像题字》，尽管有其独到之处，但也只保存了全部画像的十之二三。又如立于济宁学宫的《汉尉氏令郑季宣碑》，下段一直没于土中，清初张弨（1625—1694？）撰《济宁学碑考》时无力出之，深以为恨。1786年八月，在翁方纲的多次建议下，黄易升碑出土，拓得下段七十余字，【图1.2】翁方纲称之为“二三百年来一大快事”。[25]张弨的“恨”与翁方纲的“快”，都因能否多得碑文而发。

在讨论拓片与碑刻实物的关系时，巫鸿曾指出一张旧拓片比现存实物记录了更为可靠的过去，因此，鉴藏家总是试图在旧拓中找到更早、因而也可能更真的碑刻原来的风貌。[26]当碑刻已佚，或是再发现后残损严重，旧拓善本就显得异常珍贵。1777年七月，因报捐短暂于京师勾留的黄易，自旗人董元镜手中购得《熹平石经残字》的宋拓本，董精于临池，也是京中有名的篆刻家，曾因汪由敦（1692—1758）之荐，预修《西清古鉴》，后任大理寺评事。这套拓本在黄易的收藏生涯中颇具象征意义，手捧石经拓本册，也成为黄易画像的标准造型。[27]在将拓本携往翁方纲诗境轩与友人同观时，有人认为是熹平原石的拓本，有人则指出是宋人重摹之石，但都一致认为是宋拓佳本，在原石无存的情形下，完全可以视同祖石。[28]【图1.3】嗣后毕沅编《中州金石录》，即以此本入录。另一件让黄易骄傲的宋拓本，是泰安赵国麟（1673—1751）旧藏《汉魏五碑》。赵于1709年举进士，乾隆初年官至礼部尚书。他是当时有名的藏书家，《汉魏五碑》在他去世后散出，1783年与1785年，《魏元丕》《范式》与《灵台》《朱龟》《谯敏》五碑分别为两位身在山东的友人购得，随后转赠黄易。在1789年所写的跋文中，黄易讲述《范式》原石久失，1778年胶州人崔儒眎在济宁龙门坊水口得碑额，此后李东琪又访得残石于济宁学宫，且有碑阴。尽管如此，旧拓仍是“希有之迹”，因为它比新得断碑要多一百八十余字。[29]【图1.4】

学者重文献，书家则重艺术。一件碑刻的声名，与其书法水准也大有关系。唐代的名家碑刻自不必说，一些古代无名氏碑刻也逐渐被人欣赏、取法，明末清初《曹全碑》的风行暗示了这样的认知趋向。甚至有人认为这些碑刻虽非出自名家之手，却足以与锺王分庭抗礼。[30]

还是以《祀三公山碑》为例，孔继涵（1739—1783）十分欣赏它古朴的书风，认为可与《曹全》《裴岑》鼎峙。[31]黄易则认为此碑书兼篆隶，有秦人遗意，与《开母》《少室》等嵩山石阙风格相类，学者可从中寻绎篆隶嬗变中的微妙消息，故价值在一般的篆书碑或隶书碑之上。[32]这件碑刻确实对后来的书法与篆刻产生很大影响，根据怀宁人方朔（活跃于同光朝）的观察，他的乡前辈邓石如（1743—1805）曾集书《三公山碑》为联，笔法奇古，如篆如隶，从中可见由篆趋隶之渐。这种陌生感带来的艺术冲击力让方朔颇感新

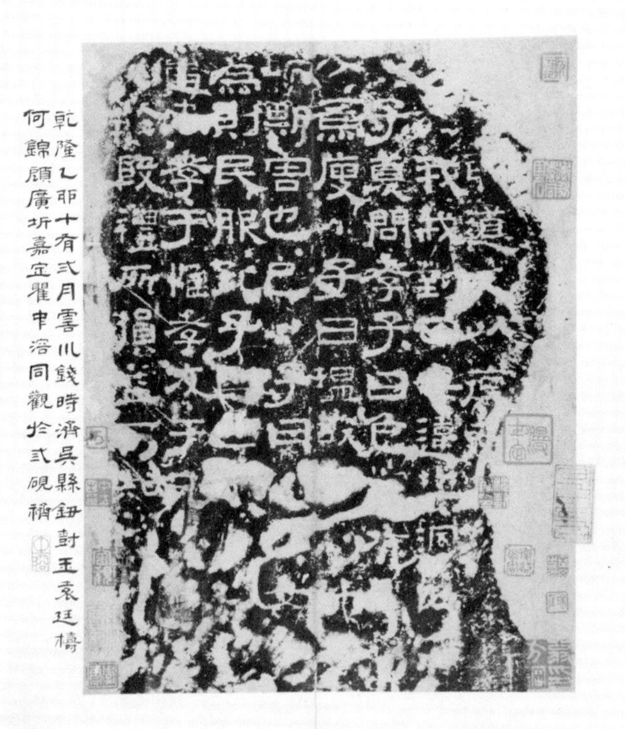

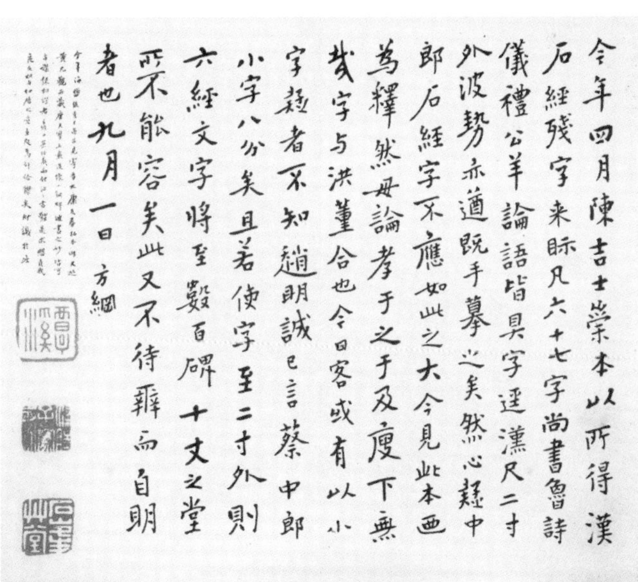

图1.3 汉《熹平石经残石》 黄易旧藏本 故宫博物院藏

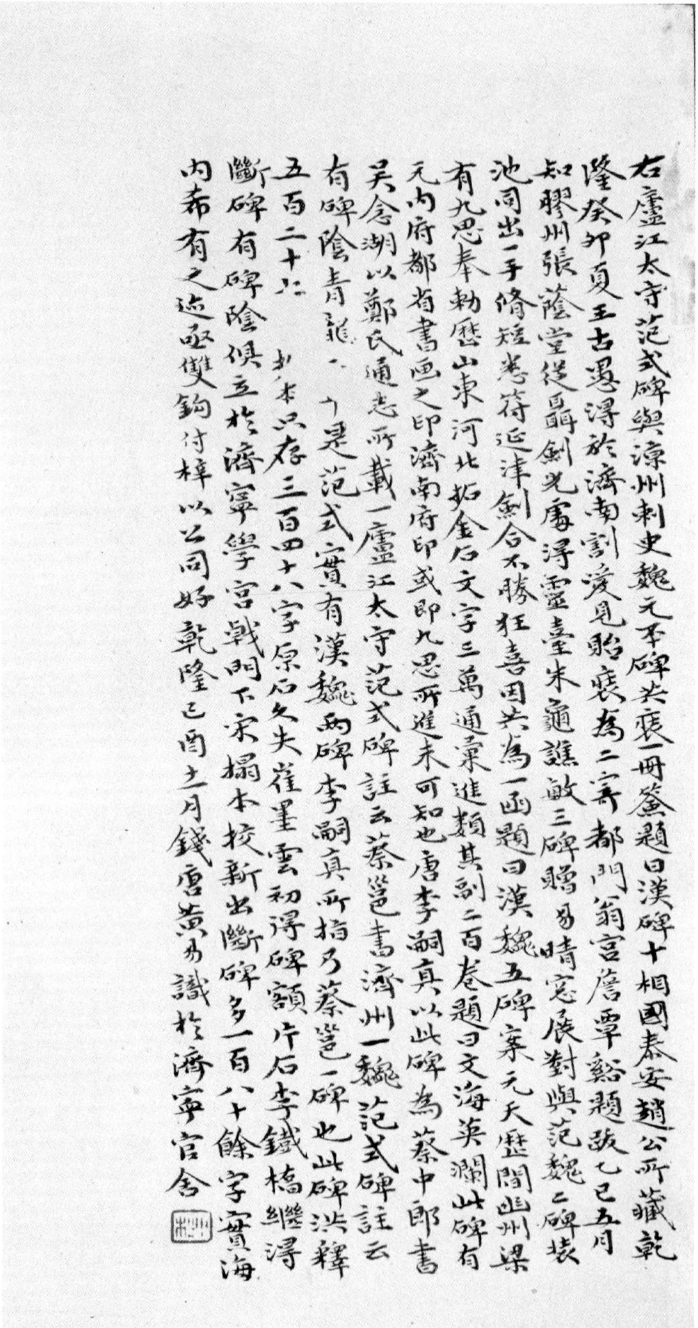

右盧江太守范式碑與涼州刺史魏元丕碑共裝一冊簽題曰漢碑十相國泰安趙公所藏乾隆癸卯夏王古愚得於濟南割愛見貽裝為二冊都門翁宮詹覃谿題跋乙巳五月知聊州張蔭堂從畢劍光處得靈臺朱龜譙敏三碑贈易晴窗展對與范魏二碑裝池同出一手脩短悉符延津劍合不勝狂喜因共為一函題曰漢魏五碑案元天歷間幽州梁有九思奉勅歷山東河北拓金石文字三萬通彙進類其副二百卷題曰文海英瀾此碑有元內府都省書畫之印濟南府印或即九思所進未可知也唐李嗣真以此碑為蔡中郎書吳念湖以鄭氏通志所載一盧江太守范式碑註云蔡邕書濟州一魏范式碑註云有碑陰青龍三年是范式實有漢魏兩碑李嗣真所指乃蔡邕一碑也此碑洪釋五百二十六字此本只存三百四十八字原石久失崔墨雲初得碑額片石李鐵橋繼得斷碑有碑陰俱立於濟寧學宮戟門下宋搨本校新出斷碑多一百八十餘字實海內希有之迹亟雙鉤付梓以公同好乾隆己酉十月錢唐黃易識於濟寧官舍

图1.4　汉《范式碑》（右页）及黄易跋　黄易旧藏本　故宫博物院藏

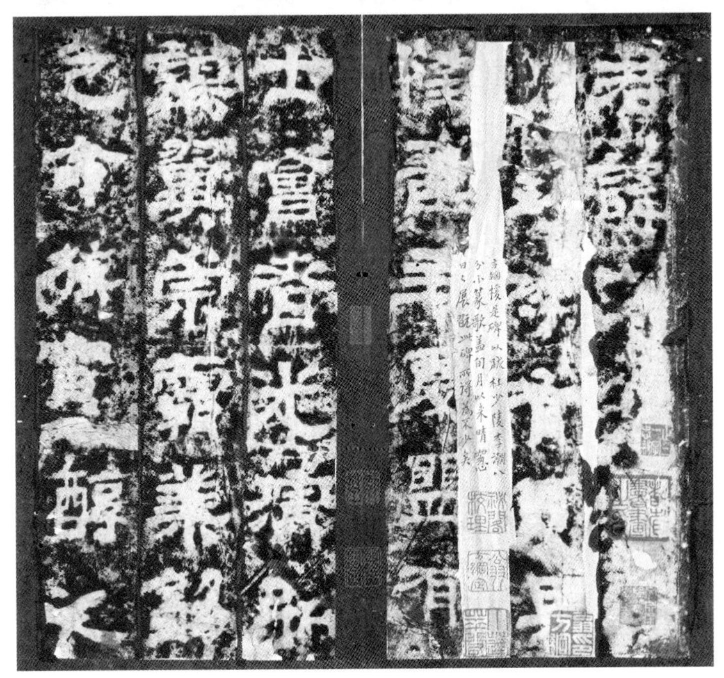

图1.5　邓石如印章“完白山人”“石如”“顽伯”“邓石如”

奇。方朔进一步认为，邓石如所刻私印也颇受此碑影响，他特地举出几方邓氏常用印：“石如”（径寸以外、有边、阴文）、“完白山人”（阳文）、“邓石如”（半寸以外）、“顽伯”（有边、阴文），皆趣味可掬。【图1.5】邓石如印章的用字因不同于寻常的字书与汉铜印文，因而在篆刻领域别辟一派。清中叶以降，文人篆刻有了长足的发展，其中最著名的流派莫过于以丁敬、黄易所代表的“浙派”，与以邓石如所代表的“徽派”。《祀三公山碑》由浙派印人发现，却深深影响徽派印人，亦是篆刻史中的趣事。但当日学习《祀三公山碑》的不止邓石如一人，黄易同乡后生陈鸿寿（1768—1822）的隶书也脱胎于此，生辣古朴，足与邓氏媲美。[33]【图1.6】

黄易引以为傲的汉魏五碑，其书法价值也颇受重视。如翁方纲认为，《朱龟碑》书势多变方为圆，在汉隶中篆意最浓；《魏元丕碑》朴质苍劲，时见参差错落之致，略与《张迁碑》相似，但更为流逸，有些地方似乎又启发了唐代隶书；《范式碑》隶法崭绝，精华呈露，劲利之中出以淳朴，顿挫节制，神采焕发，远在皇象、梁鹄诸家之上，当被视为蔡邕（133—192）碑中的第一品。[34]皇象、梁鹄、蔡

图1.6 陈鸿寿隶书对联
上海博物馆藏

邕都是汉末的书法名家，但绝大多数汉碑不署书人姓名，因而我们无法证实哪些碑刻出自他们之手。翁方纲的比较虽于史无稽，却肯定了汉魏五碑旧拓本所具的不同寻常的书学价值。

武梁祠画像题字，除了黄易认为可与《曹全碑》媲美之外，时人对之也有极高的评价。黄易赠予桐乡金德舆的《武始公石阙》拓片，字迹完好，朱方蔼（1721—1786）曾经得见，认为“汉碑精美若此，甚不易得，固可宝也”。而苏州藏书家顾广圻自称，也见过一个可能由黄易制作的精拓本，认为“汉碑中小而完善，以此为最”。[35]可见，武梁祠画像题字，除了可资图像考证，也是难得的隶书范本。

在后面的章节中，我们会谈到黄易的艺术。黄易隶书广学汉碑，如故宫博物院所藏《临杨太尉碑轴》款识云：“石已不存，余得宋拓本，日临一过。”【图1.7】另一件临碑立轴，则取法于《娄寿碑》双钩本。[36]江西省博物馆所藏一套黄易临碑册页，范本包含《子游残碑》《石门颂》《礼器碑》《张迁碑》《尹宙碑》《三公山碑》等各种新旧碑版。无锡博物院所藏的一套书画册页中，有他临摹的《裴岑纪功碑》。【图1.8】此外，他也曾临摹《武梁祠题字》。[37]以上的例子说明，黄易对于自己收藏的各种汉人隶书，都曾反复临写。这样的经验，使得他对隶书门径洞若观火，如他激赏《鲁峻碑》奇伟神妙，[38]并坚称郑簠的锋芒结构实取径于此碑碑阴，而不是普遍认为的《曹全》与《孔彪》。他还比较郑簠隶书与汉碑的差异：

> 汉隶纵极流动，结体无不严重。此书间有跳跃轻率，复多野体，学者宜择而取之。[39]【图1.9】

所谓野体，是说郑簠隶书中有许多结构并非出自汉碑，而是师心自用，将篆书隶写，这是明代中叶以来流行的做法；而跳跃轻率，则指郑簠隶书用笔飞腾跳荡，粗细反差极大。在多年的摩挲与临摹中，黄易对于汉碑笔法的沉厚与结体的独特有着深刻的认识，以此衡量郑隶，其间自然有许多有不足师法者。可见，尽管都从碑石与拓本揣摩汉人的用笔方法，郑簠与黄易竟然南辕北辙。他们之间所存在的巨大差异，说明碑学一方面具有对金石书法做各种阐释的可能，另一方面各种阐释之间也存在着不可调和的矛盾。[40]

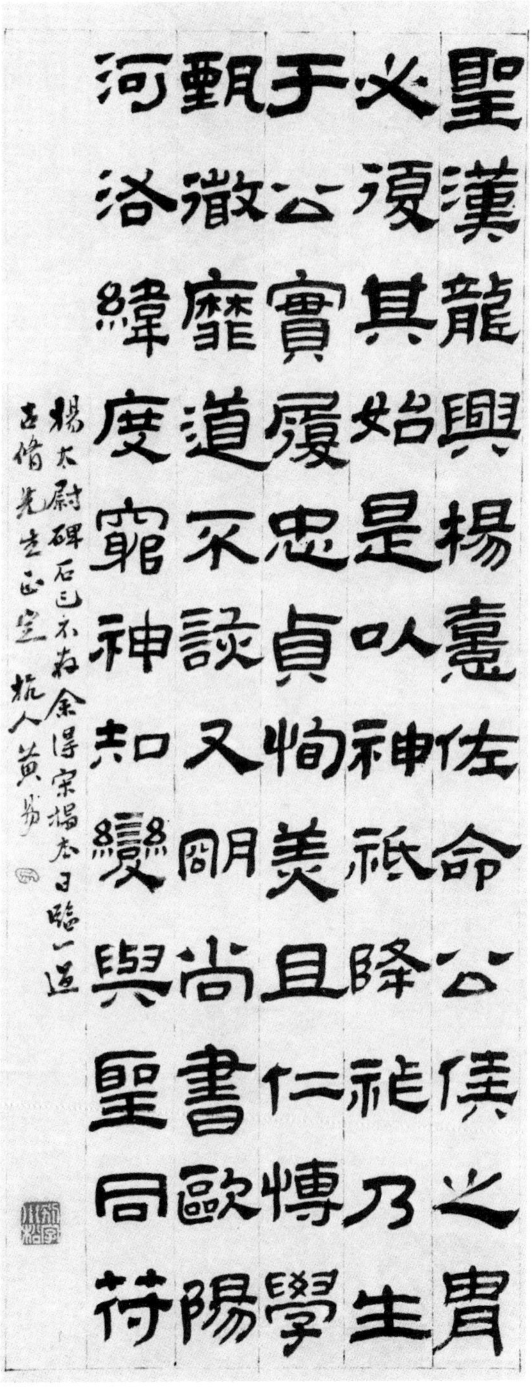

图1.7 黄易《临杨太尉碑轴》
故宫博物院藏

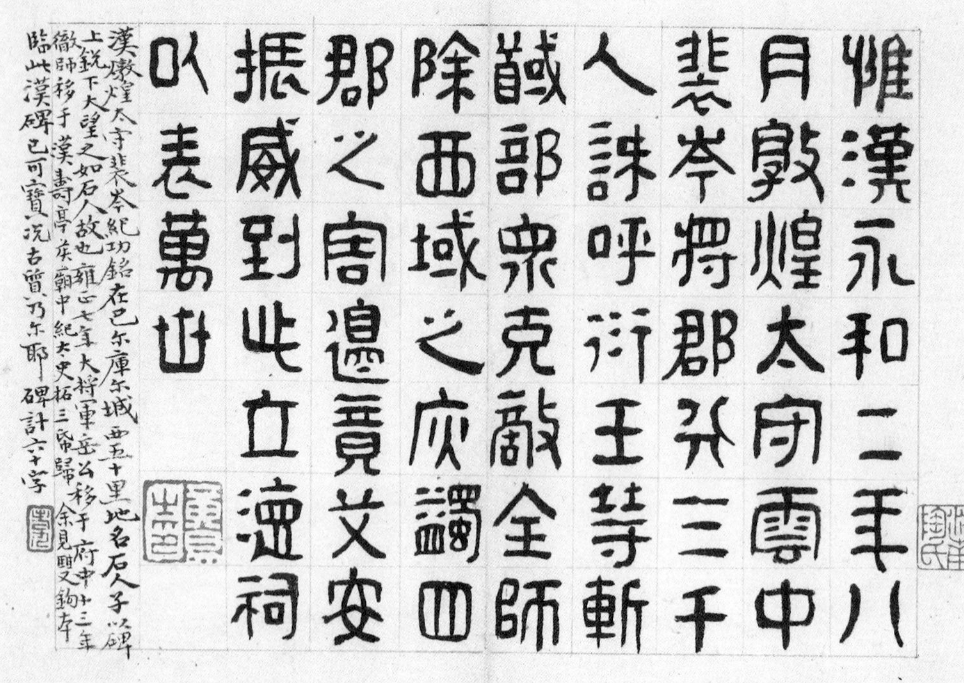

图1.8　黄易《临裴岑纪功碑》 见黄易《书画册》 无锡博物院藏

如果说黄易、邓石如、陈鸿寿等人从碑刻书法中汲取营养，阮元则利用金石文字来研究书体演变与书法风尚。从本质上说，这是金石文字有裨史学研究的另一种表现。在碑刻书法受到重视以前，人们仅据《淳化阁帖》等刻帖来架构一部书法史，由于碑刻“所可以资经史篆隶证据者甚多”，[41] 这部分资料的加入，在很大程度上启发了人们对于“二王”帖学一统天下的质疑。[42] 在多年搜集北朝碑刻的基础上，阮元从正史、《水经注》与《金石略》等书中钩稽出北朝以书著名者八十余家，并试图建立起汉晋时期锺繇（151—230）、卫瓘（220—291）至唐人欧阳询（557—641）、褚遂良（596—659）之间的碑学谱系，1811 年，他抛出《南北书派论》与《北碑南帖论》，这两篇文章尽管错误地将碑帖之别描述为南北地域之别，但他注意到碑版与翰札的不同功用与趣味，无疑启发了后来的包世臣（1775—1855）与康有为（1858—1927）。如内藤湖南

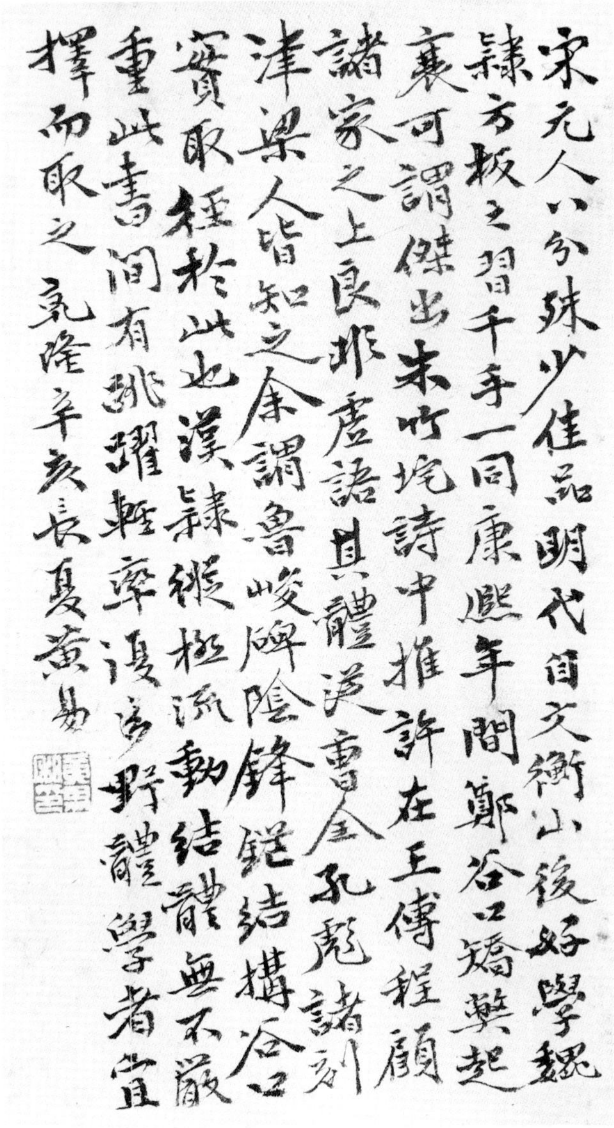
宋元人八分殊少佳品明代自文衡山後好學魏
隸方板之習千手一同康熙年間鄭谷口矯獘起
衰可謂傑出朱竹垞詩中推許在王傅程顧
諸家之上良非虛語其體從曹全孔彪諸刻
津梁人皆知之余謂魯峻碑陰鋒鋩結構谷口
實取徑於此也漢隸縱極流動結體無不嚴
重此書間有跳躍輕率復多野體學者宜
擇而取之 乾隆辛亥長夏黄易

图1.9 黄易跋《郑谷口隶书册》 北京保利2016年春拍

（1866—1934）所言，阮元北碑南帖的说法虽然只是妄言，但他的书论不管怎么说划出了近代书论的一个新纪元，而包、康则在此基础上开创了一个大变迁的时期。[43]

精拓本

无论是文献价值还是书法价值，最终都需要通过拓本的转换才能实现。因此，拓本的精粗优劣，就成为关涉甚大之事。

1778年，在收到黄易寄来的济宁六汉碑与新得二砖拓本之后，潘有为回信说："为于金石一道梦寐与俱，得淡拓，其宝贵可知也。"[44]这种淡拓的方法，黄易得之于同乡至友赵魏的指授。1776年，赵魏收到黄易所赠《祀三公山碑》拓本，当即指出拓手拙劣，不能发精彩古劲之趣。此时黄易刚刚开始金石收藏，而赵魏的藏品已经灿然可观。作为有经验的藏家，他在给黄易的回信中，指点他精拓之法：

> 大凡拓碑纸须白而薄，墨宜淡而轻，以细绸裹毡绵软物，如妇人粉扑状，蘸干墨扑之，则轻均如蝉翼矣。[45]

纸白，则黑白对比反差大，薄则敏感而有细节，墨淡则不易渲化，轻则能体现层次。除了材料的要求，椎拓工艺也须讲究，必要像妇人扑粉一样均匀轻触，而不能重按强擦。只有这样，所得拓片才能如蝉翼般具有肌理与质感，望之如淡云笼月，精神气韵皆在有无之间。

赵魏所说的这种拓法称"蝉翼拓"，因用薄纸淡墨轻拓，只要有字画可辨，即便是极为浅细之处，也一定能随其凹凸而拓出轮廓。这种拓法主要针对那些剥泐过甚的古碑，由于表面不甚平坦，拓工常常偷懒，改用勾描之法，赵魏曾见过一件《裴岑纪功碑》拓本，"描摹失真，以地无善拓手，皆就碑上用墨钩出，可为喷饭"。这种拓法不仅可笑，而且直可以赝品置之了。1770年代后期，遣戍新疆的黄庭正打算为黄易椎拓《敦煌太守碑》，赵魏要求黄易立即致函，教以薄纸轻墨，以不勾描为佳。[46]

从物质性的角度而言，剔洗古碑，施以淡拓，不仅所得文字、图像最为清晰，纸墨相发所呈现的层次感也最为精美。黄易旧藏《白石神君碑》拓本有其1781年闰五月一跋，称元氏县因地理偏僻，当地少有优秀的拓工，故此碑传本甚少，即使有所流传，往往楮墨粗恶。他听说直隶正定府有一赵姓拓工，一直为大收藏家梁清标（1620—1691）的家族拓《秋碧堂帖》，颇为精善，于是委托友人将此人延至元氏县，拓《白石神君》《三公山》及《庞履温》诸碑，各数十纸。良工手段果然不同凡响，所得拓本如蝉翼轻匀，异乎寻常。[47]与碑刻的功能有所不同的是，法帖制作的目的纯然为了再现名家书法，故无论摹刻、刊刻还是椎拓，其目标都是与底本保持一致，因此工艺的要求往往更高。黄易请拓帖善手来重拓诸碑，不难看出他对精良拓本的价值已有充分的认知，而此番所得拓本的效果，也果如赵魏所描述的那样。

从上文所揭示的材料中，我们不难感知，精拓本慢慢成为金石学者与收藏家追逐的对象。但获得拓本尤其是精拓本，常有客观条件的限制，从黄易的《嵩洛访碑日记》中，我们可略窥一二。比如天寒冰冻自不能拓，天气太热也不行，郑州开元寺后殿有《尊胜经幢》，镌镂十分精巧，但秋阳曝纸，容易撕裂，施拓殊难，幸得寺旁东里书院的学徒帮忙按纸，在他们的协助下，黄易在短时间内迅速拓得全本；大风中难拓，雨中拓碑也很麻烦，黄易的工人冒雨拓得的龙门诸刻，纸还湿漉漉的，黄易要想办法将它们一一熨干；碑刻所在的位置太高，也不便拓取，老君洞中《杨大眼》《魏灵藏》等造像题记，因在高处，工人升梯遍拓，但洞顶的刻文，因架木高危，只得放弃。而伊阙洞壁之外，有《唐开元三年利涉书造像铭》，正在黄易无计可施之际，龙门武僧古涵前来助力，他猱升而上，拓得一本，黄易感叹若非此僧，必不能致。翁方纲亦打趣说："少林诸僧日以拳技为常课，竟不及龙门此僧得秋盦此笔传之。"[48]

在文人的描述中，拓工拓碑常常是击扑之声晓夜不断。碑刻于文人为雅事，但对工匠来说，不过为糊口计，他们的目标是效率，而不是精致。拓碑既非文人亲力亲为，则难免有失望的时候。1777 年十一月，翁方纲在王昶那里见到钱坫（1744—1806）自西安所寄《仓颉庙碑》拓本四纸，与黄易所收之本相比，模糊已甚，其原因正在于拓手不精。[49]钱坫是嘉定钱大昕族侄，此时正在陕西巡抚毕沅幕中，他一方面精研地理之学："所有马迁《史记》、班氏《地理志》皆已脱稿，凡驳证前人处几万余条，自问即不能为班马功臣，亦不致如张守节、颜籀等之徒，作二氏蟊贼也。弟于地理之学，向所致详，今则皆遵本朝州县为准，山经水道，今古变迁，无不备考。"[50]另一方面对吉金贞石也尤为倾心，在幕期间，访求碑刻、砖瓦、铜镜不遗余力，著有《十六长乐堂古器款识考》《浣花拜石轩镜铭集录》等。不过精良的拓工可遇而不可求，请人代为椎拓，工之精粗，钱坫也难以把控。1784年，在写给收藏家顾文铁的信中，黄易谈及唐人卢藏用（约664—约713）撰书之《纪信碑》及其碑阴、碑额，他已通过友人拓到数部，不过拓工不佳，未来还得托其他碑友另拓。而西门豹祠中的北齐八分碑，今在安阳县城的城隍庙，县丞华灿曾亲见此碑，眼下正烦其拓致，但也担心拓工不好。[51]【图版3】

层层转相委托自是拓本质量不佳的一个重要原因，而大规模椎拓也难以保证拓本精良。黄易曾经一次性为他的姻戚李琬椎拓《孔子见老子画像》20余本，[52]如果这项任务是在一个较短的时间内完成的，很可能就会不尽人意。1786年发现的《武斑碑》，黄易曾不断椎拓，作为赠送友人的礼物，1787年春，武亿在收到此碑拓本之后，曾向他抱怨："武宅山一大碑，中凿圆孔者，拓墨太重湿，文字皆不辨。"[53]【图版4】这个拓本与赵魏所要求的干墨轻拓背道而驰，因为重湿模糊，武亿甚至无法辨认它就是《武斑碑》。赵魏对于椎拓的复杂性心知肚明，为了避免大规模椎拓可能出现的问题，他要求黄易为他提供不同质量的拓本，"《王君断碑》《郑季宣》《郑固全拓》《金乡画像》，俱望为弟精拓一本，常拓数本"。[54]从"一本"与"数本"的不同要求，我们不难想见，精拓乃赵魏自己收藏，而常拓则可能用于交换或是应酬外人的请索。

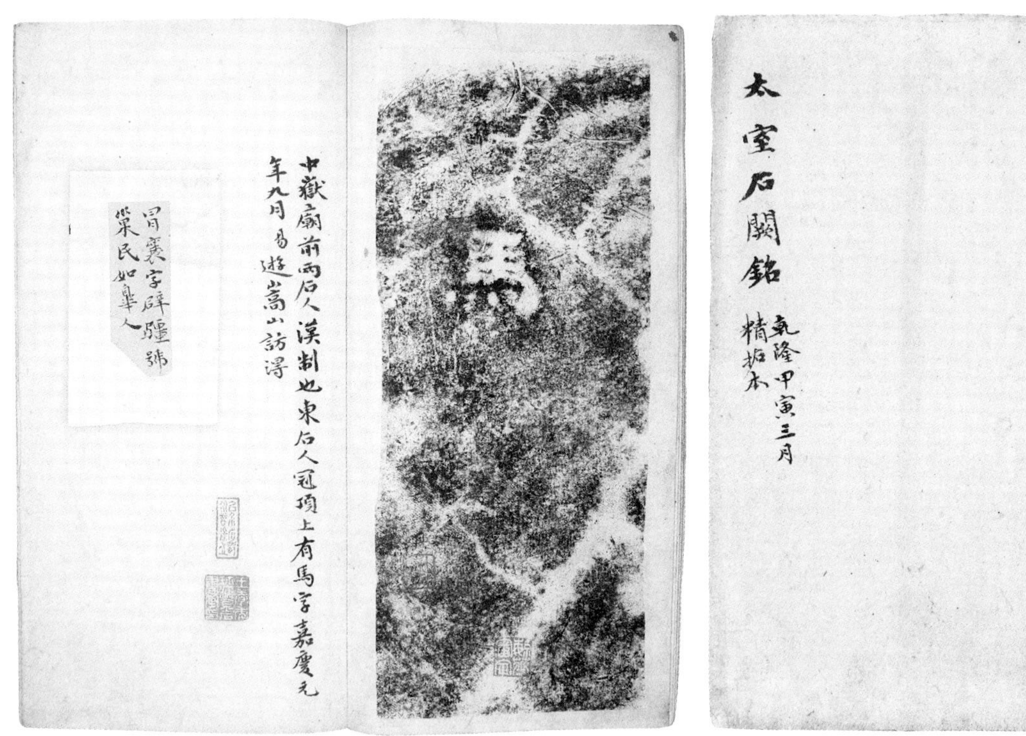

图1.10　登封中岳庙前石人“马”字　清拓本　故宫博物院藏

因此，在条件许可的情形下，收藏家本人参与访拓活动就显得格外重要。1796年九月，黄易访碑嵩山，于中岳庙前东石人冠顶上得一隶书“马”字，的是汉人手笔，行千里而得此一字，武亿戏称此是“千里马”。[55]【图1.10】若没有细致摩挲石人周身，黄易根本不可能有这样的发现。在《嵩洛访碑图·开母石阙》的题识中，翁方纲、王念孙等人特别拈出黄易新发现的文字，翁云：“皆亭林、虚舟、山夫诸君所未及详者，牛氏《金石图》尤为漏略。”王云：“《启母石阙》，好古家久殚精力矣，今秋盦多考出二十余字，又补正褚氏误阙。”[56]与此类似的是，1799年，黄易精拓《衡方碑》得其碑阴，并于正面末一行之下，得“朱登字仲条书”数字，因为汉碑自署书者甚少，这一发现让他得意之至。在向赵魏通报此事的同时，[57]翁方纲、伊秉绶（1754—1815）等人也获得了拓片，伊秉绶《题衡方碑阴同覃溪先生，寄桂未谷大令》云：“其阴委榛荆，好事推黄九（小松司马）。”[58]好事的黄易总能将惊喜带给金石友人。

阮元也很快从他这里得到消息，《小沧浪笔谈》卷三称："其（《衡方碑》）阴向无著录，黄小松司马近始拓之，足以傲对前人矣。"[59]一年之后，在写给已经南归苏州的顾文铁的信中，黄易仍沉浸于这一快事之中。[60]他也特地在完成于数年前的《得碑十二图·贺碑图》副页中，追加了这一新发现。

如若遇到布满苔藓的碑石，椎拓之前还必须细心地先对表面进行清理，与郑簠在曲阜剜苔剔藓相似的是，黄易同乡友人何元锡（字梦华）因入赘曲阜孔氏，时常在孔庙等处洗涤旧碑，于《史晨碑》下截、《鲁相碑》阴、《竹叶碑》正面，得字甚多，据《山左金石志》：

> 《竹叶碑》：在曲阜县颜氏。右碑向来只见碑阴题名二列，乾隆己酉（1789）冬，何梦华洗石精拓，始知阳面有字七行，漫漶殊甚。惟首行第七字是"之"，二行第六字是"祖"，三行第二字是"造"，余皆不可辨矣。[61]

黄易特为何元锡作《涤碑图》纪事，钱大昕在卷后的题诗中称：

> 能于没字中寻字，始信今人胜昔人。一斛清泉三尺帚，谁知瓦砾有金银。[62]

诗中钱大昕对何元锡的勘察之功，多所表彰。他能从没字中寻出字来，无疑是极为夸张的说法，但这也形象地揭示了他的极度细致，故能于常人惯见之处，屡有新的创获。

"有字"的重要性，也许是我们今天不能完全理解的。1775年，黄易听说永平城楼有二只漏壶，极古，疑有款识，因托人百计求之，但最后并未发现有字，次年致书赵魏时，他曾不无纠结地说："若是之类极多，真孽障也！！"[63]清人对于金石的兴趣主要是文献与书法，都与字有关。与字相比，画的重要性似乎要落一头，画像若无榜题，其研究价值便会被低估。王昶《金石萃编》摹刻《武梁祠画像》三石中“画之有题赞者，余无字者不与焉”，又有其他“画各一石，皆无题字，不录”，不仅不予摹刻，连著录都免了。[64]1794—1795年，黄易又陆续赠予王昶汉刻画像二十余种，其中：

> 师旷墓四石，皆无题字可见，概不著录。……邹县白杨树村一石，题“食斋祠图”四字，隶体极古质，定为汉人原题，然皆无关考据，亦置不录。[65]

从中可见王昶一贯的对于画像与题字的不同态度，当然，并非所有的文字都值得重视，尤其像王昶这类以文献考证为目标的学者。与王昶态度类似的，我们还可以举钱坫的例子，他的《浣花拜石轩镜铭集录》收录汉至唐镜计二十五种，在自记中，他谈到取舍的依据：

> 右镜铭二十五种，皆向所臧弆者。……余所置前人旧物，每重其文字，故但有花纹无铭识者，概不著录。[66]

收藏家毡蜡椎拓的可能性其实微乎其微，今天所艳称的黄易精拓本，大多只是黄易的监拓本。黄易访碑龙门时，坐伊阙洞内，指点工人摹拓，就是典型的“监拓”。上海博物馆收藏一套黄易于1796年装池题跋的《武梁祠画像题字》，其命名就是“黄易监拓批校本”。监拓除了椎拓工艺方面的指点，也防止拓工漏拓或是偷懒。1786年夏，翁方纲从文献中获知《尉氏令郑季宣碑》正面有额，不过从来未见。此碑在济宁学中，他要求黄易务必亲手摩挲，验其正面之额是否尚存，即使已泐，“亦必用极宽长之纸拓其正面，连上下四旁之靠边，若得一样二纸，更足以对审之”。因此碑靠墙，最为难拓，翁方纲深知非善工莫能办。[67] 在另一封信中，翁再一次提出请求："济宁《郑季宣碑》靠墙者乃其正面，向来拓手不佳，必得博雅为一谋也。"[68] 翁方纲对精拓的重视，还见于一位身在蜀中的友人询问有无需拓之碑，翁方纲开示《汉王稚子墓石阙》、东阙之阳八分大书"汉兖州刺史"等十一幅，"须逐件细审，用极宽长细净之纸拓之，其石角四边有花纹界线之类，以至空无物处，破泐不整处皆宜拓之"。[69] 这样的要求，与其说是给拓工提出的，不如说是给监拓者提出的。因为担心漏过一字，拓工椎拓时必须有懂行的人在旁监督指挥，庶免错失。

但即使有人监拓，拓工也会因无利可图而不予合作。1792 年十月，时任掖县训导的桂馥为黄易安排椎拓《天柱山铭》，此役得一富家帮助，其所居去天柱山仅十里，为备饭食，拓碑所需各种木杆、绳索亦皆可供用。当年秋天，黄易派来一位黄姓拓工，桂馥随即遣往天柱山，虽拓得《天柱山铭》，但美中不足的是，《郑文公上碑》亦在山阳，此人却不肯搜寻，因而遗落未拓。桂馥欲再次遣往，拓工即露难色。又如《唐府君碑》额上有像，桂馥令连像拓一二本，谆谆说了数次，此人终是不应。在稍后写给黄易的信中，桂馥抱怨此人不足与言。拓碑人嫌黄易所付十两银子不足敷应拓碑所需，因而对于桂馥额外的寻访与椎拓要求概不应承，黄易也因此失去了大好机会。[70]【图版 5】

在精拓本上，更多的信息才能显现出来。1784 年，在发现孝子堂《郭巨石室画像》后，黄易曾寄赠时在北京的宋葆淳与潘有为，但二人对拓本皆不满意，宋要求黄易淡墨精拓一全副，因为细观"象驼"一幅上有"成王"小八分二字甚精，是汉人刻像时所书，故而推想别幅也许还有，若得精拓，则其字必多。潘有为也称拓本漫漶掩真，要求再惠一全副淡墨拓本。[71] 1797 年三月，黄易遣工细拓，果然多出建安二年高令春题名、武定二年南青州刺史郑伯猷题名及天保九年刘章题名。[72] 1793 年，翁方纲在给黄易的信中，提

图1.11　汉《武梁祠画像》“伯瑜”及榜题　黄易鉴藏本

及在何元锡处所见《建武泉范》一本，拓法不及黄易所藏，“谛审次行上列之末，仍似有一字未看出者，安得精拓本对之？”[73]他希望从黄易这里借到精拓本进行对勘。

武梁石室画像第三石或许是一个有趣的例子，此石第二层刻一妇人向右立，执杖拄地，榜题“榆母”二字。右一人跪向右，洪适认为缺一人名。但钱大昕验诸拓本，有两行榜题，为“榆□亲年老，气力稍衰，笞之□痛，心怀楚”十六字，但上下尚有缺文。何元锡认为“榆”前有一字木旁，当为“柏”字。[74]可知画像描写的是“伯俞泣杖”的故事，见于刘向《说苑》。伯俞是汉代有名的孝子，他小时候犯错，母亲常常鞭笞他，他从不哭泣，但有一天，当母亲鞭打他的时候他突然大哭，母亲非常奇怪，问他何以哭泣，伯俞说，往日受鞭觉得很疼痛，但这一次明显感到母亲力气不足，觉得母亲也许来日无多了，以是哭泣。【图1.11】1793年，阮元得到黄易赠送的一套精拓本，在画中跪者右肩上又发现一“悲”字，盖前榜已足，故补书于此，而翁方纲、钱大昕等人皆所不辨。在平水韵中，“悲”与“衰”都属上平“四支”，且有了这个“悲”字——“柏榆□亲年老，气力稍衰，笞之□痛，心怀楚悲”——语意方足。此前翁方纲还臆测，“柏榆”之上缺几行几字，但阮元从精拓本判断，这二行字已逼右角，其上即是横线，并无缺文。[75]可见，精拓不仅是新发现，同时也是新结论的重要保证。

虽说乾嘉之际对于拓本的要求，主要还是完整、清晰，便于辨识铭文与图像，但文献录文即可，人们不会因为文献难得而收藏拓本。收藏的风气一方面与书法有关（文人中一直有收藏刻帖的传统），好的拓本除了清晰完整，还要求字口、锋芒能传达用笔的韵味；另一方面，拓本本身也具有观赏性，如潘庭筠在收到黄易寄来的汉碑之后，感叹“纸墨精美，如获鸿宝”。[76]

洎乎晚清，金石收藏家们对于拓本物质性的美学讲求更甚，如吴式芬（1796—1856）强调将碑石洗刷极净，然后施拓。“用墨不拘浓淡，以浓不浸入画里，淡而笔锋逼真为妙，全在视纸干湿之候及调墨轻重也。纸干则墨燥而黏纸，湿则墨走而模糊，以干湿得中、通幅一色、字之精彩全现为上。”[77]他不一味讲求淡拓，但对纸张干湿与调墨轻重有更高的要求。王懿荣（1845—1900）一方面追求精拓，黄易的汉碑拓本，在他看来既不旧，亦不甚精，[78]另一方面呵护古物甚于肌肤，与吴相反，他反对洗碑，即使古物土花过重亦不欲去之，故所拓往往难以精致，让他十分矛盾。[79]除此以外，拓本也渐渐从文献与书法的载体转变为集合文献、书法、绘画、题跋（诗）、椎拓工艺等在内的综合的艺术品。正是在这个意义上，白谦慎指出，每一次拓制都可以被认为是一种“创作”，每一件从原器上拓下的拓片，也都是“原拓”。其中的细微差异，使拓片区别于那些被泯灭了历史感的机械复制品。[80]

注　释

〔1〕　关于这一问题的梳理，参见漆永祥《乾嘉学术成因新探》，《西北师大学报》（社会科学版）1991年第2期，页53—58；胡凡《二十年来乾嘉学派形成原因与学术分野研究综述》，《中国史研究动态》2003年第2期，页2—9。

〔2〕 余英时《论戴震与章学诚》外篇第六章《清代思想史的一个新解释》，页 322—356。

〔3〕 四碑分别为《冯翊王平等寺碑》《天统三年韩永义造七佛宝堪碑》《杨怀璨等造像碑》《武平二年比丘僧道略等造像碑》。这次发掘的情景，不仅被黄易写入《嵩洛访碑日记》，也成为《嵩洛访碑图》的一个场景。

〔4〕 顾炎武《求古录》收《唐景云二年敕题跋》，《丛书集成续编》史部第 72 册，页 50。

〔5〕 叶奕苞《金石录补》卷二十七，《石刻史料新编》第 1 辑第 12 册，页 9134。

〔6〕《金石录补》卷二十七《杂记》，页 9133。

〔7〕《金石录补》自序，页 8986。

〔8〕 李放《皇清书史》卷二十九，《丛书集成续编》史部第 38 册，页 274。

〔9〕 叶奕苞《金石录补》自序，页 8986。

〔10〕 参见薛龙春《郑簠研究》第三章《郑簠的交游活动与八分书歌现象》，页 59—106。

〔11〕 叶奕苞称郑簠“好金石文字，东岱、西华、孔庙诸碑，皆策蹇身至其下，手自摹拓”，《金石录补》卷二，页 8995。曹溶《留别郑汝器》有“远游曾剔秦人碣”云云，《静惕堂诗集》卷三十六，页 9a。吴苑《北黔山人诗》卷六《桥门集》称郑簠“嗜痂成癖，曾剔碑嵩华”，页 11b—12a。许士佐《野耕集》所收《题郑谷口隶书》亦云：“探碑阙里渡河陇，洗剔无分炎与腊。”

〔12〕 钱大昕《郭允伯〈金石史〉序》，页 230。

〔13〕 赵崡《石墨镌华》卷七附录，《石刻史料新编》第 1 辑第 25 册，页 18646。

〔14〕 康万民《石墨镌华》序也特别提到，赵氏“时跨一蹇，挂偏提，注浓酝，童子负锦囊，拓工携楮墨从”，页 18583。参见《郑簠研究》，页 32—33。

〔15〕 王铎称郭宗昌是“三百年第一手”，见王弘撰《砥斋题跋》所收《郭征君藏欧阳率更醴泉铭跋》，收入卢辅圣主编《中国书画全书》第 8 册，页 943。郭宗昌所藏华阴本《西岳华山庙碑》，今藏故宫博物院；所集古印《松谈阁印史》，上海枫江书屋藏。

〔16〕 欧阳棐《集古录目》欧阳修序，《石刻史料新编》第 1 辑第 24 册，页 17925。

〔17〕《金石录补》卷二十七《杂记》，页 9135—9136。

〔18〕《金石图》何堂序，《四库全书存目丛书》史部第 278 册，页 740。

〔19〕 纳新《河朔访古记》，《石刻史料新编》第 3 辑第 25 册，页 154。此碑第一字泐，有“永初”“元初”不同的看法，但学者多以“元初”为是。详下文。

〔20〕 黄易《小蓬莱阁金石文字》“三公山碑”条，页 615。

〔21〕 翁方纲《致黄易》，故宫博物院藏。

〔22〕 叶昌炽《语石》卷十《残本足本二则》。叶还谈道，晚清时常常有碑甫出土时，碑估或故留阴侧不拓，迨售之既罄，足本再出，则收藏家不能不又购之，以此牟利。见叶昌炽撰、柯昌泗评《语石异同评》，页 551。

〔23〕 黄易《小蓬莱阁金石文字》钱大昕序，页 531。

〔24〕 翁方纲跋《武梁祠画像》，见《小蓬莱阁金石文字》，页 637。潘庭筠跋《武梁祠画像》亦认为黄易的发现有欧赵所未见者，同书，页 630。

〔25〕 据翁方纲《得碑十二图》序，李东琪、何元锡对于升碑亦有贡献。参见秦明《从记载历

史到被历史记载——黄易〈得碑十二图〉册读记》，收入薛龙春编《历史脉络中的收藏与鉴定》。

〔26〕巫鸿《说“拓片”：一种图像再现方式的物质性和历史性》，收入《时空中的美术：巫鸿中国美术史文编二集》，页 83—109。他也注意到，有时说“早期拓本”，其实是为了提高身价与地位。

〔27〕秦明《黄易小像考》认为，最早的一幅《黄易得汉石经遗字时小像》很可能出自罗聘之手，我们今天看到的摹本为沈塘所制。收入《西泠印社国际学术研讨会论文集》，页 779—797。在叶衍兰、叶恭绰所编《清代学者象传》中，黄易也是同样的造型，页 283。

〔28〕黄易跋《石经残字》，故宫博物院藏。参见《小蓬莱阁金石文字》“石经残碑”条，页 533—534。

〔29〕两位友人分别为王淳与张玉树，参见黄易跋《故庐江太守范府君之碑》。

〔30〕赵崡《石墨镌华》卷一《汉鲁相置孔子庙卒史碑跋》云：“其叙事简古，隶法遒逸，令人想见汉人风采，政不必附会元常也。”页 18594—18595。

〔31〕孔继涵《致黄易》，私人收藏。

〔32〕黄易藏《三公山碑》拓本题跋。参见《小蓬莱阁金石文字》“三公山碑”条黄易跋，页 615。

〔33〕方朔《枕经堂金石题跋》卷二《汉初三公山碑跋》，《石刻石料新编》第 2 辑第 19 册，页 14248。

〔34〕黄易《小蓬莱阁金石文字》，页 531。

〔35〕题跋皆收入顾广圻《思适斋集补遗》卷下，《清代诗文集汇编》第 482 册，页 808。

〔36〕二作皆藏故宫博物院。多年以后，黄易认识到他所藏《汉故太尉杨公神道之碑（杨震）》《汉故高阳令杨君之碑（杨著）》二碑拓本都是伪造的，参见《小蓬莱阁金石目》。

〔37〕收入咸丰三年（1853）九月刻《醉经阁分书汇刻》卷六，参见冀亚平、卢芳玉《国家图书馆藏拓中的黄易题跋述略》，收入《黄易与金石学论集》，页 281。

〔38〕黄易《秋盦题跋》，《续修四库全书》第 1466 册，页 22。

〔39〕黄易跋《郑谷口隶书册》，见于北京保利 2016 年春拍。郑簠书名冠绝一时，但随着汉碑拓本的普及，学者们对于他的跳跃轻率已经开始感到不满。乾嘉之际，王澍、翁方纲、梁章钜等人对于郑簠隶书的批评常常相当严厉，参见《郑簠研究》，页 175—185。

〔40〕参见《郑簠研究》第七章《“古”者何谓》，页 187—191。

〔41〕阮元《山左金石志》序，《石刻史料新编》第 1 辑第 19 册，页 14327。

〔42〕阮元的质疑见诸《揅经室集》三集卷一《复程竹盦编修邦宪书》《晋永和泰元砖字拓本跋》，《续修四库全书》第 1479 册，页 358—360。除此之外，晚清王懿荣也具有代表性，他认为“晋石天下有数之物，与秦石等，且正可借此以正唐摹伪晋诸帖、宋刻之谬”。王懿荣《致陈介祺》，国家图书馆藏。本书所使用的王懿荣信札，为苏扬剑整理稿（未刊本）。

〔43〕内藤湖南《书论之变迁》，见《东洋文化史研究》，页 54。参见薛龙春《南北二论非关取法北碑》，《中国书法》下半月刊 2017 年第 1 期，页 136—143。

〔44〕潘有为《致黄易》。相反，黄易上一年所寄《韩敕碑》缺字处经过裁截填补，潘氏在另一封信中深觉遗憾，《黄小松友朋书札》第五、十三册。

〔45〕赵魏《致黄易》,《黄小松友朋书札》第三册。1777 年，钱坫亦在信中指责黄易所寄《三公山碑》四副拓本平庸，要求“拣选一清楚本分惠”,《黄小松友朋书札》第十三册。

〔46〕赵魏《致黄易》,《黄小松友朋书札》第三册。赵魏没有提到的，还有一种“乌金拓”，这种拓法常常施于刻帖，或是表面平整的碑刻，用白宣纸蘸浓墨，拓好之后再经研光，其黑如漆，光可鉴人。

〔47〕私人藏《白石神君碑》剪裱本，前揭《从记载历史到被历史记载——黄易〈得碑十二图〉册读记》曾经引用。

〔48〕《嵩洛访碑图》黄易题识及翁方纲对题。

〔49〕翁方纲《致黄易》，收入《翁方纲、翁同龢翰墨》。

〔50〕钱坫《致黄易》,《黄小松友朋书札》第十册。

〔51〕黄易《致顾文铁》，上海图书馆藏。

〔52〕黄易《致李琬》，私人藏。

〔53〕武亿《致黄易》，苏州笃斋藏。

〔54〕赵魏《致黄易》,《黄小松友朋书札》第五册。

〔55〕黄易《致赵魏》，张廷济录本，收入《故宫藏黄易尺牍研究 · 手迹》，页 42。黄易《嵩洛访碑日记》“九月十三日”条亦有类似记载。

〔56〕当然也有徒劳无功的例子,《嵩洛访碑日记》记载黄易于荥阳拓《汉闻喜长韩仁铭》，碑半入土，剔至碑座，其下与碑阴、两侧俱无字。

〔57〕黄易《致赵魏》，收入《西泠八家の书画篆刻》。

〔58〕伊秉绶《留春草堂诗钞》卷四,《清代诗文集汇编》第 439 册，页 136。

〔59〕《丛书集成新编》第 79 册，页 564。

〔60〕北京艺术博物馆藏。

〔61〕《山左金石志》卷八，页 14449。

〔62〕钱大昕《潜研堂诗集》续集卷七《题何梦华涤碑图》,《清代诗文集汇编》第 364 册，页 652。

〔63〕黄易《致赵魏》，上海图书馆藏。

〔64〕《金石萃编》卷二十《武梁祠堂画像题字》，页 370。

〔65〕《金石萃编》卷二十一《孔子见老子画像》，页 385。

〔66〕钱坫《浣花拜石轩镜铭集录》自记,《百一庐金石丛书》第五册，页 2。

〔67〕翁方纲《致黄易》，见于广东崇正 2017 年春拍。书法可议，内容可信。

〔68〕翁方纲《致黄易》，甘肃省博物馆藏。参见曾雪梅《翁方纲致黄易手札考释》,《兰州大学学报》(社会科学版) 2012 年第 7 期，页 31—39。

〔69〕收入《苏斋手札》。

〔70〕桂馥《致黄易》,《小蓬莱阁同人往来信札》第一册。黄易常常支付拓碑的材料与工费，《得碑十二图》奚冈跋云：“辛勤博得一官贫，清俸犹分拓碑手。”余鹏年跋亦云：“八口何曾食俸钱，隃麋买尽石成烟。”

〔71〕宋葆淳《致黄易》、潘有为《致黄易》，皆收入《黄小松友朋书札》第七册。

〔72〕 黄易《致赵魏》，张廷济录本，收入《故宫藏黄易尺牍研究·手迹》，页41—42。《山左金石志》卷七《孝堂山画像》，阮元题记有“此书编纂已毕，将付刊矣，丁巳三月得钱塘黄司马易书”云云，所谈即上述向所未见之题刻，页14422。

〔73〕 翁方纲《致黄易》，甘肃省博物馆藏。

〔74〕《潜研堂金石文字跋尾》续卷一《武梁石室画像》，页510。

〔75〕《山左金石志》卷七，页14429。

〔76〕 潘庭筠《致黄易》，《黄小松友朋书札》第十三册。

〔77〕 吴式芬《金石汇目分编》卷首《拓碑》，《石刻史料新编》第27册，页20655。

〔78〕 王懿荣《致陈介祺》，国家图书馆藏。

〔79〕 王懿荣《家书》，国家图书馆藏。

〔80〕 白谦慎《吴大澂和他的拓工》，页213。巫鸿也认为，拓片不仅是实物的替代品，每一张拓片都成为原创的艺术品，见《说“拓片”：一种图像再现方式的物质性和历史性》，页83—109。但并非任何时期的拓本都具有这样的性质。

第二章

信息渠道

与明末清初的访碑主要集中于陕西西安、河南嵩山、山东曲阜等地不同，乾嘉时期的访碑更具扩散性，成果也更多。成功的收藏家需要熟谙各种可能的信息渠道，在金石拓片尚未形成成熟市场时，缺乏信息，等于没有掌握金石分布地图，就无法按图索骥，收藏就会像大海捞针一样困难。

1798年十二月，在写给黄易的信中，翁方纲曾询及晚明孙桢《金石考》（当即《金石考评》）一书，并说："必见好书，乃知好帖也。"[1]孙桢字仲墙，江苏丹阳人，旧藏《夏承碑》拓本，以鉴别自负，颇为前辈书家何焯（1661—1722）所推崇。这里所说的帖，乃泛指碑帖而言，在黄易的时代，碑学尚未兴起，碑帖往往并称为"碑"，或并称为"帖"。可见，既有的金石学著作是寻访古代碑版法帖的重要指南。除此之外，友人的各种碑目、碑单也是拾遗补阙的有益参考。黄易还有一些访碑人与中间人，为他四处打探碑刻与古旧拓本，即使是友人耳闻的信息，他也会顺藤摸瓜。各种各样的信息汇聚起来，便成为黄易与古物相遇的一个又一个契机。

金石书与地方志

宋代金石学著作，是乾嘉学人访碑的重要指引。孙星衍《寰宇访碑录》收碑多至7706种，在序言中，他写道：

> 郦道元注《水经》，魏收作《地形志》，附列诸碑以征古迹，而专书则创自宋欧阳修、赵明诚、王象之诸人。[2]

他所提到的郦道元（472—527）《水经注》与魏收（507—572）《魏书》，相关部分涉及古代碑刻，虽其撰作本意非关金石，但客观上成为后代金石学的嚆矢。而两宋以来的金石学著作，如欧阳修《集古录》、赵明诚《金石录》、洪适《隶释》与《隶续》、王象之（1163—1230）《舆地纪胜》等，乃是学者访碑的信息来源。

孙星衍来自江苏阳湖，在考取进士之前曾入毕沅陕西与河南幕府，通籍后尝游宦山东，这些北方省份都是碑刻多出之地。他在序言中所提到的著作，也常常出现在黄易的友朋信札中，如武亿《致黄小松》云："碑版存录，自郦氏《水经注》少存梗概，后惟欧、赵、洪三家搜集不遗余力。"[3] 他如娄机（1133—1212）《汉隶字源》、郭宗昌《金石史》、顾炎武《金石文字记》、朱彝尊《曝书亭金石跋尾》、顾蔼吉（活跃于康熙年间）《隶辨》、张弨（1625—1694？）《济州学碑释文》、叶奕苞《金石录补》、吴玉搢（1698—1773）《金石存》、牛运震（1706—1758）《金石图》（褚峻摹图）等，也是黄易与友人常常参考的。

肥城孝堂山石室，黄易访得于1780年，所根据的正是赵明诚《金石录》中的一段记载："北齐《陇东王感孝颂》在平阴县小山顶上石室内，刻人物、车马，似后汉人所为。"[4] 黄易据此遣工拓视，获"成王""相""胡王"等标题，永建四年邵善君题名，及永康、永兴、延昌、武定、太和、景明、先天等年细刻之字。且《感孝颂》后有唐杨杰石柱，间有唐焦昌、宋杨景略等人题字。虽然屡登其上，赵明诚当日只见到画像，却不知有标题。这些新发现让黄易"益信勘碑不可不审"。[5]【图2.1】洪适《隶续》称山东巨野诸境有李刚等石室，黄易也曾遣工屡访，搜得不少汉人画像，其中嘉祥洪福院佛座下一石即《周公辅成王》，虽与洪书所载不同，[6] 但也成就了一桩重要的发现。【图2.2】

1786年正月，时在王昶西安幕府的赵魏收到黄易所寄《吕国题名》十二行，根据《隶续》的记载，这一题名在陕西成县（今属甘肃）天井道后，同在一处的《西狭颂》也有题名，赵魏比较之后，发现最后一行竟然毫忽无二，不过《西狭颂》题名《隶释》记载只有二行，且与《吕国题名》不同。因为这一疑问，赵魏多方询问碑

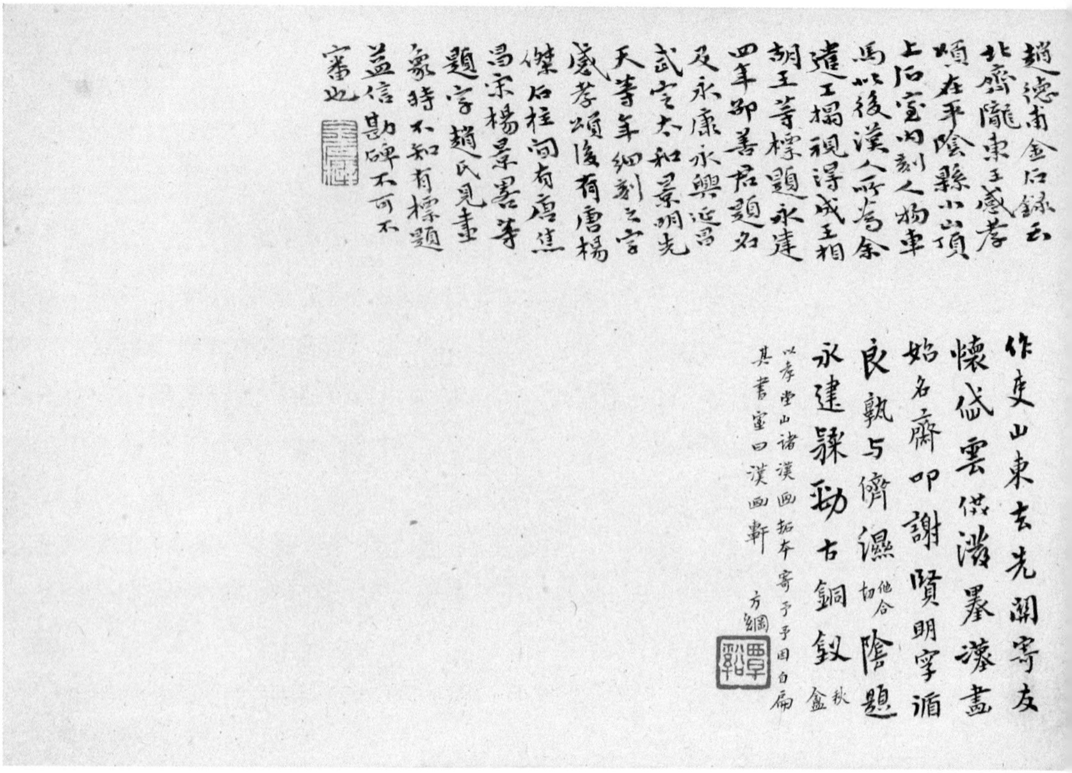

图2.1　黄易《得碑十二图》“肥城孝堂山石室图”

工，得知《西狭颂》后的题名就是《吕国题名》，颂上又得“惠安西表”四篆字。[7]

黄易和他的友人在考证碑刻时，宋至清初的各种金石著录与题跋也是重要的工具书。如黄易所得汉魏五碑，虽是宋代重刻本，但翁方纲等人在与《隶释》录文对勘之后，发现许多字或补洪氏之释文，或正洪氏之谬误，故肯定此数碑祖石比欧、赵、洪三家所见拓本要早。[8]一些近世金石书，也为学者们翻检引用，翁方纲在与黄易讨论汉隶《自然之性等字残碑》时，曾查考叶奕苞的《金石录补》；[9]赵魏作《天发神谶碑》释文时，对于前后三截的次第，希望参照顾炎武的考证。[10]

然而，获得这些著作在当时并非易事。如武亿游学京师时，于洪氏《隶释》《隶续》二书曾经寓目，嗣后嘱人转觅，终不见获。黄易得到消息后寄上自己的藏本，武亿才有机会研览寻味：

> 益知洪氏专门之学不独网收残逸，证其事迹本末，为有资于多闻，而文字通借之间辨释推析，尤于小学功不为细。[11]

除了著录之功，洪氏的史学与小学研究，也得到后代学者的高度认可。其实此前黄易也曾四处寻找此书，甚至打算手抄一部，不过赵魏 1777 年来信告知，《隶释》《隶续》二书杭州书商汪氏正在开雕，极其精善，“年终必有拓本，无庸再写”。[12] 1778 年，黄易的同乡友人、刻书家鲍廷博也寄赠所刻《隶释》一部，并承诺《隶续》一书冬间刻竣后寄上。[13]

这些著作，成为友人间通问的礼品，如潘有为为黄易觅《西清古鉴》；[14] 卢又绅为黄易寻黄叔璥《中州金石考》；[15] 黄易向梅镠索吴玉搢《金石存》；[16] 严长明（1731—1787）为黄易向关内友人索《金石记》；[17] 张复纯寄赠黄易《中州金石记》等。[18] 同时友人

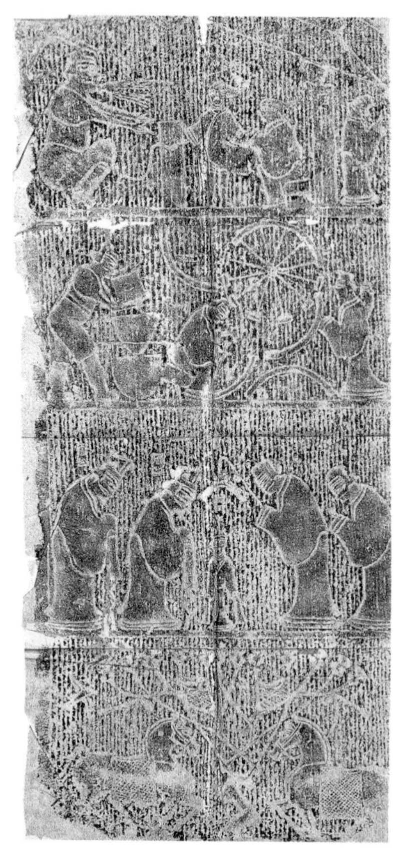

图2.2　汉《周公辅成王画像》
民国拓本　故宫博物院藏

的著作如张燕昌（1738—1814）《金石契》，也颇为黄易所期待，此书出版于1771年，1778年重订后由王杰（1725—1805）作序再版。[19]1777年至1778年，黄易曾多次向赵魏打听此书，赵称此书尚在补跋，还少六七十页，次年刻成之后张燕昌托潘有为代为寄赠。[20]

黄易等人也常常参考史书来寻访古碑，1776年二月，赵魏告知黄易，甘肃哈密卫马骔山望乡岭石龛上有汉《李陵题字》，见诸《宋史》，可惜无人见过，其时黄庭遣戍正在西北，赵魏希望他前去搜罗。[21]而以史书作为参照，为所得碑刻定名，则更为常见。黄易在写给幕友陈灿的信中，曾谈及《金乡石室画像》传是汉朱鲔墓石室，要求陈灿将两汉书中的《朱鲔传》翻出照录全传，以解疑惑。[22]【图2.3】当然，史书中最具参考价值的是地方志，许多地方志著录本区域的古今碑刻，这对热衷访碑的学者而言，无疑是有效的导引。

前文谈到武梁祠的发现，黄易正是从《嘉祥县志》中获得的

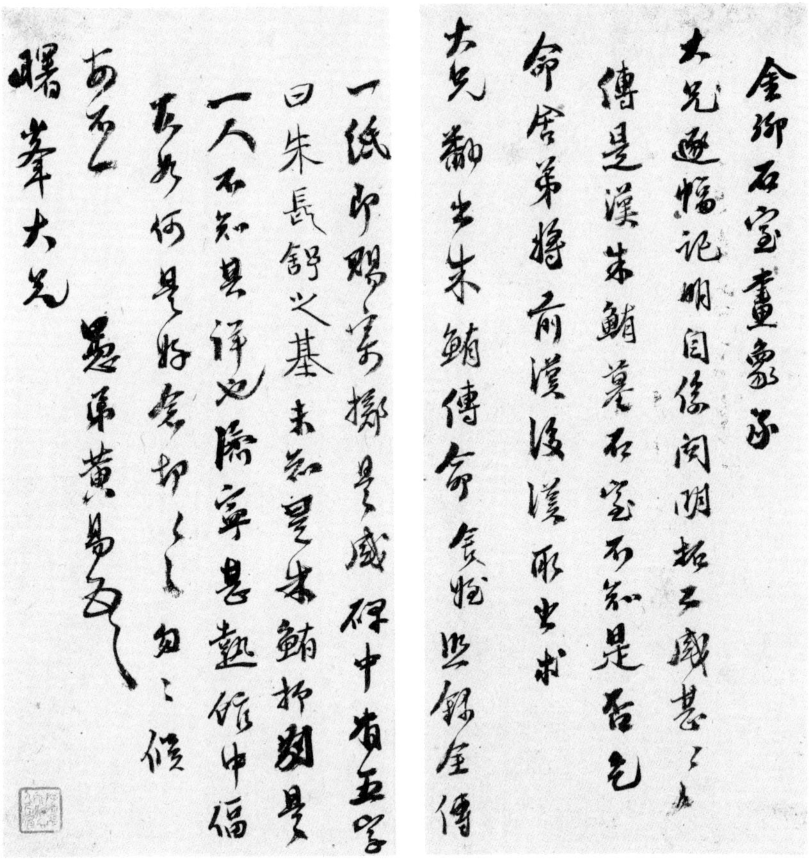

图2.3　黄易《致陈灿》 收入《故宫藏黄易尺牍研究·手迹》

线索，虽然这个线索指向的是另外一座古墓。而《武氏祠祥瑞图》的命名正是根据县志中“石室内刻伏羲以来祥瑞”一语。[23]类似的例子，如《南宫县志》记载《大隋南宫令宋君象碑》，黄易于南宫县城内尼寺访拓之。[24]《灵寿县志》记载《高叡碑》在祁林院，《大魏故渤海太守张府君之碑》在县城内佛寺，[25]黄易托坐馆灵寿县的张中前往拓取。[26]黄易还曾根据《新泰县志》的记载访求西晋《孙夫人碑》（志误为《李夫人碑》），不过求之弗获，后来泰安知县江清及其子江凤彝（1798年举人）于1793年访得。[27]江清还根据《泰安县志》的记载发现了《宫山汉武碑》，虽碑已全部剥蚀，但尚存碑额。[28]【图2.4】

敬啓者日前孫 敝友 赴濟肅具寸椷并呈徂徠石刻各
種諒邀
鑒入新泰孫夫人碑額刻已搨到茲特馳送三張又碑
文二張宮山漢武碑縣志載碑已全剥尚存碑額漢
武皇帝之碑六字今劣匠可惡復將元重修漢武
廟油碑搨来二副恨為漢武原碑續當再遣工去搨
後當即免致特此馳布並請
崇安不宣　愚弟期江清頓啓 桐月十八日午刻
再稟者 卑職 奉呈聯紙一副敬求
法隸又卑職兒子求
書横幅一紙忝在梓末並荷
垂青定不以瑣瀆見
責也又殘碑二種磚字一種均係內自家鄉三茅觀及三竺道傍拾
得者石質頗堅厚可尺許未識是何寺碑刻附呈
法鑒并望
指示為禱 卑職清又稟
、重修朝元觀記 在偽麓升元觀前楹今改名三元宫
、升元觀牒 在觀後楹
、范致君題名 在王母池西后土廟西墻下為草屋夹室所蔽
、呂洞賓詩 在王母池東呂祖洞南石壁
、安陸題名 在王母池廟門外槐樹下石首有穿當時蓋刻于旗竿石者縣誌釋安陸題名 下半截數字係掘土剔出并側字一條誌皆不載
、補塑釋迦佛像記 在縣署大門內東土地祠西楹下其西列重摹李斯刻石
開元磨崖 一副
泰陰碑 并額 共六張 後有泰陰碑三大篆字約三尺許未搨
白龍池題名 共九張 未全
重修三陽庵記 以上四種係前任搨存紙甚惡劣并有未全備屬俟親訪閱後令工摹搨再行呈上

图2.4　江清《致黄易》　见《小蓬莱阁同人往来信札》第三册

与此相映成趣的是，18 世纪中后期访碑活动的兴盛，其中一个促进因素很可能正来源于新一轮的地方志编纂。[29]在担任陕西巡抚与河南巡抚期间，毕沅幕府延聘了大量文人，重辑本省各县方志，其中也包含金石志。[30]张埙（1731—1789）在《张氏吉金贞石录》序言中，提到他 1777 年以忧去职，次年毕沅开府陕西，邀游秦中，并以兴平、扶风、郿三县志嘱他重辑，张氏皆列金石一门，1779 年书成之后，张埙服阕还京，箧中所存金石志稿五卷，皆统入《吉金贞石录》一书。[31]毕沅纂《韩城金石志》，洪亮吉纂《澄城金石志》《淳化金石志》，孙星衍纂《醴泉金石志》，严长明纂《西安金石志》，张埙纂《兴平金石志》《扶风金石记》《郿县金石志》，武亿纂、武木淳编《偃师金石记》，武亿撰《偃师金石遗文记》，冯敏昌（1747—1806）纂《孟县金石志》等，后来都从方志中独立出来，成为专书。

如同乾嘉学者访碑得前代著作沾溉，张埙等人所撰的金石著作，也成为后代学者们访碑的信息管道之一。

碑目、碑单

在黄易与友人的往来信札中，常常见到“目”或是“单”。前者是藏品目录，后者则是较有针对性的访求目录。所谓碑目，[32]是收藏家著录金石拓本的一种方式，往往简要记录金石的名称、时代、书体以及所在地，一般不录释文、不作题跋，如宋人欧阳棐《集古录目》，娄机《汉隶字源》、刘球（1392—1443）《隶韵》也各有《碑目》一卷。此外，郦道元《水经注》与王象之《舆地纪胜》都有《碑目》一卷，为明人杨慎所辑。乾嘉时期，几乎所有藏家都有碑目，往往在还没有定稿时就传抄流出。各人据他人之目互通有无，拾遗补阙，或代为觅购。作为访碑的指导，碑目直到晚清都是金石学家与收藏家追逐的对象，吴式芬在给友人的“公开信”中，要求他们将好古家有碑目并金石之见于子集者，借抄寄示，以便补入自己编写的碑目。[33]

在赵魏与黄易的通信中，赵要求黄将所藏碑刻总目存于他处，以便陆续补寄黄易箧中所无。在收到黄易所开《碑目》之后，赵魏认为汉隶已称大备，同时也指出其中一些错误，如“《孔宏碑》，按《隶释》乃《鲁相谒孔庙残碑》，宏自有碑，不传矣，望兄改之。”[34]黄易自言《宋元碑目》也有错误，请赵魏更正见示。[35]黄易早期的目录或许比较简陋，后来经陆续增改，成《小蓬莱阁金石目》。[36]他如赵魏《竹崦盦金石目录》、朱文藻《朗斋碑录》、李东琪《碑目》、翁方纲《要紧碑目》、阮元《文选楼鉴藏碑目》，都是私人藏品的目录。[37]钱大昕《金石后录》虽不以“目”名，但也具有藏品目录的功能，黄易曾从苏州藏家袁廷梼（1764—1810）那里得到此书的抄本。[38]段松苓（1744—1800）所著《山左碑目》，则是编纂《山左金石志》的基础目录。本书乃1793年毕沅、阮元合编《山左金石志》，聘段松苓搜采志乘，开列其目。1795年八月，阮元调任浙江学政，段氏不知此书何时得以授梓，故先刊其目。[39]《山左金石志》收碑一千七百种，尚有数百种编为“待访录”，在离开山东之后，阮元希望山东巡抚伊江阿（？—1801）与运河道台孙星衍能合编《续录》，并要求黄易参与筹备，“如可搜访，即为寄知，以便将目录抄寄”。这里所说的目录，当即《山左碑目》中“待访”的部分。[40]

前文谈到赵魏根据黄易藏目为他补寄所缺的拓本，赵魏藏唐碑，黄易也曾要求“开目速寄，使弟知其所缺，以便广致”。赵魏的《碑目》宋以前就达到五百种，黄易看了表示，“尊藏《碑目》弟缺者甚多，仍录一单附上，伏希留意”。[41]这里的“单”就是根据赵魏《碑目》所整理并要求赵为之觅购的简目。赵魏也曾将中州诸刻开单交给孙星衍，希望在孙大搜河南碑刻时分得一杯羹。[42]

黄易的《小蓬莱阁帖目》也曾抄寄江宁梅镠，梅一方面奉承说，经黄搜罗物色，碑刻现者累累，令他十分敬羡，另一方面也表示，目外金石不敢忽略，并给他寄上二十余种古泉文拓片。[43]严长明也曾获观黄易《碑目》，以为搜采宏富，多平生所未见者，“略为校勘付去，中有数种，弟所未得，大率也非原石在尊斋，即在济宁者，另单呈上，幸祈陆续惠寄”。[44]他通过《碑目》了解到黄易的藏品，要求黄易据他所开之单陆续为之拓寄。而在与江德量（1752—1793）的交往中，黄易也要求对方将所藏金石开目示知，以便分寄江氏所缺者。[45]此外，不以收藏著称的袁枚（1716—1798）竟然也有《碑目》，曾经寄示黄易，黄在回信中告知，除了董宣及晋永嘉二年的两种碑刻未见，其余皆已购得。[46]

1794年，翰林院检讨李鼎元（1778年进士）将改官中书，但官员补缺需按资历排队，趁着这段闲暇他南游泰岱、吴越等地。在经过济宁时，黄易为他开了一单，此单包括南京、镇江、无锡、苏州、湖州、杭州诸地可访之碑及人物：

…………

南京：见袁简斋老伯，道易企望随园风雅，另日专函请安，并将所得新出汉碑寄赏，以增金石藏之伟观。有梅八兄名镠，文清公之少子，既精家学，尤好金石，问之无不知。南京溧水学中有《潘校官》汉碑，江宁府学有《吴天玺纪功碑》，句容城外有《吴葛府君碑》，□□□有梁碑三种，易俱有拓本矣。

镇江：焦山寺中张即之《金刚经》绝妙，不可不拓。甘露中宋吴琚“天下第一江山”六字至妙，不可不看。

…………

此单不仅包括所经之地的碑刻，如溧水学中的《潘乾校官碑》、江宁府学的《吴天玺纪功碑》，句容城外的《吴葛府君碑》以及南京周边的梁碑三种等，也包括赵魏、袁枚、梅镠这样的收藏家。[47]李鼎元本可据此访碑，并一路交游结纳，但离开济宁时未能及时收到此信，【图 2.5】直到次年北归才获悉此事，他在给黄易的回信中声称：

如单中人物所见止简斋先生，所得止《校官》一石。……至各处石刻，行即走札知交，托为拓寄，了此一段因缘也。

虽然他未能一一亲访，但仍可根据黄易所开石刻之单，请各地友人代为拓致。[48]

至于各家撰述，也需要参考时人的收藏目录。如 1780 年潘应椿丁忧归里之后，将两年来所见法书、名画及金石遗文随时寓目、诠次，都为八卷，命名为《客窗过眼录》，他请求黄易将所藏前人未见之物，随笔登记成册，“他日倘得并原本寄我，俾一过眼，斯集当更成大观矣”。[49]在另一封信中，他又将唐以前所得四卷之目抄呈黄易，“如此中无有者倘蒙惠赐一观，俾得增入集中，即拜百

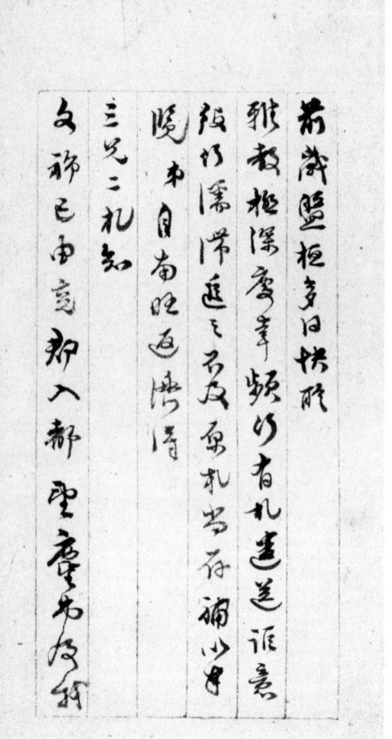
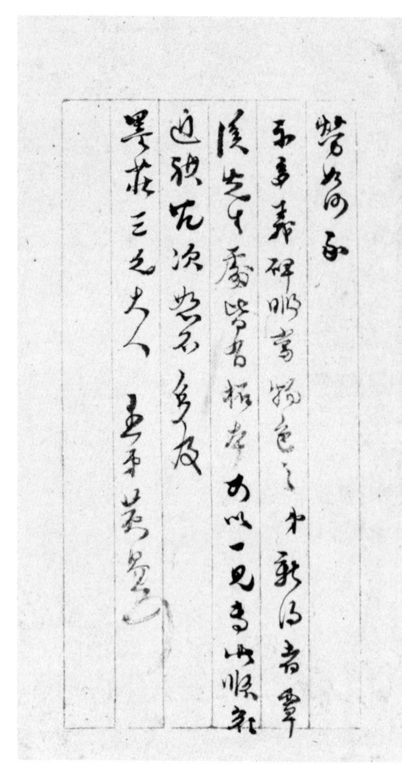

图2.5　黄易《致李鼎元》 上海图书馆藏

朋之锡”。[50] 潘应椿寄给黄易的虽是《客窗过眼录》的部分目录，却与藏目具有类似功能。又如钱泳计划汇集《魏晋六朝金石刻诸目》，1792年、1793年曾两次致书，请黄易将所藏《两晋六朝碑目》寄下，以便抄录备份。[51]

在赵魏与黄易的通信中，还时时提到区域目录。如1777年赵谈道“直隶今存碑刻，弟需者尚多，另单呈览，乘便致之”，他要求黄易为他寻购的，乃根据他所掌握的直隶碑目。[52] 在1786年的信中，赵又提到，王昶已将山左未得之碑列目寄山东按察使缪其吉，请他代为椎拓，赵魏趁机抄录一本寄给黄易，并说其中大多未有，请他加意留心。[53] 这一由王昶所开的山左碑刻缺目，也成为赵、黄私人收藏的信息来源。至于中州金石，赵魏希望黄叔璥《中州金石考》中未著录者，黄易能开目见示，并计划派陕西好拓手专程来开封，目录中如有所需的碑刻，尽可拓取。[54]此外，1795年，宜兴知县唐仲冕在给黄易的信中，提及自己曾辑《岱览》三十卷，其中金石一门颇为详尽，欲命手下人录稿邮寄，希望目录能为黄易山东访碑有所帮助。[55]1798年，黄易寄《河南碑目》给翁方纲，翁随即邮致时任河南学政的女婿王宗诚，并答应黄易“随时拓之，若有佳副本，必奉上也”。[56]在同一封信中，翁方纲还提到要向黄易借抄《范氏天一阁碑目》，这个碑目所整理的是明代天一阁主人范钦（1506—1585）的收藏，1787年由钱大昕、张燕昌及范钦六世孙苇舟共同编次，共收自三代讫宋元碑刻580余通。[57]以上这些信札中所提到的区域目录，涉及直隶、山东、河南与陕西诸省，这些北方省份都是碑刻繁富之区，掌握一份目录，为黄易、赵魏、翁方纲等人访求、拓取心仪的碑刻提供了重要信息。

乾嘉年间学人幕府的一个重要功能是协助幕主修书、著书、校书，[58]他们编撰的金石书大多曾参考黄易的收藏。赵魏在陕西幕府时，黄易尝寄赠王昶所需之碑；[59]朱文藻为王昶纂辑《金石文荟》一书，希望黄易将著作汇录一编寄示，以富收罗；[60]吕星垣则建议黄易将所藏金石目录寄至都门，与王昶《金石萃编》互相参照，以补其未有；[61]洪亮吉一方面向黄易报告《中州金石记》已嘱孙星衍刊之都中；另一方面希望黄易将秘拓目录录寄，以便列入。[62]完成于嘉庆初年的《山左金石志》，所载多黄易箧中之物，黄易或拓寄、影摹，或借录、录寄，其中“金”的部分，为黄易所藏者，有亚爵（卷一）、郏戈、天水剑、长宜子孙钩、汉铃、鹭鱼洗、永初铜洗、宜子孙铎（卷二）、铜炉、永昌椎、武平铜佛、开皇铜佛、仁寿铜佛像、天宝造像铜碑、至顺铜权（卷三）、汉尚方十二辰镜、汉游浮镜、汉王母镜、孙氏镜、唐临池镜（卷五）等，故瞿中溶翻阅该书时发出这样的感叹：“乃知近代收藏之富，当以阁下首屈一指！”[63]

上述《金石萃编》《中州金石记》《山左金石志》都利用了黄

易的藏品，相应地，黄易也从学幕的搜碑活动中获得信息与便利。1785 年，正在毕沅幕府参与编写《关中金石记》的严长明向黄易提供关中地区未曾著录的汉碑目录，并说赵魏此时正在陕西，不难据此觅购。在另一封信中，他又向黄易通报三件碑刻的信息：

> 《汉中太守鄐君开石门道碑》（永平六年八分书），在褒城县石门内，此种甚奇且伟；
>
> 《仙人唐公房碑》（无年月，八分书），在城固县升仙里；
>
> 《魏荡寇将军李苞题名》（景元四年，八分书），在石门潘宗洛题名后，完好。[64]

《唐公房碑》的信息，与严长明同在毕沅幕府的张埙也曾札告黄易，他可能还给黄寄上由城固知县提供的拓片。[65] 稍后毕沅编《中州金石记》，黄易得到消息后，盼望赵魏能及时至中州一游，乘便搜罗。[66] 孙星衍亦在信中向黄易报告："中丞又属弟札催各县碑碣，《中州金石志》一书谅可成就，所得亦已可观也。"[67] 前文提及此际赵魏曾开一单交给孙氏，相信赵、黄都曾从中得益。阮元纂集《山左金石志》时，桂馥担心"此非一手足所了，惜同志无多尔"，[68] 但阮元很快招纳武亿、段松苓、江凤彝、朱文藻诸人参与，黄易以为定可搜出多种，故极为留心他们的动静。[69] 嘉庆初年，阮元调任浙江学政后，曾向黄易谈及浙省金石已由赵魏与何元锡完成著目，且搜出吴越王及东坡题名甚多，黄易随即致札赵魏，表示急欲获得拓本。[70] 阮元也多次向黄易报告两浙搜碑的进展：

> 浙中金石，次第搜罗，今据赵晋斋诸处所收，录出杭州一府，又托何梦华诸公亲至临安於潜一带，搜得吴越碑及东坡诗刻等件，已为美备矣。余府次第求之，明年秋可得大端矣。

浙中金石，杭州已得勒成，惟外府未就，亦无甚古者。今日谢藩台于藩署得晋永平甎，元署中亦得一甴，又于宁波得近永嘉甎一甴，反较石为古。[71]

虽说嘉庆初年黄易岱麓访古，仍发现许多阮元搜碑时未曾拓全的摩崖，他在日记中写道：

（正月）二十四日，出城五里，游千佛山，至兴国寺，就山凿大士相，极庄严。石崖隋刻佛像，有开皇其年至二十三年题字十余段。阮学使芸台搜拓止四段。

二十七日，拓（长清）莲花洞隋刻五十余段，宋嘉祐、元祐张度等题名二种。阮国学仅得其半也。[72]

但学幕针对某一区域的搜碑活动往往具有相当的规模，而据此编制的目录，无疑能帮助黄易等人尽快了解当地碑刻的现存状况，并通过各种渠道迅速补充增益。

访碑人、中间人

黄易宦游济宁，效力河工，凡蓄泄、疏浚、闸坝事皆须亲任，尤其是漕船入境之后，责任更加重大，一如1789年他给德州知州王毂的信中所说："泊船在境，最烦防守，一旦出疆，如释重负。"[73]因此，黄易亲历访碑的情形其实并不常见。1792年夏，在为桂馥所作《笻屐访碑图轴》的题识中，他写道：

自官山左，恒在济宁。无论观海登山，渺不可得，即石交如未谷，亦未得过从。……他年得暇，定与未谷短笻腊屐，剔藓扪苔，幽远必穷，快观名迹，以遂生平之志。预为

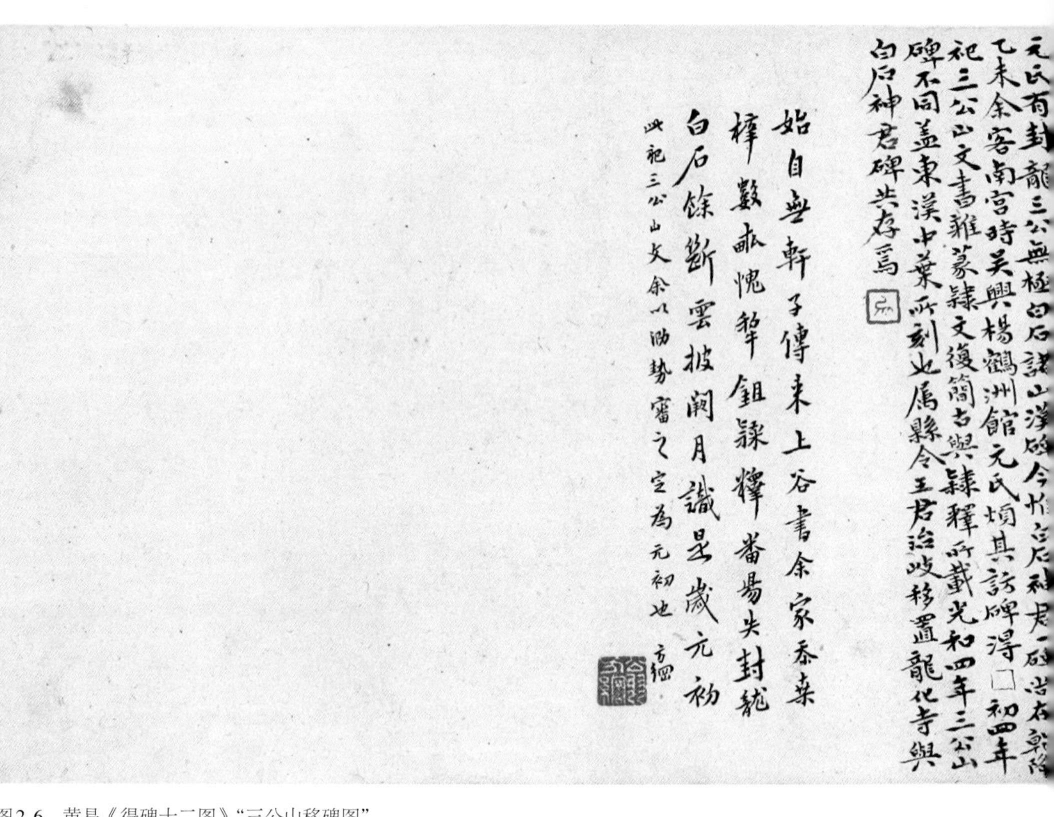

图2.6 黄易《得碑十二图》“三公山移碑图”

是图，共坚盟约。[74]【图版6】

即使同在东省，他亦未能与桂馥共享寻碑之乐，故作图以坚他日之约。1793年，挚友归朝煦莅任运河道道台之后，黄易始有闲暇，在其时写给友人的信中，他提及归氏体恤备至，故心境稍宽，“与朱朗斋三兄扪碑为乐，兴复不浅也”。[75]

不过黄易大部分的访碑活动都集中于济宁周边，在1797年春日岱麓访碑之前，他甚至从未到过济南，此时他游宦山东已经将近二十年。《山左金石志》著录黄易所得碑刻，其中有纪年的访碑活动寥寥无几：

《晋阳府君精舍碑》（1788年六月，卷十一）；

《□□遵妻造像题字》（1792年，以下卷十）；

《薛匡生造像记》（1793年夏）；

《晋阳山摩崖残字》《薛子岫等题字》（1793年五月）；

《汶上西乡关帝庙画像四石》（1795年夏，以下卷八）；

《食弃祠画》（1796年仲夏）。

黄易携拓工远足访拓碑刻，最著名者莫过嘉庆初年的嵩洛与岱麓之行，访碑嵩洛途中，于少林得碑“琳琅满目，捆载而归”，“住龙门六日，拓碑三百余种”，“计嵩洛拓碑五百余，得旧拓本四十余”。除此之外，他主要依赖访碑人（很可能同时也是拓碑人）获取碑刻信息与拓本。

1770年代中期佐幕南宫时，黄易就有了访碑人。《得碑十二图》“三公山移碑图”题识云：“乾隆乙未（1775）余客南宫时，吴兴杨鹤洲馆元氏，烦其访碑，得□初[76]四年《祀三公山文》。”【图2.6】

这位来自浙江湖州的杨鹤洲，坐馆元氏县，受黄易的委托为之访碑。此次见面，杨带来若干元氏县的汉碑拓本，包括《坛山》《白石》《封龙》以及《祀三公山》诸碑，其中《祀三公山碑》字体罕见，令黄易狂喜不已：

> 杨兄元氏来，古物欣所聚。启箧见百幅，如涉山阴路。……最奇《三公碑》，琳琅汉玉箸。虫蚀二百字，瘦蛟蟠老树。疏密任意为，篆隶体兼具。……我见诚奇缘，狂喜不能语。平生嗜古癖，于此得饱饫。汉代六名山，元氏碑尤著。便欲策杖探，羁栖苦难赴。[77]

从末二句可知，身在直隶的黄易虽然熟悉元氏县的汉碑，但因身为幕僚，需要佐理日常繁琐的行政事务，无法分身前往。

黄易初至济宁，钱坫就向他介绍本地李姓与赵姓人氏，“系东昌秀才，开骨董铺于州，于此道皆明白，想必见之矣”。[78]骨董商人熟悉本地碑刻与家族收藏，当能充当黄易的耳目。1785年，钱坫又向黄易介绍全椒人俞肇修，现在西安，亦收碑访瓦，此人酷慕黄易隶书，托钱氏求黄易书册页十二幅，以结金石之缘。[79]至于四出访碑，衙门里也有了可以支配的人手。1786年，在访得武氏碑三种之后，黄易差人各处去搜，既是“搜”，则必是探访，而非熟知碑刻所在，前往椎拓。[80]1793年十月十九日，这一天黄易五十岁生日，他派出的访碑人在曲阜发现了《汉熹平二年断碑》，特作《贺碑图》纪事。在画款中，黄易提到当日戚友咸集，他则避喧泗河，遣工拓碑。[81]虽说是“遣工拓碑”，但拓工事先并不知道会有什么发现。这从阮元《题何梦华元锡林外得碑图》小注中可以得到证实：

> 癸丑冬，元至曲阜，适黄小松之访碑人以见汉隶残石来告，元亟命掘舁至试院，手剔其文，乃熹平二年石也。[82]

阮元明确使用了“访碑人”一词，可知黄易派往曲阜的，兼有拓碑人与访碑人双重身份。事实上，无论是嵩洛还是岱麓，黄易在亲往剔碑之前，都曾遣工访拓。如《嵩洛访碑日记》云：“嵩洛多古刻，每遣工拓致，未得善本，尝思亲历其间，剔石扪苔，尽力求之。嘉庆改元（1796）之秋，携拓工二人，自兰阳渡河，驱车径往。轮蹄小住，辄问贞珉，得即捶摹，篝灯展勘，不减与古贤晤对也。”又，《岱麓访碑图》“大汶口”题识云：“曩遣工入山拓得北齐佛经，映佛岩磨崖佛名，齐梁父令王子椿书，元鹿森篆贫乐岩、演易斋诸刻。”

黄易有一位拓工是家中的仆隶，名曰顾玉。1793年春，顾玉在曲阜拓碑，黄易在写给颜崇椝的信中请他转告，新发现的《孔君碑》须多拓数纸带回济宁。[83]这位顾玉应该就是《岱岩访古日记》中提及的“顾仆”，在黄易等人返回之后，此人仍留在泰安、灵岩等地，尽拓诸碑再回济宁。[84]当顾玉带着在邹县拓得的铁山摩崖《石颂》回济当天，黄易就急忙约李东琪等好友来舍观看。[85]【图2.7】顾玉是不是也充当访碑人，我们并不清楚，但黄易的拓碑人中确实有一些同时承担访碑的任务。从被动椎拓变为主动寻访，这是访碑活动不断规模化之后出现的新现象。

黄易有一些旧拓，出自友人赠送。如扬州汪淼（约1727—1787）在去世之前，遗嘱将所藏《唐拓武梁祠画像》转赠黄易；[86]钱大昕藏《汉赵圉令碑》旧拓整本，曾在黄易官舍悬挂观赏，让他叹赏不置，多年以后，张燕昌寄赠整幅，有梁同书（1723—1815）诗文及钱载（1708—1793）题跋；[87]1797年岱麓访碑期间，江凤彝又赠以唐人李邕（678—747）《麓山寺碑》及《唐姜遐断碑》旧本。[88]

但大多数时候，黄易需要购买。1778年春，黄易甫莅济宁，奉使到泰山查泉，于岱庙后面的悬崖见到唐开元中唐玄宗撰书之《纪泰山铭》，下山时询问土人，正好有世家所藏明初拓本，随即出资购买。[89]济宁人潘兆遴的收藏，黄易在他身后也曾分得一杯羹，1779

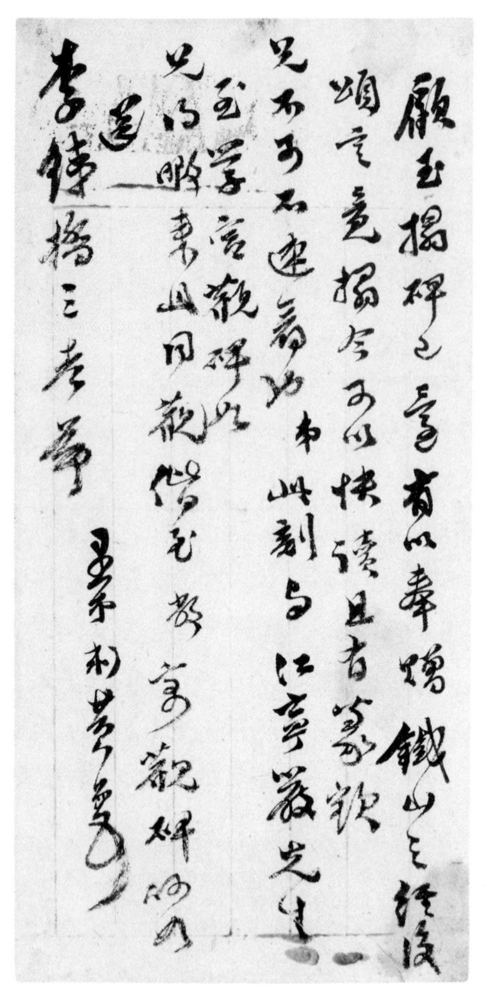

图2.7　黄易《致李东琪》
辽宁省博物馆藏

年，他购得《瘗鹤》《郙阁》等三四种，而李东琪则买下了一半的拓本。[90] 1795年，黄易经扬州返回济宁，途中曾向藏家程从龙的侄子探听旧藏下落，程氏最有名的藏品是陆友仁（1290—1338）《研北杂志》提到的27枚先秦货布，厉鹗（1692—1752）曾为作记，[91]其人回答说，汪中（1744—1794）选取数百枚给了毕沅，其余“平阳”等币百枚质押于某处，家中只剩下蚁鼻钱百余枚而已。再问钱币质押之处，此人回答亦不能确，让黄易深感失望。[92] 此外，洛阳董相函藏汉碑甚多，访碑洛阳的黄易从其族人那里买到董氏旧藏《孔和碑》《陈德碑》《宕昌公造三级浮屠碑》等十数种，《砖塔铭》半幅，《石鼓文》九纸，皆是精本。[93]尽管嵩洛拓碑累累，但黄易从不放过任何收购旧拓善本的机会。

大部分时候，黄易购买旧藏需要有人居中，如扬州马曰璐（1701—1761）后人所藏《汉赵圉令碑》剪裱本，由江藩（1761—1831）、朱文藻作缘购得。[94]江宁龚琛旧藏《王稚子二阙》，由严长明居中购得，严长明《致黄易》云："《王稚子阙》奉上。适有人去江宁，即将尊札及所直付去，并令索其手书来也。"[95]严还帮助黄易购得王澍（1668—1739）旧藏《泰山石刻》拓本。[96]

黄易也常常请友人代为寻访旧家收藏，这些友人兼有访碑人与中间人的作用。如陆奎曾在淮阴为黄易寻访金石学者张弨、吴玉搢二人藏品去向，但陆氏到了淮上之后，遍访友人，都说后人凋落，家藏之物尽为乌有。[97]邱学敏任正定府知府时，黄易曾告知："梁氏奇秘大半散落，闻汉印及碑刻之类未出，我辈不可不留神也。"[98]【图2.8】希望他帮助打听清初藏家梁清标家中流出的印章与拓本。前文提到黄易所藏《汉魏五种》乃泰安赵国麟家物，后由王淳、张玉树二人购得后转赠，其实此前黄易得知这批拓片已为泰安藏家聂鈫所有，尝谋诸王淳，王在回信中说，如果黄易能预备百金，聂氏所藏二十余种汉碑俱可为其所有。[99]但不知何种原因，黄易竟然放弃了以100两银子接盘聂氏旧藏的机会。黄易还曾托梅镠为购江恂（1709—1786）旧藏《校官碑》拓本，不过梅答复说："江太守宋拓《校官碑》亦未得闻。"[100]此外，赵魏曾为黄易向帖贾谋取旧拓，不过这些人皆索高价，非数金不得一种，赵表示徐徐图之，当非难事。[101]在另一封信中，赵魏还提及陕西人董清基，他从董处购得不少河内刻石，[102]黄易此后很可能也是从此人手中购得程从龙旧藏的《校官碑》。[103]

惦记名家旧藏的，绝非黄易一人。且比之拓本，铜器的交易似

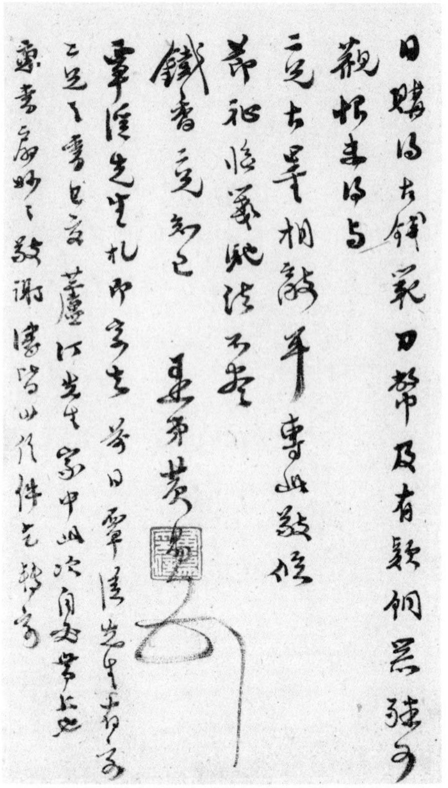

图2.8　黄易《致邱学敏》　上海图书馆藏

乎更为常见。1784年，宋葆淳就曾询问黄易，济宁吴氏古铜印作何下落？[104]这批古铜印章有五百余颗，曾由郑居实作序行世，汪启淑（1728—1799）、潘有为等人见而心艳，但屡求卒不可得。吴氏故后，铜印稍稍散出，黄易初得十余颗，1792—1794年间，郑居实之子自金乡县持来六巨椟，有印五百四十枚，又小匣有印二十七枚，其中大多是吴氏旧藏。黄易无力多购，只留下小匣，而怂恿济宁州知州王毂买下六椟。[105]东昌同知吴人骥（1766年进士）得到消息后，曾感叹不已："闻莲湖（即王毂）得铜章数百块，何其多也！令人妒矣！"[106]又如，杭州朱枫中岁游秦，藏古瓦、古泉与古刀甚多。他去世之后，赵魏在1777年给黄易的信中，曾要求代为谋致。[107]黄易很可能并未帮助赵魏去争取这批旧藏，1792年，丁敬之子丁传（1722—1799）致札黄易，历数赵魏等人的恶劣行径，其中就提到朱枫留下的古泉数箧，为其子朱青泉宝藏，但家中遭"贼"，被赵魏"换其有铭文，窃其世所少者"，此时的朱青泉

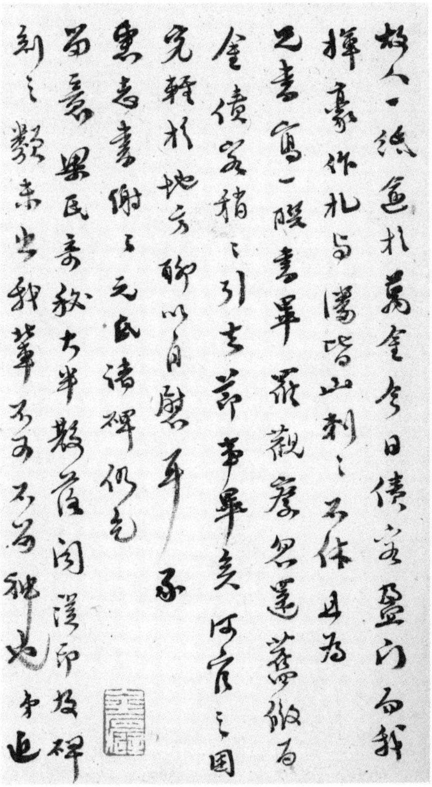

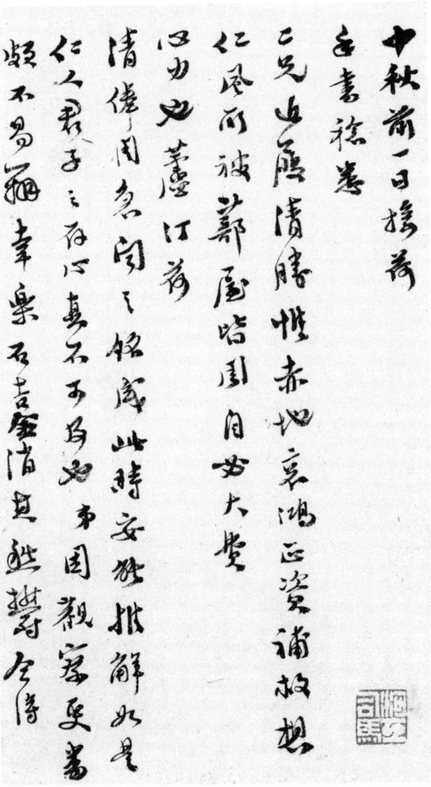

也已七旬开外，在告知丁传这一消息时两手发颤。朱指出，赵魏窃去这些古泉不过为了卖钱，他的东西大多转手给了王昶，故对于王昶，朱清泉亦不能无恨。

凡此都说明，虽然新出的拓片与铜器小品是更为普遍的收藏对象，但名家旧藏始终是新藏家们难以去怀的。在这些名家去世之后，寻访其藏品的状况与流向成为新藏家们的普遍兴趣，获得名家的部分旧藏，无疑可以迅速扩大在收藏圈的声名，有时一件旧藏就能让藏家名满天下。因此，得力的中间人居中周旋对于收藏家而言就尤为重要。从性质上说，中间人也是某种意义上的访碑人，不过，赵魏为王昶巧取豪夺，则是不光彩的访碑人。

传闻

1770年代初，远在新疆的黄庭告知黄易，一千五百里外的巴

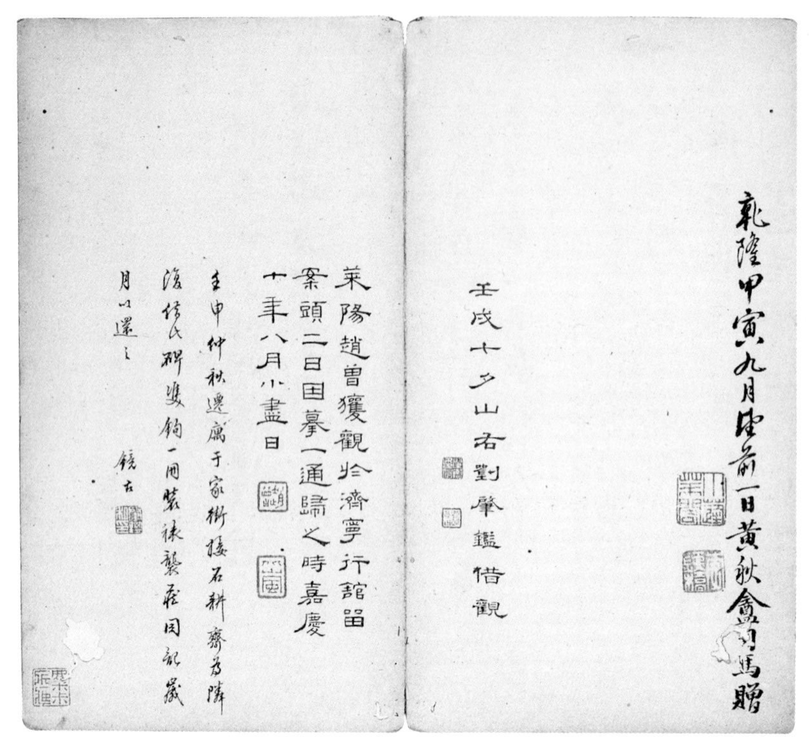

图2.9　汉《敦煌太守裴岑碑》及清人题识（局部）　黄易旧藏本　故宫博物院藏

里坤有汉《敦煌太守裴岑碑》【图2.9】及《唐姜行本纪功碑》，乌什外有一面石壁上刻有大将军霍、方士某某名，文字残缺，怀疑是汉武帝时期的题名。[108] 1780年，同样戴罪新疆的邬玉麟也告知黄易，伊犁南山有《张骞旧碑》一座，距城二百余里，碑已剥落，仅存二十字。[109] 即使遣戍边陲，亲友们知道黄易收藏金石，也会将所见所闻及时报告。

在友人的来信中，钱坫听说赵州大石桥底下唐宋人题名甚多，要求正在直隶的黄易派人寻访。[110] 赵魏听说元氏县封龙山西吴村有《唐开业寺碑》，涿州学有《范阳文宣王庙碑》，楼桑村蜀先主庙有唐残碑，京师秀峰寺有贞观廿二年《淤泥寺心经》，又有《大足元年心经》，[111] 希望黄易多加留心。何元锡自山东南归经过滕县时，

〔19〕 嘉庆年间，张燕昌对该书再次进行了修订，在《重定金石契》的凡例中，他写道："是集弱冠时即付梓，未及研考，舛讹良多，今老矣，重加删定。"《石刻史料新编》第2辑第6册，页4783。

〔20〕 关于此事的通信，见于《黄小松友朋书札》第十三、三、五册，及上海图书馆藏黄易《致赵魏》。

〔21〕 赵魏《致黄易》,《黄小松友朋书札》第三册。

〔22〕 黄易《致陈灿》，收入《故宫藏黄易尺牍研究·手迹》，页70—71。

〔23〕 黄易跋《武氏石室祥瑞图题字》，收入《金石萃编》卷二十一，页381。

〔24〕《小蓬莱阁金石目》所收"大隋南宫令宋君像碑"条。

〔25〕《小蓬莱阁金石目》所收"高叡碑""大魏故渤海太守张府君之碑"条。

〔26〕 张中《致黄易》,《黄小松友朋书札》第十三册。

〔27〕 1794年，黄易跋江凤彝寄赠《孙夫人碑》，国家图书馆藏，参见《国家图书馆藏拓中的黄易题跋述略》，页278。

〔28〕 江清《致黄易》,《小蓬莱阁同人往来信札》第三册。

〔29〕 参见曾蓝莹《媒介与信息：武氏祠的再发现与清代的文化生产》，页264。

〔30〕 毕沅自乾隆三十七年（1772）开府西安于关中，州县之志皆次第重修。

〔31〕 张埙《张氏吉金贞石录》自序,《石刻史料新编》第1辑第12册，页9303。

〔32〕 包含金与石，或称金目，或称石目，统称碑目，有时也称帖目。

〔33〕 吴式芬《金石汇目分编》卷首《访碑》，页20655。

〔34〕 赵魏《致黄易》二札,《黄小松友朋书札》第三册。

〔35〕 黄易《致赵魏》，见《故宫藏黄易尺牍研究·手迹》，页34。

〔36〕 收藏于南京图书馆的《小蓬莱阁金石目》抄本，有《三代秦汉六朝石刻目》《宋辽金元碑目》《辽金元石刻目》《黄氏小蓬莱阁金石》等诸种名目。直至嘉庆初年，黄易的金石目仍是稿本，胡寿芝《东目馆诗集》卷三《〈小蓬莱阁金石目稿〉答小松司马寄示》"自唐以上数弆藏"句小注云："寄来前册，自三代迄隋。"《清代诗文集汇编》第352册，页28。胡寿芝字七音，浙江拔贡，嘉庆六年（1801）任湖北德安府知州。《小蓬莱阁金石目》的部分内容也曾以《秦汉魏六朝碑刻舆地考》的名称，收入清道光二十年（1840）仁和王氏所刻《漱六编》，目录中称《小蓬莱賸稿》。

〔37〕 其中翁、阮二种，国家图书馆藏。

〔38〕 瞿中溶《致黄易》，收入国家图书馆藏《王士禛等书札》。

〔39〕 段松苓《山左碑目》自序,《石刻史料新编》第2辑第20册，页14816。

〔40〕 阮元《致黄易》，收入国家图书馆藏《二家书札》。

〔41〕 黄易《致赵魏》二札，张廷济录本，见《故宫藏黄易尺牍研究·手迹》，页43、45。

〔42〕 赵魏《致黄易》,《黄小松友朋书札》第五册。

〔43〕 梅镠《致黄易》,《黄小松友朋书札》第七册。

〔44〕 严长明《致黄易》,《黄小松友朋书札》第十三册。

〔45〕 黄易《致江德量》,《小蓬莱阁同人往来信札》第二册。

〔46〕 黄易《致袁枚》，见于中国嘉德2016年春拍。

〔47〕 北京艺术博物馆藏。

〔48〕 李鼎元《致黄易》，《黄小松友朋书札》第二册。

〔49〕 潘应椿《致黄易》，《黄小松友朋书札》第四册。

〔50〕 潘应椿《致黄易》，《黄小松友朋书札》第十册。潘氏《客窗过眼录》一书，或即《周秦汉魏六朝隋唐金石记》，国家图书馆藏抄本。

〔51〕 钱泳《致黄易》，《小蓬莱阁同人往来信札》第四册。

〔52〕 赵魏《致黄易》，《黄小松友朋书札》第三册。

〔53〕 赵魏《致黄易》，《黄小松友朋书札》第五册。

〔54〕 赵魏《致黄易》，《黄小松友朋书札》第六册。《中州金石考》一书为黄氏任职河南开归道时所辑，成于1741年，所收碑刻有不少并未亲见原碑。

〔55〕 唐仲冕《致黄易》，《黄小松友朋书札》第十二册。

〔56〕 翁方纲《致黄易》，故宫博物院藏。

〔57〕 钱大昕《天一阁碑目》序，《石刻史料新编》第2辑第20册，页14603。

〔58〕 如乾隆三十六年（1771）秋，朱筠提督安徽学政，幕中有戴震、汪中、任大椿、王念孙、黄景仁、章学诚、李威、洪亮吉、武亿、吴蕭等。关于朱筠、毕沅、阮元等人学幕的人员来源，参见尚小明《学人游幕与清代学术》，页78—138。

〔59〕 赵魏《致黄易》，《黄小松友朋书札》第五册。

〔60〕 朱文藻《致黄易》，《黄小松友朋书札》第十三册。

〔61〕 吕星垣《致黄易》，《黄小松友朋书札》第四册。

〔62〕 洪亮吉《致黄易》，《黄小松友朋书札》第十三册。

〔63〕 瞿中溶《致黄易》，收入《王士禛等书札》。

〔64〕 严长明《致黄易》二札，《黄小松友朋书札》第十三册。

〔65〕 张埙《竹叶庵文集》卷十七《黄小松主簿易画〈得石图〉，为李君铁桥东琪在济宁学宫古松树下掘得〈汉胶东令王君庙碑〉作也，小松寄图乞题此诗》小注："予寄书与城固令，访《仙人唐公房碑》，果知此石尚在人间。拓来稍稍流传，鄙人不谓无功也。"页103。

〔66〕 黄易《致赵魏》："毕中丞大办金石，吾兄能一游否？"见《故宫藏黄易尺牍研究·手迹》，页35。

〔67〕 孙星衍《致黄易》，故宫博物院藏。

〔68〕 桂馥《致黄易》，《小蓬莱阁同人往来信札》第一册。

〔69〕 黄易《致赵魏》，上海图书馆藏。

〔70〕 黄易《致赵魏》，张廷济录本，见《故宫藏黄易尺牍研究·手迹》，页41。

〔71〕 阮元《致黄易》，收入《二家书札》。

〔72〕 黄易《岱岩访古日记》。

〔73〕 黄易《致王毂》，见《故宫藏黄易尺牍研究·手迹》，页10—13。手札前后排序参见许隽超《故宫博物院藏黄易致王毂札考释》，《中国书法》2017年第5期，页100—104。

〔74〕 黄易《笻屐访碑图轴》，收入《西泠八家の书画篆刻》。亦见于中国嘉德2010年春拍。

〔75〕黄易《致魏成宪》，收入《黄小松等书札》。

〔76〕关于缺字，赵魏、翁方纲等人有“永”“元”不同意见，故黄易题跋多不书此字。

〔77〕此诗收入黄易《秋盦诗草》，《续修四库全书》第1466册，页8。

〔78〕钱坫《致黄易》，《黄小松友朋书札》第五册。

〔79〕钱坫《致黄易》，《黄小松友朋书札》第六册。

〔80〕黄易《致何元锡》，上海图书馆藏。

〔81〕黄易《得碑十二图》“贺碑图”题识。

〔82〕阮元《揅经室集》四集诗卷二，页307。

〔83〕黄易《致颜崇椝》，见吴长瑛辑《清代名人手札甲集》。又见上海崇源2002年首拍。

〔84〕黄易很可能训练家人椎拓工艺，如赵魏在给他的信中说：“令弟十哥在署，凡尊藏小铜器款识，乞精拓一付见赐为祷。”可见黄易之弟黄童亦擅椎拓。《黄小松友朋书札》第四册。

〔85〕黄易《致李东琪》，辽宁省博物馆藏。郭丹、张盈袖《〈秋盦书札〉考及相关问题》也注意到访碑人顾王，《中国书法》2017年第5期，页136—146。

〔86〕《小蓬莱阁金石文字》“武梁祠画像”条黄易跋文，页629。该拓本学界多认为是宋拓，而非唐拓。

〔87〕《小蓬莱阁金石文字》“汉故圉令赵君之碑”条黄易跋文，页649。

〔88〕见《岱岩访古日记》。

〔89〕黄易《临纪泰山铭册》跋，故宫博物院藏。

〔90〕黄易《致江德量》，《小蓬莱阁同人往来信札》第二册。

〔91〕厉鹗《樊榭山房集》文集卷五《程振华藏先秦货布记》，页1a—2a。

〔92〕葛金烺《爱日吟庐书画录》卷四《厉鹗自书先秦货布记册》黄易跋，《续修四库全书》第1088册，页453—456。

〔93〕《嵩洛访碑日记》。根据记录，黄易此次还从洛阳董氏购得汉“九子镜”，参见于芹《山东省博物馆藏〈黄小松辑释吉金拓本〉考述》，收入秦明主编《内涵暨外延：故宫黄易尺牍研究国际学术讨论会论文集》。

〔94〕《小蓬莱阁金石文字》“汉故圉令赵君之碑”条，页649。

〔95〕《黄小松友朋书札》第六册。早在1765年，黄易就曾得到董洵双钩龚琛藏本，参见《小蓬莱阁金石文字》“王稚子碑”条，页593。

〔96〕严长明《致黄易》，《黄小松友朋书札》第十三册、第六册。《小蓬莱阁金石目》：“泰山残石，篆书。右秦二世诏二十九字，原石在山东泰安府岱顶，今佚。易有王给谏虚舟手拓本。”

〔97〕陆奎《致黄易》，《黄小松友朋书札》第十一册。

〔98〕黄易《致邱学敏》，上海图书馆藏。

〔99〕王淳《致黄易》，《黄小松友朋书札》第四册。信中还提到一位郭君，此人所藏汉碑山东省所存者俱备。

〔100〕梅镠《致黄易》，《黄小松友朋书札》第七册。

〔101〕赵魏《致黄易》，《黄小松友朋书札》第三册。

〔102〕赵魏《致黄易》,《黄小松友朋书札》第七册。

〔103〕黄易旧藏《校官碑》题跋云："此淮阴程荔江藏本，乾隆辛亥（1791）仲夏得于陕人碑簏中，秋盦黄易时在运河官署。"程从龙字振华，一字荔江，淮阴人，一说扬州甘泉人。

〔104〕宋葆淳《致黄易》,《黄小松友朋书札》第七册。

〔105〕黄易《题王莲湖汉铜印谱》，见《秋盦题跋》，页20。

〔106〕吴人骥《致黄易》,《黄小松友朋书札》第二册。

〔107〕赵魏《致黄易》,《黄小松友朋书札》第十三册。丁传《致黄易》,《小蓬莱阁同人往来信札》第四册。

〔108〕黄易《致赵魏》，张廷济录本，见《故宫藏黄易尺牍研究·手迹》，页43。

〔109〕邬玉麟《致黄易》,《黄小松友朋书札》第十三册。

〔110〕钱坫《致黄易》,《黄小松友朋书札》第十三册。

〔111〕赵魏《致黄易》,《黄小松友朋书札》第三册。

〔112〕何元锡《致黄易》二札,《黄小松友朋书札》第六册。

〔113〕张素《字条》,《黄小松友朋书札》第十三册。此帧便条无署名，黄易页边注"华阳明府张君素所记"。据《(民国)华阳县志》卷六《职官二》，张素，贵州人，进士，乾隆二十一年（1756）至二十七年（1762）任四川华阳知县，页1。其时黄易坐馆楚北。

〔114〕刘锡嘏《致黄易》,《小蓬莱阁同人尺牍》第二册。

〔115〕黄易《致赵魏》，上海图书馆藏，收入梁颖整理《庞虚斋藏清朝名贤手札》第四册，页882—885。

〔116〕盛百二《致黄易》,《黄小松友朋书札》第五册。

〔117〕赵魏《致黄易》,《黄小松友朋书札》第五册。

〔118〕赵魏《致黄易》,《黄小松友朋书札》第十三册。

〔119〕黄易《致赵魏》，上海图书馆藏。

〔120〕黄易《致李衍孙》，辽宁省博物馆藏，参见郭丹、张盈秀《〈秋盦书札〉考及相关问题》，页148—149。

〔121〕黄易《致沈可培》，收入《西泠八家の书画篆刻》。

〔122〕黄易《得碑十二图》"两城山得碑图"题识。

第三章

征集网络

虽然在翁方纲等人的记载中，京师琉璃厂等地时有拓片出现，[1]但乾嘉时期尚未形成较为完备的文物市场，没有海量的拓片悬诸市肆供人任意挑选。每一张拓片的获得，收藏家都需要通过不同的中介。因此，征集网络的编织，显得尤为重要。缺乏与外界的广泛互动，不仅信息不能周知，也无从委托相应的操办人选。

黄易的征集网络遍及全国各地，他的藏品背后，也隐藏着一段段独特的交情。赵魏曾不无羡慕地说："金石之缘，至兄而四通八达矣，弟安得不妒？然亦不必妒，兄之余即我之所有也。"[2]在羡慕之余，赵魏希望能够搭上便车，分享他多余的副本。

1770年代刚刚踏入金石收藏时，黄易还只是一位知县的师爷，他如何结识圈中的名流，并迅速打开了局面？他又透过怎样的人脉来征集他所需要的拓片，哪怕远在边陲？

渊源

黄易生长于书香门第。他的七世祖黄汝亨（1558—1626）是1598年进士，官至江西提学参议，以儒术传家，学者称贞父先生。父亲黄树榖以承传祖上的儒学为志向，束发之年曾远游燕赵，归里后矢志诗文书法。晚年馆于扬州，以鬻书为生。他与大书家松江张照（1691—1745）是莫逆之交，张有些字出于他的代笔，但一般人竟无法分辨。

在一本名为《先人手泽》的印谱中，黄易将自黄汝亨至黄树榖的常用印章一一钤盖，并于1794年三月装池，传为家宝。一些闲章如"即此是学""半耕半读伴渔樵""离人群而遁逸""意欲与之俱化泯而为一""父子兄弟自相师友"等，颇能反映黄氏家族的价值取向。[3]

值得一提的是，在女性普遍不能接受教育的时代，黄易的母亲梁瑛（1707—1795）不仅识字，而且词翰与书法皆有名于时，她曾集唐人诗为梅花百咏，金农（1687—1763）题曰“字字香”，〔4〕足见她在诗词方面的高度修养。母教对黄易有极大影响，成年后他还向友人专门谈起。〔5〕

对于金石，黄树穀也饶有兴趣，他与同乡丁敬朝夕过从，扪碑论古。〔6〕丁敬虽一介布衣，酿酒为生，但喜好金石文字，自称“好古不啻好色”，〔7〕他在杭州周边摹拓金石，得到唐宋以来金石刻文近三百通，撰成《武林金石录》一书。丁敬也喜欢收藏古钱，有不少难得之品，他的眼光颇为人信服，至有秦汉铜器入手即辨的说法。〔8〕黄树穀也积累了一些收藏，张照称他“于金石文字搜罗不遗余力，丁星断烂，宝若性命”，他甚至将自己的住宅捐为广仁书院，平生搜集的古文奇字悉数放置其中，恣人翻阅。〔9〕这与杭州人余大观的一段回忆可相印证，在1737—1738年间，余大观年方弱冠，初学为文，常与友人登黄树穀书楼，黄教以读书作文之法，并劝以学古为务，有空即兼考六书，黄还向余大观出示了汉唐金石140余种。到了1742、1743年，黄树穀的藏品中又增加了张照旧藏五十余种，都是清初大藏家高士奇（1645—1704）的旧物，其中包括明初云间沈度（1357—1434）、沈粲（1379—1453）兄弟，直至文徵明（1470—1559）、董其昌（1555—1636）诸家的墨迹。〔10〕由于黄树穀对于金石的兴趣，竟有人将《扶风县石刻记》系于其名下，而此书实为张埙的《扶风金石志》。〔11〕黄树穀的收藏有一部分为黄易所继承，在黄易《小蓬莱阁金石目》“金目”所著录的吉金器物中，至少有十件以上出自乃父收藏，从中可窥黄树穀藏器之一斑。1765年冬日，黄易负米出游上谷，因治装无术，曾典及琴书，当时出售给友人的华嵒（1682—1756）《九狮图轴》很可能就是黄树穀的遗产。〔12〕

黄易的长兄黄庭是否喜好金石，我们不得而知。不过1764年，他游幕楚北时曾向当地官员兜售古董，汉阳知县王凤仪在给他的一封回信中，直言所示铜器洵足珍赏，不过气魄均小，为案头佳玩则可，充当贡物似乎不足，并表示自己见到当途者当为游扬吹嘘。〔13〕

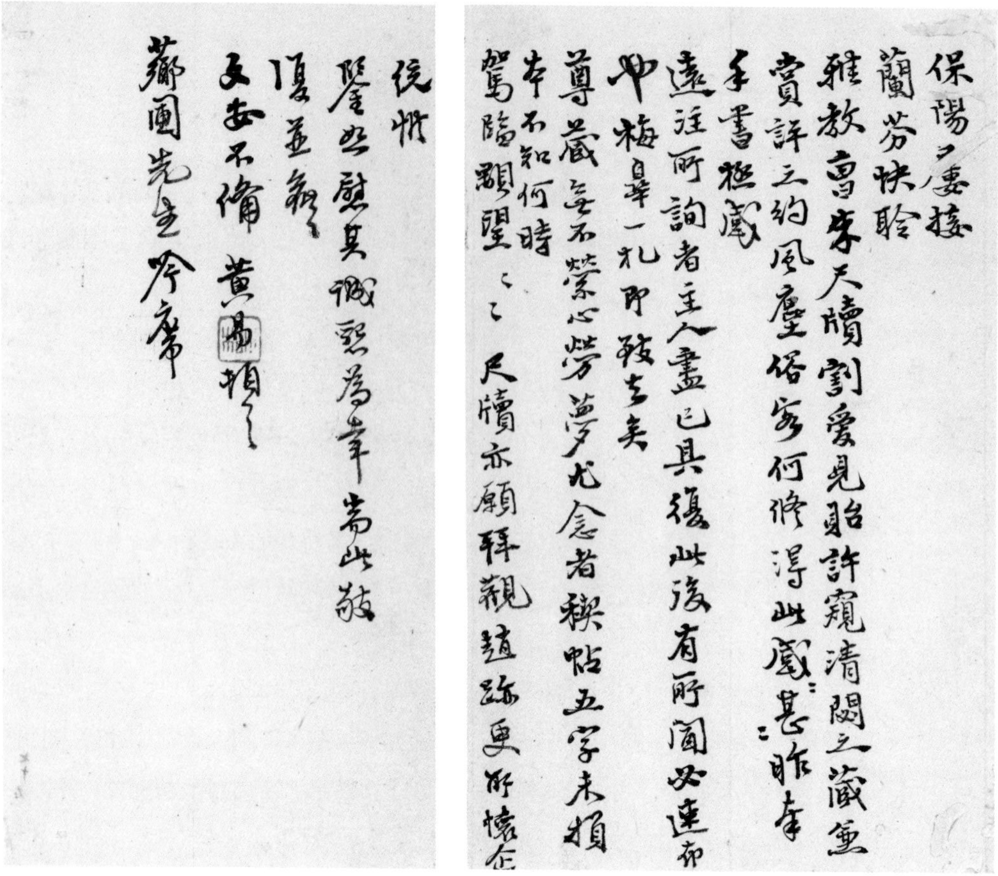

图3.1　黄易《致汪大镛》　上海图书馆藏

黄庭遣戍新疆之后，也为黄易留心当地碑刻。

少年时代的家庭文化环境，很可能培养了黄易对艺术的浓厚兴趣。他醉心于书画，对于明清名人尺牍、《兰亭》刻帖等都曾刻意搜集，游幕直隶时期，在写给汪大镛的信中，他提及汪赠以曹溶与朱彝尊的尺牍，并称："尊藏无不萦心劳梦，尤念者《稧帖》五字未损本，不知何时驾临，颙望颙望。尺牍亦愿拜观，赵迹更所怀企。"〔14〕【图3.1】除此之外，扬州八怪的书画，也是他寤寐思服的。1770年代初，黄易坐馆盐城伍佑场，时常往来于盐业中心扬州，与寓居此地的江春、江昉（1727—1793）、汪畲、汪大宗、江立（1732—1780）、储润书等结交，不过他们似乎很少讨论金石，尽管黄易曾托汪畲为觅《焦山鼎铭》，托储润书为觅其家乡宜兴的《国山

图3.2　黄易《致邱学敏》 收入《故宫藏黄易尺牍研究·手迹》

碑》，[15]但都是后来的事。

相比起扬州，黄易的家乡杭州收藏金石的氛围更浓。在黄易刚刚起步时，友人赵魏的收藏已经相当可观。游幕直隶以后，黄易开始雄心勃勃地规划他的金石收藏，这或许与上谷旧郡古碑较多，搜集较为便利有关。在很长一段时期内，黄易一直以超越赵魏为目标，在1786与1787年写给两位共同友人的信中，黄易声称他的藏品与赵魏相比，已经有过之而无不及：

> 《致胡栗》：弟惟金石渐多，可以傲对晋斋。[16]
>
> 《致邱学敏》：惟金石之储过于赵晋斋，断素零缣亦时涉古趣。[17]【图3.2】

此时黄易的收藏活动差不多刚进行了十年。而黄易的友人也常常将他与赵魏的收藏进行比较，如冯应榴《致黄易》云："至老先生之于金石文字，囊括无遗，想比赵晋斋有过之矣。"[18]

局面的打开

1774年元氏县发现《祀三公山碑》，对于黄易而言意义重大。在他与当日金石圈精英们的交往中，此碑的拓片起到敲门砖的作用。

尽管这块碑既不是他访得的，那些拓片也不是他椎拓的，但《祀三公山碑》的发现始终与黄易之名联系在一起。

在《祀三公山碑》发现之后，黄易曾刻白文印“小松所得金石”，这方印章时常钤盖在他后来所得到的拓片之上。[19]此印边款云：“乾隆甲午（1774）秋，得《汉祀三公山碑》于元氏县，属王明府（元氏知县王治岐）移置龙化寺。”[20]【图版8】给人的印象是，这块碑是黄易在1774年秋天发现并要求县令移到寺庙中加以保护。而黄易在给朱筠（1729—1781）寄赠拓本时，附信中却是这么说的：“甲午，陕西王某知元氏县，得此刻于城外野坡，石高四尺二寸，广二尺。”[21]时间与印款所言一致，但发现者变成了知县王治岐。关于此碑的发现，《小蓬莱阁金石文字》也有类似的记载：

> 乾隆甲午，三通馆方辑《金石略》，长吏搜古碑上之朝，关西王君（治岐）宰元氏，得此刻于城外野坡。……吴兴杨君鹤洲诧其奇，命易辨识。[22]

所言“三通馆方辑《金石略》”，是指乾隆十二年（1747）设续文献通考馆，续纂马端临《文献通考》，至1767年该书告竣后又敕令补辑《通志》《通典》二书，因开三通馆，特别要求“六书、金石、草木、虫鱼等略，又宜博采旁搜”。[23]《祀三公山碑》的发现当即其时之事。

然而在1793年所作《得碑十二图》“三公山移碑图”的题识中，黄易却声称他在南宫知县幕中，吴兴人杨鹤洲时馆于元氏，黄易烦其访碑，1775年得《祀三公山文》。而据黄易《杨兄鹤洲购赠元氏赞皇石刻，有汉篆〈三公碑〉，甚奇，喜极，复求沈君愚溪觅之》的诗题，杨鹤洲不过购赠了《祀三公山碑》的拓本，而为黄易寻访此石的则是沈愚溪，据“官阁有休文，神交托心素”之句，沈很可能也是一位地方官员。[24]

不论发现时间是1774年还是1775年，也不论是王治岐、沈愚溪还是杨鹤洲拥有真正的发现权，总之黄易因为事务羁绊，从未亲至元氏县访拓此碑。然而1794年内阁中书李鼎元咨询《祀三公山碑》的发现原委时，黄易却再一次声称：

> 弟得此石于直隶元氏县野陂，嘱知县王君移置县城龙化寺内，与《汉白石神君碑》对峙，此原委也。[25]

当人们谈起这块著名的碑石时，黄易成了唯一的发现者，另外三位或许更为直接的人物反而湮没无闻。如张埙有"黄生黄生尔亦访得元氏碑"之句，小注径称："《汉三公山碑》，小松访得元氏野中，今移龙化寺。"[26]

除了黄易模棱两可的说法，他被认为是《祀三公山碑》的发现者还有一个重要的原因，就是他不断以他的名义向外寄赠该碑的拓本，尤其是寄赠给京师的金石圈。

此时京中最著名的金石学者非大兴人翁方纲莫属，此前他视学广东，得拓片五百余种，于1771年完成《粤东金石志》一书。回京之后，他还用广东所得之碑的副本，交换朱筠此前督学安徽学时所得的拓片。朱筠在督学安徽时期，编有《安徽金石志》三卷。[27]自1776年起，黄易通过友人陈焯与王复向翁方纲、孔继涵、王昶、朱筠等京中金石名家寄赠包括《祀三公山碑》在内的各种拓本，以求结纳。《得碑十二图》"三公山移碑图"翁氏对题有云："始自无轩子，传来上谷书。"可知帮助黄易向翁方纲传递信件的乃是陈焯。陈焯字无轩，浙江乌程人，受知于内阁学士王杰，挈之入都，得一时名公卿引重。此后他在直隶保阳任教职，与黄易稔熟。在一封写给黄易的信中，陈提道："佳刻二印接到后摩挲半夜，次早即寄与翁学士去矣。"[28]王复是浙江嘉兴人，坐馆起家，为国子监生，1773年在伍佑场与黄易结交。黄易曾通过他向王昶奉上"小册并碑刻"，这

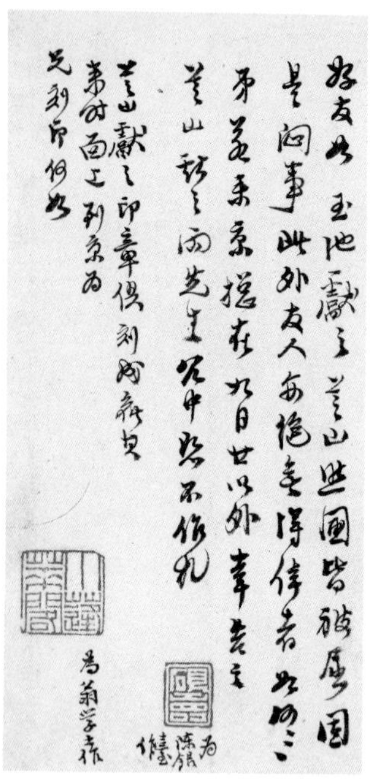

图3.3　黄易《致王复》 收入《故宫藏黄易尺牍研究·手迹》

里所说的碑刻极有可能是《祀三公山碑》拓本。在这封信中，黄易还请王复向翁方纲转赠“小蓬莱阁”一印，翁此际亦以“小蓬莱阁”颜其居。[29]【图 3.3】

仅仅隔了一年，黄易因循例报捐赴选入都，得与翁方纲、翁树培（1764—1809）父子及王昶、朱筠、孔继涵、张埙、钱坫、宋葆淳、潘有为、潘庭筠、余集（1738—1823）等人相见，并很快被他们引为知己。与翁方纲、孔继涵等人的交往，为黄易的金石收藏打开了局面。在1776年写给罗聘（1733—1799）的信中，黄易自信地声称“直隶碑十得八九”，[30]而在稍后写给赵魏的信中，黄易更是信心满满：

> 孔庙弟可尽得，不须再觅。因圣裔孔太史荭谷交好，自能尽致。荭谷博雅君子，好古亦类兄者。[31]
>
> 弟承孔荭谷见知，许以东鲁之碑与弟相易，大都可以尽得。中州金石已托学使及卢氏令，或可不虚。蜀中金石托成都太守（烟客先生之孙，汉阳旧主人也）。[32]【图3.4】

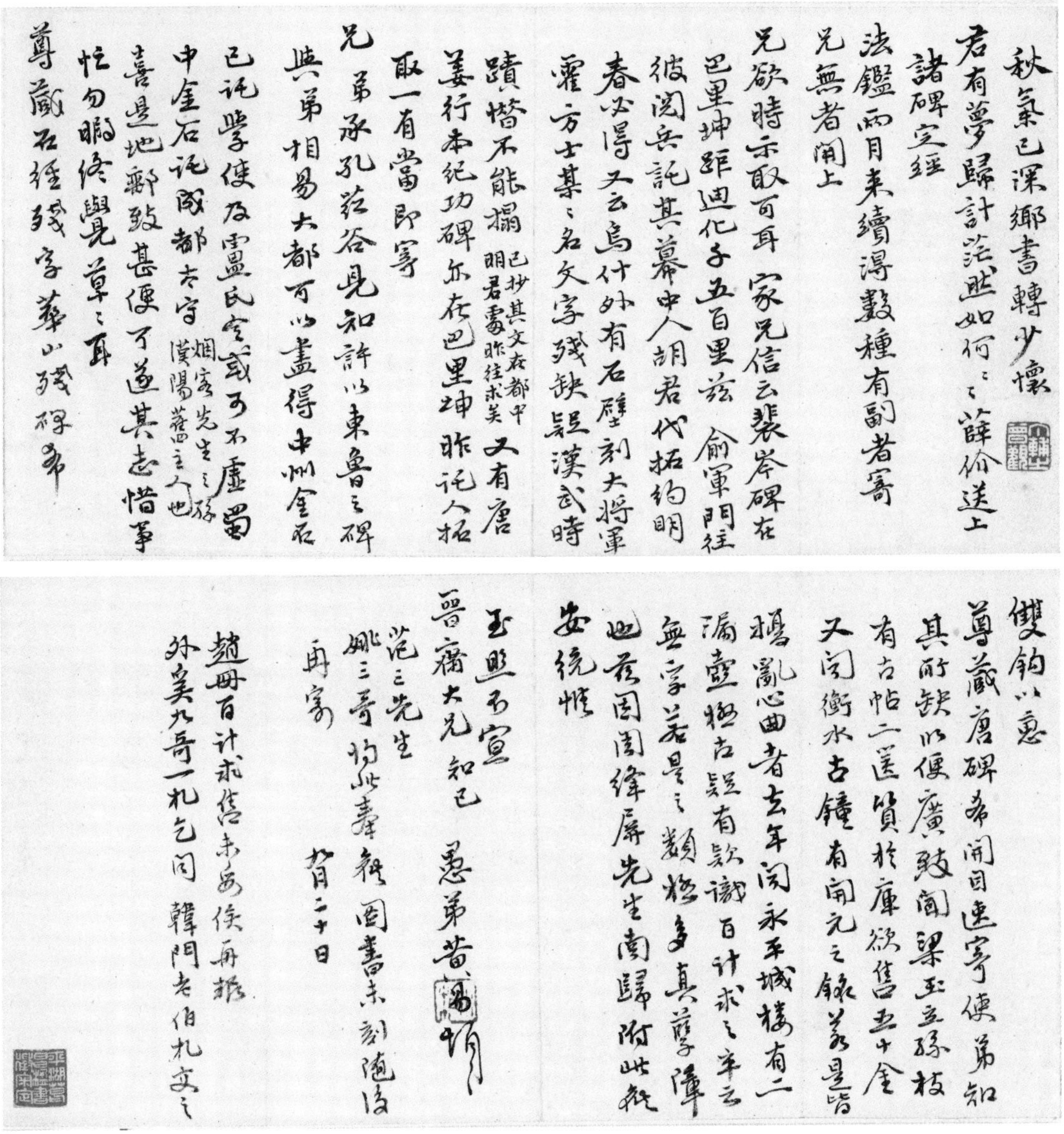

图3.4　黄易《致赵魏》　上海图书馆藏

他所委托拓碑的河南学使是大兴人邵庚曾，很可能出自翁方纲的介绍，卢氏县知县赵钧彤、成都府知府王濟都是地方官员，孔继涵既是京官，又是曲阜的地方大族。有了这些官员的帮助，直隶、曲阜、中州、四川等地的金石，黄易似可唾手而得。

如同黄易所预期的，孔继涵很快赠以济宁新出的汉碑《王君庙

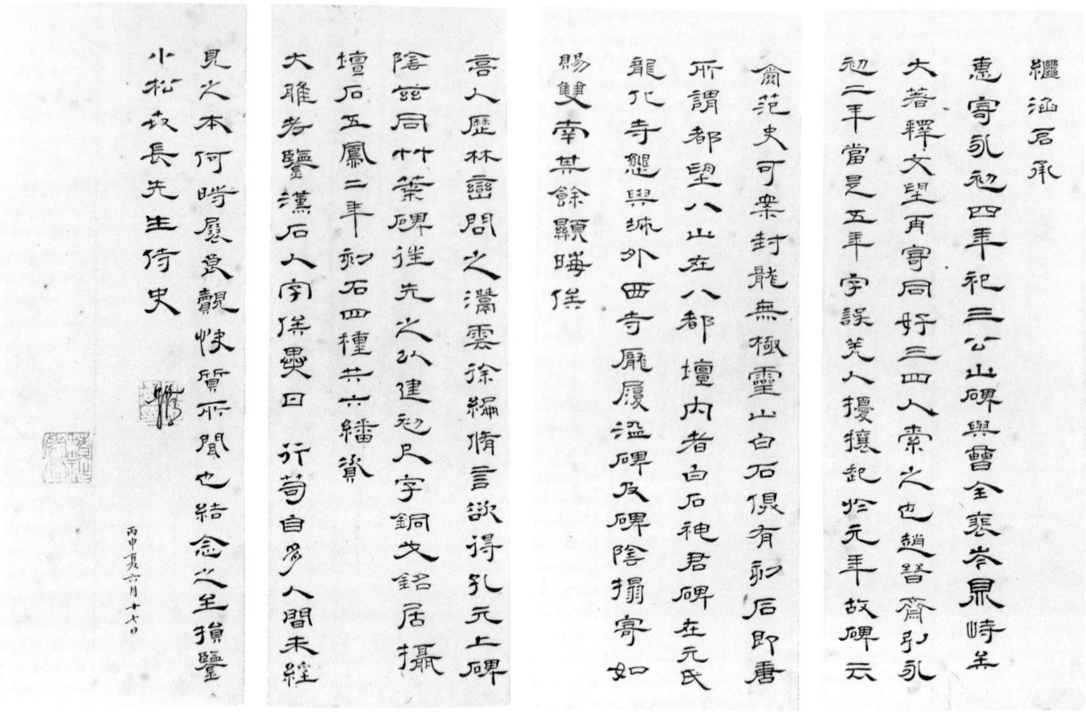

图3.5　孔继涵《致黄易》 私人藏

门断碑》及《金乡石室画像》的拓本，此外还有《孔元上碑阴》《竹叶碑》，以及《建初尺字》《铜戈铭》《居摄坛石》《五凤二年刻石》四种六套。[33]【图3.5】到1780年，黄易已经集藏碑版拓本近千种，与济宁本地的藏家李东琪不相上下。[34]

地方官

在前文的讨论中，我们已经多次提到地方官员为黄易拓碑之事。地方官的重要性，清初学者就已深有体会。曹溶注意到陕西官宦驱使民众大量拓碑，荒废了农耕井凿，[35]但有些拓本，离开他们的帮助几乎无法致得，顾炎武致书颜光敏时曾经谈道："碑洞中石经及汉唐字，但有钱即可买，不必用官府，惟各州县古碑，非官府不能致。"[36]这里所说的"各州县古碑"，当是集中于州县学宫之中的碑刻，没有官方的允许或是合作，无法椎拓。而颜光敏的家乡山东，是汉碑最富的省份，根据他的观察，拓本常常是地方官员岁贡的尤物。[37]不过，也有地方官因厌苦上司不断委派拓碑而故意毁坏碑版，孙承泽（1593—1676）对此曾不无担忧：

秦中石刻自经寇乱祸，焚荡无余。间有存者，州县惮于上司之索取，乘乱捶毁。恐此后秦无石矣。[38]

18世纪后期，毕沅撰《中州金石志》，毕沅、阮元合撰《山左金石志》，都曾动用地方官员的力量。如孙星衍在给黄易的信中，谈到毕沅嘱他写信催取各县碑碣，此时所得已经相当可观，而偃师一地又新补送数碑。[39]段松苓《山左碑目》序言则说："岁乙卯（1795），畀余搜采志乘，开列其目，札致守土者毡墨邮寄焉。"[40]这本碑目作为《山左金石志》的基础，正是志乘所载碑刻与州县拓寄碑刻的综合。参与编撰此书的江凤彝也在给友人的信中谈到，岱宗各刻学使阮元已开单托诸泰安县知县蒋予林，其他"各府并已札致搜罗，愿望甚奢，未识诸能应手否？"[41]【图3.6】

作为某一区域的官员——如毕沅曾任陕西巡抚、河南巡抚、山东巡抚与湖广总督，阮元曾任山东学政、浙江学政、浙江巡抚等——他们可以以行政权力要求该区域的州县官员为他们拓取碑刻，他们所编撰的区域金石著作，在很大程度上有赖于地方官的合作。但是，一旦离开这一区域，毕、阮等人的行政权力便难以起作用。而官位甚卑的黄易，却能够动员各地地方官为他操办拓碑之事。

早在直隶时期，黄易搜碑就得到本省地方官的帮助。前文提到的元氏知县王治岐与另外一位官员沈愚溪，在《祀三公山碑》的发现与保护中具有直接的作用。饶阳知县王凤文曾为黄易奉上石刻拓本二种，自称"土物"。[42]南和知县吴璟受黄易委托寻访隶书碑刻，于县东岳庙中发现隋代开皇、大业二碑，形迹虽已剥落，然尚堪墨拓。[43]灵寿县署的师爷张中受黄易之嘱为拓取当地古碑，其中《渤海太守碑》碑额略有字迹，然碑文则剥落不堪，虽可椎拓，但只存

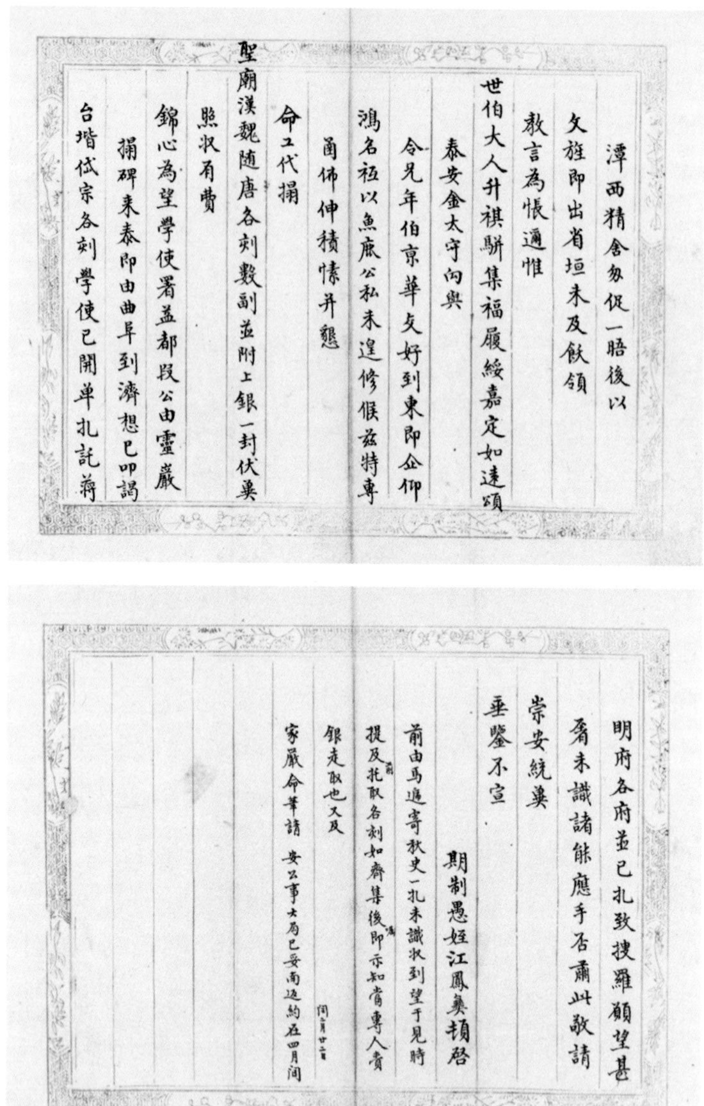
潭西精舍匆促一晤後以
文旌即出省垣未及飫領
教言為悵通惟
世伯大人升祺駢集福履綏嘉定如速頌
泰安金太守向與
令兄年伯京華交好到東即企仰
鴻名祇以魚廠公私未遑修候兹特專
函佈伸積愫并懇
命工代搨
聖廟漢魏隋唐各刻數副並附上銀一封伏冀
照収有費
錦心為望學使署並都段公由靈巖
搨碑來泰即由曲阜到濟想已叩謁
台堦伏宗各刻學使已開单扎託蔣

明府各府並已扎致搜羅頗望甚
勇未識諸能應手否肅此敬請
崇安統冀
垂鑒不宣
期制愚姪江鳳彝頓啓
前由馬遞寄秋史一扎未識收到望于見時
提及托取名刻如齋集後即示知當專人賫
銀走取也又及
家嚴命筆請 安公事大局已妥面述約在四月間
閏月廿二日

图3.6　江凤彝《致颜崇椝》 故宫博物院藏

姓名。另一块《北齐赵郡王碑》，乾隆二十八九年间曾经拓过，并无显有一字，因在深山僻远，稍费跋涉，他将觅机再作尝试。[44]

这些官员对碑刻是否有兴趣，我们不得而知。但另外两位知县——周震荣（1730？—1792）与潘应椿，则与黄易有共同的爱好。周震荣是浙江嘉善人，在担任清苑县丞时与黄易过从甚密，1775年摄篆曲阳县，黄易委托他访拓本地碑版，周为拓致唐代五通，北宋

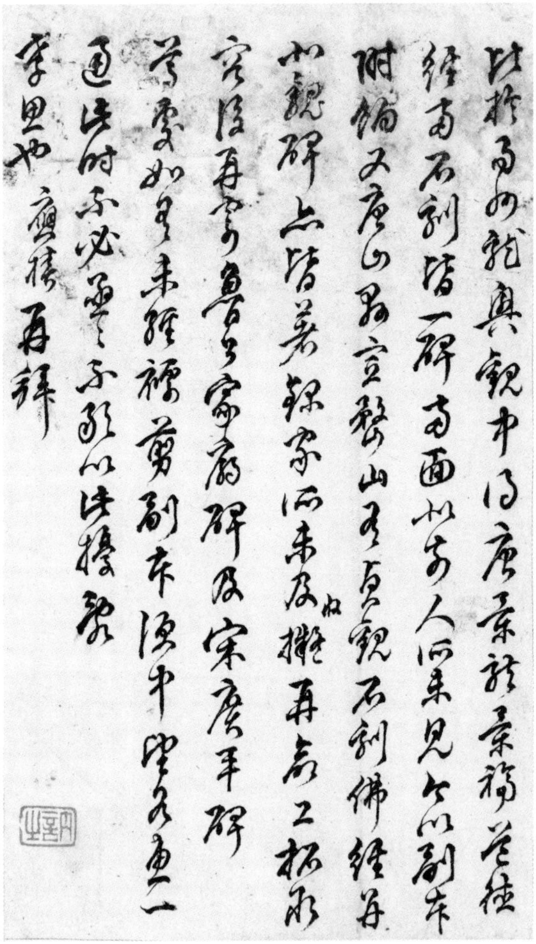

图3.7　潘应椿《致黄易》 上海图书馆藏

三通，稍后再得宋祥符《北岳醮告碑》以及《金轮石幢》。[45] 丰润知县潘应椿，安徽歙县人，他的姨兄程瑶田（1725—1814）是大儒江永（1681—1762）的弟子。潘应椿在易州龙兴观中得唐景龙、景福《道德经》两石刻，皆一碑两面。又在唐山县宣嵍山发现贞观《石刻佛经》与北魏碑刻，都是宋代以来的金石家未曾著录的。[46]【图3.7】1777年上半年，潘又告知，丰润人王安昆获欧阳询（557—641）楷书《九歌》与草书《千字文》残石，后刻周越（970以后—？）题字云："此欧阳询草迹也，所谓如旱蛟得水，毚兔走穴，信不虚耶。"[47] 黄易考证周越为宋人，故对此碑为北宋所刻深信不疑，他立即遣工前往椎拓，带回大量拓片。[48] 这些拓片，成为黄易本年赴选在京时应酬人事的稀罕礼物。当年十一月，他告知潘氏，欧阳询的两种碑刻都中一时纸贵，所拓数十部已全部为人索去，恳求潘氏续拓时再寄惠十来部。[49]在稍后的通信中，潘不断向黄易寄送拓本，除了九部欧帖，[50]他还为黄易索得扬州徐氏所藏古铜盘铭一通，“篆法古雅，不减《石鼓》，相传春秋时物，盖盟会歃血时所需器也。”这件铜盘铭，就是著名的《散氏盘》。[51]

1778年正月，黄易分发济宁，成为河东河道总督姚立德（？—1783）的幕僚。莅任济宁之初，他的父执直隶新安知县申发祥就写信给山东东平知州洪哲燕：

> 拣发河工小松黄君，乃老友松石令嗣，心灵手敏，兼擅笔墨之长，尤癖嗜金石，到处刳苔剔藓，如椎埋胠箧，一见自当把臂入林，不得徒以畚挶中轻视雅人也。

河工在清代是对治理江河等水利工程的总称，它同时也是一个人群概念，从事于此的低级官员与倅丞都被称为河工。在两地地方官员的通信中，河工黄易对访碑的酷爱被特别加以介绍，申氏希望在他就任之后，洪氏能多加关照。[52]

黄易在山东的拓本征集活动，得到本地官员的鼎力相助。1778年春，黄易刚刚到任不久，莱州知府胡德琳（1752年进士）即赠以《唐摩崖碑》一副，并表示《琅琊台秦碑》、济宁新出汉碑、乐陵刘氏碑、《元魏刁遵墓铭》以及李阳冰《庾公德政碑》，他都可以提供。[53]胡德琳来自广西，是袁枚的堂妹夫。同一年，任城书院山长、秀水人盛百二接到黄易来信，立即安排拓取《郑固碑》《范式碑额》，此时《范式碑》碑身尚不可得，盛百二正悬赏以购，他相信这一消息会让黄易喜而不寐。此外，济宁普照寺金刚脚下，盛百二也根据黄的要求前去勘察，不过探之无字，惟“元贞二年”四字而已。[54]盛百二颇留心金石，他的《柚堂笔谈》中有不少关于金石的题跋。1784年夏，黄易在知县马于荃的帮助下，剔出济宁州属县金乡石室画像的淤泥，发现有“朱长舒之墓”及“金五”等字，最后一石题字四行，又露出“汉朱氏鲔嘉亭万吉祥”等字。[55] 1786年八月，黄易升济宁州学《郑季宣碑》，得到知州刘永铨、州判王所礼的协助。[56] 1791年，东昌同知吴人骥为黄易拓得颜真卿碑、学宫《三绝碑》以及邓氏所刻颜真卿《祭侄文稿》。[57] 吴本身收藏书画，对于印章也兴趣浓厚。1794年，泰安知县江清为黄易拓徂徕石刻各种，并一一注明所处位置，这为黄易后来编目提供了极大的方便。在稍后一信中，江清确认所谓《孙夫人碑》实系《晋任城太守夫人孙氏之碑》，“十一隶字，作三行，前为俗匠遗漏，今又专工去拓数十本”。并告知《宫山汉武碑》约明后日可到，一旦到后，当即飞呈数本。[58] 江清是黄易的杭州同乡，他和儿子江凤彝都喜好搜访碑刻，江凤彝后来成为黄易的学生。

黄易委托他省地方官员拓碑的情况更多，这些官员大多是在经过济宁时接受了委托。1785年，陕西沔县知县李衍孙告知黄易，“委拓汉中、成县各石刻，已如命办全”。[59] 居官陕西期间，李衍孙曾收藏过一本《华山庙碑》，在金石圈中颇为知名。[60] 1787年，河南武陟知县卢又绅甫一到任，就开始为黄易访求碑版：

> 敝县所有诸名迹，访之故老，无一知者，弟以初到未久，容再细询明确，但有残断遗迹，无不力为访求也。[61]

1785—1787年，湖南湘潭知县方维祺受黄易委托，为拓《黔安铜柱碑》与《北海碑》。[62] 1792年，直隶正定知府邱学敏受黄易委托拓碑，声称此事定须自己亲为指点，不得概付之佣工下隶，必求数日之暇，为之扪苔剔藓。[63] 1794年，王复署篆河南临颍县，黄易以三国隶碑相托，王在回信中说：

《受禅碑》亲至其处，摩挲数遍，实有三字在上，现在命工摹拓。《上尊号碑》有阴而无侧，现亦拓取。[64]

事实上，黄易此前已藏一件《受禅碑》拓本，为乾隆壬寅（1782）二月临颍知县裘某寄赠。[65]同样是在1794年，黄易也曾托河南安阳县知县赵希璜（1746—1805）为觅《西门府君碑》，赵在《寄黄小松司马》“殷勤下访西门豹，片石犹留渤海高”句的小注中写道：“小松托拓《西门府君碑》，碑阴有仆射赵郡元韶名，应是东魏时高欢所建。”[66]1795年，江苏宜兴知县唐仲冕（1753—1827）寄赠《国山碑》拓本，此前黄易曾多次向宜兴友人储润书索取此碑未果。[67]不过这个拓本乃未筑亭时所椎拓，并非佳本，故黄易又向吴骞（1733—1813）索要更为精良的整拓。[68]吴骞是浙江海宁州人，先世故有别业在荆溪，间岁来荆溪，寻访考证，著《国山碑考》，此碑的成名与他有极大的关系。[69]1796年，寓居河南河内县的内阁中书康仪钧（1767年举人），为黄易拓取济源与河内二县各碑，并询问《温御史造碑》以及北宋石幢，黄易提供的《碑目》中并未列入，不知是否已得？[70]【图3.8】

黄易晚年的健康状况相当糟糕，在1800年写给顾文铁的信中称，自上年冬天一病几殆，今春今夏又两次病危，[71]差不多同时，他也向赵魏报告自己贫病交深：

弟服官至今，贫病交深，欲拂袖而去，奈家无担石何？恋此一官，真是万不得已。几乎右体不仁，服参药二年，始得渐好，然作画刻印竭蹶之至，只有翻弄碑帖、扇面自为娱悦而已。[72]【图3.9】

此时，他的收藏重心也已转向了书画扇面，1797年，在写给友人（有可能是董元镜）的信中，黄易提及“年来集古人扇面二百余，心

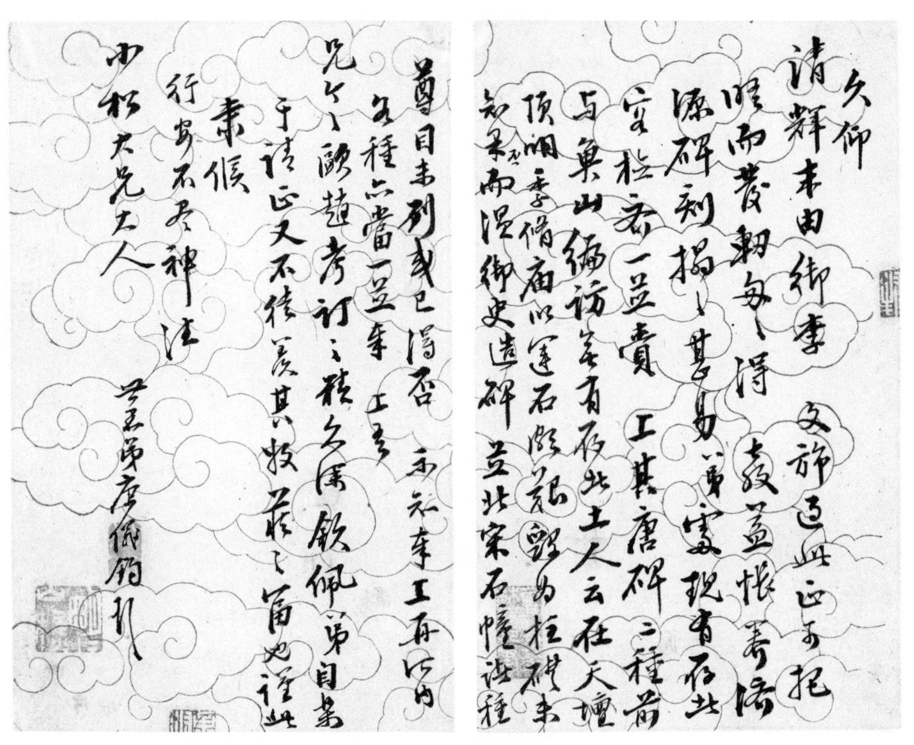

图3.8　康仪钧《致黄易》 见《小蓬莱阁同人往来信札》第四册

独不足，藉相好广助之也。”[73] 到了1799年，扇面的数字已增加到三百，《致顾文铁》云：“扇面已有三百余面，四王之画已有，甚思汪退谷、姜西溟、查初白等人一幅，不可得耳。”[74] 清初四王的扇画他已各搜得一面，但汪士鋐（1658—1723）、姜宸英（1628—1699）、查慎行（1650—1727）等人的书法，却杳不可得。约在同时写给瞿中溶的信中，黄易也提到“搜碑之外，广集书画扇面，装裱成册，已得三百余种，尚孳孳不能息也”。[75] 尽管如此，黄易仍未放弃任何征集碑刻的机会，1801年左右，他将《小蓬莱阁金石目稿》寄给湖北德安知州胡寿芝，胡立即向他贡献了新见碑刻，在“敢将土壤助山高，先生笑应双手拍”的小注中，胡写道：“时贻以《碧落碑》《太原令房璘妻壁记》及汉上新出三碣。”[76]

黄易的访碑活动也得到地方官的大力支持，1796年秋冬之际的嵩洛之行，沿途得到登封知县赵时、县尉马某，偃师知县王复，鲁

3

1

4

2

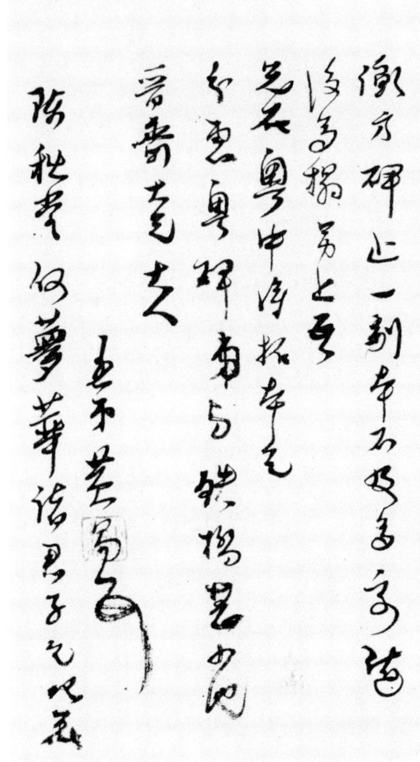

图3.9 黄易《致赵魏》
收入《西泠八家の书画篆刻》

5

山知县董作栋，孟县县尉张葺亭，新安知县邹蔚祖，卫辉州判毕继曾等地方官员的关照。[77] 1797年春日的岱麓访古，黄易在日记中提到的官员，除友人孙星衍、吴人骥、王毂、桂馥之外，还有山东巡抚伊江阿、泰安府知府金棨、泰安县知县蒋予林、同知张松岩、摄历城知府徐某、权兖沂观察金某、武定府同知王道亨、肥城知县程尚义等。因为金棨与程尚义的允许，黄易有机会将郭巨塑像移出，拓后石壁，他在日记中记载了这一难得的奇缘：

> （一月三十一日）晚饭金太守斋，肥城程大令与幕中冯、唐、黄三君谈宴欢甚。余欲移肥城孝堂山石室内郭巨塑像于外露室后石壁，俾得全拓诸刻。金、程二君欣然许之，果成，亦金石奇缘也。[78]

以上繁复的引征，旨在说明，各处地方官在黄易的金石收藏活动中起到至关重要的作用。除了在黄易访碑途中，为之提供食宿与绳索、架杆之类的工具，并派人员协助，他们还积极回应远在山东的黄易提出的各种访拓要求。无论是获知信息还是组织椎拓，地方官都更具便利与执行力。到了晚清，碑刻拓片越来越成为一种文化商品，拓碑常常会遭到本地乡民的阻挠，这时候还需要地方官出面摆平争端。[79]

由于黄易结识的州府官员散布于全国各地，故而即使僻在边陲的碑刻，他也有机会获得拓本。在这里，“地方”并不意味着封闭，相反它暗示了一种流动，地方官到处调动，这就意味着一位官员很可能为黄易拓致的并非只有一地的碑版。

地方官的重要性，翁方纲也深有同感。如他曾写信向桂馥探听：“青州段生诺为手拓《琅琊台》全字，闻太守已诺为办之，未知何时可得也。”[80]这里提到的段生即益都人段松苓，他同意为翁方纲拓《琅琊台》石刻，但需得到青州知府达霖的许可。在写给黄易的信中，翁也曾提道：“但学政欲拓碑，总视所遇地方官何如耳。”[81]即使贵为一省之学政，想要拓碑仍需得到地方官的配合。

地方官中确实有不甚配合的，如翁方纲听说山西介休县蔡邕隶书《郭有道碑》原石具存，虽然碑字已被人磨去，他仍请知县祝德全（1781年进士）为他拓来，希望能辨识一半文字。翁的要求让祝十分纳闷：“现存庙中有汉隶者翁公不要，而郭墓之石竟无一字，要拓之何用？”翁方纲为此向黄易抱怨说：

> 此在翰林出身之贤令尹，其言尚且如此，则何怪古刻之日湮乎？现已急写札往，云郭墓之石虽无字，亦必拓之，但不知其肯拓否耳。[82]【图版9】

在翁方纲的一再催促下，祝德全终于为他拓来郭墓之石，从拓片上看，此碑正背俱有穿，是汉碑无疑，但是磨去之后，竟然无一画半画可辨，翁氏为此自我解嘲说："虚费吾辈一段怀想之意也！"[83]【图3.10】又如黄易请河南知府施诚为拓《嵩山三阙》，施嗤笑要此败纸何用，故黄易告知赵魏，再求无益。[84]而桂馥在给黄易的信中，谈到《天柱山铭》求之半年，未得其便，盖地方官俗物，不足与谈。[85]一些无知的地方官，也是黄易友人圈的笑料，如严长明将作嵩洛之游，拓取登封石阙，因致札该县知县，孰料知县回复说："查志，有《启母庙》，未阙。"显然他将石阙之"阙"误为残缺之"缺"，让严觉得无话可说。[86]

金石友人

黄易还有一部分拓片来自金石友人的馈赠，有时他也用所藏碑刻的副本与他们交换，当然这种交换并不一定都是等值的。副本是指与自己的藏品完全一致的拓本（大多椎拓于同时），拥有越多的副本就意味着越多交换的机会，因此在条件允许的情况下，椎拓的目标不会只是一份拓片。如张埙在毕沅西安幕府时，有《拓碑三十韵》一诗，其"副本贻同知"之句小注即云："谓冬友、献之、覃溪、竹君、莛谷诸君。"他在椎拓碑刻时，除了自己的收藏，也会考虑到严长明、钱坫、翁方纲、朱筠、孔继涵等人的需求。[87]

乾嘉时期的金石收藏有一个巨大的群体，黄易的金石友人大致可以分为学幕友人、游食友人、京中友人与滞留地方的友人。越具有流动性的友人，对于黄易的收藏贡献越大。

赵魏是黄易的同乡至友。1784年初夏，他送姑母入都，经过济宁时给黄易带来《刘熊碑》双钩本。[88]在北京短暂勾留后他前往西安，赴陕西按察使王昶幕府之招。[89]在陕两年，赵魏与毕沅幕府的钱坫等人颇得访碑椎拓之乐，也向黄易贡献了大量秦中拓本，如李阳冰大字石刻《天清地宁》、殷玄祚书《契苾明碑》及其他唐碑十种。[90]在给黄易的信中，他不断报告关中新出古物：

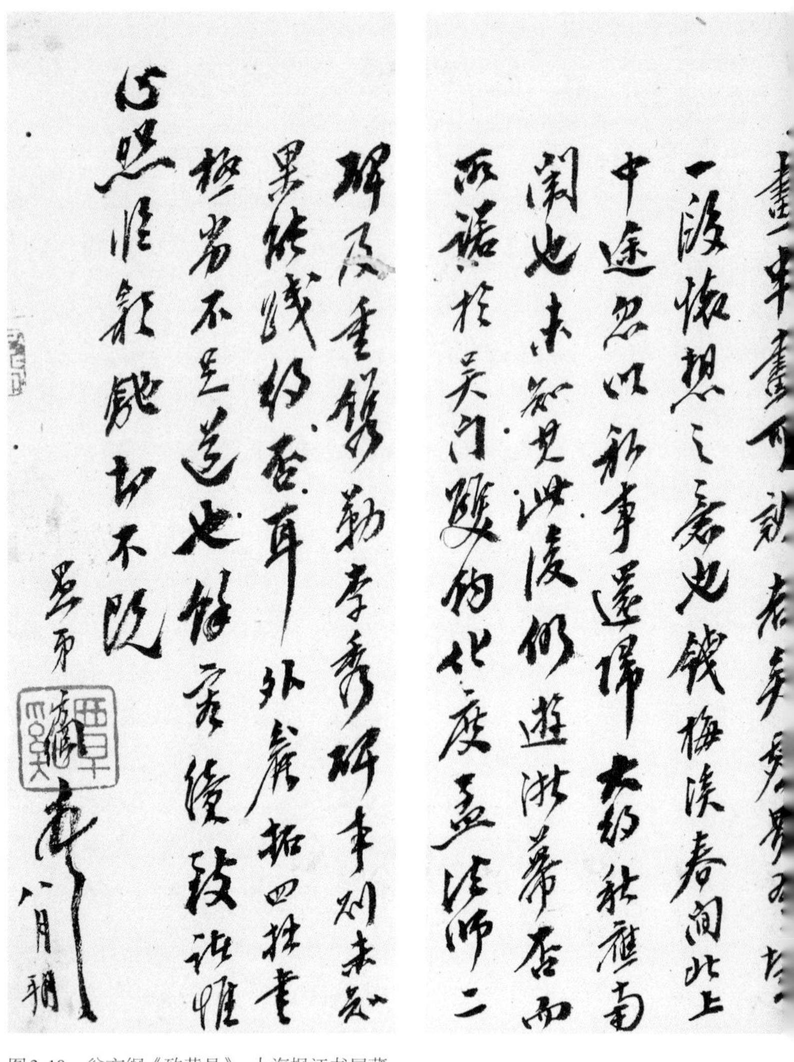

图3.10　翁方纲《致黄易》　上海枫江书屋藏

> 裨将军银印一、六朝宜侯王印一，皆极佳，先拓奉览，余款识等物极多，每为之浩叹而已。目外可寄之碑尚多，缘包封不可过大，当再寄到。瓦头尚须精拓，容再致。

这封信中提到的，既有碑刻，也有铜器与瓦当。他得到的拓片太多，以致因包封限制不得不分批邮寄。在本年的另一封信中，赵魏寄赠碑刻一单，并告知三月间曾托孙星衍寄到碑刻六种，内有《华岳题名》一套，是他在华岳庙石人身上所搜得的汉篆“西岳神道阙”五

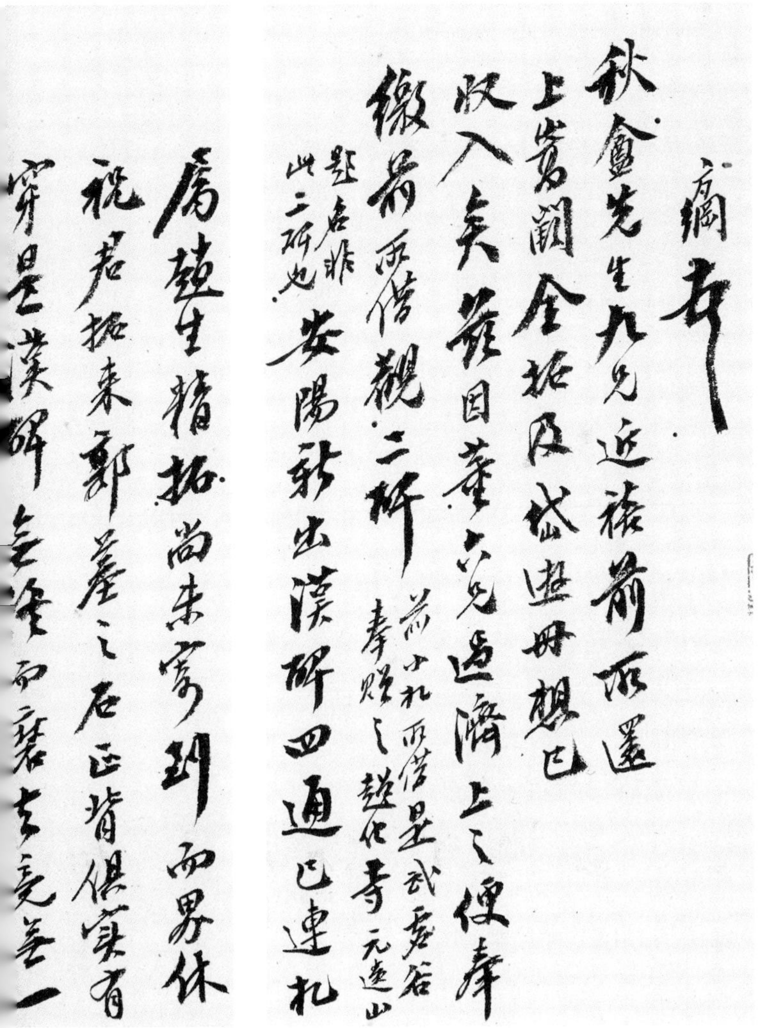

大字，异常珍贵。乘友人差使河南的机会，赵魏也为黄易带上碑拓十种，交由王复转致。此外，赵魏还拓赠一块罕见的十二字延年汉瓦，此瓦钱坫、孙星衍诸人皆为之惊绝，而幕主王昶欲夺而不可得。有趣的是，赵魏在向黄易报告这一喜讯时，突然想到此时的家乡荒旱终年、米珠薪桂，他们却以翰墨为缘，剜苔剔藓，虽然日有所得，实在不值外人一笑，只有素心人才会为之千里首肯。〔91〕不久王昶升任云南布政使，赵魏访碑遂失去有力支持："自廉使升任，我辈裹足，遂不能发其幽光耳。"〔92〕数年之后，赵魏自杭州远游广东，黄

易也曾要求分享粤中所得拓本："吾兄在粤中得拓本乞分惠，粤碑弟与铁桥甚少也。"[93]

钱坫是另一位对黄易收藏卓有贡献的友人。他本身是一位重要的学者，篆书亦有名于时。1777年九月，钱坫第二次入陕西巡抚毕沅幕府，[94]与他同时在署的有严长明、张埙等人。[95]由于毕沅正在编撰《关中金石志》，四处访拓金石便成为幕客们的日常事务，张埙《张氏吉金贞石录》序云：

> 秦中故多前代金石，而同志嗜古之士若严侍读长明、钱明经坫并在幕府，于是拓工四出，毡椎无虚日。[96]

1778年，到陕不久的钱坫即给黄易寄上《周曶鼎铭》二副，其中一副请他转交孔继涵。[97]此后他陆续告知《仓颉碑》已得，《慈恩寺题名》《华岳庙宋人石幢题名》及《宝室寺幢铭》也将尽快送去。[98]在另一封信中，他贡献了石门汉碑、魏碑以及华岳庙汉唐宋残碑一束。[99]钱坫访碑极为勤劬，即使病中清斋禅坐，一旦有人以金石相示，钱坫也一定忻然读之，不过让他感到新奇可喜的实在不多，黄易所心仪的《裴岑碑》亦不可得见。即使如此，钱坫仍寄出新得碑刻数种，"一分送孔公，一分足下自用"。[100]【图版10】在1779年写给江德量的信中，黄易兴奋地谈到钱坫乘华岳修庙之际得金石五百种，其中唐以上百种答应分赠一份。[101]不久，钱坫告知关中碑石皆搜罗殆尽，他开始留心新出瓦当，并寄赠四字瓦"甘泉上林""甘林亭师""转婴柞舍""长乐万岁"，一字瓦"乐""宫"，八字瓦"长乐未央千秋万岁"等，皆前所未见。此外，陕西商周彝器也很多，他表示如若黄易需用，附札来秦，即可多得。[102]【图3.11】1786年，钱坫随毕沅转往中州，带去《西魏歧法起》《北周王瓫生》两尊造像碑，他承诺行李一到，将立即椎拓，与其他瓦当拓本一并寄与黄易。[103]

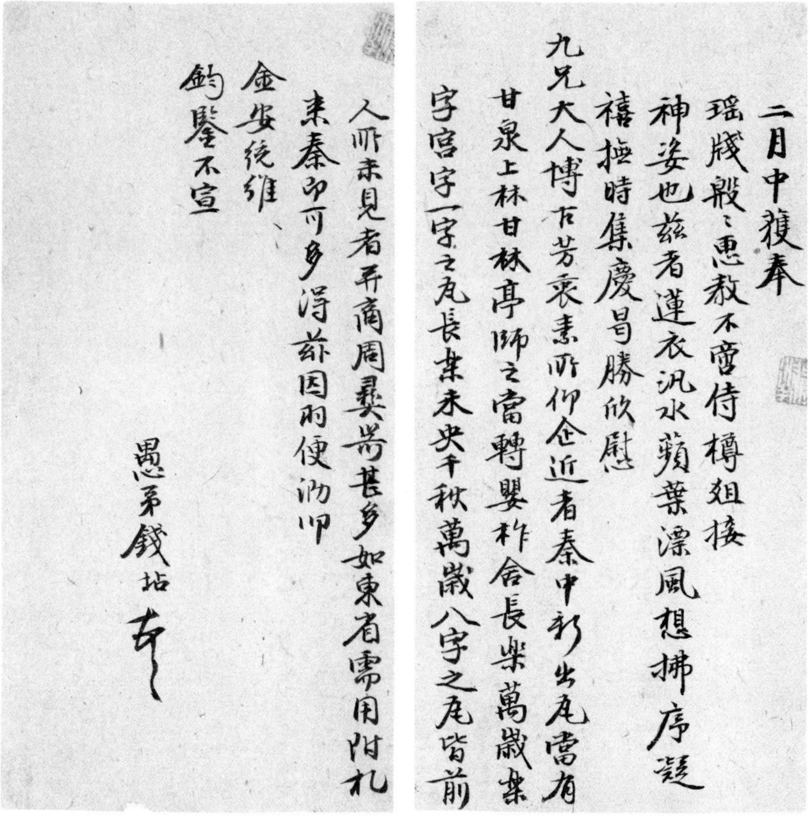

图3.11　钱坫《致黄易》 见《黄小松友朋书札》第九册

1785年七月，往来开封处理防汛事务的黄易与毕沅相识，他所收藏的《范式碑》旧拓也在中州节署传观，毕沅、孙星衍、洪亮吉、严长明、王复等人都有题跋观款。次年，孙星衍给黄易寄上中州新出之碑：

> 偃师新补送数碑，今寄呈数种，其《窦叔向碑》及《周公祠碑记》尊处已有，故不以奉寄也。

从孙星衍的言辞中，不难发现黄易可能向他提供了收藏碑目，黄易拥有或缺少哪些河南碑刻，孙氏一清二楚。此时的孙星衍正忙于编撰《中州金石记》，但调任湖广总督的毕沅已经在计划编撰《湖广金石记》，孙星衍对此颇抱遗憾："中丞已言当撰《湖广金石》者，此

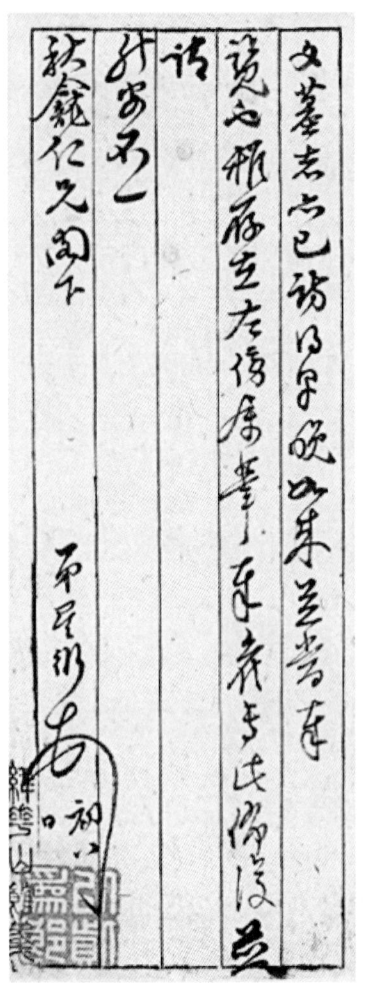

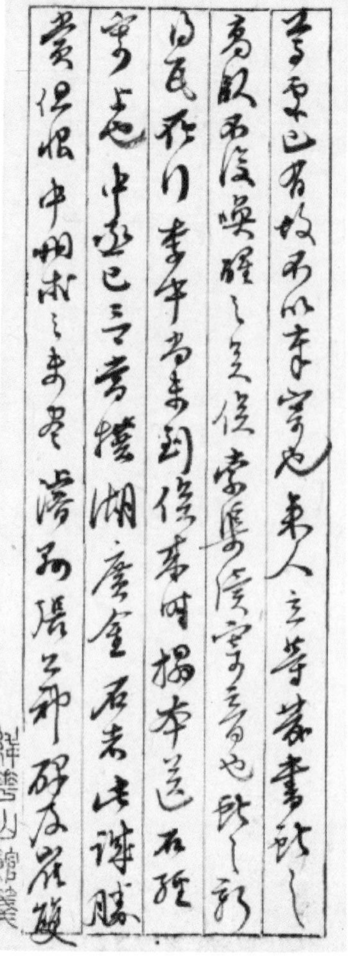

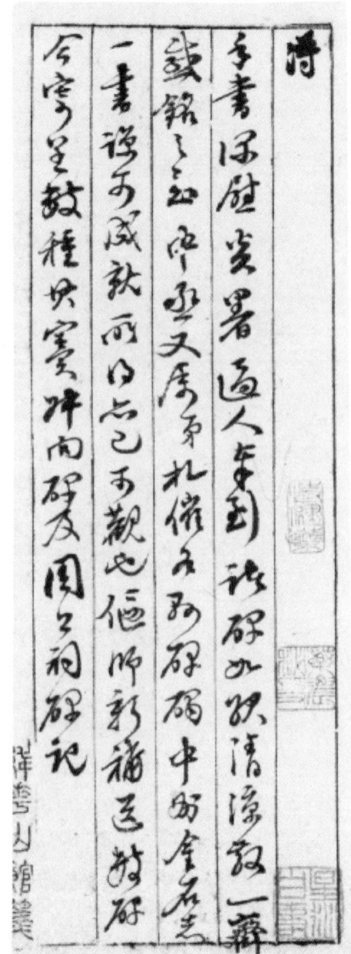

图3.12 孙星衍《致黄易》 故宫博物院藏

诚胜赏，但恨中州求之未尽。”在同一封信中，孙星衍报告浚县《张公神碑》及《崔双文墓志》已经访得，待到手之后，自当奉上。[104]【图3.12】孙星衍此前也曾入毕沅西安幕府，收藏关中汉瓦亦夥，在《小蓬莱阁金石目》中有不少赠予黄易的记录：

> “汉并天下”瓦：篆文，文四字，阳湖孙刑部渊如赠易一片，拓本二种。
>
> “宝庆寺”瓦文：篆书，在咸宁县花塔寺。阳湖孙星衍携此瓦见赠。

图3.13 洪亮吉《致黄易》 见《黄小松友朋书札》第五册

嘉庆元年（1796），孙星衍以兖沂曹单道道台兼任运河道，成为黄易的上司，次年署山东按察使，黄易岱麓访古，孙星衍曾同游泰山，乘此机会，黄纵观孙氏嘉石轩所藏吉金款器，并命拓工尽行椎拓。[105]

中州幕府的洪亮吉、武亿与黄易也时有通问。1786年，洪氏赠扬州汪中所藏《汉射阳县石门画像》拓本，并就翁方纲认为此画像即《孔子见老子像》提出商榷。[106]1788年，他向黄易通报中州搜碑最新的收获：

> 此间日来惟武虚谷得晋太康金一、北齐造像记一，冯鱼山得后魏司马昇碑一。武进士以数本奉寄，鱼山则已飞札之，属其就近寄上也。【图3.13】

这些新发现的碑刻，武亿每种给黄易寄上数本，而冯敏昌处，洪亮

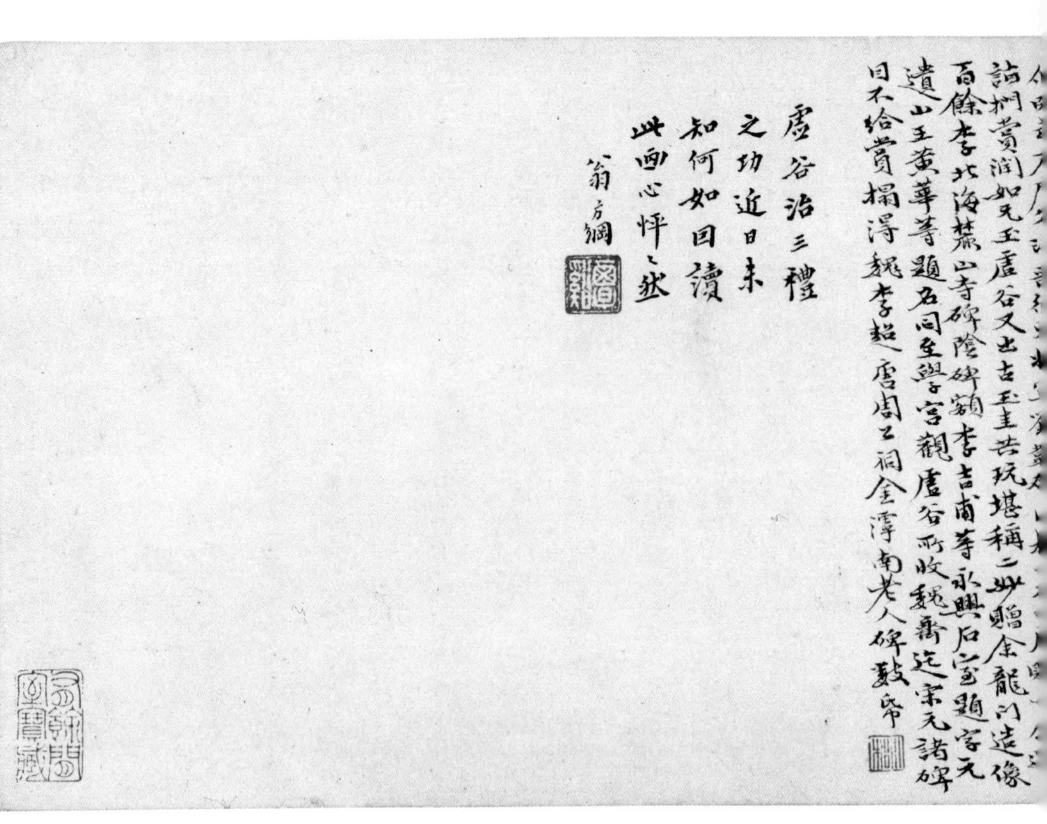

图3.14　黄易《嵩洛访碑图》“小石山房”

吉也嘱附黄易就近寄上。[107] 1787 年，武亿答应为黄易制作嵩山三阙的全部拓片。[108] 此后又拓寄河南一地的造像碑多种。[109] 1796 年，黄易嵩洛访碑经过偃师，过访武亿小石山房，【图 3.14】获赠龙门造像百余种，以及李邕《麓山寺碑阴碑额》、唐宋人题名多种。[110]

一些游食四方的友人，也常常接受黄易的委托。吴江陆绳遍游长清、历城山岩古刹，搜得造像、小石记甚多。1786 年，他远游关中，黄易委购庾信撰文的《北周豆卢恩碑》，到达咸阳的陆绳发现，碑石近两年已为某知县磨去字迹，改作工塘之用；华阴县西岳庙《杨凝式题名》，陆绳两过其地也遍寻不获，庙中道士皆不知其处。[111] 不过陆绳托表弟沈默代为寄上《武都太守题名》与《禹迹图》《华夷图》三种。[112] 山西凤台人胥绳武，曾为黄易拓家乡的《杨岐山碑》《李嗣昭钟铭》及唐宋元金石五种，但黄易所需《琵琶泓诗刻》一时以水大不能往拓。[113] 其后胥绳武试用萍乡知县，

又为办《甄叔塔铭》与《广禅师碑》两种拓片。[114] 杭州人何元锡 1788 年游食南昌时，在省垣大安寺搜得吴太和五年《铁香炉铭》及南唐《铜钟题名》，答应拓得副本立即驰寄，随信先行检寄已得江西碑拓数种。[115] 金匮人钱泳，1793 年自北京回到南方后，与友人游浙江象山，拓得《唐蓬莱观碑》及宋王钦若刻《灵验记》，皆寄赠黄易。[116]

身在京师的友人虽少有拓碑的机会，但他们利用主持乡试的机会顺道访求，有时会将副本送给黄易。翁方纲除了将广东学政任上所得碑刻转赠黄易，[117] 1779 年典试两江途中，他在江宁摄山道中拓得的两块南朝梁的碑刻，也寄赠黄易一份。[118] 1794 年，翰林院编修余集出使主持四川乡试，黄易曾询问此行收获，他回信说：

> 蜀中小住六七日，往还诸公无一留心金石之人，仅有汪

君毅亭赠我《东坡像》及《马券帖》而已，然此二种皆不足著录也。承询及，赧颜之至。

虽自觉不足著录，余集还是给黄易寄去《马券帖》《东坡像》，以及唐碑两侧画一副，称“此虽石刻，然真唐人画也，亦可附庸汉画”。[119]有时黄易也向京官征集他们故乡的碑刻，如1798年，黄易向刑部员外郎伊秉绶札索闽地碑刻，[120]伊奉上李阳冰《般若台铭》，而《王审知碑》则俟计偕诸友带至京师。[121]【图3.15】

翁方纲也有可观的征集碑刻的网络，能与黄易互通有无。如1777年十一月，翁告知黄易：“武昌《怡亭铭》已再三托洪素人、姚雪门拓之，大约来春必得也。”他所提到的洪朴（1746—1783）与姚颐（1766年进士），此时正在湖北、湖南两地督学。1782年，他又告知《王稚子阙》续拓一到，必将寄奉。1798年，安阳新出汉碑四通，翁方纲连札属知县赵希璜精拓，虽然拓本尚未寄到，但翁已迫不及待将这一喜讯告知黄易，[122]并答应伊秉绶视学湖南，归途经过安阳时，“若能多拓，再选其稍精者奉鉴”。[123]

在1782年的一封信中，翁写道：“金石之学，真知笃好无若九兄，彼此各有新得，时时通问，亦天下第一快事也。”[124]第一时间交流、分赠新得金石，是翁黄之间形成的一种默契，而这种默契也存在黄易与其他金石友人之间，但有时黄易需要漫长的等待。

以内阁中书潘有为为例。他的家族在嘉道间以收藏书画著名于广东，但潘本人的兴趣在于印章与钱币。1777年秋日，在与黄易相识之后，他陆续寄赠碑刻及铜器铭文拓片若干，如《南汉铁塔铭》全副大小二十五张，[125]《石鼓文》《云麾将军碑》《王母宫颂》与《南海神庙碑》的拓本等。[126]但潘氏的收藏以古印最为著名，在1778年以后的通信中，黄易每每索要他的藏印谱，但他一再表示一时无法满足：

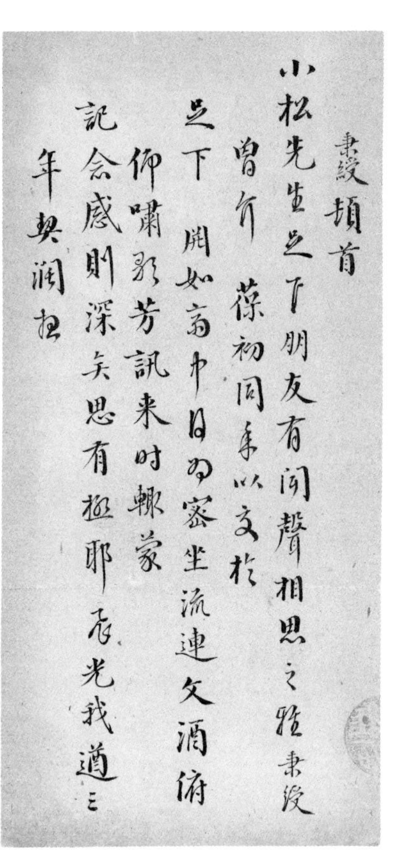

图3.15　伊秉绶《致黄易》　见《黄小松友朋书札》第二册

缘印谱之名未定，印格未经付梓，而用印复不得人以代，以此少稽。

所藏秦汉铜印，前后共得八百余颗，其气味稍涉唐宋以后者，即不入选，以此尚存七百廿余颗，……吾兄能抽暇为我多作数印，则以此报之矣。恶赖恶赖，罪过罪过！

看篆楼所藏秦汉印七百余，苦无印色，是以迟迟，近日朱砂已得，有同年恒益高者善制，制成当得佳本奉寄。[127]

铜印尚未满千，尊藏能足岳添流，更感。

弟集铜印千枚，择其气味稍差与模糊欠真、不入赏鉴者割置百余，以此尚未盈千，必加意拓之，就正有道。[128]

虽说钤盖一千方古印，还要保证质量，确实不是容易的事。除此之外，潘氏解释印谱迟迟未成的原因还有：印谱之名未定；印格尚未刷印；缺乏印泥；黄易须以为自己刻印作为交换；入选标准严格；印谱尚未凑齐一千方，等等。1787年中秋，程瑶田、宋葆淳等人在潘有为家中观赏《看篆楼印谱》钤印本，程还为印谱撰写了序言。但黄易并未收到。[129]直到1793年潘有为归田之后，黄易一再催促，潘才勉强寄上，并声称这是他手头仅有的一部底本："印谱多年碌碌，未暇拓得，屡札需此甚急，谨将案头手披底本专上。另有新购汉印数十枚，未补，俟有定本，续寄何如？"[130]为得到这部印谱，黄易耐心等待了至少十五年。

一些足迹不广、身在地方的金石友人，也能为黄易提供本地碑版。如赵魏在出游之前，曾数次寄赠《嵩山三阙》拓本、[131]《后魏薛灵藏造像记》《隋贺若谊残碑》等十种[132]以及旧碑十三种。[133]自西安回到杭州之后，每有新见金石亦必拓赠黄易，其中包括杭州新出泰宁二砖、建安中所造《八神四灵镜》拓本等。[134]黄易另外一位乡友陈豫锺（1762—1806），曾寄赠《灵德王庙碑》一纸、砖拓本数纸，此碑在武康县城三十里外的防风庙中，为他的姻戚从县学署拓归，古砖数块亦得于武康。[135]在《小蓬莱阁金石目》的记载中，一些南方的晋代砖文大多是陈豫锺所贡献的。曲阜颜崇椝曾以所藏旧拓《衡方碑》相赠，[136]此后又根据黄易的要求，将所存古刀布一一拓呈。[137]但黄反馈说所拓数种已经俱有，不过颜所藏三枚一字钱（𦬸字）却是所缺，要求分赠一枚。[138]宝山人印鸿纬，黄易曾委托他为觅"南碑"，印鸿纬一次性寄上《吴郡学宫天文图》《地理图》《崇福侯庙记》《妙喜泉铭》等拓本十种，并表示其他如天台《桐柏宫伯夷叔齐石像》胸前篆书、丹徒学《麟凤赞》待拓到后将陆续邮寄。[139]【图3.16】

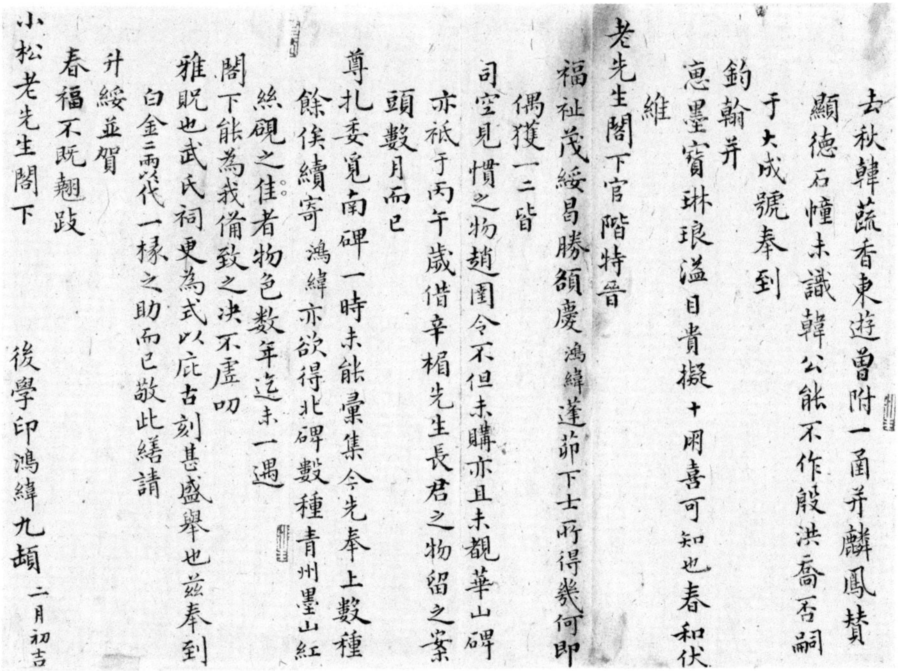

去秋韓蔬香東遊曾附一函并麟鳳贊
顯德石幢未識韓公能不作殷洪喬否嗣
于大成號奉到
鈞翰并
惠墨寶琳琅溢目貴擬十朋喜可知也春和伏
維
老先生閣下官階特晉
福祉茂綏昌勝頌慶鴻緯蓬茆下士所得幾何即
偶獲一二皆
司空見慣之物趙園令不但未購亦且未覩華山碑
亦祇于丙午歲借辛楣先生長君之物留之案
頭數月而已
尊札委覓南碑一時未能彙集今先奉上數種
餘俟續寄鴻緯亦欲得北碑數種青州墨山紅
絲硯之佳者物色數年迄未一遇
閣下能為我備致之決不虛叨
雅貺也武氏祠更為式以庇古刻甚盛舉也茲奉到
白金三兩代一椽之助而已敬此繕請
升綏並賀
春福不既翹跂
小松老先生閣下 後學印鴻緯九頓 二月初吉

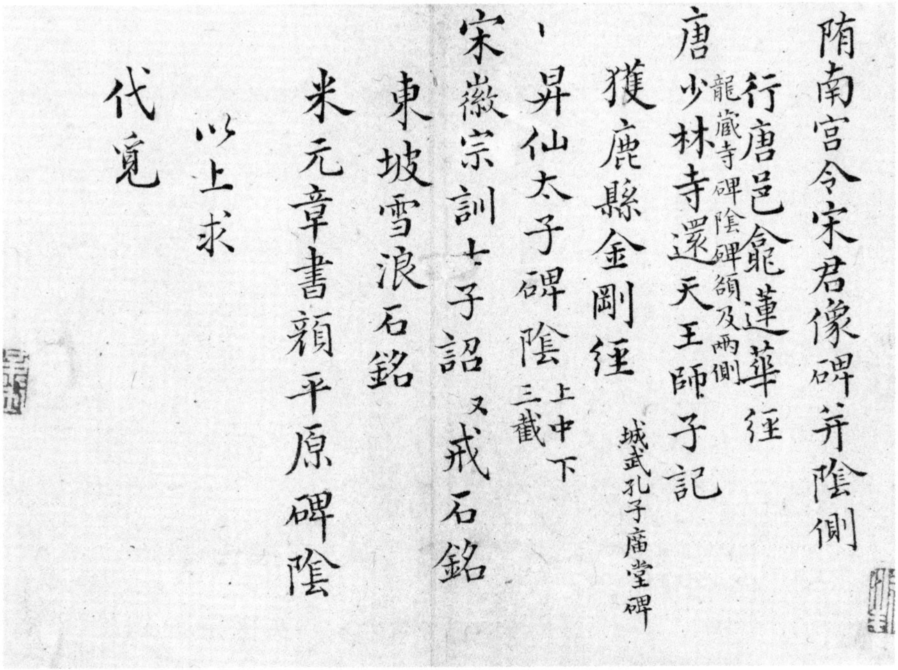

隋南宮令宋君像碑并陰側
行唐邑龕蓮華經 龍藏寺碑陰碑額及兩側
唐少林寺還天王師子記
獲鹿縣金剛經 武城孔子廟堂碑
、昇仙太子碑陰 上中下三截
宋徽宗訓士子詔 又戒石銘
東坡雪浪石銘
米元章書顏平原碑陰
以上求
代覓

图3.16 印鸿纬《致黄易》 见《小蓬莱阁同人往来信札》第一册

在成为济宁的运河官员之后，黄易的社交圈急遽扩大。尤其是南来北往的地方官员，没有他们的鼎力协助，许多碑刻的拓本根本不可能征集到。而黄易也结交了不少志趣相同的友人，他们或在京师，或在学幕，或游食各地，或滞留家乡，都有机会为黄易贡献各地拓本。

除了有意识地购藏旧拓、制作精拓——这些保证了藏品的“精”，黄易藏品的“博”在乾嘉时期也是首屈一指的，无论金石、无论品类、无论时代、无论地域、无论有名无名，似乎都有可能成为他的囊中之物，他总能通过辗转委托，获取他所需要的东西。

注　释

〔1〕 翁方纲曾在那里买到《孙秋生等造像拓本》，见翁方纲《致黄易》，上海图书馆藏。

〔2〕 赵魏《致黄易》,《黄小松友朋书札》第十三册。

〔3〕 黄易辑《先人手泽》，北京大学图书馆藏。

〔4〕 阮元《小沧浪笔谈》卷二，页 557。

〔5〕 仇梦岩《贻轩集》卷上《哭黄小松司马》有“忆昔论交母教闻，梅花香里诵清芬”之句。《稀见清代四部辑刊》第九辑第 91 册，页 87—88。

〔6〕 乾隆五十八年（1793）五月，黄易跋家藏《麻姑仙坛记》拓本，国家图书馆藏。此跋鲍昌熙亦摹入《金石屑》第三册,《石刻史料新编》第 2 辑第 6 册，页 4722。

〔7〕 丁敬“贤者而后乐此”印边款，收入韩天衡编订《历代印学论文选》下册，页 718。

〔8〕 李斗《扬州画舫录》卷四,《续修四库全书》第 733 册，页 617—618。

〔9〕 张照《题识》(拓本),《黄小松友朋书札》第一册。

〔10〕 余大观《致黄易》,《黄小松友朋书札》第十二册。

〔11〕 分别见《石刻史料新编》第 1 辑第 23 册、第 3 辑第 31 册。

〔12〕 华喦《九狮图轴》黄易跋，见于中国嘉德 2010 年秋拍。画未必真，题跋可信。

〔13〕 王凤仪《致黄庭》,《黄小松友朋书札》第一册。

〔14〕 上海图书馆藏。

〔15〕 黄易《致汪畲》，见《故宫藏黄易尺牍研究 · 手迹》，页 33。1791 年，储润书至少两次在写给黄易的信中提起此事:“《国山碑》之存者，为他友携去，昨已札致乡人觅之，随后奉寄可耳。”“《国山碑》须俟弟旋里时入山访拓，方得善本，俟诸他日，绝不食言也。”《黄小松友朋书札》第七册、第十一册。

〔16〕 上海图书馆藏。

〔17〕 见《故宫藏黄易尺牍研究 · 手迹》，页 152。

〔18〕《黄小松友朋书札》第二册。

〔19〕 如黄易旧藏《裴岑纪功碑册》，就多次钤盖了“小松所得金石”一印。国家图书馆藏。

〔20〕 类似的说法见于《秋盦题跋》“三公山碑”条，页 19。

〔21〕 朱筠《笥河文集》卷六《汉三公山立坛刊石文跋尾》称黄易释文缺六字，朱为之补释异同近二十字，因别录一本，只缺二字。《清代诗文集汇编》第 366 册，页 492—493。

〔22〕《小蓬莱阁金石文字》“三公山碑”条，页 615。

〔23〕《清高宗实录》乾隆三十二年（1767）二月上。此际翰林学士邵晋涵纂书三通馆，檄取海内石刻进之内廷编书，以续郑樵《金石略》。孙星衍《寰宇访碑录》自序，页 19851。

〔24〕 黄易《秋盦诗草》，页 8。

〔25〕 黄易《致李鼎元》，北京艺术博物馆藏。

〔26〕 张埙《竹叶庵文集》卷十七《黄小松主簿易画〈得石图〉，为李君铁桥东琪在济宁学宫古松树下掘得〈汉胶东令王君庙碑〉作也，小松寄图乞题此诗》，《清代诗文集汇编》第 375 册，页 103。关于这一问题的讨论，参见桑椹《东汉〈祀三公山碑〉早期拓本流传及其后世影响》，收入《黄易与金石学论文集》，页 285。

〔27〕 朱筠《笥河诗集》卷十二《覃溪前辈以诗附粤东金石十余通见赠，且索余安徽所拓石本，依韵奉答》，《续修四库全书》第 1439 册，页 622。诗作于 1774 年。朱筠在 1781 年去世，与黄易交集不多。

〔28〕 陈焯《致黄易》，《黄小松友朋书札》第三册。

〔29〕 黄易《致王复》，见《故宫藏黄易尺牍研究 · 手迹》，页 170—171。相关讨论参见秦明《黄易“小蓬莱阁”印沿用考》，《西泠艺丛》2017 年第 9 期，页 9—19。

〔30〕 黄易《致罗聘》，见《故宫藏黄易尺牍研究 · 手迹》，页 60。

〔31〕 黄易《致赵魏》，张廷济录本，见《故宫藏黄易尺牍研究 · 手迹》，页 43。

〔32〕 黄易《致赵魏》，上海图书馆藏。

〔33〕 孔继涵《致黄易》，私人藏。

〔34〕 李佐贤辑《武定诗续钞》卷七收李衍孙《得石图诗为家铁桥作即示黄九》注，页 12b—13b。

〔35〕 曹溶《静惕堂诗集》卷六《资耀寰入秦，托其拓寄碑本》，页 7—8。

〔36〕 颜光敏辑《颜氏家藏尺牍》卷一，《丛书集成新编》第 89 册，页 414。

〔37〕 颜光敏《乐圃集》卷二《汉韩敕修孔庙礼器碑歌》，《四库全书存目丛书》集部第 218 册，页 331。江南尽管碑刻较少，但同样也有这种风气，林侗《来斋金石文考略》“吴 · 天发神谶文”条云：“丁丑仲春，予客上江幕府，抚军陈公琳望有事江宁，予告之曰，有一纸之微，非藉节钺之重，莫能得。因嘱以此碑。旬时归，饷予二纸，越半月，江宁太守又呈六纸，悉归于予。”《石刻史料新编》第 2 辑第 8 册，页 5979。

〔38〕 孙承泽《庚子销夏记》卷五《郃阳令曹全碑》，见《中国书画全书》第 7 册，页 779。孙氏所描述的情形为秦人王宏度告知。

〔39〕 故宫博物院藏。

〔40〕 段松苓《山左碑目》，国家图书馆藏。

〔41〕 江凤彝《致颜崇槼》，故宫博物院藏。

〔42〕 王凤文《致黄易》，《黄小松友朋书札》第十三册。

〔43〕 吴璟《致黄易》，《黄小松友朋书札》第十三册。《小蓬莱阁金石目》："《大隋洺州南和县澧水石桥碑》，八分书，篆额，开皇十一年；《大隋邢州南和县澧水石□碣□累文碑》，八分书，篆额。右二碑在直隶南和县儒学。乾隆乙未（1775）知县吴璟拓寄。"

〔44〕 张中《致黄易》，《黄小松友朋书札》第十三册。据《小蓬莱阁金石目》记载，二碑本年皆已拓得，此后为武亿假取，参见《授堂金石文字续跋》卷二《张府君残碑》《赵郡王高叡碑正书天保八年在灵寿县祁林院》，《续修四库全书》第 892 册，页 648、651。

〔45〕 周震荣《致黄易》，《黄小松友朋书札》第三册、第六册。《小蓬莱阁金石目》亦云："《行唐邑龛妙法莲花经观世音普门品》，乾隆乙未，周司马筤谷摄曲阳令时拓得。"

〔46〕 潘应椿《致黄易》，上海图书馆藏。

〔47〕 黄易《秋盦题跋》收《跋欧阳小楷》，页 21。《小蓬莱阁金石目》亦云："欧阳询小楷《九歌》残石，欧阳询草书《千文》残石，后有宋周越题字，在丰润县。乾隆乙未易与知县潘应椿拓得。"

〔48〕 1779 年二月，黄易于兰阳官舍跋欧阳询《九歌》《千字文》，国家图书馆藏。

〔49〕 黄易《致潘应椿》，上海图书馆藏。

〔50〕 潘应椿《致黄易》，《黄小松友朋书札》第五册；黄易《致潘应椿》，见《故宫藏黄易尺牍研究·手迹》，页 178。

〔51〕 潘应椿《致黄易》，《黄小松友朋书札》第四册。

〔52〕 申发祥《致洪哲燕》，《黄小松友朋书札》第四册。

〔53〕 胡德琳《致黄易》，《黄小松友朋书札》第三册。

〔54〕 盛百二《致黄易》二札，《黄小松友朋书札》第五册。大致与此同时，黄易也向江德量提及此事："《郑固》下方《范式碑额》已烦李君铁桥拓取，许于数日即寄。普照横嵌一碑，有元（贞）年号者，至今未出。"《小蓬莱阁同人往来信札》第二册。

〔55〕 见《小蓬莱阁金石目》。《得碑十二图》"金乡剔石室之图"题识与此稍异。

〔56〕《郑季宣碑》有乾隆五十一年（1786）八月十六日黄易题刻，济宁博物馆藏。

〔57〕 吴人骥《致黄易》，《黄小松友朋书札》第十二册。

〔58〕 江清《致黄易》二札，皆收入《小蓬莱阁同人往来信札》第三册。

〔59〕 李衍孙《致黄易》，《黄小松友朋书札》第一册。

〔60〕《武定诗续钞》卷七收李衍孙《得华山碑记事》，15b—16b。陈文述《颐道堂集》文钞卷七《扬州阮氏重刻西岳华山庙碑书后》："桂未谷《长垣本》跋谓吴江陆绳在西安见两本，一售惠民李衍孙，一未翦本。"《续修四库全书》第 1505 册，页 656。

〔61〕 卢又绅《致黄易》，《黄小松友朋书札》第三册。

〔62〕 方维祺《致黄易》，《黄小松友朋书札》第十册。

〔63〕 邱学敏《致黄易》，《黄小松友朋书札》第十册。

〔64〕 王复《致黄易》，《黄小松友朋书札》第二册。

〔65〕 今藏故宫博物院，收入《蓬莱宿约：故宫藏黄易汉魏碑刻特集》，页 63。

〔66〕 赵希璜《四百三十二峰草堂诗钞》卷十二（甲寅),《清代诗文集汇编》第413册，页97。

〔67〕 唐仲冕《致黄易》,《黄小松友朋书札》第十二册。

〔68〕 黄易《致吴骞》，上海图书馆藏,《庞虚斋藏清朝名贤手札》第四册，页882—885。

〔69〕《石刻史料新编》第3辑第34册。

〔70〕 康仪钧《致黄易》,《小蓬莱阁同人往来信札》第四册。

〔71〕 北京艺术博物馆藏。

〔72〕 黄易《致赵魏》，收入《西泠八家の书画篆刻》。1801年，赵希璜《寄怀钱献之同年》小注有“献之自沛上来札云：黄小松司马病足，与余同”云云。《四百三十二峰草堂诗钞》卷二十四（辛酉)，页173。同年，孙星衍《致黄易》云：“闻足下体中近已复元，极宜保重，五十外人疏于房室，则到老耳聪目明，切要切要。”收入《二家书札》。

〔73〕 四川省博物院藏。

〔74〕 北京艺术博物馆藏。

〔75〕 瞿中溶《古泉山馆诗集》金昌稿卷一《得小松书兼寄正始弩机款识及中平帐构文以诗报之》小注,《清代诗文集汇编》第492册，页563。

〔76〕 胡寿芝《东目馆诗集》卷三《〈小蓬莱阁金石目稿〉答小松司马寄示》，页28。黄易征集拓片往往不止一份,《碧落碑》他从董元镜、赵魏处至少得到两个拓本。参见董元镜《致黄易》，见西泠拍卖2018年春网拍；赵魏《致黄易》,《黄小松友朋书札》第十三册。

〔77〕 参见《嵩洛访碑日记》。

〔78〕 参见《岱麓访碑日记》。

〔79〕 如吴式芬《致瑛棨札》云：“弟欲遣张显往安阳、林县拓碑，已信致子衡。如张显来省，尚祈函致樊、康两大令，令俾乡民勿阻为荷。”收入《清代名人手札汇编》第一册，页111。樊、康分别指樊琨（道光三十年任安阳知县)、康仲方（道光二十六年任林县知县),瑛棨时为河南布政使。

〔80〕 翁方纲《致桂馥》，上海图书馆藏，沈津辑入《翁方纲题跋手札集录》，页553。《复初斋文集》卷二十《跋琅邪台秦篆》亦云：“《琅邪台秦篆》，世皆称存十行耳。予以壬子夏按试青州，访诸学官弟子，此篆刻在诸城县海滨悬厓，极难拓。有段生松苓善毡蜡，诺为予拓之。”页545。

〔81〕 翁方纲《致黄易》，故宫博物院藏。

〔82〕 翁方纲《致黄易》，故宫博物院藏。

〔83〕 翁方纲《致黄易》，上海枫江书屋藏。

〔84〕 黄易《致赵魏》，上海图书馆藏,《庞虚斋藏清朝名贤手札》第四册，页882—885。

〔85〕 桂馥《致黄易》,《小蓬莱阁同人往来信札》第一册。

〔86〕 严长明《致黄易》,《黄小松友朋书札》第六册。

〔87〕 张埙《竹叶庵文集》卷十五，页90。

〔88〕 黄易《致顾文铁》：“赵晋斋带来《刘熊碑》双钩本、新刻《隶续》，甚精，均俟回日与高明欣赏。”上海图书馆藏。

〔89〕 王昶本来介绍赵魏入毕沅之幕，参见奚冈《致黄易》，收入《奚铁生手札不分卷》。

〔90〕赵魏《致黄易》,《黄小松友朋书札》第一、三册。

〔91〕上引赵魏《致黄易》四札，皆收入《黄小松友朋书札》第五册。

〔92〕赵魏《致黄易》,《黄小松友朋书札》第一册。

〔93〕黄易《致赵魏》，收入《西泠八家の书画篆刻》。

〔94〕钱坫上年即游秦,《十六长乐堂古器款识考》卷三《秦金师比》有云："余以乾隆四十一年（1776）始游关中，客大府镇洋毕公幕，计前后所获不下二三十条。"《续修四库全书》第901册，页531。本年为第二次赴陕西，王复《致黄易》："献之失意而去，于十五日在都起程。"札作于1777年九月十七日。《黄小松友朋书札》第十三册。

〔95〕孙星衍、武亿、王复等人后来亦入毕沅西安幕府。

〔96〕《石刻史料新编》第1辑第12册，页9303。张埙《竹叶庵文集》卷十五《拓碑三十韵》："入秦何所好，所好拓残碑。"页90。

〔97〕钱坫《致黄易》,《黄小松友朋书札》第五册。

〔98〕钱坫《致黄易》,《黄小松友朋书札》第十三册。

〔99〕钱坫《致黄易》,《黄小松友朋书札》第四册。

〔100〕钱坫《致黄易》，私人藏。

〔101〕黄易《致江德量》,《小蓬莱阁同人往来信札》第二册。

〔102〕钱坫《致黄易》,《黄小松友朋书札》第九册。

〔103〕钱坫《致黄易》,《黄小松友朋书札》第六册。故宫博物院藏《清黄易集秦汉瓦当》拓本四册，其中三册黄易分别注明“钱献之翁宜泉所得”“宋芝山拓寄”“何梦华拓寄 附诸人所拓”。

〔104〕孙星衍《致黄易》，故宫博物院藏。

〔105〕黄易《岱岩房古日记》。

〔106〕洪亮吉《致黄易》,《黄小松友朋书札》第五册。翁方纲得到此画像之后，曾向汪中询问："宝应汉刻，约略在城在乡，乞写其大概见付。"故宫博物院藏。可见乾嘉学者研究石刻，对于其所处的环境也开始重视。

〔107〕洪亮吉《致黄易》,《黄小松友朋书札》第八册。

〔108〕武亿《授堂文钞》续集卷九《与黄小松》，页161。

〔109〕这批造像包括:《清信女造无量寿佛像》，在河南洛阳县龙门山；《武德于府君等义桥石像之碑》《窦朋妻造像》《杨安都等造像碑》《宋买等造天宫石像碑》《吴洛族等造释迦弥勒像碑》《邑子朱道威等造八大像颂》《少林寺造像碑》《□哲智超等造像》。参见《小蓬莱阁金石目》。

〔110〕黄易《嵩洛访碑图》“小石山房”题识。

〔111〕陆绳《致黄易》,《黄小松友朋书札》第二册。

〔112〕沈默《致黄易》,《黄小松友朋书札》第二册。

〔113〕《黄小松友朋书札》第四册。

〔114〕《黄小松友朋书札》第十一册。

〔115〕何元锡《致黄易》,《黄小松友朋书札》第六册。

〔116〕钱泳《致黄易》,《小蓬莱阁同人往来信札》第四册。

〔117〕黄易在《致邱学敏》中自称，广东之碑从翁方纲那里所得甚多，大概已备。见《故宫藏黄易尺牍研究·手迹》，页152—155。

〔118〕《小蓬莱阁金石目》著录《萧秀碑》《萧憺碑》，皆在江南江宁府摄山道中，"以上二碑翁宫詹覃溪典试两江时拓寄"。此外，翁此次出行还给黄易带来北宋景德三年《颁行庄子诏》，石在江苏嘉定，黄易旧藏拓本今藏国家图书馆。

〔119〕余集《致黄易》,《黄小松友朋书札》第二册。

〔120〕魏成宪《致黄易》,《黄小松友朋书札》第十册。

〔121〕伊秉绶《致黄易》,《黄小松友朋书札》第二册。

〔122〕翁方纲《致黄易》二札，上海枫江书屋藏。

〔123〕翁方纲《致黄易》，故宫博物院藏。

〔124〕翁方纲《致黄易》,《翁方纲题跋手札集录》，页575。

〔125〕潘有为《致黄易》,《黄小松友朋书札》第五册。

〔126〕潘有为《致黄易》,《黄小松友朋书札》第十三册。除了拓片，潘有为还曾馈赠古镜三十余面，并提供曹皇后玉印、泉范、铜镜铭、古鼎篆与古钱的拓本,《黄小松友朋书札》第七、五册。

〔127〕以上三札，见《黄小松友朋书札》第五册。

〔128〕黄易很快寄赠潘有为铜章四十枚，其中有精美非常者，潘有为细细欣赏，不能去手。《黄小松友朋书札》第七册。以上二札，见《黄小松友朋书札》第七册。

〔129〕据《(宣统)番禺县续志》卷三十《艺文》记载，1787年中秋，程瑶田、张古余与宋葆淳等人曾在潘有为处同观此印谱，页16。

〔130〕潘有为《致黄易》:《黄小松友朋书札》第十二册。

〔131〕赵魏《致黄易》，上海图书馆藏,《庞虚斋藏清朝名贤手札》第四册，页882—885。

〔132〕赵魏《致黄易》,《黄小松友朋书札》第十三册。

〔133〕所寄碑刻为《岣嵝碑》《合阳残字》《少室石阙》《后魏吊比干墓文》《始平公像碑》《孙秋生等造像碑》《随龙藏寺碑》等。赵魏《致黄易》,《黄小松友朋书札》第三册。

〔134〕赵魏《致黄易》,《黄小松友朋书札》第七册。

〔135〕陈豫锺《致黄易》,《黄小松友朋书札》第十二册。

〔136〕颜崇椝《致黄易》,《黄小松友朋书札》第四册。

〔137〕颜崇椝《致黄易》,《黄小松友朋书札》第十二册。此札还附寄新发现的《孔君碑》拓本，并承诺待学使阮元题字刻出之后，再拓续寄。

〔138〕黄易《致颜崇椝》，北京艺术博物馆藏。

〔139〕印鸿纬《致黄易》,《小蓬莱阁同人往来信札》第一册。

第四章

回报方式

回报几乎伴随着黄易所收获的每一件金石拓本。尽管我们无法尽指黄易为一件具体的拓本付出过什么，但他的收获必定是长期社交经营的结果。在我们的社会中，单方面的给予是不可想象的，“当一个中国人有所举动时，一般来说，他会预期对方有所反应或还报，给别人的好处通常被认为是一种社会投资，以期将来有相当的还报”。在这个意义上，杨联陞称回报“是中国社会关系中重要的基础”。[1]

我们不要忘记，黄易15岁就出门坐馆，在相当长的一段时间里，他是县幕的师爷，后来是河道总督幕中的师爷，这些经历或许养成了他极为周到的社交习惯。黄易的回报，很多时候体现为对等的给予与相应的服务，有时则是超值的酬谢。

提供服务

大部分时间里，黄易都在山东济宁做官。济宁的地理位置非常特殊，处于鲁西南黄淮平原与鲁中丘陵交接处，是一个较为狭长的运河地带，这里“南控江淮，北接京畿”，是京杭大运河的中枢区段，北往的船只在辖区内先后经鱼台进入泇河，经济宁、济宁卫至钜野、袁家口（南旺南湖），再经东阿至张秋，嗣经聊城、临清、德州进入直隶段。由于水源缺乏，且地势南高北低，既需以泉水补充水源，也需要用闸来控制和调节水量，故这一段也是运河全线水闸最为集中之处。[2]

途经此地的官员和友人，黄易常常要为他们提供各种方便与服务，诸如接待、护送、过闸放行、雇用车船，甚至转寄信件。[3]有时他还要招待朋友的亲友，并为他们处理觅职、升迁以及给付盘缠之类的琐碎事宜。胥绳武曾长期游幕山左，在济宁与黄易分别之后，曾致札感谢：“一年来饮食教诲至诣隆情，有逾骨肉，镌铭心版，历劫难忘。一旦远违光霁，能不依依？”[4]在另一封信中，他由衷感叹黄易的人脉："吾兄知交之广、友谊之真，敬服敬服！"[5]

在为黄易铭墓时，黄易的亲家潘庭筠写道：

> 济宁为水陆交冲，驿使星轺，如少司寇王述庵、宫詹钱幸楣、制军毕秋帆、观察孙渊如及翁覃溪学士、阮芸台相国视学山左，皆旌节频临，检阅储藏，讲论互勘。[6]

他提到的王昶、钱大昕、毕沅、孙星衍、翁方纲、阮元，多是朝廷高官，又是学界赫赫有名的人物。事实上，因为济宁的地理位置，黄易与经过这里的各个层级的官员、学者都很熟稔，这成为黄易征集各地碑版的重要契机。

黄易也收藏字画，主要通过杭州、苏州、扬州等江南城市友人的协助，如黄易曾请求罗聘为觅张四教《琵琶美人》、金农《兰亭》以及钱载的画作，[7]颜崇椝任兴化县知县时，黄易也曾作札："兴化郑板桥、李复堂之迹易得否？弟欲觅板桥大横幅竹子及复堂猪藤卷，不知有所遇否？"[8]但拓本的性质与字画有所不同，它不是现成品（除了少数旧拓），常常需要即时寻访与制作。各时期的金石文物遍布全国，即使是三通馆这样的官方机构，也很难实现系统地搜集与椎拓。黄易试图以一己之力，编织一个四通八达的网络。在他的往来书札中，常常见到拓碑的委托与回应。除了购买罕见的旧拓，一般情形下，黄易甚至不需要付钱。

过境时的款待与帮忙，是黄易与人结交的重要方式。在潘庭筠的记载中，黄易"在任城久，戚友溯流过访者，必留款尽欢。乡人流寓无归者，周恤之"。[9]对于乡友，黄易一向慷慨，1793年，陈灿与何琪（1725—？）之子来济宁觅事，黄易留住斋中，极力图维馆事不果，在二人离去时黄易各赠四十两银子作为盘缠。[10]1794年，何琪困顿之际，专程派儿子到济宁求助于黄易："实因坐食维艰，万难措拄，……务祈老弟解囊资助，以救燃眉。"[11]【图4.1】

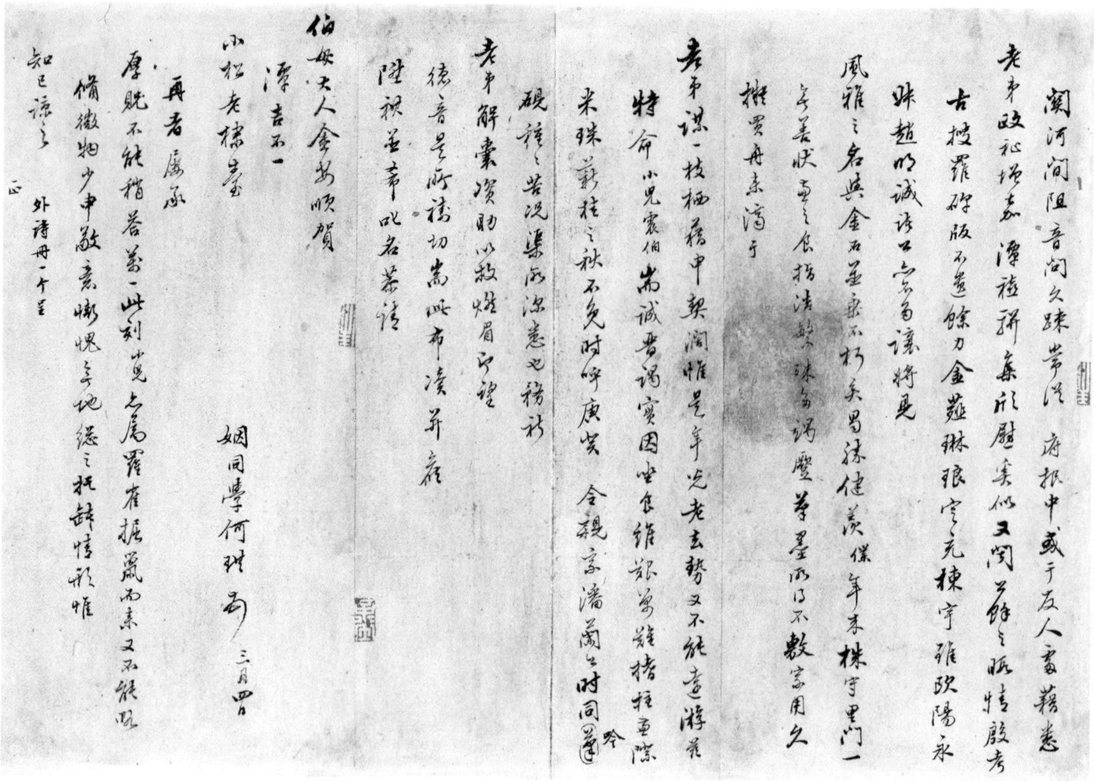

图4.1　何琪《致黄易》 见《小蓬莱阁同人往来信札》第三册

除了潘庭筠在墓志中的表彰，奚冈悼诗也有“古碑到处收行箧，清俸争先寄旧知”之句。[12]

各地官员及亲友经停济宁，黄易也会提供贴心的服务。如钱大昕入京参加万寿盛典，黄易正值窘迫潦倒之际，仍为筹盘缠八金。[13]钱坫家兄路过时获黄易多方照应。[14]洪亮吉家人自水路北来，道经济宁，黄易一切照拂。储润书秋试结束后南归，窘于旅费，亦由黄易料理一切。[15]途经济宁水闸密集之地，最麻烦的就是过闸，有没有官方颁发的“溜子”——一种放行文件，直接关系到旅程是否顺利，时间是否被耽搁。友人的信札中，此类求请不绝如缕：

> 周震荣：敝亲家鄂楼大兄，旧交也，挑赴滇南，才殊可惜，今先挈眷口回里，道经济宁，所有溜差等事，大兄必为之一一熟筹之，毋俟仆之赘言矣。[16]

图4.2　翁方纲《致黄易》 上海枫江书屋藏

翁方纲：王实斋（聘珍）过闸，幸推谊付一溜子，感感。[17]

【图4.2】

戴经：兹有蔍塘家兄，系现任太常寺少卿，名璐，近以奉讳南还，道由贵境，闻河水短少，舟行非易，家兄到州必当奉拜，敢恳老先生给付溜子，俾得过闸无阻，趱行迅速，则感勒之私不啻身受，想必定邀俯允也。[18]

邵晋涵：(同县）华君因家中有事，从张湾买棹南还，闻沿途有截留舟楫之信，甚以为虑。过境如有阻滞，祈赐放行，则佩德靡既矣。[19]

有了黄易颁给的逐站放行与接待的文件，旅途不仅更为紧凑，也更加安全舒适。而提前雇车马或是船只，也是重要的服务，如杭州何元锡友人进京秋试，因日期甚促，恐途中或为水阻，必须起旱，故托黄易预为雇觅车马。[20]管河通判袁秉钧友人将南归，打算经济宁坐船回杭州，但不知此时是否有尖头船可雇？请黄易先行打听，倘若一时无船，望立即示知，以便预定长行车辆。[21]

此外诸如在济宁谋职，向上司关说，黄易也时常受人之托。余

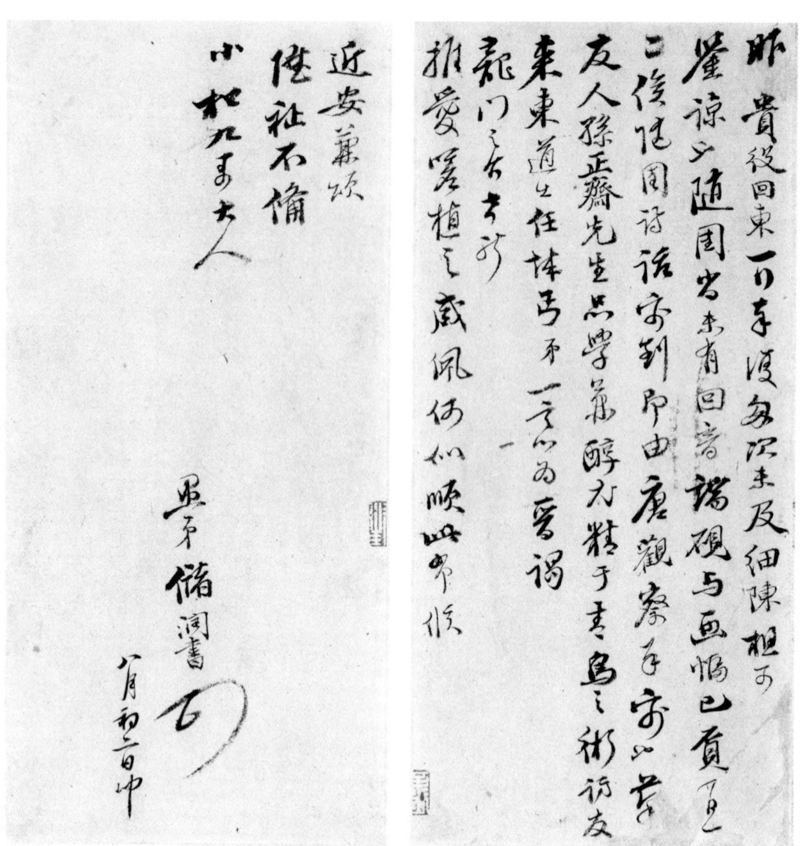

图4.3 储润书《致黄易》 见《小蓬莱阁同人往来信札》第三册

集的一位友人以京师居无可图，且离家乡较远，打算到山东谋笔砚之席，请黄易代为吹荐。[22]储润书的友人精于堪舆术，访友来东，道出任城，希望黄易推爱嘘植。[23]【图4.3】张埙的友人急欲得一毡之地，以谋养母之资，托黄易关说河帅，令其得就河工。[24]颜崇椝则要求黄易在学使阮元面前鼓吹他好事乐古，这样或有被赏识的机会。[25]何琪在得到张映玑升为浙江都转的消息之后，请黄易在张氏经过济宁时，为其长子极力嘘致，俾得就职。[26]

黄易还要设法根据友人的要求，关照一些间接友人，他们大多是刚在山东任职的低级官吏：

> 汪端光：蒋香雪在京，弟为作合相见，已蒙披沥相待。今束装东来，一切俱望指南，俾无差谬，如弟身受然。[27]

> 严守田：舍弟甫田朴拙龐材，获因依德宇，得奉训辞，更荷惠爱之深，曲加陶铸，近闻委署滕汛，皆出自栽培，铭感之私，结不去抱。〔28〕
>
> 周震荣：汪君名彝铭，副榜，馆满分发河南，以州同试用。……与秋塍亦总角文字世交，或可因屋乌之故拂拭提携，转之清波，如秋塍之例，其功德不可思议。〔29〕
>
> 陈焯：兹有德清两徐君，……投效东河，已蒙奏准。惟是初登仕版，仍是书生，于一切工程似难即时谙习。因念九兄大人著绩河工，为帅府所倚重，仰望者何止天际真人。为介一言，惟希推爱，不吝指南，俾获得陶者之型，感同身受矣。〔30〕

这里面既有要求指点、教诲的，也有要求栽培、提携的。诸如此类的世俗人情，黄易都需要处理得当。由于他在历任总督府与运河厅中都有不错的人缘，朋友们的这类要求大多可以得到满足。当黄易推谊施爱，给人种种方便与面子之后，帮助打听与拓取碑刻，也就成为对方义不能辞之事。

本地碑刻

1777 年十一月二十六日，将自保定赴任济宁的黄易与丰润知县潘应椿依依惜别："金石古欢，世有几人，能不神依左右耶？"除了随信附寄翁方纲书刻二种、旧拓《曹全碑》一册，黄易还允诺到济宁之后，将椎拓州学中的六种汉碑，与潘氏分享拓片。〔31〕【图版 11】在拓片成为时尚的年代，在地的碑帖与画像，成为黄易重要的交换资本，在要求各地友人与官员为他拓碑的同时，他也与他们分享地产碑刻。

无论直隶还是山东，都是古碑踵出之地。游幕直隶时，乡友魏嘉穀即羡慕黄易身处上谷胜地，那里的金石之刻与关中相伯仲。[32]比如北岳诸碑，若算上碑阴与碑侧的唐人题名，每一碑多至十余种，友人为黄易致得全本，“捆负而来，高盈二尺，无一复本”。[33]仅此一例可知直隶古碑之多。到山东之后，黄易更是如鱼得水，在写给何元锡的信中，他声称与直隶相比，山东古物更多。[34]在为黄易《得碑十二图》作序时，翁方纲也特别提到济宁是汉魏六朝以来金石最富之区。阮元题《得碑十二图》亦云：“任城自古金石窟，天举此地官黄君。黄君手拓数千本，束以金薤熏以芸。”从翁、阮二人的题识中，不难想见黄易以政务之暇，穷力搜剔，椎拓了为数极多的本地碑版。

黄易早期用于结纳的主要是《祀三公山碑》、欧阳询《九歌》《千文》的拓本，以及《摹石经》三段与《丰润鼎考》的刻本。[35]山东与黄易关系密切的，则有《金乡画像》《武梁祠碑版及画像题字》《王君断碑》《郑季宣碑》《熹平二年残碑》《范式残碑》《衡方碑阴》等，黄易储存了大量副本用于交换。根据往来信札及相关题跋，我们可以粗略统计黄易赠送（友人求索）的主要拓片：

《祀三公山碑》：翁方纲、赵魏、朱枫、孔继涵、方鹤皋、卢又绅、钱坫（四副）、罗聘；

《金乡画像》：赵魏、翁方纲、张燕昌、江德量、袁廷梼、严长明、吴人骥；

《郭巨画像》：赵魏、翁方纲、潘有为、宋葆淳、袁廷梼；

《范式碑》：洪亮吉、江德量、张复纯、郑辰；

《武梁祠碑刻及画像》：赵魏、何元锡、翁方纲、宋葆淳、潘有为、洪亮吉、江德量、金德舆、梅镠、邓石如、钱泳、董诰、赵怀玉、吴骞、张方理、桂馥、李鼎元、袁廷梼、郑辰、武亿、钱大昕、王昶、王念孙。

钱大昕很早就获赠武梁祠画像拓片，1791年十一月，他再次致函黄易，要求全本：

武氏石室诸画像曾蒙见惠，而《祥瑞图》尚阙无题榜者三纸，尊记所云画像十四石，八分题字类《曹全碑》者止有一二石，未得全本，颇为憾事，邮便中未识能见惠一全本否？[36]

1793年四月，王昶返乡途中经过滋阳，亦作札索求全本："武氏祠堂画像究共有若干纸？前已致明，尚欲乞一付，不审可得否耶？"[37]【图4.4】赵怀玉在1793年的信中也说：

兄有功于武氏，而弟无武氏一碑，殊为憾事，望将阙铭、画像及斑、荣诸碑全拓一通，同新记题名惠寄。……比来有新得碑刻否？幸示一二以广见闻。[38]

这几乎是向黄易索取济宁一地所有新出碑刻与画像的拓片了。

济宁本地（包括流寓此地）的金石友人如李东琪、郑震堂、李克正、刘肇鉴、顾文鉷等，黄易常约他们赏玩拓本，并赠予、交换，如在一封写给郑震堂的信中，黄易邀请济宁友人一道看碑：

今早气爽，大有秋意，午间乞贤乔梓、刘八弟、十五弟、南大兄、李大世兄早临，当约铁桥来此看碑论古也。[39]

1796年秋，黄易访碑嵩洛，尝以副本分赠李东琪、李克正、刘肇鉴诸人。[40]而外地金石友人则主要通过信札交流信息与拓片。

从往来信札中可以发现，黄易总是在第一时间将本地碑刻的发现情况向赵魏报告，并赠予拓本。如1776年获赠直隶诸碑若干之后，赵魏要求其中的《三公山碑》，"如可再得，乞为广致数本"。[41]1777年，赵魏给黄易开出易州、获鹿、曲阳、柳州、衡水、楼桑村等地十余种碑版，向黄易索要副本："皆弟所无，有副者

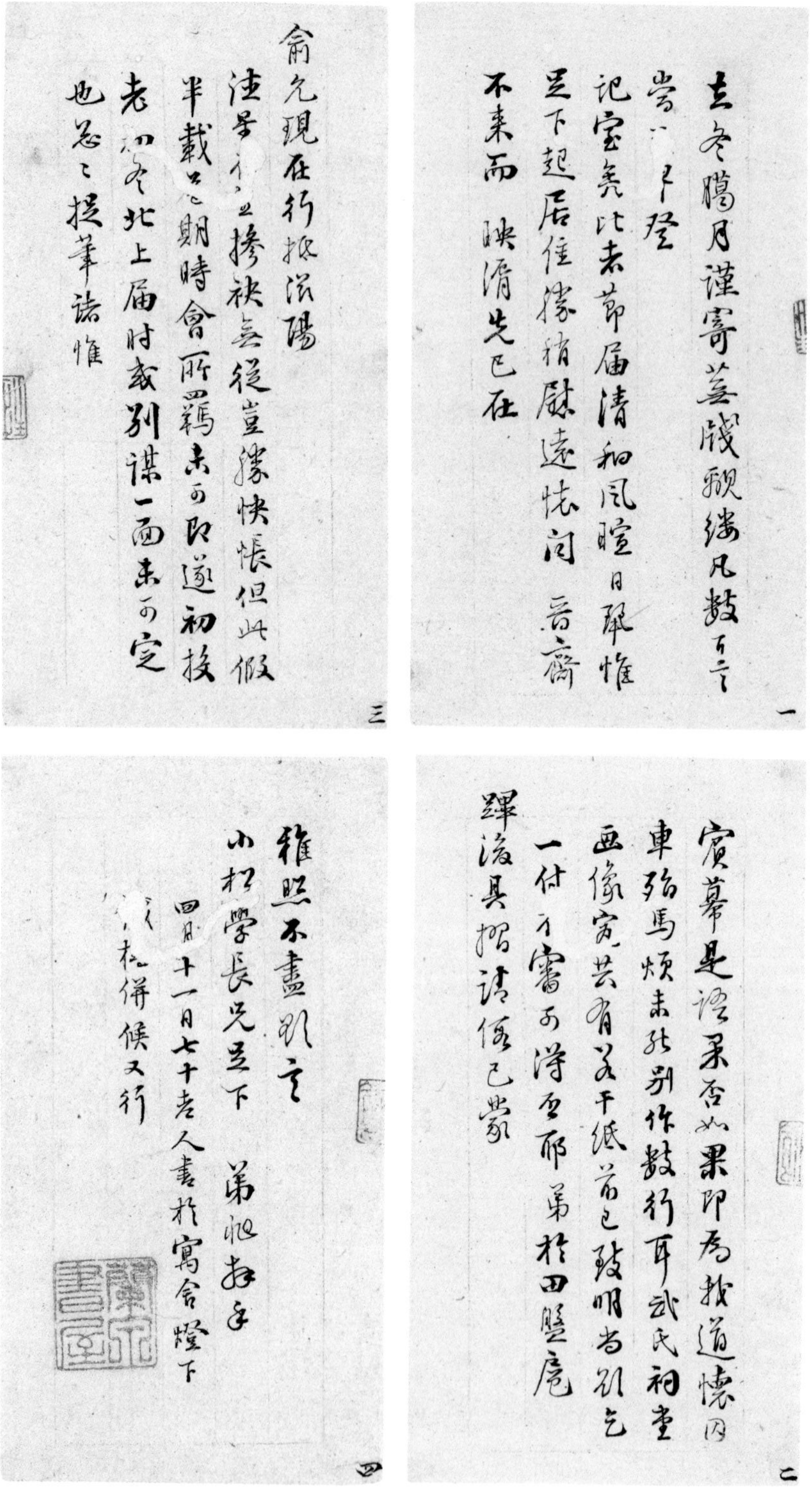

图4.4　王昶《致黄易》 故宫博物院藏

乞掷下，无则徐图之可耳。”[42]在本年收到黄易寄来的碑刻拓本之后，赵魏欣喜地说：“天壤寥寥，得此同志，从此山陬海澨，断碣残碑不难入吾手矣，快何如之？”[43]1784年，赵魏对黄易金石藏目中的《金乡画像》《高湛志》《水牛山佛经》《渤海太守张君碑》《郭巨画像》以及《永平题字》都很感兴趣，望黄易为拓致，同时要求黄将所藏小铜器款识，精拓一付见赐。[44]这一年赵魏在京，接读黄易来书，得知他访得《朱龟》《谯敏》《西门豹》诸碑，深感“吾兄古缘，弟辈皆可安坐而得”。[45]在1786年的信中，他更直白地向黄易提出：“吾兄所得希有拓本，务恳先尽弟存。”[46]

在黄易的回信中，赵魏总能得到他所希望的碑刻，即使一时不能猝办，黄易也会给予值得期待的承诺：

两月来续得数种，有副者寄兄，无者开上，兄欲时示取可耳。

碑刻又得数种，并大哥所要之碑均寄上，另单开明。……正定拓《秋碧堂帖》之工甚佳，昨专倩此人携薄楮精墨往拓多张，约在中秋必得，择其尤者奉寄。

金乡朱鲔墓有《汉画人物》甚古，约有七八幅，弟得一部，甚宝惜，今托蓝公子往谋，俟有必寄我兄。[47]

今有济宁普照寺阶上汉画一幅，唐石幢一面，孔庙汉尺一条，附上。……客间蓝公子致来隋砖，亟拓一纸，并南记砖附上。忙中作冷事，不觉失笑。[48]【图4.5】

弟今新得肥城县《郭巨墓前魏碑大隶》，特奉上。《郑道昭》等碑俟觅得即寄，此外得碑甚多，今匆匆发信，不及携寄，下次必寄。古钱弟拓出二册，亦俟再寄。所得颇可观也，小品随意检呈。[49]

青州碑二种奉送。

龙门古刻甚多，觅工尽力广拓，初欲拓二分，继因

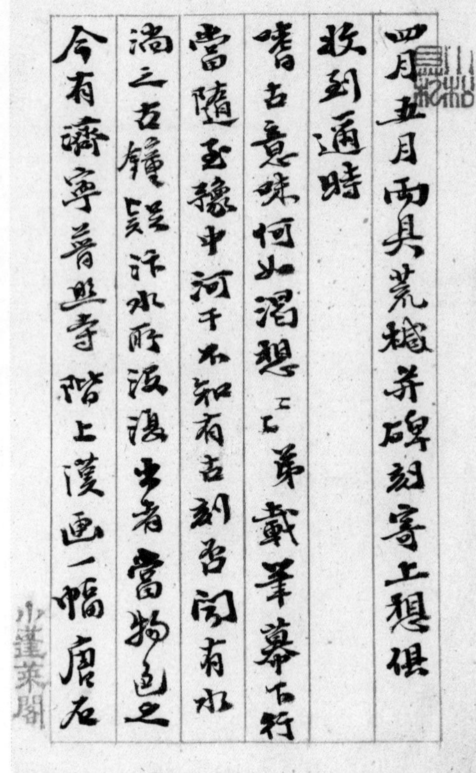

四月五月兩具荒緘并碑刻寄上想俱
收到通時
嗜古意味何如渴想〻弟戴笔幕下行
當隨至豫中河干不知有古刻否聞有水
淌之古鐘疑汴水所激浪出者當物色之
今有濟寧普照寺階上漢畫一幅唐石

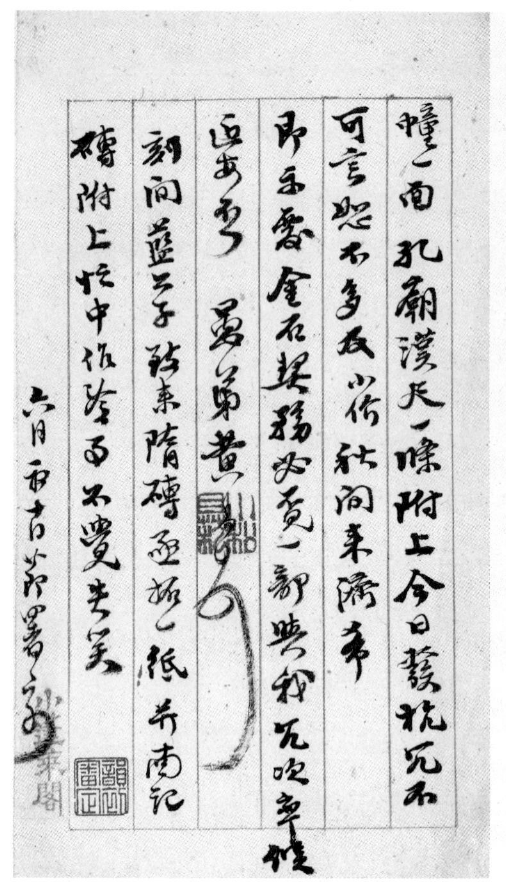

幢一面孔廟漢尺一條附上今日發杭兄不
可言想不多及小松秋間來濟弟
即系賡金石契錫必覓一部與我兄吃笑罷
近安　弟易頓首
新開藍之子致東隋磚並拓一紙并商記
磚附上於中位答可不覺失笑

图4.5　黄易《致赵魏》　上海图书馆藏

日促碑多，止拓一分。……拓二十纸，今已分尽，止留一纸与兄。……春杪回杭领咨，便可与诸兄快谈，并有副本一一带呈。[50]

无意中拓《衡方碑》，得其碑阴，……特精拓各一通寄赏。[51]

从上引信札不难看出，黄易时常主动赠送新得拓片；如果是黄易本人访得之碑，则大多会为赵魏留一份，且基本是精拓本；赵魏索要之碑，在有副本的情况下黄易总能满足，如果暂时没有，必托人谋得再寄。

最大限度满足本地金石的需求，是黄易对赵魏这类藏家友人最基本的回报方式。如1786年江德量向黄易引荐中书舍人江宁司马亶，要求黄易将所藏吉金贞石、断戈碎甓文字，每种精拓一纸寄之，用结墨缘。[52] 1792年梅镠在信中提出瓦头北地极多，但南中少见，望黄易割爱一二。[53] 乾隆后期，黄易新得“长宜子孙”汉镜两枚，唐镜一面，皆青绿可爱、光怪陆离，立即拓奉何元锡。[54]

但黄易与学者交往，除了一些新出之碑，他还要为他们的著述提供专门资料。在与翁方纲谋面之前，黄易已经多次向翁方纲寄赠《祀三公山碑》《北齐八分碑》的拓本，翁称他为“金石神交”，并不时向他借观金石拓本。[55] 而一旦谋面之后，翁方纲则明白提出：“此后彼此所有新得，则觅便相寄，不虚初约。”[56] 1780年，翁氏门人、鱼台县知县莫元龙有意为翁方纲刻《济宁碑释文》，翁特地询问黄易，“不知济学内除新出土者外，尚有可补入之件否？”[57] 希望黄易为他的新书增补资料。1785年四月，黄易寄赠新得汉碑三通，翁方纲连日坐卧其下。[58] 此后翁方纲视学江西，忙于编纂《两汉金石记》，该书“汉碑罕所遗漏矣，惟《樊敏》《柳敏》二种为未有”，[59] 在未获肯定回复之后，翁再次致札询问黄易是否有藏本，打算借观。黄易此际还应翁方纲的请求，升高济宁州学的《郑季宣碑》，为翁氏拓得全文，翁方纲认为仅此一项，为功匪细，他将详叙于即将刊行的《两汉金石记》中。[60]

与黄易相识不久，潘有为就从他这里得到不少碑帖，如《济宁六汉碑》《郭云砖拓》《武荣碑》《兰亭》《瘗鹤铭》《式古堂帖》《麻姑坛帖》《永建刻石》《武梁祠堂汉画》等，潘称“金石之缘，屡叨嘉贶，目睫若不暇接”。[61] 1779年以后，他的兴趣转向钱币与印章，在一封信中，潘自称最近为一位相好所迫挟，为代撰《泉谱》一书，数月以来一直在广搜古泉币刀布等物，黄易此类藏品甚多，希望能分惠一二，以佐见闻。[62] 嗣后，黄易寄赠古泉十三枚，潘有为认为北宋之景德、天圣尚不足贵，其余俱精美绝伦，不殊家珍。他还提

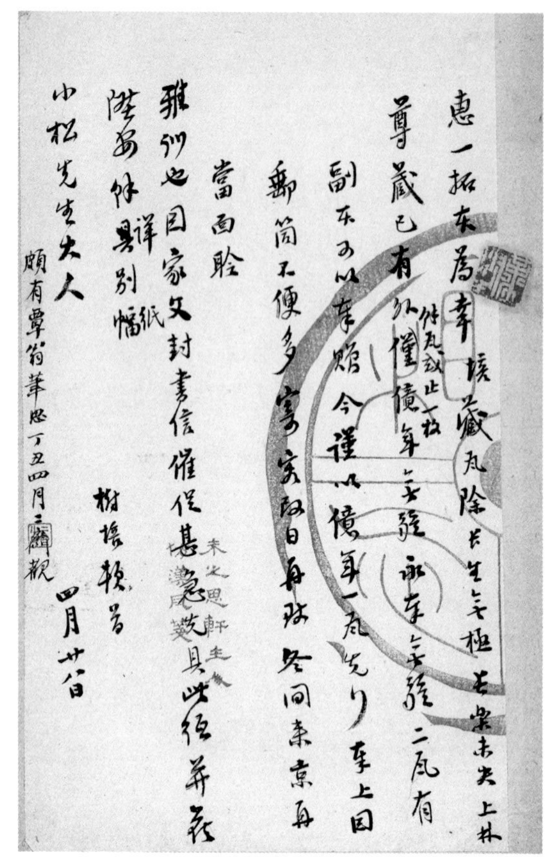

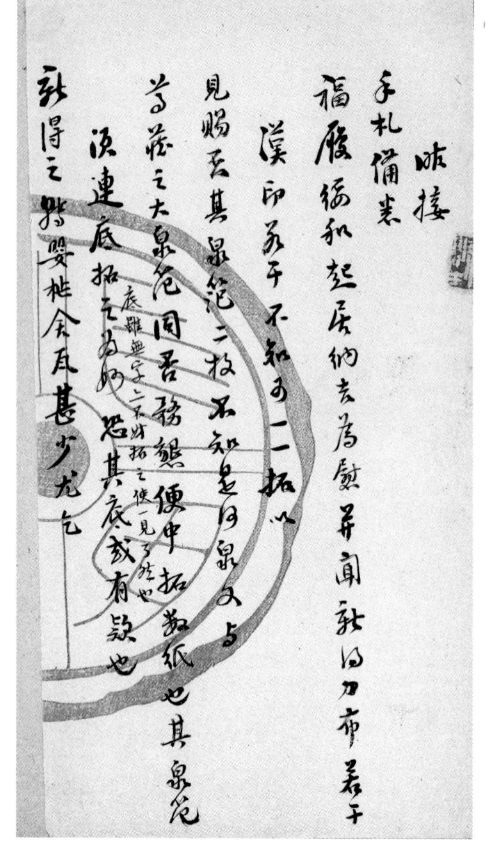

图4.6　翁树培《致黄易》 见《黄小松友朋书札》第七册

到山东搜寻古钱尚易，盼黄易继续为他寻访。[63]辞官回到故乡之后，潘有为仍四处搜求古钱，并请黄易帮助留意洪熙、正统、天顺、成化四种。[64]

类似的例子还有翁树培。在1789年的通信中，他听说黄易新得刀布若干、汉印若干，希望一一拓以见赐。他自己所藏泉范二枚，不知是何泉文，故写信询问，与黄易所藏大泉范是否相同，并恳请黄易为拓数纸，要求泉范须连底拓之，恐其底或有款字。[65]【图4.6】在1795年写给袁枚的信中，黄易曾询问所藏钱币，并告知近日翁树培专力补辑，作《泉币考》一书，此际正代为广求拓本，以益其书。[66]可见黄易对翁树培的帮助并非停留于口头，他确实向其他友人为之征集所需拓本。再如瞿中溶，嘉庆初年收到黄易所赠吉金拓本，其中泉范五十种，立即被他增入所著《泉志补考》中，在回信中，他要求黄易继续留意古泉拓本。[67]又如桂馥，“少时笃嗜古铜印，凡南北收藏家，不远千里求之”，[68]黄易曾寄赠《汉印谱》，在编《缪篆分韵补遗》时，桂馥又请黄易向南北友人转借汉印，“不拘三印、五印，见印一纸寄示，日积月累，自足成书。”[69]此外，1794年，黄易答应吴骞（1733—1813），将所藏数种金文器物、数十泉币刀布以及印章百余枚，一一拓呈。[70]1795年，孙星衍在黄易回浙期间，请他代觅宋《石经》及《七十子画像》佳拓本。[71]这些拓片都有助于他们的学术研究。

虽然黄易为友人提供各种金石拓片（包括少量印章与钱币原物），但大多数情况下，别人为他征集的金石更多，尤其是那些地方官员，寄赠拓本几乎是单向的。有趣的是，在1793年致黄易的信中，桂馥提及四川总督惠龄于万里之外寄一信来，要山东汉唐碑刻：

> 唐碑散在各县，急切不可得，欲先将曲阜、济宁汉碑为报。曲阜碑已托运生料理，济宁碑乞命打碑人全拓，工本若干示知酬之。[72]

在这里，黄易反转为一个地方官的身份，与曲阜四氏学教授颜崇槼一样，他也要为更有力的需要本地碑版的人物服务。而因为身在曲阜，颜崇槼接受类似的委托也很多，1795年闰二月，江凤彝在写给他的信中，提及泰安府知府金棨“恳命工代拓圣庙汉魏随（隋）唐各刻数副，并附上银一封”，并称此前阮元托取曲阜各刻，如已齐集，嘱即示知，当专人赍银走取。[73]可知此类由上司委派的拓碑任务皆有报酬。

书画印

黄易的篆刻、书法与绘画在当时有很高的知名度。对书画印的

图4.7　丁敬篆刻“东甫”“何琪东甫”

求索几乎充斥于任何一封寄往黄易的书札中，而对求索的回应，则是黄易回报友人与地方官员的又一重要方式。

清初以来，两浙印人多学莆田林皋（1657—？）一路惬熟印风，丁敬的出现使得风气大变。魏锡曾（？—1882）论印诗有“朱文启钝丁，行刀细如掐”句，小注云：“修能（朱简）为赵凡夫（赵宧光）制印甚多，其篆法起讫处时作牵丝，颇与凡夫草篆相类。何夙明尝述尊甫梦华先生语云：钝丁（丁敬）印学从修能出，今以朱文刀法验之，良然。”[74]意思是说，明人朱简（1570—？）刻印从赵宧光（1559—1625）草篆得到启发，点画起讫都表现牵丝引带的趣味，而根据何元锡之子的说法，朱简这一独特的篆刻技法也启发了丁敬。丁敬的印章，行刀顿挫起伏，颇得古拗峭折之趣。他当时声名极大，至有“求之者白镪十金为镌一字”的说法。[75]【图4.7】

黄易少年时曾向这位父执问业，阮元以为有过蓝之誉，推为海内第一。他在总结黄易篆刻的特点时，特别指出其入印文字荟萃金石刻文的精华，来丰富印文的结字，而不斤斤于《说文》或是汉印文字，故不求生动而自然生动。[76]这一看法至晚清几乎成为共识，“刻画金石乃竟与真古文奇字消息丝毫不通”，被认为是为学不究本根。[77]同样作为金石家，将“不可写不见字书之字”作为圭臬也已经显得冬烘。[78]1785年，宋葆淳注意到《小黄门谯敏碑》篆额小

图4.8　黄易篆刻“葆醇”“竹崦盦”“季逑父”“松屏”

字甚精，其中“黄”字颇为有致，他觉得“小松得此，正可取以作印”，[79]宋氏认为黄易刻印会取此特殊字样，以增奇趣，这说明友人们熟知黄易篆刻的用字特点。[80]黄易的另外一个特点，是构思精密，但下刀非常利落，这也是从丁敬那里继承而来。翁方纲曾目睹黄易作印，过程极为潇洒，“谈笑之顷，铁颖剨然，立成数枚，出怀袖以赠友”。[81]

1763年三月，二十岁的黄易为画家陆飞（1765年解元）刻“卖画买山”一印，他的老师何琪以为“杰出诸刻”。[82]这一时期黄易正游幕楚北，将军经泰也曾向黄庭称赞黄易：

> 吾师二兄铁笔真大家派，惜乎朗亭已死，介庵不得示其一见使之倒退三舍，乃知世有一入手便苍古秀劲。况二兄方英年，再进二十年，当又另具一双眼目赏之耳。[83]

可知黄易早年奏刀已自不凡。他善用切刀，白文印点画饱满而富于节奏，既显得流动，也有迟涩趣味，如“葆醇”；朱文印早年学元朱文，后多作汉印体式，并强化碎切刀法，颇有奇致，如“竹崦盦”。其刀趣过甚者如白文“季逑父”、朱文“松屏”则略显臃肿或是破碎。【图4.8】中年以后，黄易篆刻声名渐隆，西泠四家中的另一位

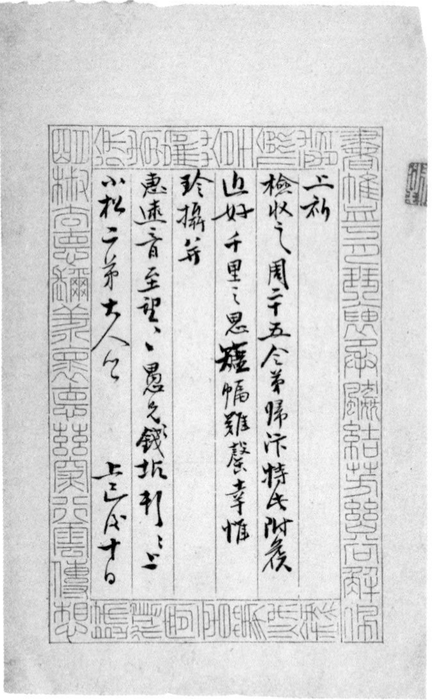

亦初 檢收之周丁五令弟歸汴特此附候 近好千里之思[illegible]幅難罄幸惟 珍攝并 惠遠音至望之 愚兄錢坫頓首 小松二弟大人 侍 上巳后十日

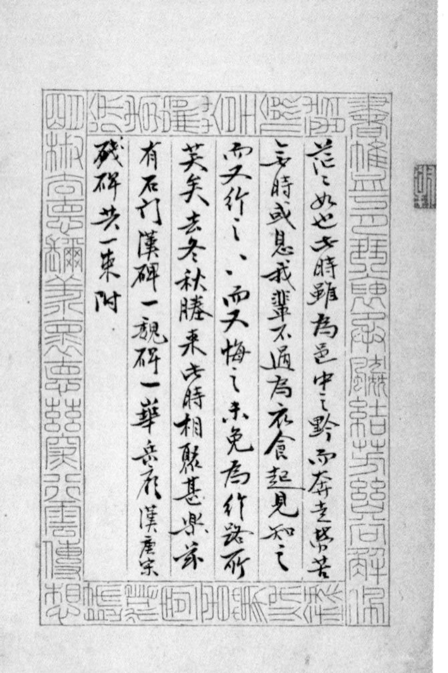

范之為也七時難為邑中之點而奔走將若 亦時或恩我輩不過為衣食起見知之 而不行之之而不悔之未免為行路所 笑矣去冬秋滕來七時相聚甚樂前 有石門漢碑一觀碑一華嶽廟漢唐宋 殘碑共一束附

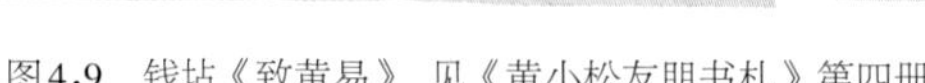

图4.9　钱坫《致黄易》 见《黄小松友朋书札》第四册

篆刻家奚冈，认为自己的画或过于黄易，但黄的篆刻让他心悦诚服，在自刻“鹤后山人”的边款中，他坦率地写道：

> 友人黄易诗翰固妙，而画不如吾，石刻一道吾实不如易。是刻成，适易从淮南寄四印至，视之真不啻大小巫之谓。

而钱塘艺林的后劲陈鸿寿虽未曾与黄易谋面，也十分欣赏他的篆刻：“秋翁平生篆刻第一，画次之，隶书又次之。”[84]

黄易书法也有早秀的表现，他十三岁时即篆书“云松巢志”刊石。[85]游幕楚北时，石卓槐对少年黄易的善书印象深刻，《黄小松舍人》有句云：

> 竹林凉月坐吹箫，常作纵横十六条。小注：小松工铁笔，作玉箸篆文，信手挥豪（毫），莫不如意，常以方纸纵

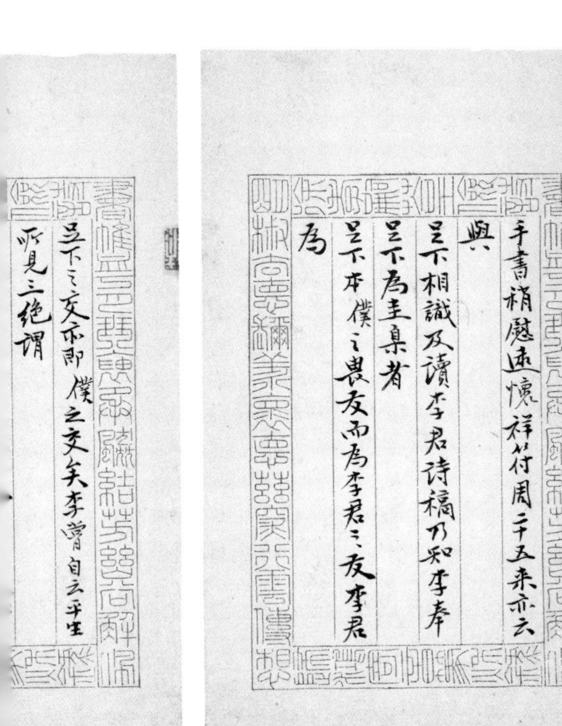

手書稍慰遠懷祥符周二十五來亦云與
足下相識及讀李君詩稿乃知李奉
足下爲圭臬者
足下本僕之畏友而爲李君之友李君爲
足下之交亦即僕之交矣李曾自云平生
所見三絶謂

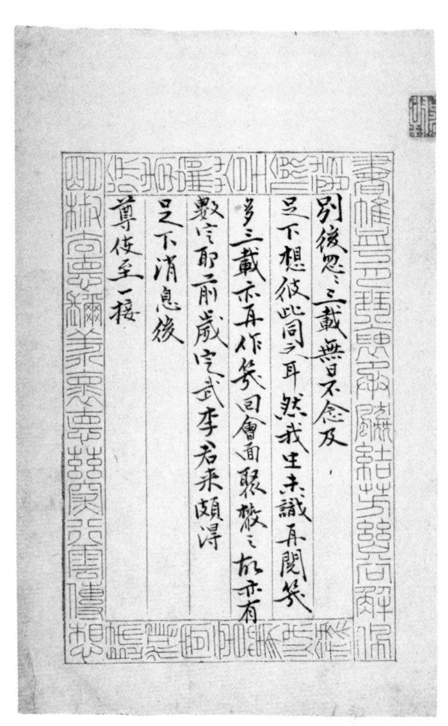

別後怱怱三載無日不念及
足下想彼此同之耳然我生未識再聞笑
多三載亦再作笑司會面聚散之故亦有
數定耶前歲定武李君來頗得
足下消息後
尊佐至一接

横作十九画，成一棋局，不差分毫，盖绝技也。[86]

石卓槐以黄易徒手画棋盘而分布均匀的例子，说明黄易对笔墨超强的控制能力。

黄易的隶书，用笔崇尚平实，字法皆准绳汉碑。在武进学者吕星垣（1753—1821）看来，他的隶书外枯中膏，简严而势放，入《礼器碑》堂奥，“近来北方学者以隶书推翁覃溪先生，覃溪铁幹槎枒，而座下较多余地，此事又推独步矣。”[87]不过黄易自我剖析说，古人论书法，最难打破一“拘”字，而他正坐此病，做不到天马行空，笔趣自然。[88]他的两位友人伊秉绶与陈鸿寿，则将一种沉厚的古拙趣味与显著的装饰感巧妙结合在一起。1784年，钱坫在致书黄易时，尝引友人李衍孙之语云：“平生所见三绝，谓足下（黄易）分隶，周二十五印章，及仆小篆，仆自愧不伦也。”[89]【图4.9】周二十五当即祥符人周世绍，与黄易熟识。[90]他的印章曾被汪启淑

（1728—1799）编入《飞鸿堂印谱》，此时他与钱坫都游宦陕西。钱坫引用这番话，虽然表现得很自谦，但无疑认可这样的说法。四十岁的黄易，已跻身友人口中的“艺坛三绝”之一，可见他的隶书自有过人之处。

黄易的山水画，早年曾得陆飞指授。翁方纲以为“虽兼效倪、黄而实自成一格，苍秀出意表”，[91]他的取法可能没有翁说的那么高古，明末以来的董其昌、程嘉燧（1565—1643）、李流芳（1575—1629）、邵弥（约1592—1642）、杨文骢（1596—1646）、王鉴（1598—1677）、石溪（1612—1692）、渐江（1610—1664）、查士标（1615—1698）、胡玉昆、王翚（1632—1717）、恽寿平（1633—1690），以至近人高其佩（1672—1734）汪士慎（1686—1759）、金农【图4.10】、江立、陆飞等人的画法，[92]他都曾摹习，这应该与他的书画收藏有关。虽然奚冈卖画为业，极为勤奋，“东方未白即起，研北括括，役其五指”，[93]他自诩作画成就超过黄易，但吴云（1811—1883）却不这么认为，他对黄易山水格外青睐，称其“笔意隽逸，设色淡雅，同时以画擅名者如铁生、兰士、椒畦学力虽胜，而一种名贵气皆所不逮，所谓得味外味也”。[94]与吴云同时的金石学家李佐贤（1807—1876），也认为黄易余事兼及绘画，别具古雅之趣，“非同时奚铁生、王椒畦诸公所能及也”。[95]他们所提到的奚冈、方薰（1736—1799）、王学浩（1754—1832）都是功力至深的画家，但中国画最终动人的乃是气质。虽然吴、方只是一家之言，但黄易的墨笔山水多淡远含蓄，草草落笔，而掩映虚实，让观者常有画外之想。

虽然在书画印三个领域，黄易都有不俗的成就，但他不以此为业，虽然少年时代曾为陆飞刻过“卖画买山”一印，但他从未像职业艺术家——如他的友人罗聘、奚冈、方薰或是邓石如那样售卖自己的作品，即使是最贫穷的时刻。外界对于黄易书画印的渴慕，只能通过各种人情关系辗转请索，这种请索的回馈，有时就是金石拓

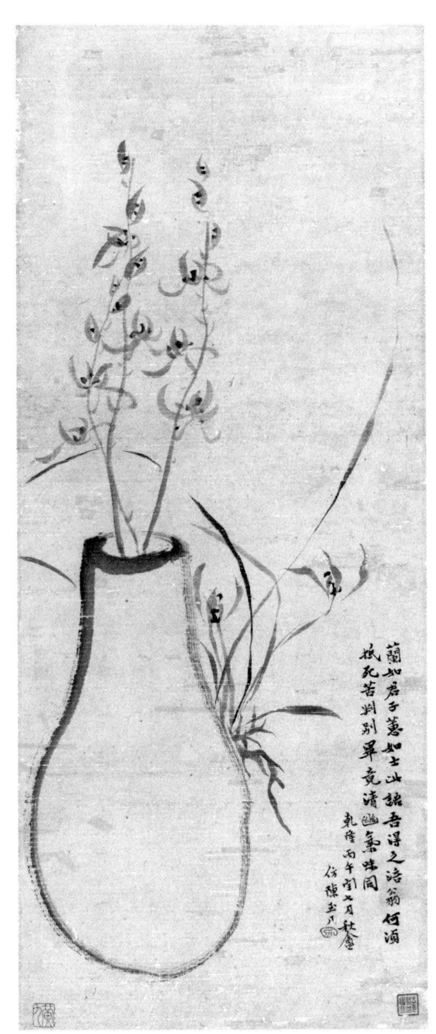

图4.10　黄易《临江立瓶花轴》
中国嘉德2019年春拍

片或是前人书画。而回报那些帮助拓碑的友人，黄易常常也馈赠自己的作品。

此类索求首先来自家乡的友人，黄易的声名也起源于那里。他曾为梁同书、[96]陆飞、[97]陈灿、[98]赵魏、梁履绳（1748—1793）、[99]魏成宪（1756—1831）、魏嘉穀、[100]奚冈、蒋仁、[101]包芬、[102]陈恺[103]等大批乡友作书画或是治印。【图4.11】在1775—1776写给赵魏的信中，黄易屡屡提及所委印章无暇刻、[104]未刻。[105]在收到黄易所治印章之后，赵魏称其技进乎道，“然无厌之求亦自此始，再上三方，暇时作之，知不以我为贪也”。在此后的信中，赵魏续有请索，

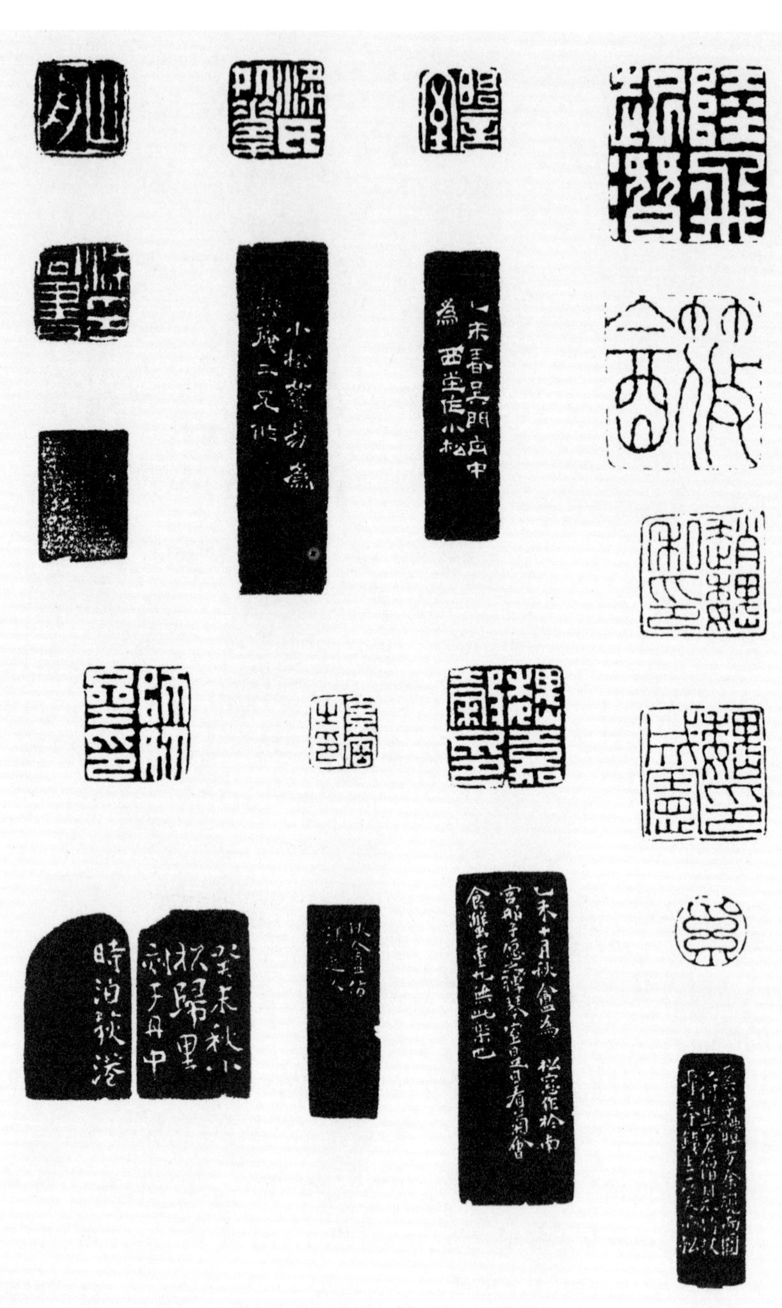

图4.11　黄易为乡友陆飞、陈灿、梁同书、陈恺、赵魏、梁履绳、魏成宪、魏嘉榖、奚冈所刻印章

且说明黄易可择其雅致者先作。[106] 1784年，奚冈收到黄易为他刻的印章，以为苍古已极，并再求一枚小印，刻“蒙泉”等字，以施于箑头、册子之上。[107] 1788年，因见到黄易为梁履绳所刻印章，奚冈再以新取字号相嘱，并求八分对联：

> 冈近号散木居士，又曰北潭渔长，或曰懒渔。吾兄偷暇时乞为我作小印数枚，以小为妙。近观山舟丈处素二兄（梁履绳）得吾兄所刻印，又一变也。倘更有八分小对寄我，则更感矣。[108]【图4.12】

余大观则在1795年的信中极力奉承黄易的印章：“篆刻之学自吾乡顾、丁两布衣后无嗣音，今玩吾大兄所制，即使许、徐、归、李见之，亦当束手婆娑久之。”随即求刻两面印二方，留为世守之宝。[109]

黄易早年曾游幕伍佑盐场，往来江南，在扬州、常州、苏州等地也有众多友人，他们大多曾向黄易求书画与印章。如在伍佑场时曾为仇梦岩作《携琴访友图卷》，[110] 二十年后又寄赠《秋水人家图》。[111] 但仇仍未餍足，表示尚多望蜀之想，望黄易再检赐一二。[112] 储润书贡试后自京南还，经过济宁时黄易为作《维舟话别图》。其后他寓居扬州洪锡豫家，为洪氏求隶书对联、横幅，及图章四方。[113] 又为友人黄雅南向黄易求书联句，以及名号印二方，黄以金农八分书一幅作为回报。[114] 常州钱维乔（1739—1806）曾向黄易求书，不过因故毁失，故作札再求：

> 大笔分书为当代第一，想望已久，徐当奉求一二纸，作草堂至宝，珍藏永远耳。[115]
>
> 前岁蒙赐条幅，去夏忽婴横逆，遂被毁失，不识清暇尚能惠我一二否？集句一联，前求分书悬挂以作箴铭，想公冗未及挥豪（毫），但得不虚所望可耳。[116]

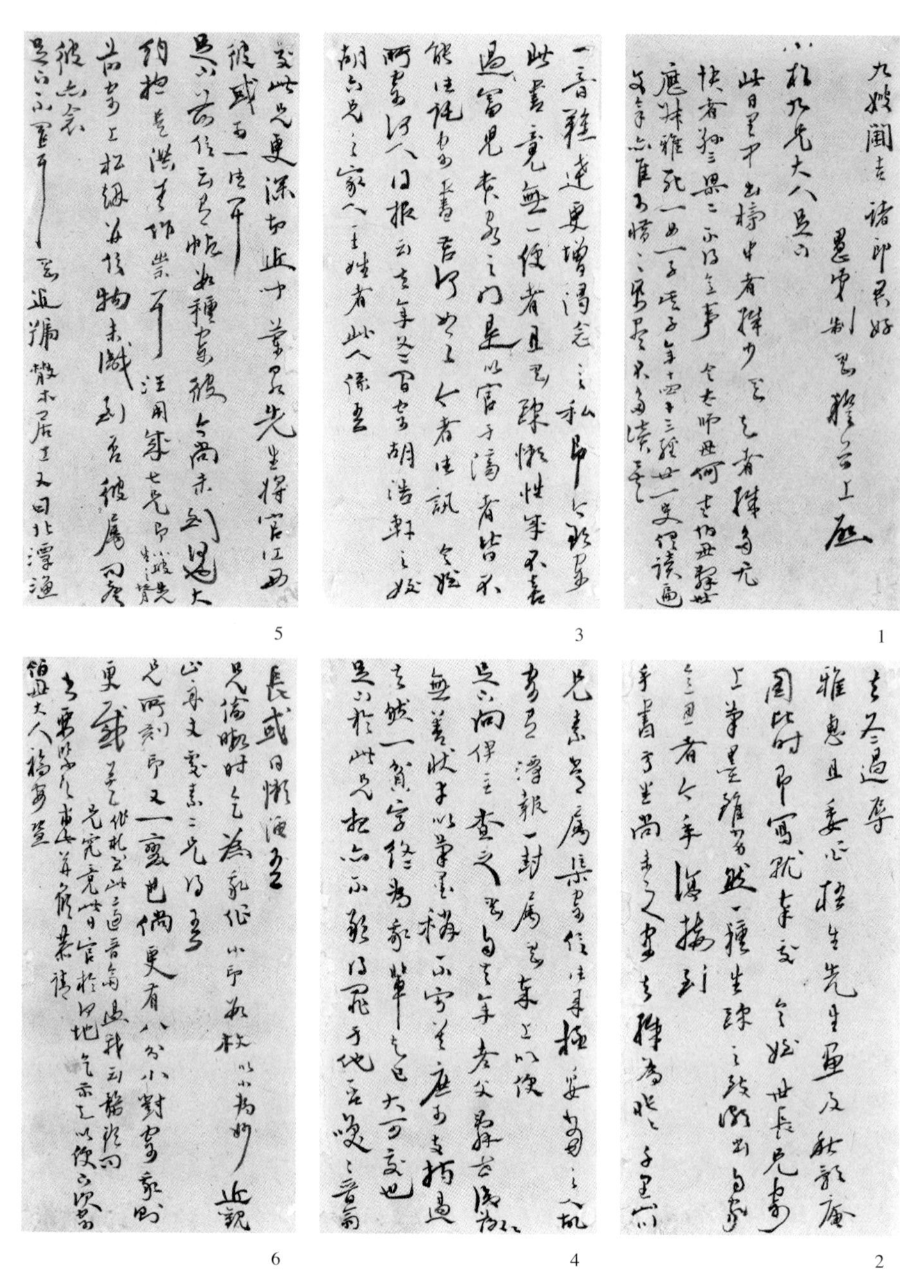

图4.12　奚冈《致黄易》 收入《故宫藏黄易尺牍研究·手迹》

袁廷梼写给黄的信中自称“凡属同袍俱有阁下画幅、书对，而我独无，未免缺典。今既可亲笔墨，欲求画一条幅，分书一小对”。信中袁还提及，于潘奕隽处见黄易分书小对，疑是捉刀者。很可能因求索太多，黄易身边已有代笔人。[117] 事实上袁廷梼曾得到黄易

图4.13　黄易为袁廷梼所作《五砚楼图》　北京艺术博物馆藏

所作《云山图卷》。后起五砚楼，又请黄易作图。[118]【图 4.13】

与之类似的是，瞿中溶称赞黄易山水浑厚高古，不胜爱慕之至，“吴中同知诸君如钮匪石、袁又恺、顾抱冲想皆得什袭宝藏，意欲亦乞一幅，不拘大小迟速。”[119]他所提到的吴中友人包括钮树玉（1760—1827）、袁廷梼与顾广圻（1766—1835），都是苏州知名的学者与藏家。另一位重要的收藏家陆恭（1741—1818），黄易曾为作《松下清斋图》并篆刻字号。[120]

金石友人的请索最为频繁。在与黄易相识之后，钱坫屡屡求印与书，如 1777 年一札中询问“阅音”一印是否已刻就，再求名字小印一枚，约方三分。[121] 1778 年又求作约四分小名字章，并隶书“吉金乐石之斋”六字匾。[122] 1787 年，武亿得黄易手镌名印三方，[123]此后又陆续获赠《虚谷草堂图》[124]《武亿画像》[125]及《隶书五言联》。[126]黄易还通过武亿转交为朱筠之子朱锡庚所刻印章。[127]陈豫锺虽善篆刻，亦曾以青田石二方求镌姓名，使自己有所则效。[128]何元锡则以一帧恽寿平的扇面，换取黄易刻印，1786 年七月，黄易为何刻“梦华馆印”，边款云：

> 年来懒作印，有惠以铭心绝品，则欣然奏刀。梦华居士许我南田便面，可谓投其所好。挥汗作此，不自知其苦也。

此印刻成之后，黄易可能一直乏便未寄，1788 年何元锡曾作书催促："前此所恳书画印石并望早寄。至南田翰墨，弟此番并未带出，统俟将来赴东时奉报可耳。"〔129〕在另一封信中，黄易提及何元锡委作隶书楹帖并挂屏各件。〔130〕在 1777 年的信中，翰林编修余集要求黄易为刻数印：

不求佳者，得妙刻足矣。贱名或加之印、印章、私印等字，贱字或刻蓉裳，或秋室皆可，白、朱俱可。再求对子上用二方，引首一方俱不必过大，约方六分。

不仅对印章大小提出要求，他还将"疏华馆""杭州余集""香风吹到"诸印在对联上使用的位置一一标明。〔131〕1793 年，印鸿纬寄上素册一本，请黄易公事之暇杂书篆隶真行满之，留为印氏子孙之宝。作为回报，印氏不仅提供了苏州地方碑刻的拓片，还答应为拓惠山寺李阳冰"听松"二字。〔132〕【图 4.14】黄易为印鸿纬所作篆隶册，首页即临"听松"二篆字，又临唐寅、汪士慎小画，并《成阳灵台碑》【图版 12】《曹全碑》《白石神君碑》《乙瑛碑》《西狭颂》《黾池五瑞图题字》《北海相景君碑》及宋克《七姬志》等，〔133〕尽管都是临作，但完全满足了印氏"杂书篆隶真行"的要求。

翁方纲及其朋友圈，索求黄易书画印章者甚众。1783 年，翁方纲作札与黄易云：

前年曾借赵子固落水《兰亭》，手拓成卷，此近年第一大快事。兄宜为弟篆"手拓落水兰亭"六字一印，拜恳拜恳。石不须太厚，以便札中封入也。〔134〕

这是翁方纲主动向黄易求印。其实早在 1776—1777 年，黄易就曾为刻"覃溪鉴藏""苏米斋""小蓬莱阁""诗境"诸印。"小蓬莱

图4.14　李阳冰《听松》及题识
黄易旧藏本　故宫博物院藏

王虛舟給諫竹雲題跋云錫山志慧山寺有石牀在殿前月臺下長可五尺廣厚半之上平可供偃仰故名石牀頂側有聽松二篆字傳是唐李陽冰筆蒼潤有古色斷非陽冰不能唐皮日休詩殿前日暮高風起松子聲聲打石牀是也雍正六年三月余率同志往搨此書一時觀者列如堵墻蓋塵埋経久莫有過而拂拭者驟見搥搨故遂驚為僅事也右有楷跋十數行日久磨蝕不可復識悵惘良未有已易家藏此書古雅流動在李篆諸刻之上先子與虛舟先生論交金石又同學李篆此本蓋斯時所獲也易昔年客遊吳楚間扁舟常經無錫恨不能繫纜登山一訪古刻屢託人覓搨此書渺不可得悵惘弗已此本為新安吴東序借去二十餘年今忽寄還頓復舊觀欣幸為何如耶乾隆辛亥二月錢唐黄易題

乾隆乙卯五月寶山印禹寶搨寄新本覓得右跋附裝于後小松

阁”一印，黄易曾经钤于写给王复的信中，且明言“为翁学士作”，在同一封信中，黄易说：“芝山（宋葆淳）、献之（钱坫）印章俱刻成，候其来时面上。到京为兄刻印何如？”此信还附钤“砚寿”一印，乃为通政副使陈孝泳所作。[135]在收到“诗境”一印后，翁方纲曾有复书：“今日毅堂送来手札并碑六，并‘诗境’印，俱收到，百忙之中深荷注念也。”此札所用信笺上即钤有“小蓬莱阁”“诗境”二印。[136]【图4.15】1792年除夕，时任山东学政的翁方纲还向黄易求画《薛公祠（薛瑄）图》，以纪念他与一方砚台之间的奇缘。[137]

1777年秋，刚与黄易在北京相识的朱筠请他为刻“大兴朱筠”“竹君甫”“笥河居士”“梧月松风之室”四印；[138]张埙则致书潘有为转求印章：“小松先生拜恳转求，烦即送去，不拘朱白文，但恨无佳石耳。”[139]此后，宋葆淳寄给黄易青田石一方，要刻“宝墨斋印”四字。[140]黄易还两次为陈焯刻“湘管斋”印，[141]因陈赠以唐人蔡有邻书隶书《尉迟总管碑》拓片，又为刻“宜身置前，迫事无闲，愿君自发，封完印信”一印。黄易曾于1776年赠潘有为书作、印章，[142]此后又为刻“有为日笺”“六松居士”，潘有为表示：“如此印，安得不可人，见之如见良友也，珍重珍重。”[143]在1777年写给黄易的信中，潘有为特地在笺纸上钤了一枚张燕昌所刻“看篆楼”，并说：“此芑堂先生所作之章也，逊君数筹矣，将来欲觅径寸之石，而石必青田中之精美者。”[144]【图4.16】次年黄易为刻就之后，潘氏以为“尤朴茂，文房上品，譬之升堂入室，芑堂当厕两庑矣”。[145]此后，潘有为新得好青田石，辄思倩黄易捉刀。[146]身为当日有数的隶书名家，桂馥也曾请黄易为济南潭西精舍书扁。[147]1778年秋，黄易与桂馥同游北河杨椒山先生祠，盘桓数日，期间为作山水册。[148]1792年，黄易又为桂馥作《筇屐访碑图轴》，以坚访碑之盟。[149]1793年，桂馥称近来自号“老菭”，苦无人为刻印，因备小石求黄易刻“老菭”二字。[150]【图4.17】此外，冯敏昌与黄易交往的资料虽不多见，但黄易也曾为作

图4.15　黄易为翁方纲刻“覃溪”“诗境”“小蓬莱阁”“石墨楼”“覃溪鉴藏”

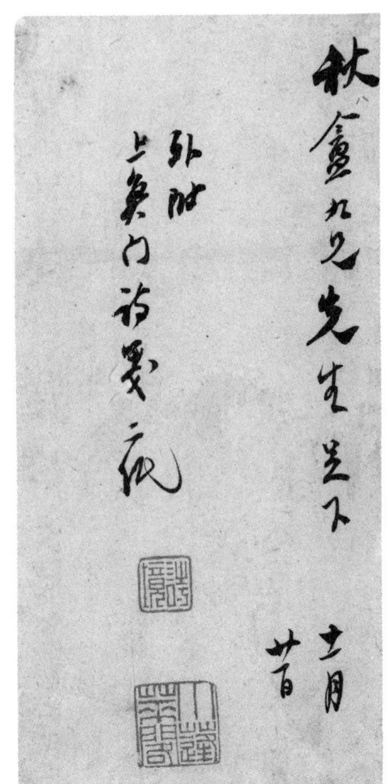

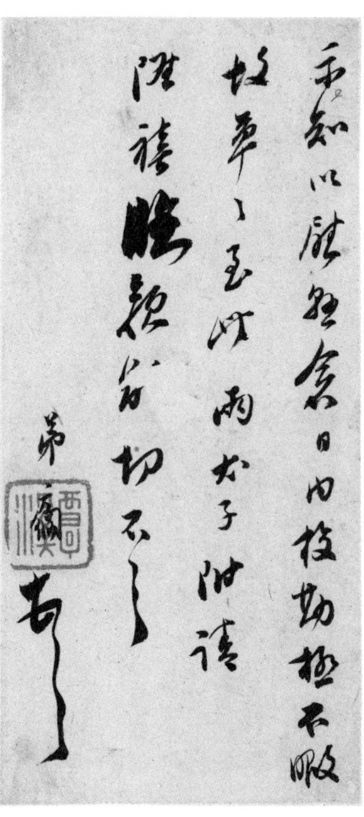

翁方纲《致黄易》钤“覃溪”“诗境”“小蓬莱阁”。　上海博物馆藏

黄易《致王复》钤“小蓬莱阁”“砚寿”　故宫博物院藏

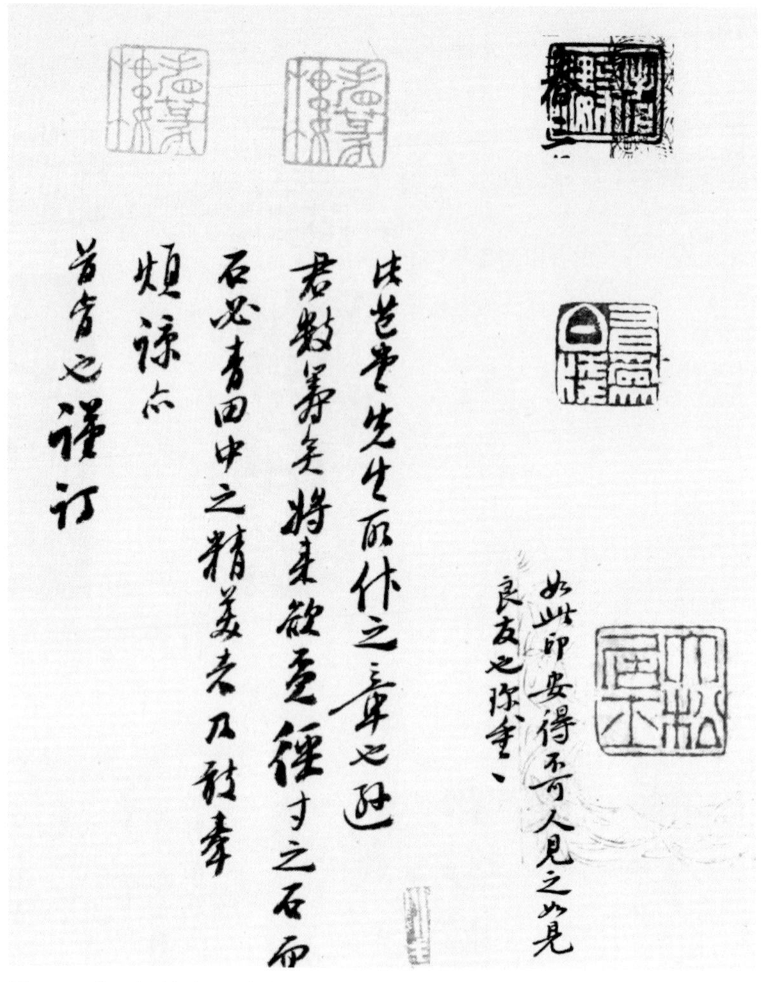

图4.16　黄易为潘有为刻“有为日笺”“六松居士”“看篆楼”　取自潘有为《致黄易》　见《黄小松友朋书札》第五、七册

《清秋登华图》。[151]

黄易的书画印，更为各级官员所青睐。几任河道总督，如姚立德、[152]陈辉祖、[153]李奉翰、伊江阿[154]等，黄易都曾领命治印。1780年，李奉翰一次性要求黄易为治十二枚印章，同时还索要小隶书：

径致者，来章十二方，希照拟句于公余时铁笔一镌，又题旧墨诗一幅，即照来纸尺寸写小隶书，以便发刻是荷。

江月随人影、皆大欢喜、清适道成、李奉翰章、戒之

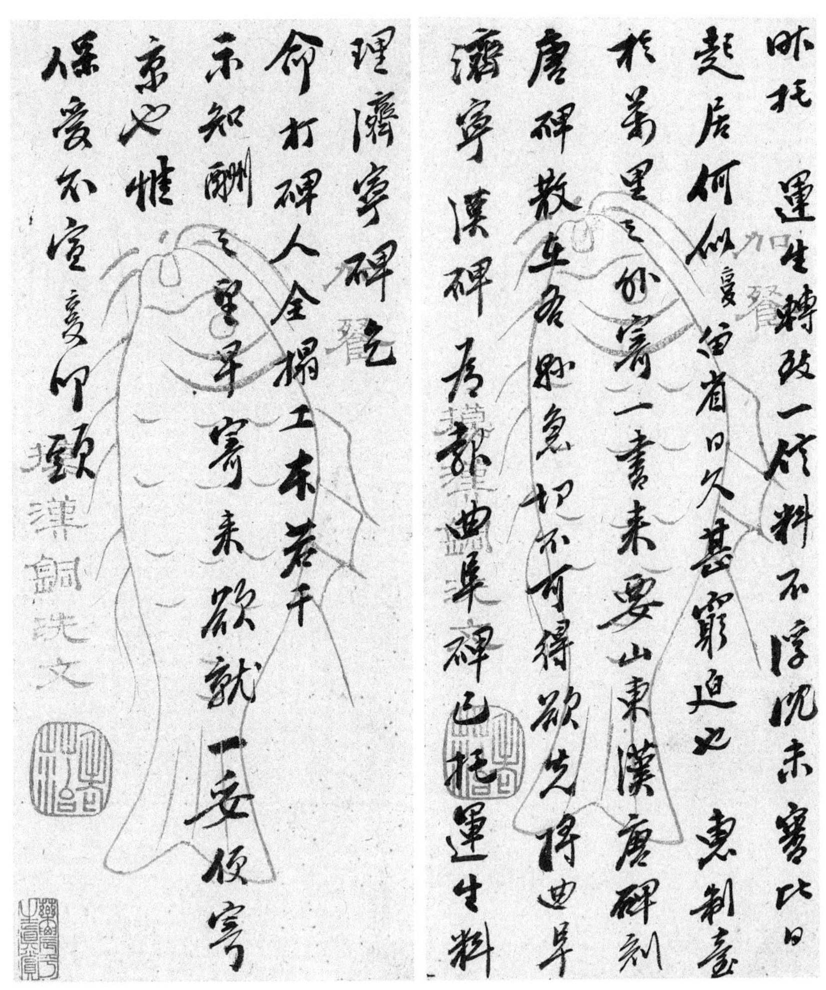

图4.17　黄易为桂馥刻“老落”　桂馥《致黄易》　见《小蓬莱阁同人往来信札》第一册

在得、连得（小篆）、芗林、予亦何人、宁静、山花趁马蹄、实慰我心、听雪居士。[155]【图版13】

一次性要求黄易为刻十二方印，对于上司而言，并非偶一为之，李奉翰很可能也将黄易的篆刻作为礼品送给他人。在另一封信中，他发给印石二十四方：“图书石十五件，并稍大者九件，希捡收应用。何篆？如何配合？衡鉴定雅。小件者拟单一纸，仍祈斟酌镌之是荷。”[156]1793年，漕运总督梁肯堂（1717—1801）也曾求画求印：“所苦印章绝无佳者，特寄上一纸，非徒拜求铁笔，并祈以文石见

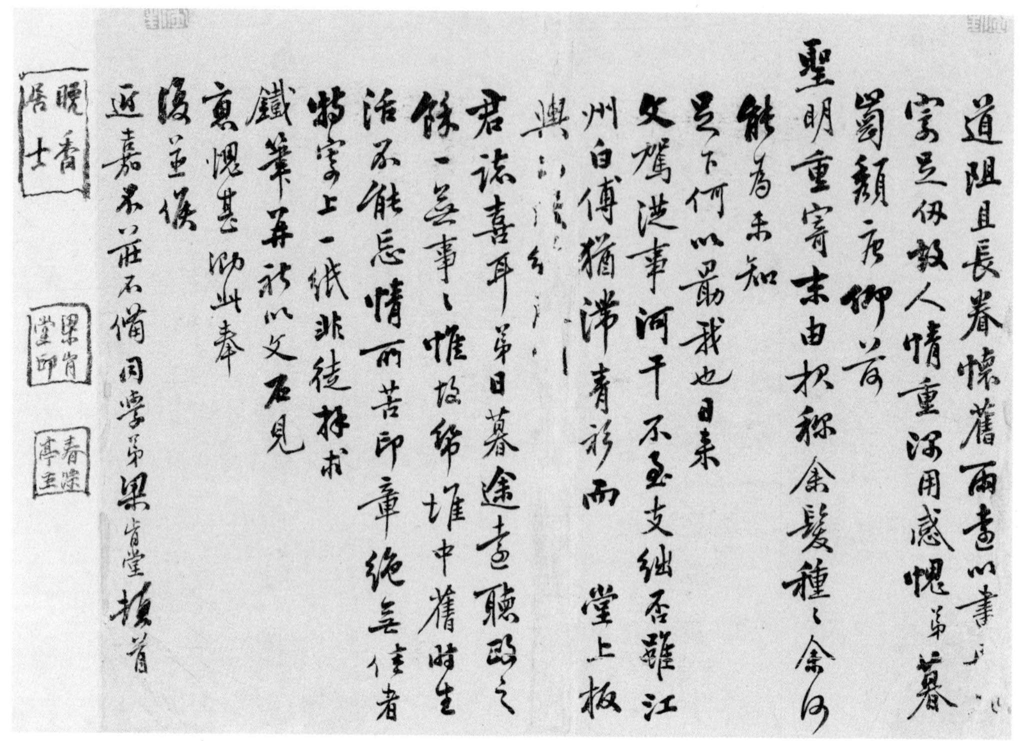

图4.18 梁肯堂《致黄易》 见《小蓬莱阁同人往来信札》第二册

惠。”在给黄易的信中，他画出了“晚香居士”“梁肯堂印”“春淙亭主”三枚印章的形状。[157]【图 4.18】

为黄易张罗拓碑的地方官员及其幕僚，也多有类似的请求。如周震荣索得对联一副，印章四枚（其中一方“生于癸丑”），又为其弟周升桓（1733—1801）索刻“梅花里”，为何飞熊索名印，[158]并几次三番请求黄易为他的亡妻隶书志文。[159] 1789 年，周升桓在收到黄易寄来的印章之后，又向黄易求济宁汉碑十三通，并打算“徐徐再恳法隶名画，无餍之求正未有艾，特恐足下无能一一应之耳”。[160]正是这样的无厌之求，使得黄易很可能找到代刀人，周升桓在委托周震荣求印时，有一字条云：“闻伊有二小厮皆传其技，可乱真，较之他手终胜。只要小松自篆，亦无不可，与之说明。”[161]

1770年代，潘应椿除了索求对联数件，[162]也多次要求黄易刻印："至先生摹印之文，仰慕已久，明日当拟数字，面求大教。"[163]1777年，黄易曾为刻数枚，其中一方"病指生"时常钤盖在潘的信札中。[164]1778年，东昌府同知龚孙枝专门派人上门求黄易铁笔，但黄迟了两年才完成，"无字山房"边款云："梧生司马爱易刻印，走书来索，易云：有事济州，马迹车尘，不得少息。匆匆二年矣！"[165]此外，黄易还为龚氏向周震荣、奚冈等人转求书画。[166]另一位东昌同知吴人骥，黄易曾为刻"吴人骥""念湖""人骥"诸印。[167]【图4.19】1786年，荆州知府张方理（？—1802）为青州副都统庆霖求对联一副、印章二方，[168]庆霖在随后的信中称："遍寻未得上好青田，想足下代家兄觅来必多，择其次等，分镌一二方见惠，肯否？"[169]不久黄易与庆霖相见，为作书画多种，庆霖在谢函中说："承足下非常雅爱，始而应酬故事，几若惜墨如金，旋因移赠鄙人，更为挥毫满纸。"[170]汚县知县李衍孙则要求黄易为他的养母之所"春晖山馆"书写对联。[171]1785年之前，编修王增求得黄易两方印章，在由怀庆府通判罢官后再次来信："又需两图章，非钜手不可，曰'拙'、曰'慵'，每方一字，圆亦可。"并在所钤"方川"一

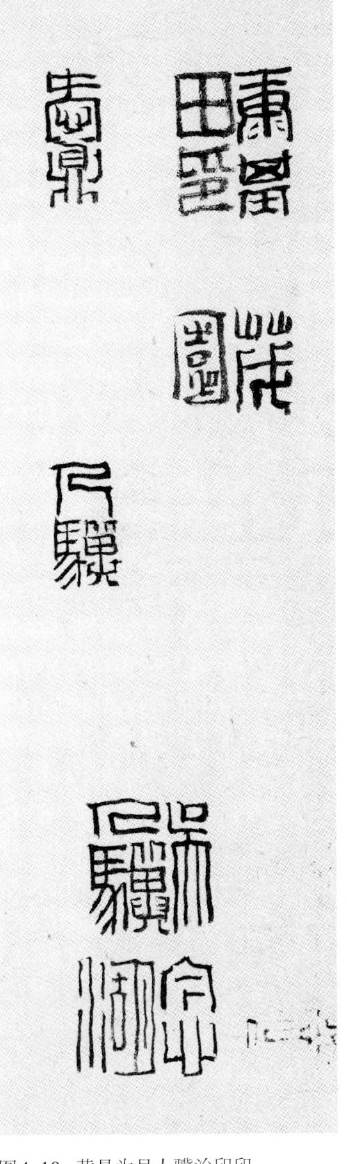

图4.19　黄易为吴人骥治印印稿　见《嵩洛访碑日记暨丙辰随录手稿》　西泠拍卖2014年春拍

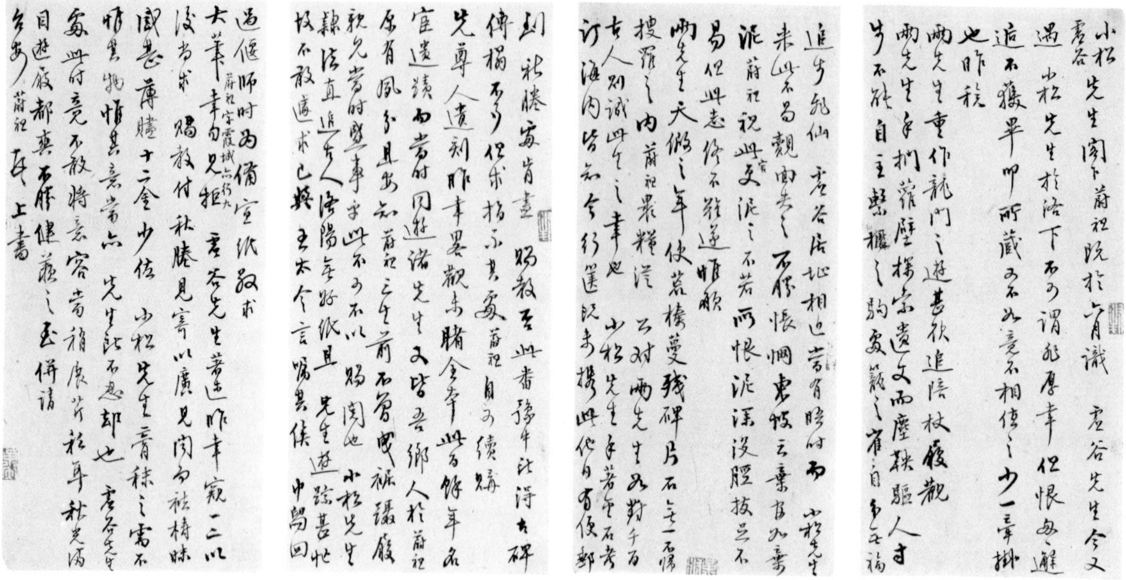

图4.20　邹蔚祖《致黄易》 见《小蓬莱阁同人尺牍》第三册

印下作小注："如此大足矣。"[172] 1791年，苏松常督粮通判郑辰向黄易求书书厅的柱联。[173] 1793年，泰安知县江清为自己求隶书对联一副，为儿子江凤彝求隶书横幅一纸。[174] 1795年，宜兴知县唐仲冕不仅求黄易刻印、作隶，还通过他转索桂馥书法。[175] 此外，青州知府胡德琳求刻"秋风凉月一声箫"印；[176] 任城书院山长盛百二为临清卫守备王湘求隶书二幅；[177] 正定知府邱学敏求分书斋联一对；[178] 河道总督兰第锡之子兰德滋求黄易对联与印章等。[179]

1796年九十月间的嵩洛访碑之行，黄易为登封知县赵时及其幕友胡赤霞作书；在洛阳，与新安知县邹蔚祖订交，邹为黄易嵩少之游资助十二两银子，求黄易过偃师时，在知县王复署中为他作书。[180]【图4.20】九月二十七日，在王复斋中，黄易与武亿叔侄、嵩知县朱某等人聚饮，剧谈风雅，"座中人索书小联，尽应之。"[181] 因王复陪同黄易游龙门访碑，黄易为作《龙门览古图》长卷。[182] 三十日在至孟县，为同知张荁亭书"四砚山房"小额。十月初四日，

友松顿首启
小松先生阁下友松在齐鲁间十余年
未尝一识
先生之面
先生亦未尝知有友松也而友松尝闻
覃溪阁学言
先生之好金石文字方之欧阳永叔有
过之无不及未谷言海内刻印章者
寥寥数人
先生其一家也会湖竹虚之
先生山水必传燕亭小薌华皆盛称
先生诗古文辞友松由是渴思一见
先生去年自济宁赴曹州迂道来访
适逢按部河堧故呈诗二十韵于是
先生知有友松之人矣既知其人则其人
有所求必得乎之而不忍拒之矣友松爱
先生之画与印章犹乎
先生之爱金石文字
先生能以一画一印以副友松之望乎友松
自归观察附去后即拟阳谷金明府馆
宗便拜书伏惟
垂照友松顿首
六月廿四日

图4.21　吴友松《致黄易》 见《小蓬莱阁同人往来信札》第一册

至卫辉府，为同知毕继曾书“石供山房”扁。[183]这些书画的酬应，都是对地方官员给予拓碑旅程中种种关照的回报。

虽说一些友人一而再再而三地请索，确可称得上“无厌之请”，但他们声称类似的请索“意在摩挲手迹，如见古心”，[184]在黄易的书画印中，可以获得对“古”的真切感知，一如1794年幕游山左的吴友松所言：

> 未谷言，海内刻印章者寥寥数人，先生其一家也。……友松爱先生之画与印章，犹乎先生之爱金石文字，先生能以一画一印以副友松之望乎？[185]【图4.21】

黄易很可能回应了吴友松的求画，在一件《梅花》立轴的款识中，他写道：“向有恽正叔梅花便面，为归观察所夺，今作此并录恽诗，应秋鹤先生嘱，黄易。”[186]【图4.22】当黄易以获得古代的金石拓

图4.22　黄易为吴友松作《梅花轴》
苏州笃斋藏

片为“古欢”的时候，一些友人也将获得他的书画印章，同样视为一种“古欢”。在他们看来，虽然时代有别，但其中所蕴含的精神气质——古心——却高度一致，他们收藏黄易的书画印，与黄易收藏金石拓片在性质上并无不同。

由于黄易精通书法、绘画与篆刻——这在乾嘉金石圈中绝无仅有，因而在应酬外界需求时，他比翁方纲、孙星衍等人仅能书法具有更大的优势。无论是主动的馈赠，还是被动的回报，这些礼物因为满足了四方之士的渴求，成为他们为黄易寻访与制作金石拓本的重要动力。

黄易既以运河中转之便，为各色官员与友人提供便利与服务，又与他们分享济宁地产的金石拓片，他还以自己在艺术上的擅长，为他们作书作画，或是篆刻印章。而黄易所具有的这些特殊的回报方式，其他的金石藏家能得其一已属不易。正因为如此，他有更多资源来动员各色人等来为他的金石收藏服务。

注 释

〔1〕 杨联陞《报——中国社会关系的一个基础》，收入费正清编、段国昌等译《中国思想制度论集》，页350。

〔2〕 全省共53闸，济宁段有21闸，设有闸官，掌潴泄启闭事。

〔3〕 如翁树培曾托黄易代致瞿中溶要信一件，《小蓬莱阁同人往来信札》第一册。王聘珍称家中三四月间有人随粮船到泲，“倘有家信投入贵署，务祈加封邮致督学行辕”。《黄小松友朋书札》第十一册。

〔4〕 胥绳武《致黄易》，《黄小松友朋书札》第十一册。

〔5〕 胥绳武《致黄易》，《小蓬莱阁同人往来信札》第四册。

〔6〕《山东兖州府运河同知钱唐黄君墓志铭》，页603。

〔7〕 黄易《致罗聘》，见《故宫藏黄易尺牍研究·手迹》，页61；黄易《致罗聘》，私人藏。黄易《致钱樾》也曾求取钱载画作，上海博物馆藏黄易《功德顶访碑图》卷后。

〔8〕 黄易《致颜崇椝》，收入《内藤湖南藏清人书画：关西大学图书馆内藤文库所藏品集》。

〔9〕《山东兖州府运河同知钱唐黄君墓志铭》，页603。

〔10〕 黄易《致魏成宪》，见《黄小松等书札》。

〔11〕 何琪《致黄易》，《小蓬莱阁同人往来信札》第三册。

〔12〕 奚冈《冬花庵烬余稿》卷中《得黄小松讣》,《清代诗文集汇编》第412册，页374。

〔13〕 黄易《致钱大昕》，私人藏。此札很可能作于钱大昕1790年入京参加乾隆八旬万寿庆典时。

〔14〕 钱坫《致黄易》,《黄小松友朋书札》第十册。

〔15〕 洪亮吉《致黄易》，上海博物馆藏黄易《功德顶访碑图》卷拖尾。

〔16〕 周震荣《致黄易》,《黄小松友朋书札》第十一册。

〔17〕 翁方纲《致黄易》，上海枫江书屋藏。

〔18〕 戴经《致黄易》,《小蓬莱阁同人往来信札》第二册。

〔19〕 邵晋涵《致黄易》,《黄小松友朋书札》第十二册。

〔20〕 何元锡《致黄易》，见《故宫藏黄易尺牍研究·手迹》，页217。

〔21〕 袁秉钧《致黄易》,《黄小松友朋书札》第十一册。

〔22〕 余集《致黄易》,《黄小松友朋书札》第二册。

〔23〕 储润书《致黄易》,《小蓬莱阁同人往来信札》第三册。

〔24〕 张埙《致黄易》,《黄小松友朋书札》第七册。

〔25〕 黄易《致颜崇槼》，见《清代名人手札甲集》。又见上海崇源2002年首拍。

〔26〕 何琪《致黄易》，见《故宫藏黄易尺牍研究·手迹》，页209。

〔27〕《黄小松友朋书札》第八册。

〔28〕《小蓬莱阁同人往来信札》第四册。

〔29〕《黄小松友朋书札》第六册。

〔30〕《故宫藏黄易尺牍研究·手迹》，页214—215。

〔31〕 黄易《致潘应椿》，上海图书馆藏。

〔32〕 魏嘉穀《致黄易》,《黄小松友朋书札》第十三册。

〔33〕 黄易《致江德量》,《小蓬莱阁同人往来信札》第二册。

〔34〕 黄易《致赵魏》，上海图书馆藏,《庞虚斋藏清朝名贤手札》第四册，页882—885。

〔35〕 如胡德琳在信中曾写道："承寄《摹石经》三段并《鼎考》，古香袭人，真可宝贵。"《黄小松友朋书札》第十三册。

〔36〕 钱大昕《致黄易》,《古今尺牍墨迹大观》第3辑第12册，页45—47。

〔37〕 王昶《致黄易》，故宫博物院藏。

〔38〕 赵怀玉《致黄易》,《黄小松友朋书札》第十二册。

〔39〕 黄易《致郑震堂》，北京艺术博物馆藏。

〔40〕 见《嵩洛访碑日记》。

〔41〕 赵魏《致黄易》,《黄小松友朋书札》第三册。

〔42〕 赵魏《致黄易》,《黄小松友朋书札》第十三册。

〔43〕 赵魏《致黄易》,《黄小松友朋书札》第三册。

〔44〕 赵魏《致黄易》,《黄小松友朋书札》第四册。

〔45〕 赵魏《致黄易》三札,《黄小松友朋书札》第七册。

〔46〕 赵魏《致黄易》,《黄小松友朋书札》第五册。

〔47〕 黄易《致赵魏》，张廷济录本，见《故宫藏黄易尺牍研究·手迹》，页37—40。

〔48〕 黄易《致赵魏》，上海图书馆藏。

〔49〕 黄易《致赵魏》二札，见《故宫藏黄易尺牍研究·手迹》，页172—173、34—36。

〔50〕 黄易《致赵魏》二札，张廷济录本，见《故宫藏黄易尺牍研究·手迹》，页41—42。

〔51〕 黄易《致赵魏》，收入《西泠八家の书画篆刻》。

〔52〕 江德量《致黄易》，上海图书馆藏。《小蓬莱阁金石目》所收铜器多司马亶所藏者，显然他们后来有进一步的交流，不过司马氏早逝，二人交往资料不多。

〔53〕 梅镠《致黄易》，《小蓬莱阁同人往来信札》第四册。

〔54〕 黄易《致何元锡》，上海图书馆藏。

〔55〕 翁方纲《致黄易》，见于广东崇正2017年春拍。书法可议，内容可信。

〔56〕 翁方纲《致黄易》，上海枫江书屋藏。

〔57〕 翁方纲《致黄易》，《翁覃溪尺牍》，上海图书馆藏。

〔58〕 翁方纲《致黄易》，见《金石屑》，页4674。

〔59〕 翁方纲《致黄易》，故宫博物院藏。

〔60〕 翁方纲《致黄易》二札，见于广东崇正2017年春拍。书法可议，内容可信。1792年，翁方纲再次收到黄易所寄《郑季宣碑》四份与永元洗文的拓本，称赞“此洗妙极，更求拓数付”。见《故宫藏黄易尺牍研究·手迹》，页222—223。

〔61〕 潘有为《致黄易》三札，《黄小松友朋书札》第十三册、第五册。

〔62〕 潘有为《致黄易》，《黄小松友朋书札》第五册。

〔63〕 潘有为《致黄易》，《黄小松友朋书札》第四册。

〔64〕 潘有为《致黄易》，《黄小松友朋书札》第十二册。

〔65〕 翁树培《致黄易》，《黄小松友朋书札》第七册。

〔66〕 黄易《致袁枚》，见于中国嘉德2016年春拍。

〔67〕 瞿中溶《致黄易》，收入《王士禛等书札》。

〔68〕 桂馥《晚学集》卷七《缪篆分韵补序》，《续修四库全书》集部第1458册，页701。

〔69〕 桂馥《致黄易》，《小蓬莱阁同人往来信札》第一册。黄易还曾得一“桂”字小铜印，亦举赠桂馥。翁方纲《复初斋集外诗》卷二十三《秋盦得“桂”字古铜小印以赠未谷来索诗》，《清代诗文集汇编》第382册，页593。

〔70〕 黄易《致吴骞》，上海图书馆藏，《庞虚斋藏清朝名贤手札》第四册，页882—885。

〔71〕 孙星衍《致黄易》，见于关西竞买2017年春拍。此外，孔继涵、武亿、洪亮吉等人都曾从黄易这里得到他们所需要的拓片。

〔72〕 桂馥《致黄易》，《小蓬莱阁同人往来信札》第一册。

〔73〕 江凤彝《致颜崇椝》，故宫博物院藏。

〔74〕 魏锡曾《积语堂论印汇录·论印诗二十四首》所收《朱简修能》，收入《美术丛书》后集第2集，页1b。

〔75〕 李斗《扬州画舫录》卷四，页617—618。

〔76〕 阮元《小沧浪笔谈》卷二，页557。在丁敬、黄易之后，入印文字以《说文》与缪篆为准绳的要求，遭到越来越多的批评，如郭麐《灵芬馆诗三集》卷三《题张老姜镠印谱》：

“举世皆说文，一丁群言哤。刻印必缪篆，朱老胶故常。”《清代诗文集汇编》第 485 册，页 175。

〔77〕王懿荣《致陈介祺》，国家图书馆藏。

〔78〕王懿荣《致王瓘》，国家图书馆藏。

〔79〕宋葆淳跋黄易所藏《小黄门谯敏碑》，今藏故宫博物院。

〔80〕魏锡曾《积语堂论印汇录·论印诗二十四首》所收《黄易秋盦》亦云：“朱文六国币，白文两汉碑。”页 3a。嗣后赵之谦在“松江树镛考藏印记”一印边款中自谓取法秦诏汉灯之间，为六百年来橅印家立一门户，实沿袭此一逻辑。

〔81〕翁方纲《黄秋盦传》，页 471。与翁方纲的印象不同，阮元称黄易生平不轻为人作，虽至交亦不过得其一二石。《小沧浪笔谈》卷二，页 557。

〔82〕何琪《致陆飞》，《黄小松友朋书札》第十三册。

〔83〕经泰《致黄庭》，《黄小松友朋书札》第一册。

〔84〕陈鸿寿跋黄易书札，见《故宫藏黄易尺牍研究·手迹》，页 114—115。

〔85〕《山东兖州府运河同知钱唐黄君墓志铭》，页 603。

〔86〕石卓槐《留剑山庄初稿》卷二十四，《清代诗文集汇编》第 392 册，页 654。

〔87〕《黄小松友朋书札》第四册。

〔88〕黄易《致潘奕隽》，上海图书馆藏。

〔89〕钱坫《致黄易》，《黄小松友朋书札》第四册。

〔90〕《小石山房印苑》卷十一收周世绍“静逸庵”朱文印，所附小传云：“与黄小松、翁覃溪诸先生交，皆雅重之。”页 5。

〔91〕翁方纲《黄秋盦传》，页 471。

〔92〕黄易绘画的取法，可参见《黄小松山水册》，中国嘉德 2017 年秋拍；《黄易书画册》，无锡博物院藏。

〔93〕奚冈《致黄易》，收入《故宫藏黄易尺牍研究·手迹》，页 218—219。

〔94〕吴云跋《黄秋盦山水册》，庞元济《虚斋名画录》卷十六著录，《续修四库全书》第 1091 册，页 168—169。

〔95〕见《石泉书屋类稿》卷七《题黄小松仿古山水册》，《清代诗文集汇编》第 624 册，页 397。

〔96〕黄易传世印章有“山舟”“梁同书印”。本书所引用的印章，除非特别说明，皆见于小林斗盦编《篆刻全集》的第四册，其中不少尚保存于上海博物馆。

〔97〕黄易为陆飞曾刻印章多枚，如“卖画买山”“乙酉解元”“陆飞起潜”“筱饮”等。约在 1771—1772 年，黄易《致陆飞》提及：“图书已落墨，此刻无暇刻就，缓数日同求画纸寄上，又及。此刻已刻就。”私人藏。

〔98〕陈灿《致黄易》，见《故宫藏黄易尺牍研究·手迹》，页 64、89。黄易曾为刻“师竹斋”“师竹斋印”“师竹斋记”等，陈还为杭州汪某转索图书。

〔99〕梁履绳《致黄易》：“四月廿六日接到手札，并小印、摹碑等件。”所言小印当即“梁氏处素”。梁氏又云：“弟向有自集一对，另纸呈上，乞九哥大人或篆或隶，随意书之，不拘

大小、行款。"《黄小松友朋书札》第五册、第十二册。

〔100〕魏成宪《致黄易》:"承寄隶幅，古劲苍雅，八分一字百金直，悬之壁间，不啻千万素封矣。春暖墨融，更望惠我楹帖一二，不贪为宝，弟则不免于贪，以吾阁下之翰墨至可宝也。"《黄小松友朋书札》第二册。黄易《致魏嘉榖》亦云："宝传二兄（魏成宪）图书刻就，愧不佳，转不如远度代公勇为妙耳。"见于泰和嘉成 2009 年秋拍。黄易曾刻"魏成宪印""魏嘉榖""嘉榖私印""魏嘉榖印""松窗"诸印。

〔101〕蒋仁《致黄易》:"承篆'罨画溪山'小印，妙甚，又'冲寂观'印，为奴子凿坏，前年托二西寄上，倘拨冗不靳另篆，何幸如之。"收入《西泠八家の书画篆刻》。

〔102〕黄易曾为包芬两刻"梅垞吟屋"。

〔103〕黄易曾为陈恺刻"晤言室""西堂藏书画印""陈氏悟言室珍藏书画"。

〔104〕黄易《致赵魏》，张廷济录本，见《故宫藏黄易尺牍研究·手迹》，页 44—46。黄易为赵魏所刻印章有"竹崦盦""赵氏晋斋""赵氏金石""赵魏私印"等。

〔105〕黄易《致赵魏》，张廷济录本，见《故宫藏黄易尺牍研究·手迹》，页 43—44。

〔106〕赵魏《致黄易》二札，《黄小松友朋书札》第三册。据札，黄易还曾为赵魏绘别号图《竹崦盦图》小帧。

〔107〕奚冈《致黄易》，收入《奚铁生手札不分卷》。

〔108〕奚冈《致黄易》，见《故宫藏黄易尺牍研究·手迹》，页 188—193。黄易为奚冈所治印最夥，如"奚冈之印""蒙道士""奚""振衣千仞""鹤渚生""萧然对此君""冬花庵""一笑百虑忘""我生无田食破砚""罨画溪山院长"等。

〔109〕余大观《致黄易》，《黄小松友朋书札》第十二册。黄易尝为余刻"松屏"朱文印。

〔110〕黄易《携琴访友图卷》，故宫博物院藏，参见秦明《故宫藏黄易〈携琴访友图卷〉考——兼谈黄易早期绘画中的古琴要素》。

〔111〕故宫博物院藏。仇字秋人，这很可能是一张别号图。

〔112〕仇梦岩《致黄易》，《黄小松友朋书札》第十二册。黄易也曾为仇刻"鲁英父"一印。

〔113〕储润书《致黄易》，《黄小松友朋书札》第七册。作为酬谢，洪锡豫赠予黄易《简斋先生文集》一部及王澍《致黄树榖》书札五纸。黄易曾刻"建侯父""洪孟章氏"。

〔114〕储润书《致黄易》，《黄小松友朋书札》第十一册。国子监学政汪端光求黄易刻印，很可能也出于储润书的请索，在给储润书的信中，黄易曾告知："剑潭印已成其二，即寄扬矣。"上海图书馆藏。

〔115〕钱维乔《致黄易》，《黄小松友朋书札》第二册。

〔116〕钱维乔《致黄易》，见《故宫藏黄易尺牍研究·手迹》，页 194—195。

〔117〕袁廷梼《致黄易》，《小蓬莱阁同人往来信札》第三册。

〔118〕袁廷梼《致黄易》，《小蓬莱阁同人往来信札》第三册。《五砚楼图》今藏北京艺术博物馆。黄易还曾为袁氏刻"五砚楼"印。

〔119〕瞿中溶《致黄易》，上海图书馆藏。

〔120〕陆恭《致黄易》，《黄小松友朋书札》第二册。黄易还曾将胡玉润所作《松下清斋图》赠予陆恭，潘奕隽《三松堂集》卷十二《黄小松司马得胡玉润〈松下清斋图〉，寄赠陆孝廉

谨庭，谨庭索诗和翁覃溪学士韵》小注云："谨庭松下清斋，翁潭溪先有诗，小松补图，余曾和翁诗。"《清代诗文集汇编》第399册，页214。

〔121〕钱坫《致黄易》,《黄小松友朋书札》第十三册。

〔122〕钱坫《致黄易》，私人藏。

〔123〕武亿《授堂文钞》续集卷九《致黄小松》，页161。

〔124〕魏成宪《清爱堂集》卷二十三《题武虚谷大令亿虚谷草堂图，次法时帆祭酒韵》小注云："小松自跋云：此图信手点染，不意吾乡石屋洞西真有此境，孙雪居太守刻八分'虚谷'二字于壁。"《清代诗文集汇编》第446册，页168；赵希璜《四百三十二峰草堂诗钞》卷十八（丁巳）《题武明府亿虚谷图》，页133。

〔125〕黄易《武亿画像》，故宫博物院藏。据题跋，嘉庆二年（1797）正月四日，黄易见金乡石室画像中有与武亿神似者，因摹以寄。画像有王复、孙星衍、阮元、翁方纲、赵希璜、张问陶、朱珪、朱锡庚、汪学金、法式善、卢浙、熊象阶、陈希祖等十数人题跋。参见秦明《从故宫藏黄易〈金乡札〉谈起》,《中国书法》2017年第5期，页80—99。

〔126〕黄易《赠武亿五言联》，上海博物馆藏。

〔127〕朱锡庚《致黄易》,《黄小松友朋书札》第十一册。

〔128〕陈豫锺《致黄易》,《黄小松友朋书札》第十二册。黄易曾为刻"陈豫钟印""求是斋"。

〔129〕何元锡《致黄易》,《黄小松友朋书札》第六册。黄易曾刻"何元锡印""金石癖"二印。

〔130〕上海图书馆藏。

〔131〕余集《致黄易》,《黄小松友朋书札》第十三册。此外，余集还为瑶华道人（康熙帝之孙弘旿）求黄易篆刻,《黄小松友朋书札》第九册。

〔132〕印鸿纬《致黄易》,《小蓬莱阁同人往来信札》第一册。印鸿纬为黄易所拓"听松"，今藏故宫博物院。

〔133〕黄易《书画册》，台北私人藏。

〔134〕翁方纲《致黄易》，上海枫江书屋藏。在1786年的一封信中，翁方纲也表示收到篆印，可见翁氏屡有所请。《小蓬莱阁同人往来信札》第二册。

〔135〕见《故宫藏黄易尺牍研究·手迹》，页170—171。本年十一月，黄易在北京为宋葆淳刻"葆淳""芝山"二印，前印边款云："以穆倩篆意，用雪渔刀法，略有汉人气味。"

〔136〕翁方纲《致黄易》，收入《翁方纲、翁同龢翰墨》。

〔137〕翁方纲《致黄易》，甘肃省博物馆藏。

〔138〕朱筠《字条》，故宫博物院藏。

〔139〕张埙《致潘有为》,《黄小松友朋书札》第十三册。1785年秋，黄易曾寄张埙小印一枚，见黄易旧藏《城阳灵台碑》陆费墀、张埙、江德量等人观款。

〔140〕宋葆淳《致黄易》,《黄小松友朋书札》第十三册。

〔141〕据边款，二印分别作于1777年六月一日、1778年立夏。

〔142〕潘有为《致黄易》,《黄小松友朋书札》第三册。

〔143〕潘有为《致黄易》,《黄小松友朋书札》第五册。

〔144〕潘有为《致黄易》,《黄小松友朋书札》第五册。

〔145〕潘有为《致黄易》,《黄小松友朋书札》第五册。事实上，张燕昌本人虽以篆刻擅长，但他也曾向黄易求印,《小蓬莱阁同人往来信札》第四册。黄易曾刻“张燕昌”印。

〔146〕潘有为《致黄易》,《黄小松友朋书札》第五册。1784年，潘有为又作书求小画一幅,《黄小松友朋书札》第七册。

〔147〕桂馥《致黄易》,《小蓬莱阁同人往来信札》第一册。

〔148〕黄易《山水》十开第一开题识，上海博物馆藏。

〔149〕收入《西泠八家の书画篆刻》。又见中国嘉德2010年春拍。

〔150〕桂馥《致黄易》,《小蓬莱阁同人往来信札》第一册。

〔151〕毛琛《俟畲剩稿》卷下《清秋登华图　黄小松为冯鱼山作》,《清代诗文集汇编》第379册，页534。

〔152〕黄易为姚立德所刻有“姚立德字次功号小坡之图书”“立德”“小坡”“河南山东河道总督之章”“大司马总宪河东河道总督章”诸印。

〔153〕黄易曾刻“陈辉祖印”。

〔154〕《岱岩访古日记》:“中丞伊公命酌，谈崂山风景，……中丞擅草圣，命刻二巨印。”

〔155〕李奉翰《致黄易》,《小蓬莱阁同人往来信札》第三册。

〔156〕李奉翰《致某》，见于西泠拍卖2018年3月艺是网拍。从所委刻印事，可知受书人为黄易无疑。

〔157〕梁肯堂《致黄易》,《小蓬莱阁同人往来信札》第二册。黄易曾为梁刻“春淙亭主”“梁肯堂印”，并摹“永寿”玉印，以为梁肯堂六十之寿。

〔158〕周震荣《致黄易》二札,《黄小松友朋书札》第三册。

〔159〕周震荣《致黄易》,《黄小松友朋书札》第九册。

〔160〕周升桓《致黄易》，上海图书馆藏。

〔161〕此札附于周震荣《致黄易》之后,《黄小松友朋书札》第九册。

〔162〕潘应椿《致黄易》,《黄小松友朋书札》第十册。

〔163〕潘应椿《致黄易》,《黄小松友朋书札》第三册。

〔164〕潘应椿《赠欧湖王秀才理堂七古》:“病指近复烦小松（君曾为余作‘病指生’印)。”《黄小松友朋书札》第五册。

〔165〕龚孙枝《致黄易》,《黄小松友朋书札》第四册。

〔166〕周震荣《致黄易》,《黄小松友朋书札》第六册；奚冈《致黄易》，见《故宫藏黄易尺牍研究·手迹》，页188—193。

〔167〕印稿见于西泠拍卖2014年春拍。

〔168〕张方理《致黄易》,《黄小松友朋书札》第一册。

〔169〕庆霖《致黄易》,《黄小松友朋书札》第九册。

〔170〕庆霖《致黄易》,《黄小松友朋书札》第八册。

〔171〕李衍孙《致黄易》,《黄小松友朋书札》第一册。

〔172〕王增《致黄易》二札,《黄小松友朋书札》第四、七册。

〔173〕郑辰《致黄易》,《黄小松友朋书札》第一册。

〔174〕江清《致黄易》,《小蓬莱阁同人往来信札》第三册。

〔175〕唐仲冕《致黄易》,《黄小松友朋书札》第十二册。

〔176〕《黄小松友朋书札》第三册。

〔177〕《黄小松友朋书札》第五册。

〔178〕《黄小松友朋书札》第十册。

〔179〕《小蓬莱阁同人往来信札》第一册。

〔180〕邹蔚祖《致黄易》,《小蓬莱阁同人尺牍》第三册。

〔181〕见《嵩洛访碑日记》。

〔182〕此卷王昶、王芑孙等有题咏,《春融堂集》卷二十二《题敦初龙门揽古长卷二十韵,时与黄小松、武虚谷同游》,《续修四库全书》第1437册,页588;《渊雅堂全集》编年诗稿卷十四《家秋塍大令复以嘉庆元年九月与黄小松易、武虚谷亿为嵩少伊阙之游,寻碑选胜,作图纪事,其年十二月往求孙渊如星衍篆题其首,明年五月以书抵余华亭官所求诗》,《续修四库全书》第1480册,页526。

〔183〕见《嵩洛访碑日记》。"四砚山房"隶书匾额,故宫博物院藏。

〔184〕龚孙枝《致黄易》,收入《黄小松友朋书札》第四册。

〔185〕吴友松《致黄易》,《小蓬莱阁同人往来信札》第一册。

〔186〕苏州笃斋藏。

第五章

经典化

与同时期其他金石学者相比，黄易与翁方纲更具明确的目标与规划性，[1]如果说翁所在意的是碑帖研究的声名，黄易希望投射于社会群体之中的形象，则是收藏家与访碑者。

黄易并不满足于藏，他还企图将与自己有关的碑刻、拓本以及访碑活动迅速经典化，使之短时间内成为学术界与艺术界瞩目的焦点。这里所说的“经典”，乃取一个稍微宽泛的解释，主要指碑、拓的代表性与访碑的权威性。黄易的经典化策略，包括征集拓本题跋、刊印与翻刻、保护性复原与重建、绘制访碑图册等。在相关活动的推进过程中，他与“名碑”“名拓”的关联度得到强化；他作为乾嘉时期访碑第一人的形象，也得以塑造。

题跋

巫鸿在讨论汉画的艺术价值时，发现“当一件稀罕的拓本被装裱成册页形式，进入古物收藏家之手，石刻画像便全然转化成了纸本绘画”。[2]对它的考察与赏鉴文字，往往以题跋的形式附着于拓本之上。其实不仅汉画，几乎所有古代金石文字与图像，在被收藏之后，都以册页或是卷轴的方式保存与展示。

吴越王金涂铜塔二十余字瓦文，是黄易较早得到的一张拓片。【图 5.1】1776 年，在装潢成册之后，黄易寄往京中，请翁方纲、孔继涵题诗。[3]次年此册又寄直隶永清知县周震荣、阜平知县朱琰（1766 年进士）索诗，周还帮助征集到路过永清的江西解元何飞熊的题诗。【图 5.2】这两位官员，既是黄易的同僚，也是浙江同乡，他们对于金石都有兴趣。[4]直到 1793 年底，黄易请求阮元题跋的四种拓本中，《金涂塔册》仍赫然在目。[5]这件早年的收藏，征集题跋（诗）的活动前后绵延了十八年。但这不是黄易题跋征集中的个例，而是普遍现象。

前文我们曾经讨论过，不断寄赠新发现的金石拓片，是黄易与

图5.1　吴越王《金涂铜塔瓦文》 收入钱泳《金涂铜塔考》

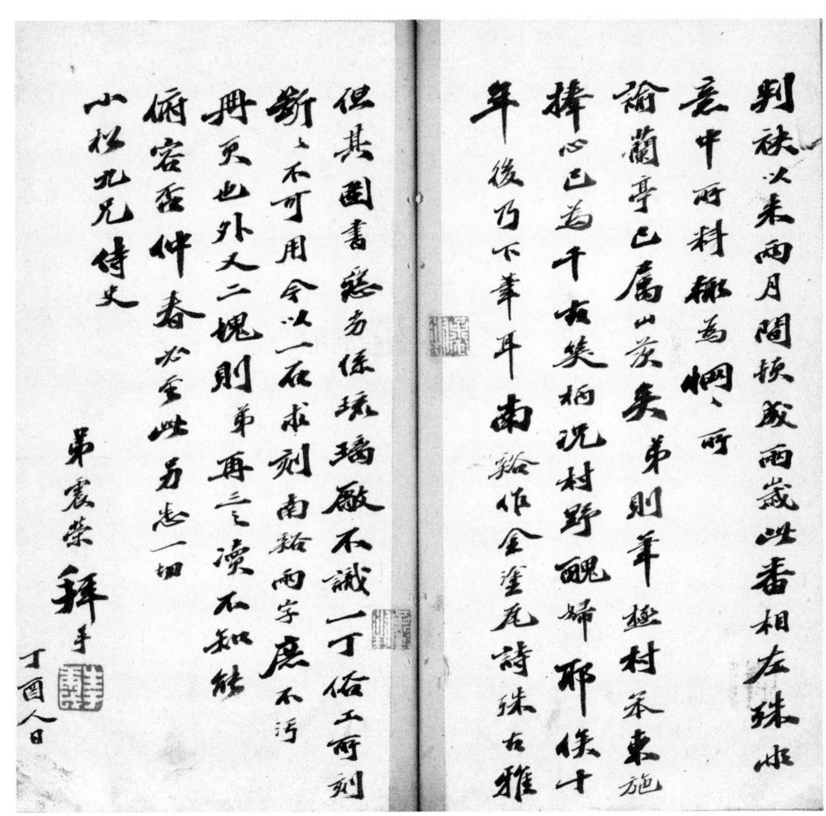

判袂以來兩月闊較幾兩歲此番相左殊怅
意中所料敝為惘惘所
論蘭亭已屬山茨矣弟則年極村茶東施
捧心已為千古笑柄況村野醜婦耶僕十
年後乃下筆耳南豁作金塗瓦詩殊古雅
但其圖書悉為係琉璃廠不識一丁俗工所刻
斷斷不可用今以一石求刻南豁兩字庶不污
冊頁也外又二塊則弟再三瀆不知能
俯容否仲春於至此另忠一切
小松九兄侍史
弟震榮拜手
丁酉人日

图5.2　周震荣《致黄易》 见《黄小松友朋书札》第三册

当日一流学者结缘的主要方式。但他所寄往往不止一份，除了赠予对方的，还有自己求跋的，恰如翁方纲在一封信中所说："屡承金石之惠，又以佳题属赋。"[6]这说明黄易在赠予拓片的同时，也给翁方纲出了题目。

由于共同的金石爱好，又由于济宁与北京之间交通便利，黄易新得碑拓，首先寄至都门请翁方纲题跋，慢慢成了惯例。如1786年，黄易寄《孝堂山汉画拓本》，翁方纲为题诗奉酬。[7]1791年，黄易寄《唐拓武梁祠像册》及其他碑刻三册，翁方纲"俱如命题就"。作为回报，黄易随信也给翁寄上了新拓册。[8]1793年，黄易得《汉熹平二年残碑》于曲阜，拓本寄到北京，翁为赋长歌，[9]次年正月，又将诗作题于《得碑十二图》"贺碑图"之副页。1801年，翁方纲收到黄易录示嵩山新出阙铭，立即请黄易将拓片寄观，[10]稍后嵩阙全幅寄到，通计十丈有余，翁方纲分数间屋，由外而内四面悬挂，每天与坐客谛观，如游嵩山。这张拓片，翁方纲也题写了诗作与跋文。[11]

作为获赠拓本的回报，翁方纲的题识在某种程度上也是一种义务。1780年，他询问黄易新寄汉画是否在济宁：

又见芝山处有济宁石刻汉画，亦吾兄所得，而与昨所寄者不同，如尚有拓本，可见寄一纸否？统俟详考以报也。[12]

【图5.3】

翁明确表示，黄易如能惠寄一份汉画拓本，当以考证作为回报。又如黄易寄赠北齐一碑拓本，翁深知得之艰难，主动表示必当题跋或诗。[13]有时为了饱饱眼福，翁也特意表现出急欲题跋的意思："兄所得汪氏之旧本《武梁祠刻》急拟一见，未知何时得附题跋之末，饥渴特甚。"[14]

翁方纲身边集中了许多金石友人，黄易的拓本也会在他们之间传观题跋。如1776年所寄《祀三公山碑》裱本，除了翁方纲跋文

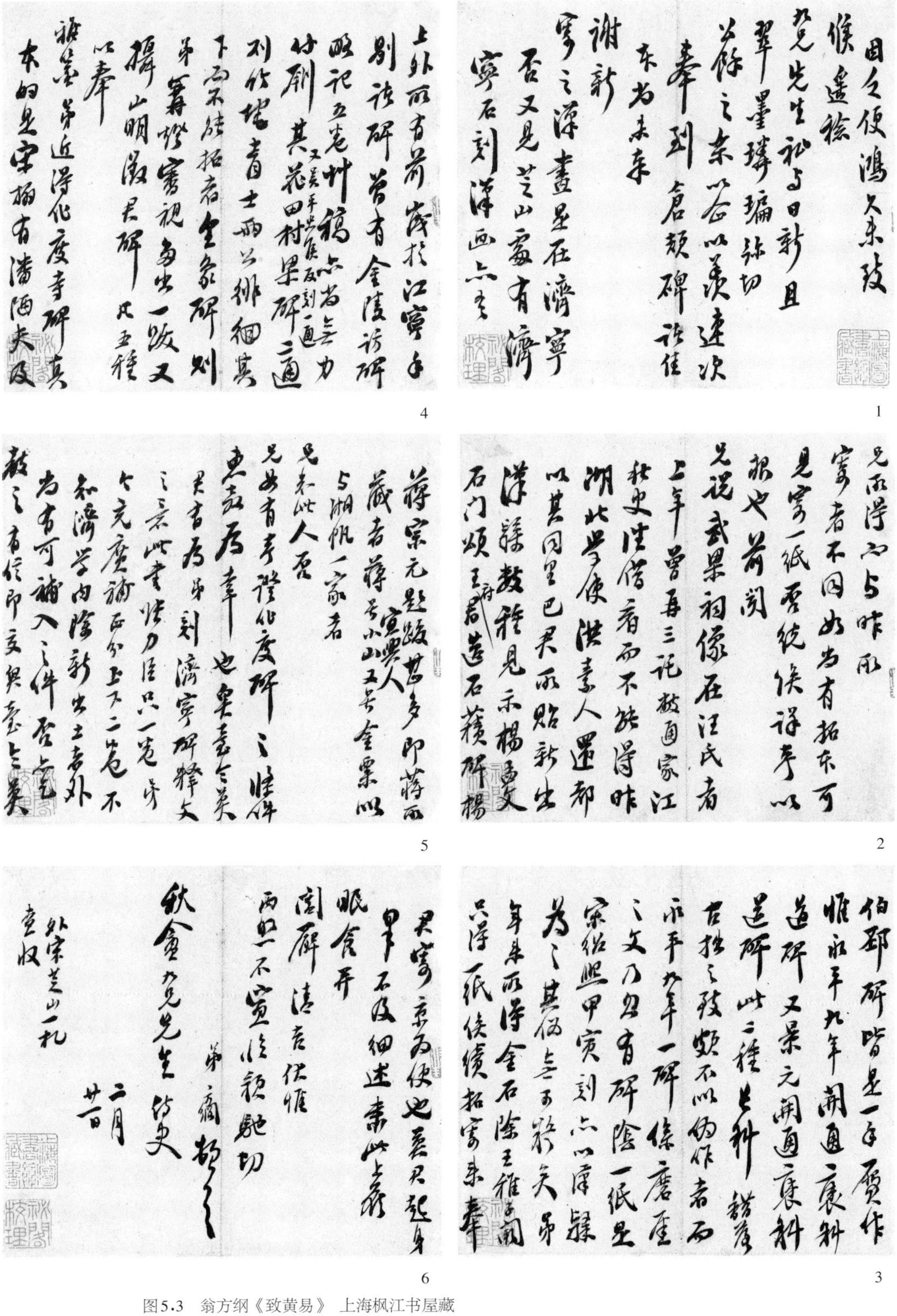

4

1

5

2

6

3

图5.3　翁方纲《致黄易》　上海枫江书屋藏

外，朱筠、孔继涵亦有题识。[15] 1777年八月，黄易就选入都，自董元镜处购得《石经残字》，翁方纲于八月廿六、廿七、廿八日和九月一日、十二日长篇累跋，洋洋洒洒，[16] 在此际潘有为、宋葆淳与黄易的通信中，屡屡提及翁方纲作《石经》题跋一事：

潘有为：《石经》一册，敝师覃溪先生跋尾，精而详，副页十数幅挥之殆尽。念生平奇遇，当嘱芝山于行笈中加倍珍重。

潘有为：《石经》一册，由覃溪师处递与芝山，带致蓬莱阁韵事，不胜健羡耶？”

宋葆淳：廿一日取得《石经残本》，即送呈覃溪先生处，至今尚未取归，客来保时亲携奉上也。[17]

此册也有朱筠、江恂、程晋芳（1718—1784）、陈焯、李威（1778年进士）、潘有为等人本年十月的题跋与观款。【图5.4】在收到翁氏及其他友人题跋的《石经》册之后，黄易立即向潘应椿报告此事，并视之为“希世之珍”。[18]

1783年，黄易获《魏元丕碑》宋拓本后，由孔继涵遂封寄翁方纲，翁与郑际唐（1769年进士）、张埙等人皆作题跋，吴名晋、凌廷堪（1755—1809）、江德量等则署观款，拓本寄还曲阜后，孔继涵再展观作跋。[19] 随同此碑一起寄京的还有宋拓《范式碑》，此册翁方纲、张埙题跋，宋葆淳、洪范、高育麒、杨宗岱（1731—1802以后）、张锦芳（1747—1792）、江德量等人署款，不过未及寄回曲阜，孔继涵即已下世，嗣由张埙寄还黄易。[20] 1785年，黄易自张玉树处所获宋拓汉碑三种也迅速寄到了翁方纲处，当年七月二十八日，潘有为致札黄易云：

《朱龟》《灵台》《谯敏》等碑，宝光炯炯，吾师覃溪先生及诸君子跋尾以副绚烂，已无庸续貂矣。留寒斋一昼夜，与芝山细细品评，设想如此等汉人面目得一见即万幸矣，颇嫌聚讼无益。先生其许我否？[21]

三碑的拓片上，翁方纲、张埙、江德量等人题识满纸，故潘有为称毋庸再题，不过册上还是留下了写信当天宋葆淳、赵希璜、冯敏昌等人在潘有为斋中的观款。

黄易所藏宋拓本，也曾寄河南巡抚毕沅索跋，毕沅幕府集中了洪亮吉、孙星衍、严长明、钱坫等一流学者，这些拓片上也有他们

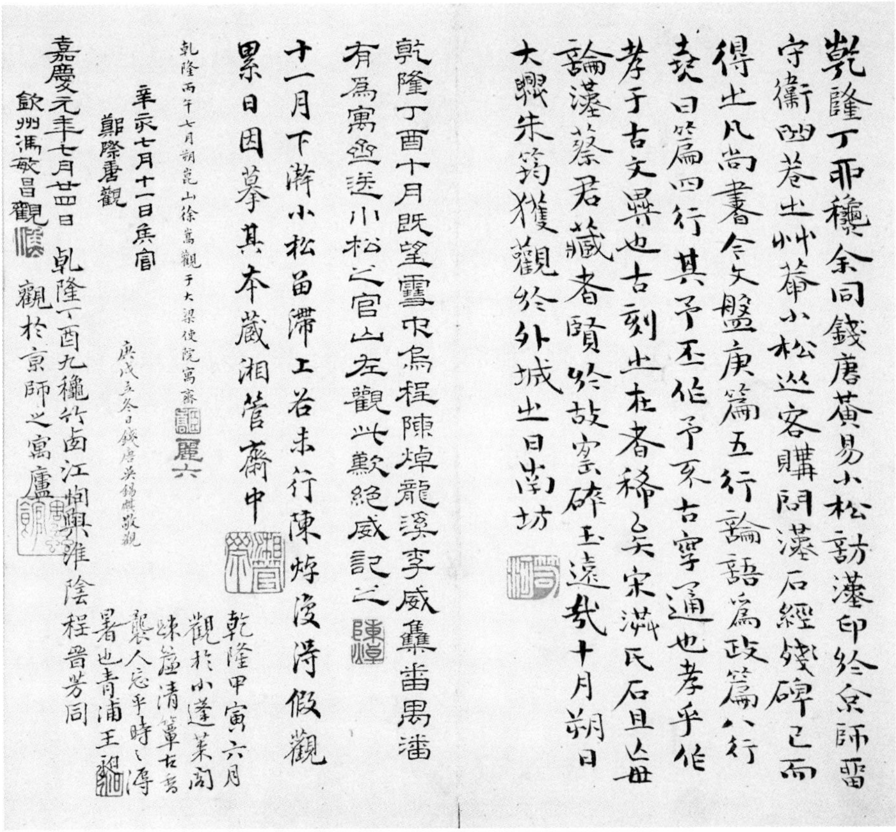

图5.4　汉《熹平石经残字拓本》潘有为等观款　黄易旧藏本

的观摩题识。1786 年六月二十七日，毕沅跋黄易藏《石经残碑》云：

> 小松家藏金石甚富，每获宋拓本，必属余跋尾，并以属幕中好古之士，翰墨之缘，亦一时之盛也。[22]

黄易每请毕沅题跋，拓片便在这些学者之间传观，如《魏元丕碑》有 1785 年七月严长明、洪亮吉、孙星衍、王复同观题款，《朱龟碑》则有孙星衍 1786 年六月一跋。[23]

黄易请人题诗作跋，有时情况也会发生反转。1792 年春，乘着按试济宁的机会，翁方纲希望能与黄易交换题跋："弟舆中亦略携一二求跋之件，仍用苏米雍邱故事。对案作书，一偿数年来积渴之怀，何快如之！"[24]宋元祐末年，米芾（1051—1107）任雍丘知县时，苏轼（1037—1101）自扬州召还，经过雍丘，与米芾对案作书、相易携去，皆以为平日所不能及。翁方纲以这样的故事，暗示着他与黄易对案题跋，能互相刺激，一定会有出人意表的精彩表现。

关中地区的古砖瓦，向来无人在意，在幕府开始大规模搜访之后，一下子成为炙手可热的宝物。王昶《跋伊墨卿藏汉并天下瓦当砚图》云："乾隆癸卯（1783），余以按察使西安，见瓦当爱之，因令访于咸宁、长安、淳化诸县土人，而嘉定钱州判坫、钱塘赵上舍魏助余求索甚力，于是瓦当出者三四十种。"[25]赵魏时时将所得瓦当拓片寄赠黄易，同时请黄易为他的藏本作跋：

> 汉瓦拓本，前寄四十番，诗歌跋语裒然成集矣，惟不获兄一题品为怅，务恳作一畅跋寄我，以便付梓。[26]
>
> 汉瓦构至卅余种，较排山先生所得尚阙一二种，而十二字一种尤为至宝。案之知为延元、延年二殿物。近又见高安万世瓦二，其全者为献之构去，弟得其半，是董贤赐第瓦，亦一奇也。今具拓寄，祈吾兄品题致我也。[27]

从信中内容可以推知，赵魏曾有计划出版他的藏品，并刊印黄易等人的题跋文字。同在陕西的钱坫获瓦亦多，他有一块汉未央宫砖，约方一尺，厚二寸，上有“长生未央”四篆字，曾倩工人做成砚台，要求黄易赋诗其上。

一些地方官员有时也请黄易为他们收藏的金石拓本题跋。如江清搜得《西晋孙夫人碑》之后，自己也装裱一副，请黄易参订详查，为之跋尾。[28]王淳自历城郭某处获《郑固碑》拓本，尚有“逡”“遁”二字，“现在装裱，欲求椽笔作跋，并恳寄覃溪先生作跋”。[29]兰德滋防汛皂河途中经过高邮，获得《露筋碑》一册，求黄易题识。[30]

拓本是通过一定的工艺手段获得的金石表面浅深凹凸的痕迹（墨色或朱色最为常见）。制作拓片与印刷非常相似，其目的是将“原物”化身千万。但同样是拓片，其价值却大相径庭。是否稀有、精致，是否书法精美，都是考量的因素，但学术界对之是否重视也有极大的关系。题跋最能体现拓本的学术性，故拓本收藏向来以题跋累累为高明，黄易对此深有体会，在给赵魏的信中，他曾不无恭维地说：“《三公山碑》一经品题，顿觉纸贵。”[31]

题跋不仅构成拓本的一个有机部分，在巫鸿的观察中，它还是解释金石的纽带。[32]进一步说，一件拓本因集合了金石学者的题跋，也会获得更高的声誉。学者们在拓片上所进行的书面交流——无论是共时的，还是历时的——都是针对同一议题的对话，不仅有对碑刻的释文与史实考证，还涉及文字与书画的美学旨趣。即使是仅仅留下观款，也为金石拓本积攒了“人气”。乾嘉时期不少学者本身就是书法名家，这在无形中更增加了拓本的观赏性与收藏价值。黄易收藏的拓本，多有翁方纲、孙星衍、钱大昕、王念孙、阮元等一流学者的题跋，[33]与周身空白的素拓相比，其价值与受关注的程度自有霄壤之别。毋庸置疑，逐渐累积的名家题跋参与了黄易所藏“名拓”的建构。

刊印与翻摹

一件艺术作品的经典化，刊印与摹刻是重要的策略。无论是《兰亭序》《十七帖》，还是《集王圣教序》，都是在寿诸贞石、化身千万之后，才成了脍炙人口的经典之作。一件碑刻如何成为经典（学术史的或艺术史的），也需要这样的过程。

黄易曾临摹《祀三公山碑》，录赵魏、翁方纲等人题跋，谋诸梓人。赵魏认为："此碑自兄发之，又自兄广之，爱惜古人，正当如是。"[34]发之，是指探幽索隐，出古人遗迹，广之，则是后续的宣传。黄易以临摹付梓的方式扩大《祀三公山碑》在艺术圈的影响，或许只是偶一为之，他更常见的方式是双钩刊行。

双钩原是在无法获得真迹（或拓本）的情况下勾勒文字（或图像）的轮廓、聊存梗概的权宜之计。用于双钩的纸张通常是一种透明而不渗水的油纸，宋葆淳在写给罗聘的信中，曾希望暂借所藏《张骞碑》十日，"欲油纸印写一本，知足下爱惜，必不致污损也。"[35]《张骞碑》在新疆伊犁西南卡伦外那林河草地，相传为汉张骞所立，松筠（1752—1835）任伊犁将军时，曾遣人摹拓，字在有无之间，不可辨识。[36]尽管真伪难辨、字迹也难辨，《张骞碑》仍是极难一见，故宋氏亟欲钩摹一本。1797年末，钱泳寄赠翁方纲双钩褚遂良《孟法师碑》一本，自称乏于神采，但翁方纲因未见真本，已惊叹其夺真。此际黄易曾打算次年春天南归领咨，故翁方纲委托他顺道于吴门访求毕泷（1733—1797）所藏《云麾李秀碑》，并觅善手双钩之。[37]【图5.5】翁方纲寻求各种双钩本，常常是为了互相比勘，在他的资料系统中，双钩本与拓本似乎没有本质的区别，他所要了解的是双钩本所反映的拓本文字、笔画的形态，因此"虽多一二笔亦妙"。[38]在原本佚失的情况下，双钩本也是值得收藏的对象，巴慰祖所藏《刘熊碑》双钩本，就屡屡为乾嘉学人提及。[39]在1777年购得《石经残字》拓本之前，黄易曾请求赵魏将所藏《石经

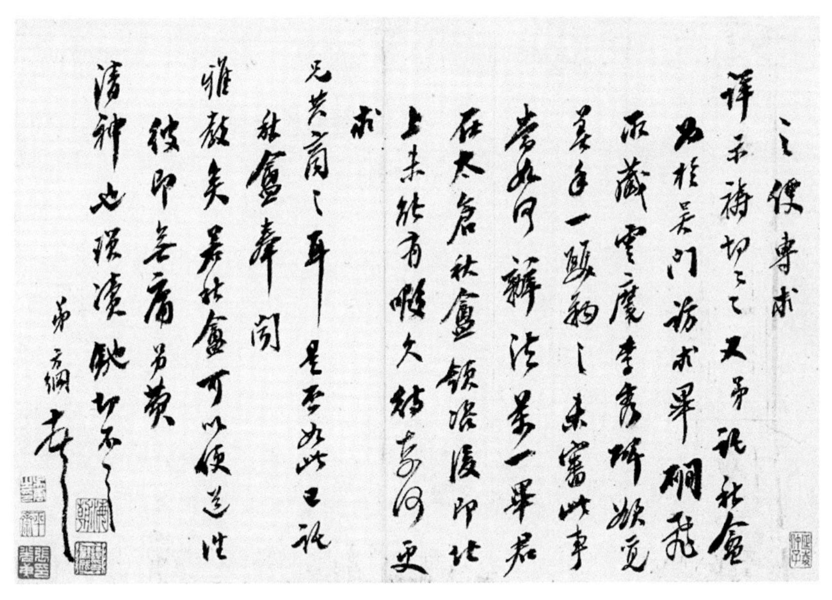

图5.5　翁方纲《致钱泳》　故宫博物院藏

遗字》与《华山残碑》钩摹一本相赠：

> 尊藏《石经残字》《华山残碑》，希双钩以惠。[40]
>
> 尊斋有《石经遗字》，秦友本耶？抑他本耶？弟渴慕之至。兄钩碑软拓之法，超绝千古，求大哥钩一册寄惠，俾获

至宝，不则妒念深矣。[41]

虽然是双钩本，黄易却视为“至宝”。

在照相制版出现以前，双钩也用于刊印金石文字与图画，与雕镂阴文相比，双钩只保留文字的外轮廓，在刷印时可以大大节省油墨。不过在黄易以前，这样的尝试似乎很少见到。黄易最大规模的双钩活动，是乾嘉之交完成的《小蓬莱阁金石文字》。

一开始，他只双钩了所藏汉魏诸碑的旧拓本——《石经残字》《魏元丕碑》《朱龟碑》《成阳灵台碑》《谯敏碑》《王稚子碑》《范式碑》（新出残石附）七碑，厘为四册，封面署“黄氏小蓬莱阁初印金石录 揽胜斋藏”。[42] 1797年，黄易又增加了《武梁祠像唐拓本》（新出《武梁祠像》附）《赵圉令碑》《三公山碑》等四种，而成五册的规模，并定名为《小蓬莱阁金石文字》。1798年，翁方纲收到黄易所寄“新镂钩摹古刻五册”，即是此书。在给黄的回信中，翁指出双钩《石经论语》的不尽人意之处：

《石经论语》“所损益”，损（此手旁下一画似有穿过右边之意，似不可𠄌，此处直画不应一直径下，是否？）益（此中间八，其左一笔原本不甚分明，似乎今双钩太着痕迹，此一笔当如何？）求兄再逐字细审之。惠寄刷印精工，纸墨俱好，而阙第一叶（《石经》“斯害也已”起，阙前第一纸），便中乞补寄此叶，更妙。[43]【图5.6】

翁方纲对于黄易双钩本的挑剔，透露出他对拓本一点一画的专注观察，几乎到了“纤微向背，毫发生死”的地步。在这封信中，翁曾询问黄易是否需他作序：

尊刻双钩各种妙甚，谨题首一纸，不知可用否？若兄意

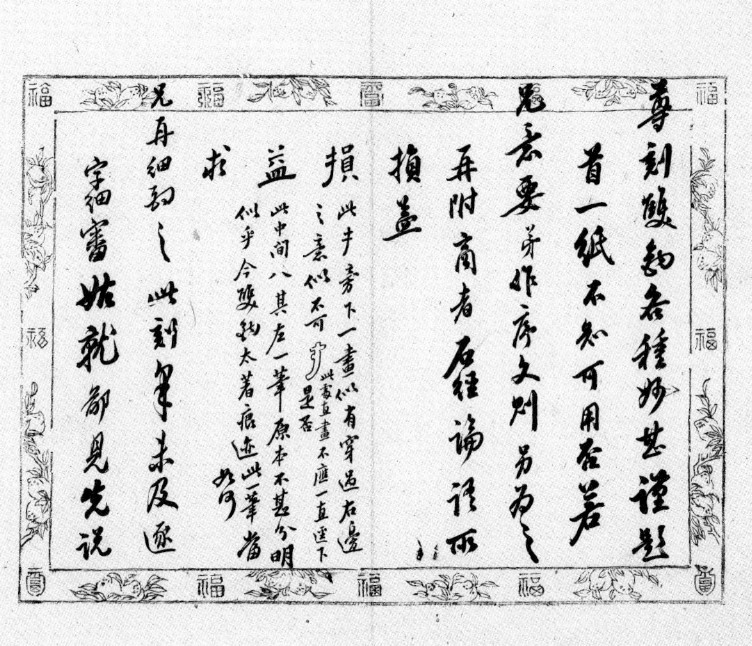

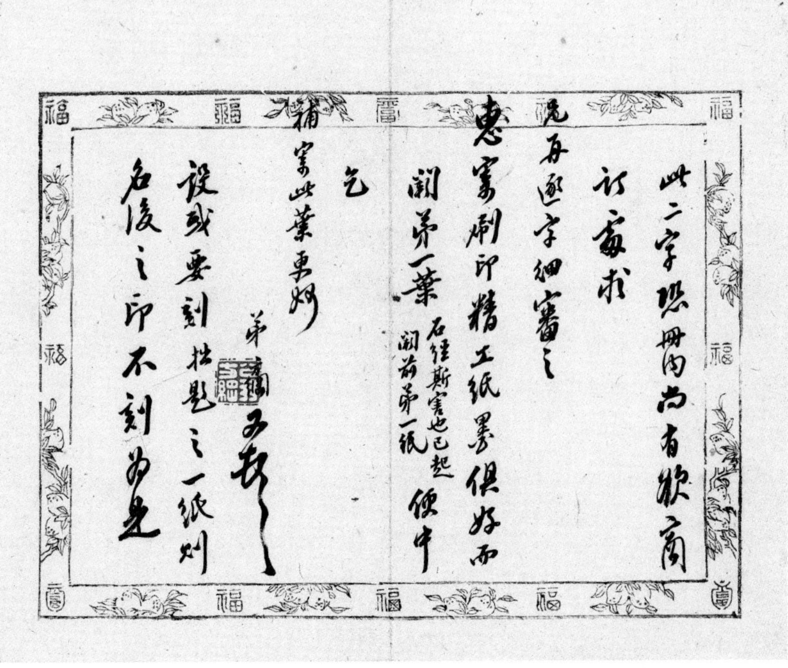

图5.6　翁方纲《致黄易》　故宫博物院藏

要弟作序文，则另为之。……设或要刻拙题之一纸，则名后之印不刻为是。

翁方纲这里所说的“题首”，分别为隶书题识及行书题诗一首，嘉庆五年（1800）九月《小蓬莱阁金石文字》正式梓行时，它们被置于卷首，翁在题识中称：“钱唐黄秋庵小蓬莱阁所藏金石，就其罕传者双钩锓木，以公同好。”翁氏金石名家的身份，成为黄易收藏品质的保证。[44]该书没有翁方纲的序言，却有钱大昕当年五月一序，[45]因为又一位著名金石学者的肯定，黄易的这本藏品集再一次大为增色。

值得注意的是，国家图书馆藏《小蓬莱阁金石文字》三卷本只收《武梁祠祥瑞图题字》《郑季宣碑》与《敦煌长史武斑碑》三种，为黄易手书梓木，但皆不见于嘉庆五年的版本中。可见，《小蓬莱阁金石文字》原先计划的规模可能更大。

对于家藏拓本，黄易大多曾经钩写临摹，如他早年收藏的《杨太尉（震）碑》拓本，赵魏认为“亦足以豪矣”，[46]不过后来发现实为赝品。对于此碑，以及《祀三公山碑》《裴岑纪功碑》《成阳灵台碑》《武梁祠画像题字》等自己的藏品，黄易都曾临摹，他甚至还临摹过孝堂山画像石柱上的宋人题字。[47]个人的临摹或许会促成新颖的风格，但若欲让藏品成为名碑，则必须广泛宣传，以吸引更多的关注。《小蓬莱阁金石文字》的特别之处，在于黄易以双钩的方式再现了这些拓本的一波一磔，从而为学书者提供一份可信的临摹范本。[48]【图5.7】黄易自己就经常临摹双钩本，如在给赵魏的信中，他曾提道：“惟《娄寿》双钩本，弟应酬作书往往临此，故未寄耳。”[49]董元镜也特别指出，此书“既使古人之遗迹不泯，复令后人之取法有资”，在保存古人遗迹的同时，也为喜欢汉碑的学书者提供了优质范本。[50]同时，这部书也具有相当的学术含量，除了拓片上旧有的题跋，[51]黄易也将释文与友人题跋一并汇刻，从中可以

图5.7　黄易双钩《范式碑》 收入《小蓬莱阁金石文字》 影清道光十四年摹刻本

看到相关学者关于释文与考证的对话。

这一兼具艺术性与学术性的图书，在刊行之后，成为黄易馈赠友人的嘉礼。1797年六月六日，阮元收到黄易所寄《小蓬莱阁金石文字》的刻本，[52]董元镜在本年给黄易的信中，谈及收到“汉隶”，据“冠首加荣”——以董元镜所赠《汉石经残字》置此书之首，知黄易所寄也是此书。[53]而胥绳武此时也为友人代求此书。[54]1799年，此书寄至远在滇中的桂馥，《黄小松见寄所刻汉碑双钩本 己未太和作》有云：

> 新像自难追旧本（小松搜得《武梁祠画像》诸石，较唐拓多残阙），原文回想玩双钩（《范式》《魏元丕》二碑余及

见之，今又十数年矣）。[55]

从“双钩本”，“新像（新发现的《武梁祠画像题字》）、“旧本”（《唐拓武梁祠画像题字》），《范式》《魏元丕》二碑等，不难获知桂馥所说的“汉隶”，正是《小蓬莱阁金石文字》刊本。1800年秋六月，李赓芸经过济宁，黄易赠新刊图书一册，李氏《过泲宁赠黄郡丞小松易》云：

> 小松山人嗜金石，前身合是洪景伯。闻名廿稔昨始逢，触热甘为襬襶客。把臂真成倾盖交，赠我新刊书一册（六月间过访，承赠《小蓬莱阁金石文字》）。残碑古拓十有一，摹以双钩慎点画……[56]

《小蓬莱阁金石文字》收碑共十一种，大多以双钩的方式精致传摹原拓本，它成为外界了解黄易珍贵藏品的重要媒介。[57] 1801年，孙星衍收到此书后，称其“双钩极精”，并建议黄易录出绎山诸六朝人书以及前人未见之碑、近时出土之碑，共为一帙，以传后世。[58]但黄易对此未予响应，孙星衍似乎未能真正理解黄易的刊行意图，他所提到的碑刻并非黄易的私人藏品，缺乏唯一性。

此后的若干年中，《小蓬莱阁金石文字》不断翻印、销售与传播，[59]所收碑刻在学术与艺术界的影响，也不断得到扩大。1830、40年代之交，济宁州知州徐宗幹（1796—1866）见到一唐姓商人售卖《小蓬莱阁金石文字》原版，其中缺一二页，随即徐购而补入，谨藏斋舍，当时求拓者一时纸贵。[60]金石学者方朔于童年时获得一本《小蓬莱阁金石文字》，觉其中双钩的《武梁祠堂画像题字》字体古秀，摹勒精工，以至“朝夕临仿，爱不释手”。[61]王懿荣则认为，像《武梁祠画像》题字的小分书，不带波磔，用于著款，最为雅观。[62]

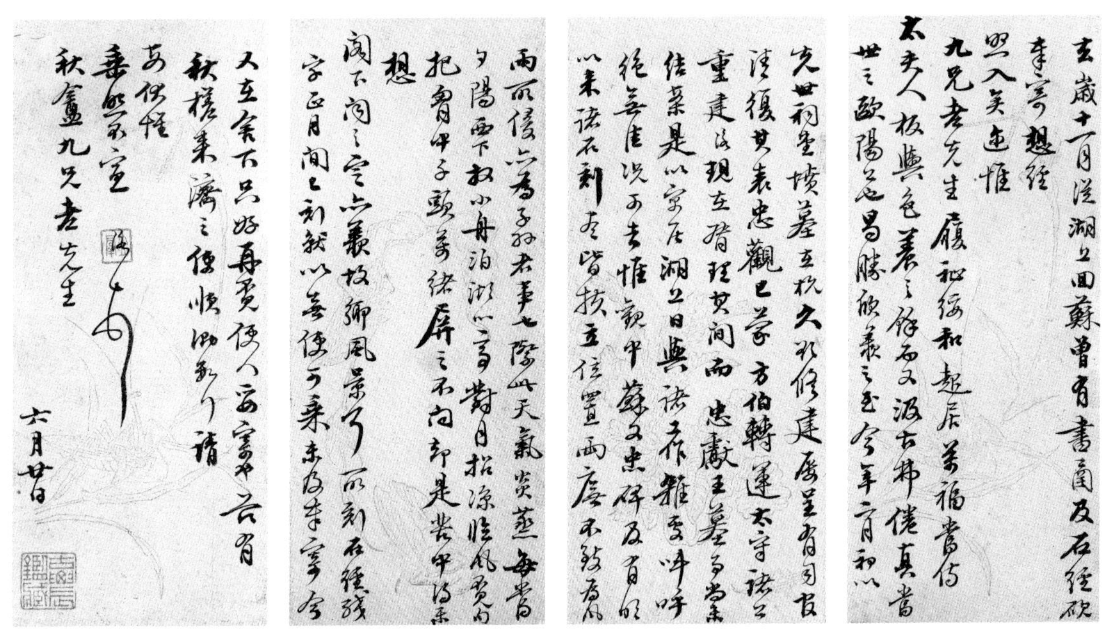

图5.8　钱泳《致黄易》 见《小蓬莱阁同人往来信札》第四册

乾嘉时期，曲阜孔氏玉虹堂刻帖颇有声誉。黄易曾多次委托孔继涑（1727—1791）将其所藏前人墨迹入石，如1780年代后期，他将张照《临颜真卿祭侄稿》付孔氏刻帖；[63] 1791年，孔继涑收到黄易寄来大册，又计划择其可镌者勒成一帖。[64]

根据拓本或是双钩本翻刻古碑，在此一时期也颇为常见。以《石经残字》为例，在黄易获得宋拓本之后，翁方纲曾倩张燕昌摹刻于北京，[65] 在1777年八月写给黄易的信中，翁氏曾商借黄易所藏宋拓，声称只有原拓在旁对看，勾勒才能逼肖。[66] 1789年，翁方纲视学江西时，又综合黄易藏本及钱泳所获诸经遗字，再次摹刻于南昌府学："又后三年，始得见金匮钱氏所藏《石经残字》凡十段，以合于前摹之三段，而《论语·尧曰篇》一段正与前段上下接笋，珠联璧合，于是摹为一十二段。时方纲校士江西，乃勒石于南昌学宫，凡为方石四块，共得六百七十五字。"[67] 1792年，钱泳与黄易相识于济宁，黄委托钱为之摹刻《石经残字》上石，此后钱泳或作或辍，于1794年正月间刻就。[68]【图5.8】差不多在同一时间，绍兴知府李亨特（？—1815）也取钱泳及黄易所收残字汇刻于绍兴府学。[69]

又如《西岳华山庙碑》，1778年，孔继涑曾据宋荦（1634—1714）藏本之双钩本刻于玉虹堂，翁方纲则借金农双钩长垣本及朱筠藏华阴本，重摹一本寄陕西巡抚毕沅入石，时毕沅正重修西岳庙，但因有人怀疑其底本为赝品，毕沅放弃了翻刻计划，翁方纲《题严道甫〈玉井搴莲集〉后》“重摹勒石竟何日，疑信纷纷见闻窄”句小注云：“予以所见王山史、宋漫堂二家所藏《汉延熹西岳华山碑》旧拓本，双钩寄陕西，中丞将重勒之矣，会有疑其赝者，竟不果勒。”[70] 不过翰林院编修陈崇本决定出赀雕木，并于次年秋日刻成此碑及诸跋。[71] 嘉庆初年，阮元也曾重刻《华山庙碑》四明本立于扬州北湖祠墓。[72]

再如《武梁祠画像》，1784年宋葆淳曾根据翁方纲借来的摹本请他的老师赵某摹刻，潘有为以为大有趣，不过隶书由赵某手书，故精采不出。[73] 翁方纲在给黄易的信中曾详叙此事，并希望黄易提供隶书榜题的钩本：

> 前所借看《武梁祠像》摹本一册，极精，因与宋芝山看之，渠高兴，必欲刊刻。弟意八分必待九兄覆示钩本乃可入刻，而渠不能待，竟以原摹本映油纸入刻矣，所以此册今尚在芝山馆中。今芝山即将所刻一纸寄览，想兄意亦与弟同也（弟今不得已，每幅自摹八分一行与之，使修改，然亦不能肖原本也）。既有芝山此刻，竟望兄速寄八分钩本来矣。[74]

1791年春，黄易获得汪畬旧藏《唐拓本武梁祠像》拓本后，亦于当年十月手摹翻刻，虽然武梁祠故址已经发现了五年之久，但黄易认为旧拓本仍有广布十方的价值。[75]

此外，何元锡曾以汉刻《公乘伯乔题名残碑》《贞女龙凤墓阙》《永初官塹文》三种重摹勒石，置于南昌儒学；[76] 阮元在得到天一阁藏《石鼓文》宋拓本之后，曾与张燕昌共同摹勒于杭州府学；[77] 顾文铁则以所藏《娄寿碑》赵宧光（1559—1625）双钩本勒石于济宁。[78]

除了大宗碑刻，瓦当的翻刻也非常流行。黄易的友人阳曲申兆定，在王昶西安幕府时翻刻瓦文甚多，同时在幕的程敦在《秦汉瓦当文字》自序中说，申兆定用旧砖摹仿瓦文，能够毫发无差，幕友钱坫、赵魏、俞肇修等人所得新瓦只要有异文奇字，申兆定一定会“放而弆之”，无有遗漏。1791年，邓石如致札黄易，提到黄曾允诺代觅申氏所翻瓦头十幅，〔79〕可见翻刻的瓦当拓片，作为原物的一种替代品，在乾嘉时期也颇受好古者的欢迎。〔80〕

与晚清碑学视翻刻为仇雠不同，翻刻本的价值在乾嘉时期得到学界普遍的认同。如黄易认为所得《石经残碑》虽然“或以为熹平原石，或以为宋人重摹”，但毕竟“世传止此，即同祖石观矣”。〔81〕汉魏五碑中的《朱君碑》，翁方纲认为是重刻本之仅存者，“字画之古劲非宋以后人所能摹勒，当即作中平原刻观矣”，并说“此碑宋纸旧拓，虽重刻，亦稀有之迹”。《成阳灵台碑》“虽是重刻，自有的据，况笔法浑劲，必非伪作也”。可见，他们对于重刻与伪作有严格的区分。黄易曾收一《郙阁颂》重刻本，虽有古意，但颇失真。让黄易不解的是，像《郙阁》《樊敏》《郭有道》这样的汉碑虽早已缺失，但清初尚有拓本存世，重刻者何不尽取原本，而以己意仿书？在黄易看来，据本翻刻与仿书，完全是两回事，前者存古物典型，后者则是欺惑后世。〔82〕

商伟最近的一项研究指出，18世纪的满族宫廷中造假成风，但造假的目的未必是为了欺骗，恰恰相反，在雍正、乾隆时期，皇宫与满族贵族中流行的装饰品往往都以假冒名，并堂而皇之地记载在清宫档案中。〔83〕在翻刻碑刻尚未带来可观的商业价值以前，它的作用很可能与假的装饰品一样，是金石“时尚”的一种替代物，它可以被临摹、收藏、赠予与交换，却与赝品毫不相干。

与翻刻相近的还有缩摹。缩摹意在展示碑刻的全景，包括形制、疏密、段落等等。成于康乾之际的《金石图》一书，褚峻在摹图时，“择其碑碣之精且好者，亦绘圭趺，记广狭，更摘真迹字样，钩摹于其右，令未见是碑者因此数字而想见其遗笔结体之遗意”。缩摹虽去原碑已远，但规模斯在。[84]对此，汪士慎颇为激赏，《书褚千峰〈金石经眼录〉后》云：“心摹手追得形似，缩成碑样如圭长。圜者锐者肖其形，残者缺者传其真。”[85]

黄易也曾做类似的规划，在1797年写给瞿中溶的信中，他谈及欲将新得之碑缩刻成书，瞿以为极是妙事，并建议黄易缩摹碑文，并图碑式，略仿牛氏《金石图》之例，可远驾古人之上。[86]但这一计划很可能并未实施，不过《小蓬莱阁金石文字》中所收《武梁祠画像》已经使用了缩摹技术，后来王昶、瞿中溶等人缩摹《武梁祠画像》应该都受到启发，钱泳大规模缩摹、缩临汉碑，“不但将原碑字体的特征与碑文的章法布局表现出来，并且对碑身的装饰纹样和碑的形制都有细致生动的表现”，[87]更是这一风气下的产物。与翻刻相比，缩摹、缩临更进一步扩大了刊行物与原物之间的差距，但仍然是人们愿意接受的一种复制手段。这也说明在金石学与碑学最为狂热的时期，拥有真正的拓本，对于普通人而言并非易事。与其说钱泳《汉碑大观》让更多的人参与到碑学的实践之中，不如说它增加了人们的参与感。

不管与原物有着怎样的差距，对于从事者而言，乾嘉时代的双钩摹刻与刊印都具有极为重要的意义。黄易所收藏的碑刻——无论是新发现的《祀三公山碑》《范式碑残石》，还是旧拓《石经残字》《汉魏五碑》《武梁祠画像题字》，它们以翻刻拓本与刷印本的面目在学界广泛流传，也成为友朋中人所愿得之物。对复制品与替代品的关注，恰恰说明了原拓本身的重要性与权威性。

保护与重建

虽然统称金石，但铜器与碑石的情形大不相同。铜器——尤其是那些体量不大的戈、镜、泉、印等——因可移动且便于携带，收

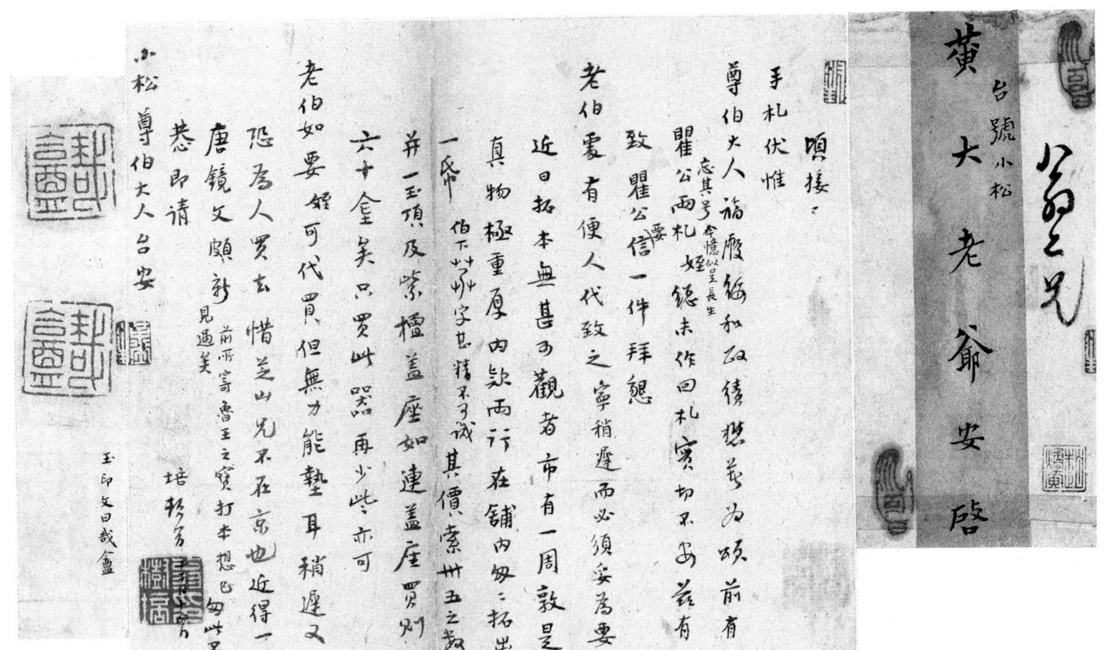

黄大老爺安啓

台號小松

頃接
手札，伏惟
尊伯大人福履綏和，[illegible]為頌。前有
瞿公兩札（忘其号，今憶似是長生），姪總未作回札，實切不安。茲有
致瞿公要信一件，拜懇
老伯處有便人代致之，寧稍遲而必須妥為要。
近日拓本無甚可觀者，市有一周敦，是
真物，極重厚，内款兩行，在鋪内匆匆拓出
一紙（伯下[illegible]字甚精，不可識），其價索卅五之數，
并一玉頂及紫檀蓋座，如連蓋座買則
六十金矣，只買此器再少些亦可。
老伯如要，姪可代買，但無力能墊耳。稍遲又
恐為人買去，惜芝山兄不在京也。近得一
唐鏡，文頗新（前所寄魯王之寶打本想已見過矣）。匆此不
悉，即請
小松尊伯大人台安。培頓首

玉印文曰戠盦

图5.9　翁树培《致黄易》 见《小蓬莱阁同人往来信札》第一册

藏家很容易纳入囊中，据为己有。小件铜器的购买，在黄易那里也不少见，比如他曾从济宁郑支宗那里买到一批古印，[88] 也曾购得“古钱范、刀币及有款铜器”，自称殊为可观。[89] 江宁同知郑辰也许诺“金石小品如得过眼，必为九兄代购”。[90] 1794 年，翁树培在北京市肆见一《周敦》，极为重厚，有内款两行，他认为是真物，也曾打算为黄易买下。[91]【图 5.9】

虽说藏碑于家的做法并非绝无可能，如 1785 年汪中自宝应县东七十里的射阳聚（汉射阳古城）发现《孔子见老子画像》，因舁归江都。江都与宝应的直线距离在一百公里左右，故尚能从事。[92] 能够藏之于家的大多是一些小型碑刻，如洛阳农家掘井得西晋《刘韬墓志》，武亿听说后急往买之，肩之以归，“石重数十斤，行二十余里。到家，惫顿几死。”[93] 黄易经过孟县时，于崔梅轩家见到所藏唐咸亨元年《司马兴志》石，两面刻文。该碑出土于本县。[94] 此外，钱坫曾将西魏《歧法起》、北周《王瓮生》二像铭石，自西安带到中州，[95] 钱泳则将毕沅中州所得唐人墓志四种带回苏州。但石刻因为所处位置及其重量，很少真正成为收藏家的藏品。赵魏在写给

黄易的信中，曾希望他不惜重资买下丰润出土的欧阳询《九歌》碑石，认为此举与薛氏《兰亭》并传千古，[96]但他的提议并未得到黄易的响应。大部分情况下，碑刻收藏（尤其是大型碑刻）仍以拓片为主。白谦慎也注意到这种差别，青铜器因可以搬动，出土后多进入藏家之手。而碑刻因不易移动，多留在原地，或移入当地的学宫与寺庙保存，继续与特定的历史时间和地理空间联系（摩崖刻石更是如此），从而成为一个地区的历史文化遗产。[97]

黄易移碑入学宫的事迹，屡见不鲜。如1774年发现的《祀三公山碑》，黄易曾嘱元氏县知县王治岐移置学宫，与《白石神君碑》对峙。[98]1786年，黄易于紫云山发现《孔子见老子画像》一石，后移置济宁州学明伦堂。1789年，李东琪督工拓碑于济宁州学，发现了《范式碑阴》，移与先得之《范式碑额》并列，黄易是此碑的助立人。[99]1793年，黄易得《周公辅成王画像》于嘉祥县随家庄，旋即移置洪福院。[100]同年十月，黄易的访碑人于曲阜发现《熹平元年刻石》，在学政阮元的帮助下移置学宫。[101]黄易的友人也多有类似的举措，如偃师明伦堂有武亿数十年搜集的齐至宋元诸石刻；[102]冯敏昌主讲孟县时，也将大量唐宋元石刻罗致于学宫忠义祠。[103]

因为发现与保护，黄易等人常常在碑刻上题刻。如1786年八月，在翁方纲的要求下，黄易升《郑季宣碑》并作题刻，记移碑原委、时间以及参与者姓名，1790年三月十七日，翁方纲来观济宁学宫诸碑，并与黄易、李东琪考论金石，当天也曾在《郑季宣碑》上题刻。1792年三月三日，翁方纲按试经过济宁，与黄易再次摩挲是碑，发现碑穿左有直纹一线，推知碑额当是阳文，又作题刻。[104]这三次题刻，除了作为一种纪念，也一次次强化了黄、翁等人与《郑季宣碑》特殊的关系。类似的情形，如1793年四月，黄易晋阳山访得碑刻，题大隶四行于石壁之上；[105]1797年二月，黄易与江凤彝、李大峻等访碑泰山，题名于灵岩寺，[106]后同游王母祠，由孙星衍篆书刻石。[107]《孔子见老子像》《范式残碑》《朱君长刻石》《薛匡山造像记》等黄易发现（或助立）的碑刻上也多有他的题刻，前来观摩碑刻的很容易就能注意到。[108]

在黄易的访碑活动中，前人题识与题名是重要的寻访对象，如《秋盦题跋》于《武荣碑》提到金农墨书题字二行，于《鲁峻碑》也提到张弨题名，他自己的题刻，在未来也必然成为后代访碑者寻访的对象。与拓片上的题跋一样，题刻作为某一瞬间的文化标记，在未来也会进入碑刻的历史。卢慧纹曾十分形象地指出，不同时期的题刻，形成如同书画手卷题跋般的往复对话。[109]

热衷于题刻的并非只有黄易。1793 年春，何元锡在曲阜孔庙发现《孔君碣》，时任山东学政的阮元在碑上作长题，而翁方纲虽未至曲阜，石上亦有其题字，在写给桂馥的信中，翁氏曾经提及："梦华所得《孔君碣》，弟已写一段，题刻于原石之下方，如有拓出者，亦乞寄示一二。"[110] 可知所谓"题刻"，是翁方纲题写后由北京寄至曲阜上石的，此碑同样刻有黄易观款，而黄此际实亦未至其下。

因为陈列了大量本地碑刻，州县的学宫常常是文人流连徜徉的文化中心。济宁学宫碑碣众多，钱泳的年谱详细记载了 1792 年六月他在济宁学宫观看的每一块碑刻。[111] 同年九月，赵怀玉进京经过济宁拜访黄易，在同游浣笔泉之后，也到学宫观摩汉碑。翁方纲曾三到学宫观碑，1793 年四月，他在给黄易的信中写道：

> 至济宁拜各位后，即约漱署诸友同往学宫看碑，即同至尊署奉扰。此次又有钱辛楣之令弟令侄乔梓皆嗜金石，相聚快谈，又得朱朗斋、李铁桥、何梦华偕来畅叙。[112]

他参观学宫的目的只是"看碑"，不满足于独乐乐，他还邀约了众多同好，包括幕友与本地金石友人。大多数时候，友人到学宫观碑，黄易都要陪同介绍，如严长明之子严观经过济宁，欲至学宫看碑，黄易一边先往等候，一边约李东琪等人来此同观。[113] 沈可培之子沈铭彝过济宁时，黄易陪同学宫观碑，并派人送信给济宁州府的幕客徐定远，望他得暇来此同观，并在结束后一同到他的寓所继续观碑。[114]如果因行程紧张，至济宁而未能驻足学宫，对于喜好风雅的过客而言，则是莫大的遗憾，内阁中书蔡本俊匆匆过济，在写给黄易的信中，他声称“竟未得到学宫一观旧迹，殊为缺陷”。[115]

如果说移碑、升碑一类的保护行动，将黄易的名字与一件件具体的碑刻紧密联系在一起，那么，因为重建武梁祠，黄易成了这座祠堂建筑历史记忆的一个部分。在武梁祠的论述脉络中，黄易与武梁祠的定名者洪适，一直是所有学者必须提到的名字。

1786年八月，黄易于紫云山访得《汉敦煌长史武斑碑》与《武梁祠堂画像》，嗣后又陆续发现许多石刻。次年六月，他与济宁友人决定在武梁祠原址创立祠堂。一直与拓片打交道的黄易当然知道，“地有古碑，官拓易扰”，为久远之图，必须“定价资其利而杜其累”。祠堂在建成之后，交由附近的玉皇阁道士世守，平日扃门，有谒祠、拓碑者，由道士司其启闭，并负责拂拭茶饮、安顿住宿之事，而附祠的十余亩地，也由他们种植收息。黄易将这些内容写入《修武梁祠堂记略》，立石于祠堂之外，称这是为碑立法。

武梁祠的重建，是一项浩大的工程，其花费须数百两银子。在《修武梁祠堂记略》中，黄易写道：

> 易与济宁数人量力先办，海内好事者闻而乐从捐钱，交李君及南君董其役，易与司土诸君成其功，求当代巨公撰碑垂后，仿汉碑例曰“某人钱万”“某人钱千”，详书碑阴，以纪盛事。[116]

在翁方纲所书《重立汉武氏祠石记》的背面，共有82人的题名，捐钱达74.1万钱。以1∶900计算，约合820余两，平均每人10两。其中黄易与董理此事的李克正捐款最多，分别为14万钱与7万钱

图5.10　翁方纲《重立汉武氏祠石记》原石　济宁博物馆藏

(皆两次捐款)，作为级别最高的官员，湖广总督毕沅所捐5万钱，具有一定的象征性，[117]紧接着是武梁祠所在地的地方官，济宁直隶州知州李维谦钱3万，嘉祥县知县丰润刘翰周也是3万(分两次捐款)，自翁方纲以下到济宁本地生员，则2万至1千不等。[118]一项带有公益性质的文化事业捐款，最普通的参与者是1千钱，黄易因主其事，捐款14万，约150余两，差不多是他三年的俸禄。

曾蓝莹注意到，原址保存令武氏祠世世代代受到公众的欣赏与珍视，而非由少数藏家在某一段时间内据为己有。[119]而通过捐款，黄易几乎将相关的地方官员与金石学人悉数裹挟其中。时在江西的翁方纲除了撰书碑文与篆额，【图5.10】还同时附寄自己、儿子翁树培以及“赵、谢、熊三分题名钱折银”，赵、谢、熊，当即内阁中书武进赵怀玉、宁国府知府南康谢启昆(1737—1802)与汝宁府知府铅山熊枚(1734—1808)。[120]翁方纲还曾向黄易介绍内阁学士郑际唐：

> 兹因侯官郑阁学道出济上之便，致此奉候日禧。郑公能分隶，人亦笃实嗜古。若于武氏阙有缘，亦可书名出钱在上耳。[121]

翁希望郑有机会也能捐钱题名。同样，孙星衍在访问武梁祠之前，题名也已入石，他一定也是先出钱并寄上了题名字样。事实上，这些出资者的姓名也并非一次性刊刻的。

与观摩学宫碑刻一样，参观武梁祠也成为经过济宁的官员与学者向往的旅行。如1792年，翁方纲将至济宁，作书与黄易云：

> 弟到济之前一日，欲到武氏石阙处，前已告知邑宰刘君矣。但不知紫云山在何处？还是先到紫云山，而后至嘉邑？抑是先县而后紫云山？求示知，以便计算是日路程也。〔122〕

1793年七月，阮元将按试兖州、曲阜、济宁、沂州等地，作札与黄易，也曾询问："《武梁祠画像石刻》闻在紫云山，未识可一往观否？"〔123〕1796年，孙星衍出任运河道，当年一月与黄易同游武梁祠，《正月十一日同黄小松司马易至嘉祥山中访武梁石室画像，小松作图纪游》其二云：

> 一双石阙半埋尘，万树桃花孰问津。只有姓名先我到（前年司马重葺武氏祠，立碑，题碑阴），摩挲疑是再来身。〔124〕

除了诗歌唱和，黄易还专门为这次同游作图纪念，可见对于与复建活动有关系的人物而言，参观武梁祠具有非同一般的意义。

武梁祠的重建，虽由黄易及济宁友人主其事，但众多文化学者与官员因"众筹"而参与其中，这在很大程度上迅速提升了祠碑的知名度，加上大量精拓本的寄赠，武梁祠也被推到当日金石学研究的前沿，针对画像与榜题发言的学者甚众。而黄易的声名也随着武梁祠被一次次地传播与扩大，连远在江南未曾谋面的吴骞也饫闻其事："《武梁祠像》得大力搜罗，遂成全璧，厥功真不在陈仓《石鼓》之亚。"〔125〕《石鼓文》是战国时期唯一存世至今的刻石，唐代以来一直被视为经典之作。在吴骞的眼中，《武梁祠画像》刻石也具有相似的地位。

在此后的岁月里，武梁祠成为拓碑者重要目的地。1880 年，山东候补道陈锦（1821—1887？）谈到武梁祠自黄易等人复建之后，“垂九十余年，游人坊贾，千里闲关，毡椎不绝，抑亦盛矣。”[126]正因为如此，祠堂已经壁绽梁颓，卧石颠倒。其时嘉祥知县丁蓉江曾有志重葺，但因黄河水灾未果，光绪初年在他调任之际，适有马庆云、李维鐏两位教官集资得京钱三百五十缗，因重构祠宇，立石如初。而武梁祠画像拓本在晚清流传甚广，价格也相当低廉，何绍基（1799—1873）题黄易姻亲济宁李氏旧藏《唐拓武梁祠画像册》有云：

> 其先六年岁丙午（1786），搜奇虱破荒山烟。铁桥（李）己酉（1789）续有获，佐以梅村（李）偕桂仙（刘）。迄今全本四十石，卖向街头才十千。水墨漓漓拓手拙，随意割置无爱怜。多则非珍罕乃贵，儿童所见堪□叹。[127]

何绍基一方面提到黄易、李东琪、李克正与刘肇镛等人发现与重建武梁祠的贡献，但与这种贡献不相称的是，由于“毡椎不绝”，四十块碑石的拓片总共才能卖得十千钱。而这，一定是黄易为祠立法时没有预料到的。

拓本的题跋、双钩刊印与翻刻，是碑刻经典化的重要手段，碑刻的重要性，在一次次的展示、传播与阅览中，不断得到强化。相比之下，升移碑刻或就地重建，则可视为访碑活动的经典化，在这里，人们关心的除了碑刻本身，还有它的发现者、保护者与重建者。

访碑图

访碑活动的经典化，还体现于黄易绘制的大量访碑图中。这些诉诸视觉的图画，将观众带入一个个具体的场景——不管那场景是真实的，还是虚构的。在看画的过程中，观众往往将自己代入场景，仿佛与访碑者一道崎岖碑石之间。

就我们所知，较早的与碑有关的图画，是传为五代李成（917—967）与王晓合作的《读碑窠石图》，这幅双拼绢大幅山水画描绘了一位骑着骡子的老人，在野地里驻足于一座古碑之前。作为背景的冬日寒林，渲染了画面肃穆的情绪。[128]【图 5.11】古碑往往暗示着悠远的过往，作为一种富于体量与质感的物质性存在，它所能激起的思古之幽情超过了其他媒介。正因为如此，清初张风（？—1662）绘制的《读碑图》，虽是尺幅不大的扇面，但寒烟衰草中，巨碑比背景的山脉还要巍峨，画上所题“观此使人有古今之感”也提醒观者，这是遗民画家对前朝隐晦的纪念。[129]

黄易是否知道这些画作的存在，我们不得而知，但他深度开掘了这一题材，并发展出颇成系统的访碑图图式。他被认为是一位颇有成就的画家，也与此有着极大的关系。在以下的论述中，我们会逐渐意识到，访碑图是黄易将他的访碑活动经典化的重要手段。作为金石圈中有口皆碑的人物，黄易的文化资本不仅系于他的收藏，也系于具有权威性的访碑活动。

在记录山左人物的《小沧浪笔谈》中，阮元特别注意到黄易的《得碑图》与嵩洛、泰岱访碑图，在他看来，黄易以秀逸之笔传达出邃古之情，是过去未曾有过的现象。[130]《得碑图》共 12 帧，分绘三公山移碑、诗境轩赏碑、肥城孝堂山石室、济宁学宫升碑、紫云山探碑、金乡剔石室、良友赠碑、晋阳山题碑、两城山得碑、嘉祥洪福院拓碑、祷墓访碑与小蓬莱阁贺碑，所记录的是黄易在1775—1793 年间的访碑（包括购碑）活动，其成果包括：旧拓《汉石经残字》（1777）、《汉魏五碑》（1783、1785），拓《孝堂山石室题字》（1780），剔《金乡画像》（1784），升《郑季宣碑》（1786），新发现《祀三公山碑》（1775）、《武梁祠画像题字》（1786、1787）、

图5.11　李成、王晓《读碑窠石图》　日本大阪市立美术馆藏

《汉朱君长题字》(1792)、《晋阳山开皇等年题字》(1793)、《洪福院汉人题字》(1793)、《汉画像周公齐王等石刻》(1793)、《熹平二年残碑》(1793)等。[131] 这套画册是黄易乾隆年间访碑活动的一次总结。[132]

不过，其中真正由黄易寻访所得的碑刻，只有以武梁祠画像题字为主的若干汉人画像及题字，集中于1786—1787年与1792—1793年。钱大昕在《山左金石志》的序言中特别提到黄易的贡献也是《武梁画像》，该画像“元明人目所未睹，而今乃尽出”。[133] 但黄易通过这套画作，却建立了他与上述碑刻的现场关系，从而给人留下所有上述碑刻都由他发现的深刻印象。画册成于1793年十一月，当月黄易即寄北京，由翁方纲题引首、制序、作跋，此后余集、陆恭、魏成宪、阮元、奚冈、钱大昕、何道生、吴锡麒(1746—1818)、余鹏年(1756—1798？)等人皆有题跋。[134]

1796年九月，守制期间的黄易带着拓工访碑嵩洛：

> 嘉庆元年九月自开封至嵩洛，十月经怀庆、卫辉东还，往返四十日，得碑四百余种，游展所经者成此廿四图，以志快幸。[135]

此行既有日记，【图版14】也绘制了二十四帧访碑图。根据何绍基的观察：“(图与日记)互有异同，访碑月日，日记详之，得碑始末，则图记缕悉。”[136] 可知日记重在记录过程，而图画则重在得碑的场景。虽然黄易以二十四幅的篇幅——两倍于反映此前二十年访碑活动的《得碑图》——来描绘嵩洛访碑的巨大收获，但此行并没有惊人的发现，最主要的贡献在于校正与补充了嵩山三阙的部分文字，而他颇费笔墨的龙门老君洞中《始平公造像题记》等北朝造像，拓本早已流传四方。除此之外，则是常见的汉唐碑刻如《韩仁铭》《升仙太子碑》，以及更晚的碑刻以及题名，只是他的勘察与椎拓也许比前人更为细致，因而拓本也更为完整精致。

回到济宁不久，黄易即开始构思这套画册。当年十二月二十三日，在写给赵魏的信中，黄易报告一路得碑，绘成嵩山访碑二十四图，此时已寄翁方纲题字，可望明年带回杭州传观。[137]在这里，“传观”是一种富于修辞性的陈述，其更隐晦的目的，乃是强化黄易作为访碑人的特殊性，这一意义随着“传观”的不断扩大而得以实现。翁方纲于当月十八日收到画册，其时正值连朝大雪，次日他即约友人拜坡公生日，并一同观赏《嵩洛访碑图册》。二十四图各幅都有翁方纲题字，有些直接摘自黄易的日记，虽不免敷衍，但翁氏题字足可增重。而其他几位观众罗聘、赵怀玉、方楷、金学莲、伊秉绶当日也题写了观款。由于黄易《嵩洛访碑图册》的参与，翁方纲认为“数年以来此日同集所未有之快也”。[138]此册在1798年十一月十日又寄至杭州，梁同书、[139]何琪、奚冈等人皆有题识。[140]嗣后，宋葆淳、徐书受经过济宁，亦受托题诗。[141]题跋累累的画册，与前文提到的题跋累累的金石拓片一样，不仅获得了增值，也扩大了嵩洛“访碑”这一信息的广泛传播，黄易以二十四图的方式，将他的嵩洛之行塑造为当日访碑活动的经典旅程。嗣后，翁方纲将黄易各幅题识与他本人的题跋（诗）集为《题嵩洛访碑图》一书，刊印行世。[142]

守制期间，黄易一直周旋于运河道台孙星衍、山东巡抚伊江阿、河道总督李奉翰的幕府，[143]但他见缝插针，抓紧这难得的闲暇时光远足访碑。嵩洛访碑次年的正、二月间，他与女婿李大峻又作岱麓之游，此行亦有日记，亦作二十四图。其《后石屋》一开对题云：

> 嘉庆二年（1797）正月七日，余携女夫李此山游岱，自邹鲁达泰郡，淑气虽舒，盘道犹雪，不及登山，遂至历下，与江秬香遍览诸胜。二月至泰山，登绝顶，遍拓碑刻，夙愿始偿。遇胜地自留粉本，成图二十有四，并记所得金石，亦

志古缘。[144]【图版15】

岱麓访碑的成果比之嵩洛更有不及，除了一些较晚的题名，黄易主要的收获是拓得北朝《金刚经》与《四山摩崖》,《金刚经》刊刻于泰山经石峪的花岗岩溪床，山东聂鈫、段松苓等人早已访得，而《四山摩崖》由于“崖势陡滑，拓字良难”，虽然近在城外，黄易声称千余年来无人过问，他经过数次椎拓始获其全。黄易立即向钱大昕报告了这一消息,《竹汀先生日记钞》云：

> 黄小松言，邹县小铁山有北周摩厓碑，方亩许，后有“宁朔将军”字。
>
> 得黄小松札，云于邹县之尖山、刚山、铁山得磨崖佛经，皆北齐、北周刻，有韦子深、唐邕等衔及武平、大象等年号，字大者二三尺，小字亦七八寸。[145]

稍后，阮元在编《山左金石志》时，也用了黄易关于《四山摩崖》的录文。[146]

不过，在黄易访碑之前，康熙间邹县知县娄一均重辑《邹县志》，卷一《山川志》已经提到尖山、岗山、铁山有经文。[147]而如果对照《岱岩访古日记》，我们发现，位于邹县北门外的岗山、小铁山、尖山与葛山，因为风大，黄易皆未及观，[148]他收藏的拓片乃是他的仆人顾玉留下来椎拓的。[149]也就是说，黄易所绘制的在铁山、岗山、尖山等地拓碑的图画，完全出于他的想象。因为此行有价值的碑实在不多，黄易甚至对唐玄宗《开元磨崖碑》这一为清初学者所鄙薄的唐代隶书大书特书，认为“书体何减汉法”。[150]

绘制二十四图，自然是为了和《嵩洛访碑二十四图》相呼应。黄易在这两套图册中所强调的，与其说是碑，不如说是访碑行为本身。完成这组画作——这是他未出行时就已经计划好的，不仅是将访碑旅程视觉化，也像是完成某种心理暗示。在观众的眼中，嵩洛与岱麓，将成为黄易乃至乾嘉时期访碑活动的经典。

1798年七月，黄易致书主讲扬州安定书院的吴锡麒，向吴氏索诗题画："想大人游岱之诗必多，今寄上一页，求书一二，以便装册。"〔151〕黄易征诗只提供了既定尺寸的纸张，而未向对方出示画册，但是如果没有这封信，我们很难想象吴锡麒题《岱麓访碑图》时，对于画册其实毫无概念。这套画册最早仍寄给了翁方纲，在数十年的交往中，翁方纲始终是黄易各种拓本与访碑图第一个题跋者。翁方纲在《后石屋》一开的对页写道："戊午春，此册寄至苏斋，午阴晓霁，对客披赏者两月余矣，愧题六诗，拙劣不称此画耳。"除了题写了六首诗，翁还作题跋若干，并帮黄易向赵怀玉等人征诗：

秋盦《游岱画册》，求随意题字，字愈小愈妙。所求题嵩拓全幅之诗，便中付下，以便乘便寄去也。〔152〕

从信中可知，此时正在翁处的嵩山三阙拓本全幅，翁方纲也请赵怀玉一并题诗。今见画册中有赵怀玉题跋数条，当即应翁方纲邀约所撰。当年四月一日，伊秉绶与罗聘、董洵（1740—1809）、赵怀玉、方楷等人再观此册于苏斋，伊秉绶题诗云：

子久一支笔，能将古意传。官宜访碑使，杖挂水衡钱。寥落汉唐字，苍莽齐鲁烟。半生梦游处，读画亦前缘。

伊秉绶观览画册，想象那些他令他魂牵梦绕之地，他甚至打趣地称黄易的官职应该叫"访碑使"。〔153〕此后不久，画册即寄还黄易。〔154〕黄易在济宁还陆续征集到他的老师何琪（1798）、河道总督王秉韬（1800）、巡漕御史何道生（1800）、流寓画家吴文徵（1801）等人题诗（跋）。〔155〕在形制与格式上，嵩洛、岱麓两套图册几乎毫无分别，都由孙星衍篆书题写引首，在黄易的设计中，它们是相互提示其存在的一对姊妹篇。

在绘制《得碑十二图》与《嵩洛访碑图》《岱麓访碑图》的间隙，1795年十二月，乘着南还葬母，黄易在江浙一带访古，也绘制了一套十二帧的《访古纪游图》，此行游览与拜访友人的成分更多，难以名之为"访碑"。如杭州观龙泓洞、茭芦庵、石屋洞、六和塔、吴山昔贤题名，苏州访潘奕隽（1740—1830），并携《唐拓武梁祠堂画像》与陆恭所借宋拓《钟鼎款识》同观于潘氏"松风萝月山房"，【图5.12】又于陆恭松下清斋观《夏承碑》宋拓本、元人《坡公相》《海岳庵图》及宋克《七姬志》拓本，至无锡，游寄畅园，于惠山寺访李阳冰"听松"及宋人题名。[156]此后他还造访了武进钱维乔味闲书屋，观徐渭《临倪瓒山水》，[157]不过并未画入册中。就访碑而言，江浙一带古碑少见，访古亦乏善可陈，而黄易也并未邀请任何友人在画册上题字。[158]

在《岱麓访碑图》的题识中，黄易称这套画册是"遇胜地自留粉本"，他常常选择其中一帧重加描绘。如上海博物馆藏《功德顶访碑图》，就是《岱麓访碑图》"功德顶"一开的放大版，画面构图完全一致，只稍稍做了左右的拉伸，除了"嘉庆五年八月六日，钱塘黄易"的题款之外，隶书题字（功德顶）与题识信息也完全相同。[159]【图5.13】《龙洞访碑图》轴重绘了《岱麓访碑图》中"龙洞"一开，标题"龙洞"二字也是篆书，落款则截取了题识的最后部分。[160]类似的还有《铁山图》轴，以《岱麓访碑图》"铁山"一开为底本。[161]

《嵩洛访碑图》很可能也具有类似的功能，1798年春，黄易寄赠伊秉绶的《少室访碑图》，所根据的应该是《嵩洛访碑图》中"少室石阙"一开，黄易在此开的对幅中题道："今验东侧五行亦露字形，莪林一行下隔二石，露一'伊'字。"【图5.14】同样的内容应该也出现在这件立轴上，故翁方纲据此大做文章，他以少室石阙隶书铭文下有一"伊"字，为牛运震、褚峻所未见，黄易访碑时剔得

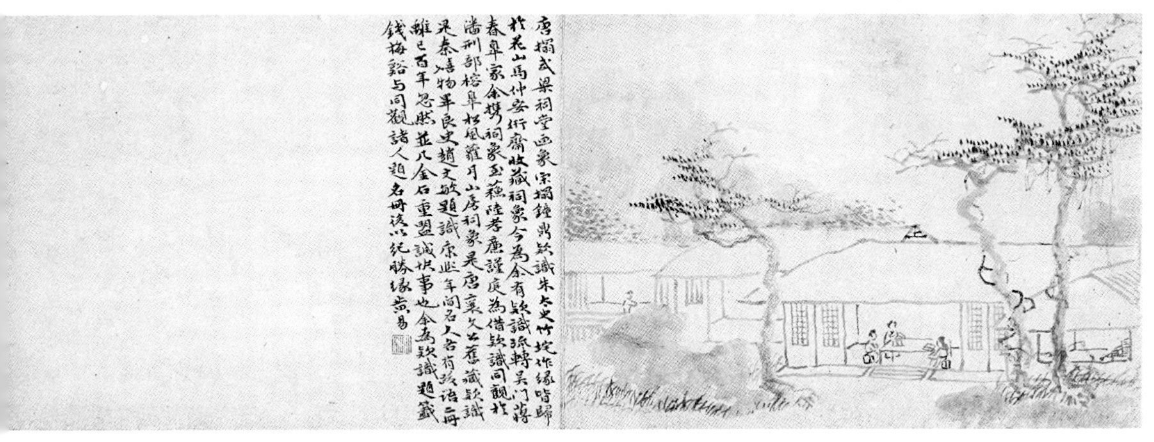

图5.12　黄易《访古纪游图》“松风萝月山房”　故宫博物院藏

图5.13　黄易《岱麓访碑图》“功德顶”

之，所以此画当为伊秉绶所有。画中三人，翁方纲认为手持拓纸者为自己，寻诗的二客则是黄易与伊秉绶：

> 一人手拓纸，二客如寻诗。借问黄伊翁，二客其一谁？墨卿让不肯，曰貌覃溪为。然而此“伊”字，实与君夙期。……此画归墨卿，此客黄伊宜。其一拓纸者，覃溪乐忘疲。[162]

粉本所画人物不止三人，且无翁方纲所描绘的动态，但因有明确的赠送对象，故黄易修改了画中人物及动态，翁方纲据此题诗，虚拟他与黄、伊访碑拓碑的情景，同时也将自己纳入古碑的关系脉络之中。

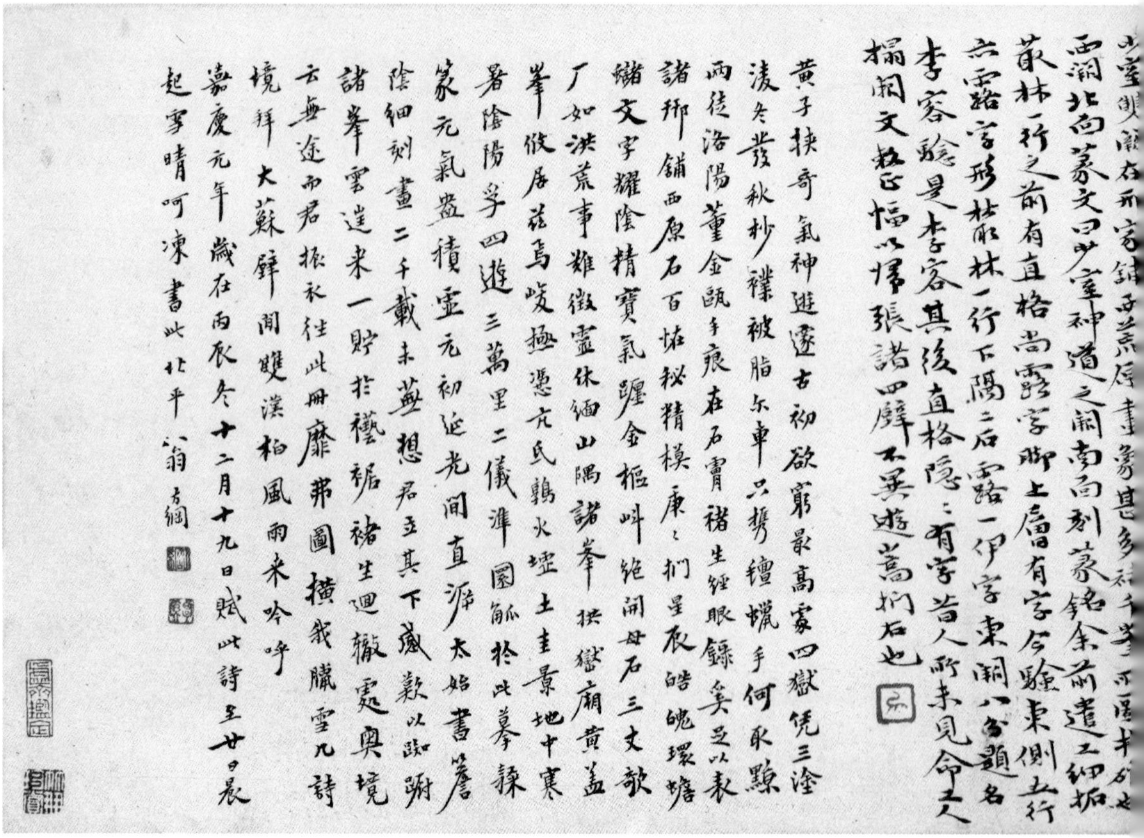

图5.14　黄易《嵩洛访碑图》“少室石阙”

《得碑十二图》的情况可能正好相反，此册所描绘的访碑活动前后跨度近 20 年，黄易应该先有各式单页画稿，至《得碑十二图》始成定本。如我们前文提到的“紫云山探碑图”在 1787 年即已绘制完成，并寄南昌倩翁方纲题诗。翁在《得碑十二图》“紫云山探碑图”一开的对题中，也径称 1787 年所见为“画稿”。〔163〕【图版 16】

观众在浏览这两套访碑图时，都注意到黄易在绘制完成后的题诗（跋）征集，于是一种私人性的书写便不断被公开化，而这恰恰是黄易所希望的结果。事实上，这也是黄易所有访碑图的惯例。1790 年三月十六日，翁方纲与王昶、玉保（1759—1798）扈跸谒泰岱、东陵后，观碑济宁，黄易作《看碑图》纪事，曾请翁方纲及相关人物题诗。翁方纲在信中向黄易报告说：“题《看碑图》诗，王、铁、玉三公俱已代求，尚未得见其稿。”〔164〕所言王、铁、玉三公即

王昶、铁保（1752—1824）与玉保。在另一封信中，翁方纲又说：

> 《观碑图》诗当约王、玉二公为之，第此二公者近亦极忙，王述庵日日不在家，每一相见缕缕谈金石旧约不置，及其办事时多，则亦实无此暇矣。玉公擢入内廷，日日上直，亦匆匆之至，且此数月间其母夫人有恙，渠昆仲心力不暇，虽寻常一二笔墨亦皆谢绝矣。江秋史已丁艰南旋，然王、玉二公处弟必为兄极力催其题此耳。寄来纸不甚佳，是以弟用此极薄之镜面高丽纸写之，兄酌裱入可也。[165]

翁告知黄易，所托诸人不是忙碌，就是不在京中，但他允诺将催促其中王、玉二人题画。除翁方纲，1793年春日，曾为毕沅幕宾的徐嵩以天津召试入京，他也接受黄易委托，向孙星衍、王芑孙（1755—1817）、何道生、法式善（1753—1813）等人征集画作题诗，徐在回信中曾说："或就或不就，此时都不可晓，容刻日到京向取。"〔166〕此外，魏成宪、钱大昕等人也曾为此画题诗。〔167〕

无论是单幅的还是成套的访碑图，黄易的绘制只是其中的步骤之一，其完成要视题诗（跋）的数量以及题写的时间而定。无论是解释性的还是评价性的，题跋都会涉及黄易与碑、与碑的历史之间的关联，从而形塑黄易作为重要访碑家的形象。而友人浏览图画，摩挲诗跋，似乎也身处那样的场景，叁伍于访碑的行列之中，他们以这样的方式实现了与古碑及其环境的连接。除了济宁，画册也在北京、杭州、苏州等文化重镇流转传布，对于塑造黄易作为访碑者的形象，有着重要的意义。

黄易也留下了大量非访碑题材的画作，却从不征集同人的题诗（跋），就颇能说明访碑图首先是功能性的——其意义往往需要解释，艺术尚在其次。

访碑图的绘制成为黄易的专利，友人访碑有所收获也会委托他作画。如李东琪得《胶东令王君碑》《范式残碑》，黄易两次为作《得石图》（称第一图、第二图），〔168〕并为征集题诗。第一图 1784 年左右曾在京中传递：

> 赵魏《致黄易》:《得石图》，秋史、毅堂题后即到。
> 宋葆淳《致黄易》:《得石图》都已题满，尚欠毅堂一首。
> 潘有为《致黄易》:《得石图》册子已索还。
> 潘有为《致黄易》:《得石图册》，前书就来使专函封致。〔169〕

第二图曾在王昶处求题，然屡请未得，黄易致札赵魏，要求代为乞取交寄。〔170〕又如 1789 年冬，何元锡在曲阜涤碑，于《史晨碑》下截、《鲁相碑》阴、《竹叶碑》正面得字甚多，黄易为作《涤碑图》，

翁方纲、武亿、吴骞、钱大昕等人题诗。〔171〕1793年三月，何元锡又在曲阜孔林搜得《孔君碑》，他向黄易报告说：

弟自二十五日回至仙源，连日在孔林搜寻《礼器后碑》，杳不可得。今晨寻至林外东北，红墙根见一小碣，甚古，大半没入土中，弟疑为汉物，亲自手剔之，隐隐露八分书，急觅工掘至二尺余，用水洗涤数遍，然后椎拓，额题曰“孔君之墓”四篆字。

随信附新拓本一纸，并以素册求作《寻碑图》。〔172〕黄易为作《林外得碑图》，阮元、王昶、潘奕隽、谢启昆等题诗。〔173〕他如元氏令王治岐移《祀三公山碑》入龙化寺，与汉白石碑同置一处，黄易为作《寿古图》记事。〔174〕江凤彝赠《晋孙夫人碑》，黄易为作《云峰得碑图》。〔175〕

类似的访碑图，虽说是虚构友人访碑的场景，但也是黄易的自我写真与形象投射。1792年，为感谢掖县知县汤惟镜监拓《天柱山铭》，黄易作《云峰拓碑图》相报，画册中翁方纲题诗别有意味：

秋盦写剔云峰石，恐是秋盦自写真。磨墨自营千载上，拓碑人即画图人。〔176〕

他代黄易宣告了这类绘画蕴含的机理妙趣。

黄易发展出的访碑图系统，除了访碑，还有探碑、得碑、摩碑、剔碑、涤碑、拓碑、移碑、护碑、升碑、观碑、看碑、品碑、赏碑、贺碑、赠碑、题碑等，几乎涉及从寻访、发现、清理、椎拓、保护及后期观赏、题赠的全过程，图像以及与此相配合的题咏，将黄易及其友人的访碑活动组成一个个连贯而令人印象深刻的瞬间，从中我们不仅看到黄易作为“访碑人”忙碌的身影，也能想见翁方纲等人观看画作时的会心微笑。

对于黄易的访碑图，阮元深所欣赏。他没有类似的访碑活动，故无法请黄易作图，但他嘉庆初年摹刻古碑，却定制过类似的图画。1797年六月，阮元在杭州重摹宋拓《石鼓文》，曾请黄易补图：

> 图用一小幅足矣，便中赐下，至感至感。……图中布置之地，须得西园光景，今以自置西园笺一幅呈览，得其大意可矣。

西园，是杭州学署的所在地，阮元要求黄易将摹刻的十鼓布置于西园之中，尽管摹刻活动此时尚未完成。为了让黄易画出西园的真实感，阮元还特别寄上西园笺纸一帧供他参考。[177]嗣后，阮元摹《秦泰山残字》《汉西岳华山碑》《三国天发神谶碑》于扬州北湖，也曾有摹碑图之制作，不过其时黄易已经下世，阮元拿出家藏王原祁山水小画，请一画友填碑石及刻碑者于其坡坨之上。[178]为了将摹碑的场景视觉化，阮元甚至不惜对名家画作改头换面。黄易的访碑图对知识阶层视觉趣味的影响，于此可觇。

黄易作为画家的影响，与访碑也有极大的关系。他的《得碑十二图》《嵩洛访碑图》与《岱麓访碑图》，对后来的金石学者多有触动。如吴大澂（1835—1902）"每见小松司马画册、画卷，必手摹一本藏之，盖性情相近，好之尤笃"，[179]【图5.15】他曾频繁临摹《嵩洛访碑图》，其意图或如曾蓝莹所说，黄易嵩洛访碑的动机是在追识刻铭及其所载的遥远历史，而吴大澂的临本则在重访黄易及其同辈所创造的近期历史。[180]值得注意的是，一些伪造黄易的画作，也多以访碑为主题。如日本所藏黄易《祷墓访碑图》轴，即模仿自《得碑十二图》中同题的一开，但画法相当粗糙。[181]故宫博物院藏黄易"紫云山探碑图"已是公认的伪作，而《黄易山水拓本合册》中的"千佛山""功德顶"，纪年为嘉庆元年（1796）十月，也必是

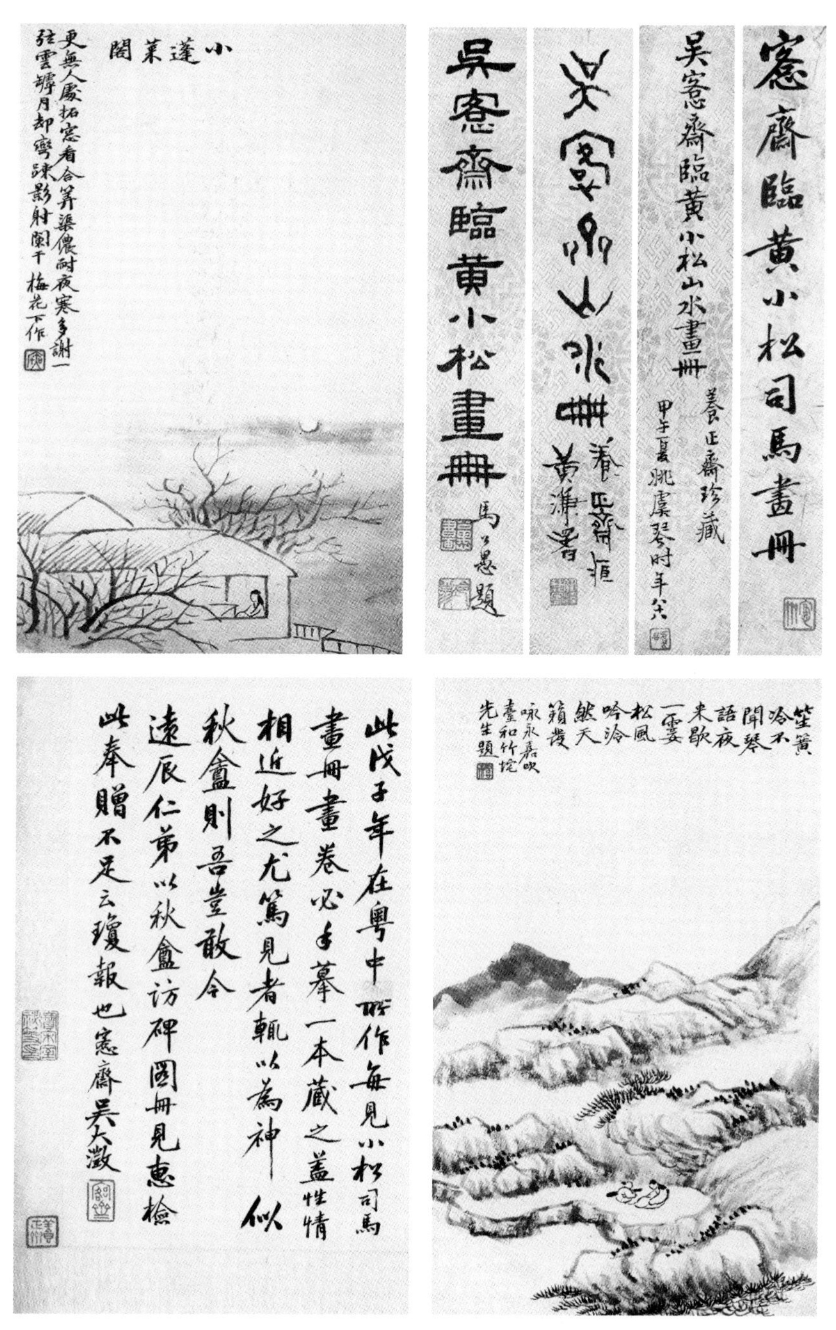

图5.15　吴大澂《临黄易山水册》选页　北京翰海2011年春拍

赝鼎。拍卖会中伪托黄易同题图更是层出不穷，如北京翰海 2000 秋拍《紫云山探碑图轴》、香港佳士得 2004 年秋拍、保利香港 2013 年秋拍《紫云山探碑图卷》，款识皆 1791 年三月六日，而所绘所题却是 1787 年二月事。而一套黄易名下的《山水鸿踪册》，绘滁山访碑、晋阳山题壁、琅玡拓碑、琪叶莊探碑、湖滨晚眺、酉阳夏日、水阁赏碑及灵泉贺碑，后系黄易一跋云：

> 余自春至夏凡三月有十日，奔走山谷间，与山水交神者，指不胜屈，归斋半月，偶忆及向游，写此八帧，自题云山水鸿踪，聊志一时之兴云耳，秋庵。[182]

虽然以“忆及向游”一句，就将各种访碑拓碑活动集于一册，但除了晋阳山题壁之外，其余的活动素未为黄易提起，且黄易终其一生，从未有连续百日在外访碑的经历。于此可见黄易访碑图所产生的广泛影响，作伪者也将之作为目标之一。

总体上看，黄易在访碑、藏碑之后的种种运作，意在将与他相关的碑刻以及访碑活动经典化。与同侪相比，他不仅卓有远见，而且富于策略。一个显而易见的例证，是《汉石经残字》与《汉魏五碑》，当它们还属董元镜与赵国麟时，从未有如此的曝光度与关注度。而翁方纲自黄易处得知扬州汪氏收藏《唐拓武梁祠》之后，尝再三托仪征江德量借阅而不可得，可见藏家对此秘而不宣。但黄易不仅乐于公布，他还不断征集题跋，根据拓本双钩翻刻、刊行，并将之纳入个人肖像与访碑图的意义建构之中，因此，这些碑刻在一定程度上具备了成为“名碑”的要素。

黄易的一系列操作，在客观上还可能促进了金石学的转向。自北宋以来，铭文就是这门学问的终极关怀，辨正文字、考证事实，一直是金石学者的所有事。黄易带来的新风尚，要求学者们从拓本的文献与书法价值不断向外拓展，诸如装池、题跋、绘画、翻刻、刊印、鉴藏等，都成为金石学研究的崭新面向。即使是拓本本身，人们也不再满足于易于辨识，除了椎拓精致，其艺术性的一面也不断得到强调，无论是六舟（1791—1858）以来的全形拓、吴大澂的博古图，还是更晚的吴湖帆（1894—1968）的碑帖装潢，都深深打上黄易的烙印。即使在有了精确的照相技术以后，“缩本真面目，不比形拓之有挪易迁就矣”，潘祖荫（1830—1890）、鲍康（1810—1881）等人仍以为“三代法物不可亵以西洋近玩”。[183] 椎拓装潢、配以书画、题跋（诗）、印鉴仍然是碑帖最重要的保存与赏玩方式。时至今日，黄易作为“访碑第一人”的形象，为人们普遍接受。不过，他的大多数藏品，或许曾经被奉为经典，但在随后的两个世纪中，却渐渐乏人问津。

从学术史角度而言，黄易访碑的成果中堪称经典的只有《武梁祠画像》，作为相对完整的汉代祠堂建筑与装饰，它具有不可替代性。但它的经典化得益于自宋至清包括赵明诚、洪适、朱彝尊、翁方纲、王昶、瞿中溶以及黄易在内的众多人物持续的推动，直到今天，它所蕴藏的复杂的知识体系——汉代经学、国家意识形态、区域文化、社会身份、视觉经验及表达方式等——还能开出新的研究空间，学者们仍试图对它的设计意图做出新的解释。而从艺术史角度而言，《祀三公山碑》也是经典之作，其书体介于篆隶之间，有区别于篆、隶的特殊趣味，比同类型的《嵩山三阙》《裴岑纪功碑》风格更为鲜明，当时就有书家如邓石如、陈鸿寿因师法此碑而获得成功，而近代齐白石（1864—1957）也以此名家。

但《石经残字》《汉魏五碑》《王稚子阙》《赵圉令碑》等黄易奉为至宝的旧拓，作为学术资源，它们早已被充分开发，而作为艺术资源，则有太多可替代的碑刻。虽说黄易一直临摹他所收藏的汉魏碑刻，但他的隶书并未形成特别的个性，也很难引领一时的风气。而因为创作上的成功，郑簠与金农促进了《曹全碑》与《华山庙碑》的经典化，伊秉绶与何绍基的成功，也推动了《张迁碑》的经典化。事实上，当人们从早期的无名氏书迹中体会到高古意趣之后，是不是蔡邕或是锺繇所书已经不那么重要，安置于他们名下的那些汉魏碑刻也逐渐失去了往昔的光彩，其他一些汉碑，尤其是孔庙三碑——《乙瑛碑》《礼器碑》与《史晨碑》，成为更普遍也更受欢迎的临池范本，随着碑学的兴起与对独特性的追求，《石门颂》等摩崖石刻在晚清也成为塑造个人风格的更重要的资源。一旦有了这些更好的替代品，黄易所推重的那些汉魏碑刻必然渐渐为人淡忘。

一件碑刻能否成为经典，经典化的努力只是问题的一面，它本身是否具有经典性，也值得我们重视。从一个更长的时段来观察，社会的需要确实是经典化过程中的一个要素，比如黄易不断的新发现满足了学术界与艺术界对新材料的某种期待，但是这些碑刻最终难以成为真正的经典，也说明了经典具有超越时空的某些内在规定性。

注 释

〔1〕 黄易的规划性首先反映于他对待友朋信札的态度上。国家图书馆收藏《黄小松友朋书札》十三册，是黄易有意保留并装册的，每册封面署“古欢”二字及其册数。这些信札最初是按时间顺序编排的，第一册的一开始还收入不少1750—60年代友人写给黄庭的信。信札与褙纸的交接处也一一钤上“谨封”的印鉴。这说明黄易希望这些友人的来信得到妥善的收藏与递传。

〔2〕 巫鸿《武梁祠：中国古代画像艺术的思想性》，页55。

〔3〕 翁方纲《复初斋诗集》卷十五收《吴越钱忠懿造金涂塔瓦拓本　款云吴越国王钱宏俶敬造八万四千宝塔，乙卯岁记》，《续修四库全书》第1454册，页487；《复初斋文集》卷十九收《跋吴越王金涂塔字》，页540。孔继涵题跋，见于叶昌炽《缘督庐日记抄》卷四“丁亥八月二十二日”条，《续修四库全书》第576册，页434。

〔4〕 周震荣、何飞熊、朱琰等人的诗作皆收入钱泳《金涂铜塔考》，页15—17。周震荣与黄易的金石交往见本书第三章，朱琰曾为张燕昌《金石契》作序。

〔5〕 阮元《致黄易》，《古今尺牍墨迹大观》第3辑第14册，页207—209。阮元诗作与考证本为朱珪所作，收入张燕昌《金石契》吴越舍利塔条下，有“乾隆五十七年（1792）海宁陈骑尉广宁以赠安徽巡抚朱石君师，师于次年寄至京师，命元考之如右，并系以诗”云云，页4885—4887。在另一封写于本年十月初的信中，阮元主动要求为黄易所藏《旧拓武梁祠》及《石经残字拓本》题跋，见《金石屑》第二册，页4679。

〔6〕 翁方纲《复初斋文集》（稿本）第二册，《清代稿本百种汇刊》第67册，页350。

〔7〕 翁方纲《复初斋诗集》卷三十二《小松以肥城孝堂山汉画像石本见寄赋此奉酬》,《续修四库全书》第1454册，页652。

〔8〕 翁方纲《致黄易》，上海枫江书屋藏。

〔9〕 翁方纲《复初斋诗集》卷四十五《熹平二年断碑歌》,《续修四库全书》第1455册，页84。

〔10〕 翁方纲《致黄易》，甘肃省博物馆藏。

〔11〕 翁方纲《致黄易》:“谨已逐处涂鸦，并拙诗另写一幅连原袱呈缴。”故宫博物院藏。在另一封信中，翁曾询问黄易是否已经收到：“前所还上《嵩阙》全拓及《岱游》册，想已收入矣。”上海枫江书屋藏。

〔12〕 翁方纲《致黄易》，上海枫江书屋藏。

〔13〕 翁方纲《致黄易》，收入《翁方纲、翁同龢翰墨》。

〔14〕 翁方纲《致黄易》，甘肃省博物馆藏。翁方纲也偶有拒绝的时候，如：“太和《兰亭》只言其略，不足之跋也，亦附上。”《复初斋文集》(稿本)第二册，页350。

〔15〕 朱筠《笥河文集》卷六《汉三公山立坛刊石文跋尾》，页492—493。翁方纲《致黄易》云：“今日荭谷处将《三公山》裱本送来，敬为还上。”《复初斋文集》(稿本)第二册，页350。

〔16〕 汉《石经残字》，黄易旧藏本。

〔17〕 黄易《得碑十二图》“诗境轩赏碑图”翁方纲题识。所引三札皆收入《黄小松友朋书札》第十三册。

〔18〕 黄易《致潘应椿》，故宫博物院藏。

〔19〕《小蓬莱阁金石文字》“汉故凉州刺史魏君之碑”孔继涵跋，页550。

〔20〕 翁方纲《复初斋文集》卷二十《跋范式碑》云：“其秋九月，得黄小松自济宁寓书，乃知是碑为小松所得，将托孔户部荭谷使人之便寄来京师，俾予与同人题之。”页551。张埙《竹叶庵文集》卷二十二《小松藏宋拓〈范巨卿碑〉，荭谷借寄京师，乞同人题咏，碑未还而荭谷已殁，覃溪装其遗札碑后，并寄小松二首》，页136。

〔21〕 潘有为《致黄易》,《黄小松友朋书札》第六册。张埙亦曾题诗,《竹叶庵文集》卷二十四《黄倅小松寄〈灵台〉〈朱龟〉〈谯敏〉三碑，七月廿五日次前韵题》:“秋雨泥深没髁时，今朝喜鹊胜灵龟。开缄黄九平安信，又见人间三汉碑。”页151。

〔22〕 黄易旧藏《汉石经残石》，故宫博物院藏。

〔23〕 黄易旧藏《汉魏五碑》，故宫博物院藏。黄易还曾以《魏元丕》《范巨卿》二碑寄示严长明，相信也有索跋的要求。《黄小松友朋书札》第十三册。

〔24〕 翁方纲《致黄易》，见《故宫藏黄易尺牍研究·手迹》，页222—223。

〔25〕 王昶《春融堂集》卷四十四,《续修四库全书》第1438册，页124。

〔26〕 赵魏《致黄易》,《黄小松友朋书札》第一册。

〔27〕 赵魏《致黄易》,《黄小松友朋书札》第五册。

〔28〕 江清《致黄易》,《小蓬莱阁同人往来信札》第三册。黄易题跋之拓本今藏国家图书馆。

〔29〕 王淳《致黄易》,《黄小松友朋书札》第四册。

〔30〕 兰德滋《致黄易》,《黄小松友朋书札》第十二册。

〔31〕黄易《致赵魏》，见《故宫藏黄易尺牍研究·手迹》，页44—46。黄易深谙题跋的增值作用，在1777年写给陈灿的信中，他提到将为陈灿托卖的画作徐为题识装潢设法，以期多售。见同书，页65。

〔32〕巫鸿《说“拓片”：一种图像再现方式的物质性和历史性》，页83—109。

〔33〕拓本之外，黄易所藏书画也大多请人题诗（跋），如何道生《致黄易》云："《石经》敬题观款，《得碑十二图》于竹汀先生诗后续貂二绝句，以志钦佩，画册四，间有所触辄题数语，或诗或跋。"故宫博物院藏。

〔34〕赵魏《致黄易》，《黄小松友朋书札》第三册。

〔35〕宋葆淳《致罗聘》，故宫博物院藏。"油纸"在双钩碑刻时普遍使用，如翁方纲《致陆恭》云："乞将尊斋所收弇州之《化度》有陆文裕跋者，奉恳觅匠用油纸双钩一本惠寄，其有泐处悉依之。"从事双钩的可能是专门的匠人，翁方纲对精细的要求亦类于拓碑。上海图书馆藏。

〔36〕齐学裘《见闻续笔》卷五《汉张骞碑》，《续修四库全书》第1181册，页435。

〔37〕翁方纲《致钱泳》，故宫博物院藏。毕泷为毕沅之弟，收藏书画甚富，有《广堪斋藏画》《广堪斋印谱》。

〔38〕翁方纲《致陆恭》，上海图书馆藏。

〔39〕奚冈《致黄易》，见《奚铁生手札不分卷》。

〔40〕黄易《致赵魏》，上海图书馆藏。赵魏的《华山残碑》当来自汪中，汪中跋《华山残碑》拓本云："西岳华山残碑，蒋前民故物也。……今日得此，足以（与朱筠藏本）并驱争先，人生之快意无逾于此。钱唐赵晋斋、郃阳秦柏崖与中同有金石之好，使共赏评之。乾隆四十一年（1776）除夕，汪中题。"收入高学治《续刻小蓬莱阁金石文字》第二册。

〔41〕黄易《致赵魏》，张廷济录本，见《故宫藏黄易尺牍研究·手迹》，页43—44。

〔42〕揽胜斋在杭州圣因寺，黄易何以如此标识，原因尚不清楚。杨虎《故宫藏〈小蓬莱阁金石文字〉版刻年代辨析》，从避讳字、板式、所选碑刻的层次、与原拓本题跋对校的讹错情况等综合讨论《小蓬莱阁金石文字》四卷本，认为此本早于嘉庆五年（1800）九月刊本以及此后道光、光绪的翻刻本，应该在乾隆五十九年（1794）至嘉庆五年之间。所选拓本只《宋拓石经残字》《成阳灵台》《魏元丕》《朱龟》《谯敏》《王稚子》《范式》七碑，皆宋拓，虽选碑少，但标准更精，刻印时出现的错字也更少，且非同一版系。页337—345。收入《黄易与金石学论集》，页337—345。

〔43〕翁方纲《致黄易》，故宫博物院藏。

〔44〕无论是题跋还是题诗，署款之后皆未刻翁方纲名印，应是遵从了翁氏之要求。

〔45〕钱序只提到七种宋拓，或许并非本年完成的。此书的版本极为复杂，凌霞《癖好堂收藏金石书目》著录了《小蓬莱阁金石文字》两种版本，一为三册，有钱大昕序，另有陈钧序，则他本所无，为初印本，鲍澄所藏；一为五册，有翁方纲题记及诗，乃极初印本，无《三公山》《谯敏》两碑，《武梁祠》无考释，罗聘藏本。页18—19。

〔46〕《黄小松友朋书札》第三册。

〔47〕黄易赠王毂《扇面》，故宫博物院藏。

〔48〕《武梁祠像唐拓本》榜题字甚小，因摹写（而非双钩）上板，其他新出碑刻如《祀三公山碑》《范式碑残石》《武梁祠像》等，因有拓本流传，故亦摹写，不作双钩。

〔49〕张廷济录本，收入《故宫藏黄易尺牍研究·手迹》，页44—46。

〔50〕董元镜《致黄易》，收入《黄小松友朋书札》第九册。

〔51〕如《王稚子碑》过录摄六老人、文柟、顾苓等跋文；《唐拓武梁祠画像》过录查慎行、金农、查嗣瑮、朱彝尊、龚翔麟、胡开泰、查田、沈元沧、马曰璐等人跋文。

〔52〕阮元《致黄易》，收入《二家书札》。

〔53〕董元镜《致黄易》，收入《黄小松友朋书札》第九册。

〔54〕胥绳武《致黄易》，《黄小松友朋书札》第十一册。

〔55〕《未谷诗集》卷四，《续修四库全书》第1458册，页744。

〔56〕《稻香吟馆诗文集》卷三，《清代诗文集汇编》第435册，页726。

〔57〕1802年江凤彝在京，曾以《小蓬莱阁金石文字》赠人。宋洪遵撰、丁福保删节《泉志菁华录》附丁氏"古尺丛谈"引张廷济跋云："曲阜孔氏所藏汉尺真本，嘉庆壬戌四月十九日杭州江秬香同年凤彝所赠，时同客京师。秬香又赠余黄小松易双句汉碑镌本五册。"页3。

〔58〕收入《二家书札》。

〔59〕此后的各种翻刻本皆以嘉庆五年（1800）本为底本，如道光十四年（1834）石墨轩翻刻本、清道光二十二年（1842）仁和高学治陵苕馆重摹本、光绪宜都杨氏翻刻本等。高学治在跋文中称："黄先生秋盦小蓬莱阁金石文字如干通，摹勒精好，嗜古者珍之。以年历稍久，刻画改观，复就藏册重摹一过，并附刻碑三通。"在重摹的同时，还续刻了三册（1843），包括《夏承碑》《娄寿碑》《刘熊碑》《华山残碑》及《吴纪功碑》。

〔60〕徐宗幹《斯未信斋杂录》卷一，《清代诗文集汇编》第593册，页320。

〔61〕《枕经堂金石题跋》卷二《汉武氏祠左右前后石室画像题字全本跋》，页14252。

〔62〕王懿荣《致王瓘》，国家图书馆藏。

〔63〕孔继涑《致黄易》，见《古今尺牍墨迹大观》第3辑第12册，页41—44。

〔64〕孔氏的刻帖是对外销售的，见周震荣《致黄易》，《黄小松友朋书札》第六册；孔继涑《致黄易》，故宫博物院藏。黄易委托孔氏刻帖，除了"传于永久"之外，或亦有获利的意图。

〔65〕翁方纲《两汉金石记》卷三《汉石经残字》："乾隆丁酉（1777）秋八月，钱塘黄秋盦易购得《汉石经残字》，……方纲手摹，属海盐张芑堂燕昌勒之石。"页7236。

〔66〕张燕昌《致黄易》，《黄小松友朋书札》第五册；翁方纲《致黄易》，见《金石屑》第二册，页4678；翁方纲在另一封信中也说："弟所刻《石经残字》后又多数行题字，谨以拓本奉览。"见《翁方纲题跋手札集录》，页575。

〔67〕翁方纲《两汉金石记》卷三《汉石经残字》，页7237。

〔68〕钱泳《致黄易》，《小蓬莱阁同人往来信札》第四册。

〔69〕除了翻刻石经，李亨特亦因《会稽刻石》康熙年间为工磨去，于乾隆五十七年（1792）闰四月嘱钱泳以申屠氏藏本重勒于绍兴府学。

〔70〕《复初斋诗集》卷二十五，《续修四库全书》第1454册，页587。诗作于乾隆四十七年

（1782）冬。

〔71〕翁方纲《致黄易》，见《翁方纲题跋手札集录》，页 574—575。

〔72〕此外，阮元还曾仿铸青铜器，且陈列供奉于文庙与府学，其目的可能又在文献与书法以外，他希望观者可以从中接受古礼的熏习。关于《西岳华山庙碑》的翻刻研究，参见施安昌《汉西岳华山庙碑纪事》，《中国书法》2012 年第 2 期，页 62—69。

〔73〕潘有为《致黄易》，《黄小松友朋书札》第七册。类似的摹刻活动还见于赵怀玉，他在信中曾附赠黄易一纸新拓《十三行》，《黄小松友朋书札》第十册。

〔74〕翁方纲《致黄易》，上海枫江书屋藏。

〔75〕《小蓬莱阁金石文字》“武梁祠像唐拓本”条，页 629。梅镠《致黄易》提及获赠一本，张燕昌亦致函索要，《小蓬莱阁同人尺牍》第四册。

〔76〕李遇孙《金石学录》，《续修四库全书》第 894 册，页 38。

〔77〕阮元《致黄易》，收入《二家书札》。

〔78〕《两汉金石记》卷十六《娄寿碑》：“顾文铁勒石于济宁。”页 7441。

〔79〕邓石如《致黄易》，《黄小松友朋书札》第九册。

〔80〕桑椹《乾嘉时期的秦汉瓦当收藏》指出，申兆定翻摹瓦当甚夥，陈直称：“足未涉齐秦之地，手未拂瓦砾之尘者，往往为其所蒙蔽。”黄易小蓬莱阁所藏一册瓦文中的“千秋万岁”“富贵昌宜”“万岁无极”瓦，何元锡等诸家所拓一册中的“与天毋极”“亿年无疆”“宗正官当”“千秋长乐”瓦，翁树培拓赠一册中的“千秋万岁”“兰池宫当”“任义自成”“长生未央”瓦，宋葆淳所得拓寄一册中的“都司空”“与天无极”等瓦当，都应该属于此类翻模拓本。《中国美术》2018 年第 2 期，页 148—158。

〔81〕《小蓬莱阁金石文字》，页 531。

〔82〕《秋盦题跋》所收《跋重刻郙阁颂》，页 22。

〔83〕商伟《假作真时真亦假：〈红楼梦〉与清代宫廷的视觉艺术》，南京大学文学院主编《文学研究》第四卷第一期，页 118—119。

〔84〕前揭《金石图》，页 791。

〔85〕汪士慎《巢林集》卷四，《清代诗文集汇编》第 259 册，页 254。

〔86〕瞿中溶《致黄易》，收入《王士禛等书札》。

〔87〕钱泳的缩临，主要见于《汉碑大观》，由碧梧山庄印，求古斋发行，见《石刻史料新编》第 2 辑第 8 册。相关讨论参见余立《钱泳碑帖摹刻活动研究》，页 32—35。南京艺术学院 2012 年硕士学位论文。

〔88〕《秋盦题跋》收《题王莲湖汉铜印谱》，页 18—19。

〔89〕黄易《致邱学敏》，上海图书馆藏。

〔90〕郑辰《致黄易》，《黄小松友朋书札》第十二册。

〔91〕翁树培《致黄易》，《小蓬莱阁同人往来信札》第一册。

〔92〕洪亮吉《致黄易》，《黄小松友朋书札》第五册。但到了道光九年（1829），他的儿子汪喜孙又将此画像送入宝应县学。

〔93〕相关记载参见江藩、方东树《汉学师承记》，页 78；李元度《国朝先正事略补编》卷一，

页 20b。

〔94〕《嵩洛访碑图》“太行秋色”题识。

〔95〕钱坫《致黄易》,《黄小松友朋书札》第六册。

〔96〕赵魏《致黄易》,《黄小松友朋书札》第十三册。

〔97〕白谦慎《拓本流通与晚清的艺术和学术》,《台大美术史研究集刊》第 42 期，页 157—193。不过这样的情况在晚清有所变化，王懿荣《致陈介祺》对私人收藏石刻颇为担心：“闻长笏臣年丈（山东按察使长赓）之世兄既取河南《刘韬墓版》元石，又遣人到黄石崖凿《大涅槃经偈》，裂七石而下之，齐石为人所得，颇心戚焉。如此纷纷效法，吾东二十年后宁有完石哉？”国家图书馆藏。

〔98〕赵魏不知道黄易的事迹，在给他的信中还曾提醒：“但（《祀三公山碑》）漫漶已甚，呵护宜亟。或置之学宫，或砌之县署，覆以亭趺，以石为要。”《黄小松友朋书札》第三册。

〔99〕虽然只是助立，但外界认为《范式碑》的出土也是黄易的功绩。参见钱泳《致黄易》,《黄小松友朋书札》第七册。

〔100〕《得碑十二图》“祷墓访碑图”题识。

〔101〕《得碑十二图》“贺碑图”题识。《岱麓访碑图》“孔子庙”题识亦有类似记载。

〔102〕见《嵩洛访碑日记》。黄易《嵩洛访碑图》“小石山房”题识亦云：“同至学官，观虚谷所收魏齐迄宋元诸碑，目不给赏。”

〔103〕见《嵩洛访碑日记》。

〔104〕石刻今在济宁市博物馆。

〔105〕晋阳山黄易题刻：“奉政大夫山东兖州府运河同知钱塘黄易屡至此山，得汉画像、隋开皇造像、薛姓等磨崖字、唐晋阳精舍碑、周广顺并宋元诸刻。大清乾隆五十八年（1793）四月二十九日。”大字隶书，北京大学图书馆藏拓本。

〔106〕《岱麓访碑图》“灵岩寺”题识。

〔107〕《岱麓访碑图》“王母祠”题识。

〔108〕《范式残碑》黄易题刻云：“范巨卿碑额既出后，正碑久寻不得，易有古拓本，方思补刻，今李铁桥寻获原石，复见碑阴，字数虽缺而体势森严，神味完足，实为快事。乾隆己酉（1789）三月钱塘黄易。”

〔109〕卢慧纹《汉碑图画出文章——从济宁州学的汉碑谈 18 世纪后期的访碑活动》，收入《黄易与金石学论集》，页 142。

〔110〕翁方纲《致桂馥》，收入《翁方纲等手札》。

〔111〕胡源、褚逢春《梅溪先生年谱》,《北京图书馆藏珍本年谱丛刊》第 122 册，页 217—218。

〔112〕甘肃省博物馆藏。

〔113〕黄易《致李东琪》，辽宁省博物馆藏。

〔114〕黄易《致徐定远》，私人藏。

〔115〕《黄小松友朋书札》第七册。

〔116〕《修武氏祠堂记略》，页 363—364。本年十月，翁方纲撰书《重立汉武氏祠石记》，后有钱泳乾隆五十七年（1792）六月题刻。乾隆五十四年（1789）祠堂再次重建，又续得左右

室共十石，参见《武氏祠画像题字黄易监拓批校本》，收入《上海图书馆善本碑帖综录》卷一，页55—79。

〔117〕据张廷玉等《清朝文献通考》卷四十二《国用四俸饷》，雍正间外吏俸禄之外加养廉银，总督每年13000—30000不等。《文渊阁四库全书》第633册，页79—85。

〔118〕也有一些捐款，在碑刻上并无体现，如乾隆五十九年（1794）印鸿纬曾“奉到白金二两，以代一椽之助”。《小蓬莱阁同人往来信札》第一册。

〔119〕曾蓝莹《媒介与信息：武氏祠的再发现与清代的文化生产》，页263。

〔120〕翁方纲《致黄易》，故宫博物院藏。

〔121〕翁方纲《致黄易》，甘肃省博物馆藏。

〔122〕翁方纲《致黄易》，见《故宫藏黄易尺牍研究·手迹》，页222—223。

〔123〕阮元《致黄易》，《小蓬莱阁同人往来信札》第二册。当为记室代笔。

〔124〕孙星衍《孙渊如先生全集》济上停云集，《续修四库全书》第1477册，页609。书中附录了黄易的和章《次韵赠渊如观察》。

〔125〕吴骞《致黄易》，《黄小松友朋书札》第十二册。

〔126〕陈锦《勤余文牍》续编卷一《重修武梁祠石室记　光绪庚辰》，《续修四库全书》第1548册，页657。

〔127〕何绍基《东洲草堂诗钞》卷十三《唐拓武梁祠画像册止十四幅，旧藏洮宁李氏，今至京师，梁子恭同年携示因题》，《续修四库全书》第1528册，页689。

〔128〕李成、王晓《读碑窠石图》，日本大阪市立美术馆藏。

〔129〕苏州博物馆藏。

〔130〕阮元《小沧浪笔谈》卷二，页557。

〔131〕1799年，黄易将《衡方碑阴》的发现追记于《得碑十二图》“贺碑图”的对页。

〔132〕秦明指出，黄易《小蓬莱阁金石文字》所收十二件碑石拓本，有九件来自《得碑十二图》所描绘的金石访碑活动，由此可知黄易对《得碑十二图》的重视。见《从记载历史到被历史记载——黄易〈得碑十二图〉册读记》。

〔133〕钱大昕《潜研堂文集》卷二十五《山左金石志序》，页231—232。

〔134〕其中余集《黄小松得碑十二图册》，收入《忆漫盦賸稿》，《清代诗文集汇编》第395册，页100。钱大昕题诗四首，有三首收入《潜研堂诗集》续集卷八，题为《题黄小松郡丞得碑十二图》，页660—661。

〔135〕《嵩洛访碑图》“晋碑”题识。据武亿《致黄易札》，黄易原计划在乾隆六十年（1795）冬日游嵩洛，收入五柳堂藏《明清名贤百家书札真迹》，今为冯阳藏。

〔136〕《嵩洛访碑图》何绍基跋。

〔137〕黄易《致赵魏》，张廷济录本，见《故宫藏黄易尺牍研究·手迹》，页41—42。

〔138〕《嵩洛访碑图》翁方纲总跋。

〔139〕据梁同书的题跋，黄易的回报是杨文骢、宋荦、黄虞稷手札三件。题跋即《频罗庵遗集》卷十二《题黄小松易岱嵩册》，《清代诗文集汇编》第353册，页171。

〔140〕奚冈为《嵩洛访碑图》作跋时也看到了《岱麓访碑二十四图》：“吾友小松醉心金石，刻

意好古，近游岱岩嵩洛间，每遇古碑摩崖，无不一一拓之，因作图四十有八。”

〔141〕诸人题诗皆感叹黄易此行所得碑刻，多欧、赵所未见者，如宋葆淳题诗云：“遗迹叹希有，未登欧赵编。”王秉韬题诗云：“四百余碑增未有。”

〔142〕收入《石刻史料新编》第3辑第29册。此书刊印时间不详，封口有“嵩碑”字样，因此，《岱麓访碑图》翁方纲的题跋（诗）很可能也曾一道付梓。

〔143〕仇梦岩《贻轩集》卷上《哭黄小松司马》有云：“在制三年仍在任，居官卅载尚居贫。”即指此而言。

〔144〕黄易《岱麓访碑图》，故宫博物院藏。

〔145〕钱大昕撰、何元锡编《竹汀先生日记钞》卷二《所见金石》，《历代日记丛钞》第28册，页227—228。

〔146〕《山左金石志》卷十《尖山摩崖十种》：“此与后一石皆从黄小松处借录，未及尺寸。”页14482。《匡喆刻经颂》：“右刻因崖高字大，艰于椎拓，元所藏拓本只八十字，每以未见全文为憾。嘉庆丙辰（1796）夏，黄小松司马录寄新拓全本。”页14484。此颂在小铁山。

〔147〕《（康熙）邹县志》卷一《山川》称，尖山原名珠山，今讹称朱山。岗山、铁山原并称岗山，以南岗、北岗区分，南岗即铁山。“珠山”条称：“县东北，距城十五里，……山之东有石经埠，石上有佛经数行。又有大石鼎而立，俗谓之支锅石。”“岗山”条称：“县北，距城二里，南北两岗，此即县之坐山也。南岗有石坪阔数丈，上有大字数行，或以为古释文。北岗有石卓立如碑，数大字剥落不可读。”娄一均曾为岗山赋诗：“北郭山冈列，如屏雁字行。钟声沉梵宇，村落感沧桑。瞻仰星辰迥，纵横洙泗长。烟岚多异景，晴雨看花香。”页61。

〔148〕《岱岩访古日记》。

〔149〕黄易《致李东琪》，辽宁省博物馆藏。

〔150〕《岱麓访碑二十四图》“开元磨崖碑”黄易题识。磨崖即摩崖。

〔151〕黄易《致吴锡麒》，见《故宫藏黄易尺牍研究·手迹》，页50—51。

〔152〕翁方纲《致赵怀玉》，见《翁方纲题跋手札集录》，页584。约在同时，翁方纲在给另一位友人的信中，“小松卷随意题数字（三五字亦可），明日晚间封札也。……册并送览，亦明日付下，且先题其卷。册随便，且不题亦可”。故宫博物院藏。虽属敷衍，但翁方纲常为黄易征集题跋。

〔153〕伊秉绶题诗即《留春草堂诗钞》卷二《题黄小松别驾岱岩览古图》，页122。

〔154〕翁方纲《致黄易》，故宫博物院藏。翁在信中提及“尊作《岱东》一册，亦题就奉上”，当指此册而言。

〔155〕在黄易逝世之后，画册由外孙李璿收藏，续有洪范（1814）、董士锡（1817）、张祥河（1821）、兴廉（1860）等人题识。

〔156〕故宫博物院藏。参见秦明《黄易〈访古纪游图〉册误改纪年考》，《中国国家博物馆馆刊》，2017年第1期，页121。

〔157〕黄易《嵩洛访碑日记暨丙辰随录手稿》（丙辰当为乙卯、丙辰之误），见于西泠拍卖2014年春拍。

〔158〕黄易甚至刻意将乾隆乙卯（1795）写为乾隆辛卯（1771），无论是画册还是行踪，黄易似乎并不欲外人所知。对此，今天的学者还没有找到恰当的解释渠道。秦明曾试图将黄易的讳莫如深与他守制期间四处出游联系在一起，但这无法解释守制期间的另外两套访碑图。参见秦明《黄易〈访古纪游图〉册误改纪年考》。

〔159〕此画真伪尚有争议，参见秦明《吴湖帆旧藏〈黄小松功德顶访碑图卷〉考鉴》，见《故宫学刊》总第17辑，页271—281。

〔160〕庞元济《虚斋名画录》卷十著录，《续修四库全书》第1090册，页606。

〔161〕广州艺术博物馆藏。

〔162〕翁方纲《复初斋诗集》卷五十一《秋盦为墨卿作少室访碑图》，《续修四库全书》第1455册，页140。

〔163〕黄易《得碑十二图》"紫云山探碑图"翁方纲对题五律，小注有"予在江西，初见秋盦以此幅画稿见寄，辄思置身其中，欲倩秋盦为作一帧"云云。

〔164〕翁方纲《致黄易》，甘肃省博物馆藏。

〔165〕翁方纲《致黄易》，见《翁方纲题跋手札集录》，页574。

〔166〕徐嵩《致黄易》，《小蓬莱阁同人往来信札》第二册。黄易与法式善有交往，嘉庆二年（1797）曾为作《诗龛图》，《存素堂诗初集录存》卷六（丁巳）《黄小松易别驾自山左寄诗龛图》，《清代诗文集汇编》第435册，页20；《存素堂诗二集》卷七《黄小松诗龛图作于嘉庆丙辰年》，同书，页278。

〔167〕魏成宪《清爱堂集》卷六《题黄小松司马易看碑图》，页56。1791年十一月十四日，钱大昕《致黄易》："五月中尊伻过苏，奉寄短札并寄《看碑图》及拙刻《诸史考异》，谅久登记室矣。"收入《古今尺牍墨迹大观》第3辑第12册，页45。诗即《潜研堂诗集》续集卷六《题黄小松看碑图》，页645。1790年五月，周厚辕《致黄易》云："《观碑图》奉上，破漏篷窗，转侧不便，诗与字借草率应命，乞庋置之，毋污宝册也。"所言《观碑图》当即《看碑图》。《黄小松友朋书札》第二册。

〔168〕《秋盦题跋》收《跋李铁桥小照》："济宁学宫汉碑，向止五通，李兄铁桥初得《胶东令王君碑》于庙门古松根，继得《庐江太守范式碑》于棂星门墙下，余为作《得石》两图。吴竹虚又图其事，属为题识。"页19。

〔169〕以上诸札，皆收入《黄小松友朋书札》第七册。得石图题诗，所知的还有张埙《竹叶庵文集》卷十七《黄小松主簿易画〈得石图〉，为李君铁桥东琪在济宁学宫古松树下掘得〈汉胶东令王君庙碑作〉也，小松寄图乞题此诗》，页103。翁方纲《复初斋集外诗》卷十五《得石图歌，图为黄小松画济宁李铁桥于州学古松下得〈汉胶东令王君庙碑〉事也，事在乙未夏，予已有诗》，页510；王元文《北溪诗文集》卷十七《得石图诗为泲宁李铁桥赋》，《清代诗文集汇编》第377册，页722；何道生《题李铁桥得石图并柬小松九兄，时待闸袁口，被酒作》，见于中国嘉德2016年秋拍；李衍孙《得石图诗为家铁桥作即示黄九》，收入《武定诗续钞》卷七，页12b—13b。

〔170〕黄易《致赵魏》，收入《西泠八家の书画篆刻》。李东琪与黄易又有《铁松观碑图》，翁方纲《黄秋盦传》云："适有《铁松观碑图》卷，方纲题甫就而君讣音至矣。"页471。

〔171〕《复初斋集外诗》卷二十三《梦华涤碑图》，页 592；《潜研堂诗集》续集卷七《题何梦华涤碑图》，页 654；武亿《授堂诗钞》卷八《何梦华涤碑图》，《续修四库全书》第 1466 册，页 213；吴骞《拜经楼诗集》卷八《涤碑图六言二首为何梦华赋 黄小松司马作》，《清代诗文集汇编》第 380 册，页 75。

〔172〕何元锡《致黄易》，《黄小松友朋书札》第十一册。

〔173〕阮元《揅经室集》四集诗卷二（乙卯）《题何梦华元锡林外得碑图》，页 307；潘奕隽《三松堂集》卷六《题何梦华〈林外得碑图〉，梦华钱塘人，名元锡，于孔林墙外寻得〈汉永寿元年孔君碣〉，黄小松司马为作图》，页 157；谢启昆《树经堂诗续集》卷一《题何梦华林外得碑图黄小松画》，《清代诗文集汇编》第 392 册，页 371；王昶《春融堂集》卷二十二《题何上舍梦华得碑图》，页 577。

〔174〕见《秋盦题跋》所收《汉三公山碑》，页 19。

〔175〕黄易为汤惟镜作《云峰拓碑图》，嘉庆三年（1798）十一月，江凤彝跋有“壬子之冬，小松黄师曾为余作《云峰得碑图》于便面”云云。国家图书馆藏。《云峰得碑图》外，黄易又曾作《新甫得碑图》。顾广圻《思适斋集》卷三《题江秬香〈新甫得碑〉图次原韵》，《清代诗文集汇编》第 482 册，页 671；刘大绅《寄庵诗钞》卷七（甲子）《题江秬香孝廉任城太守孙夫人碑后》“黄图孙额愧相谢”句小注云：“小松为作《新甫得碑图》，渊如为题小宝晋斋。”《清代诗文集汇编》第 421 册，页 82—83。此图刊于《美术生活》1935 年第 20 期。

〔176〕黄易《云峰拓碑图》，国家图书馆藏。

〔177〕阮元《致黄易》，收入《二家书札》。阮元《致江凤彝》：“已属小松为图，更乞大作之诗以纪其事。”故宫博物院藏。

〔178〕阮元《汉延熹西岳华山碑考》卷三《题北湖摹碑图》小序，页 4。

〔179〕吴大澂《临黄易山水册》（十四开），见于北京翰海 2011 年春拍。

〔180〕如《愙斋公临黄小松司马嵩洛访碑廿四图》。关于吴大澂临摹黄易访碑图，参见曾蓝莹《遗迹探寻与记忆重塑：从黄易〈嵩洛访碑图〉册谈起》，收入《黄易与金石学论集》，页 76—92。白谦慎则认为，吴大澂的访碑活动、《访碑图》的绘制以及金石研究皆直接得益于翁方纲与黄易的启示。见《吴大澂和他的拓工》，页 5—16。相关研究还有李军《吴大澂的绘画与临摹黄易〈访碑图〉问题之再探讨》，《中国国家博物馆馆刊》2014 年第 12 期，页 115—121。吴大澂之外，黄易外孙李璿也曾临摹《得碑图册》，这套图册曾为他收藏，山东博物馆藏；近代黄宾虹则曾临摹《黄易访碑图画稿》，浙江省博物馆藏。

〔181〕黄易《祷墓访碑图》（伪），收入《西泠八家の书画篆刻》。

〔182〕陶梁《红豆树馆书画记》卷七著录，陶梁跋语云：“小松收藏金石甚富，多有前人未及著录者。即以是册而论，西至晋，东至鲁，南至楚，足迹所经，残碑断碣，无不披榛剔藓而出之，题曰‘山水鸿踪’，意本诸坡公雪泥鸿爪之喻也。是时为乾隆庚寅（1770），与前册同时渲染，迄今六十余年，小松墓木已拱，所蓄书画及碑版文字大半为过眼云烟。展玩遗墨，不禁山阳邻笛之感。”《续修四库全书》第 1082 册，页 385—386。

〔183〕王懿荣《致陈介祺》，国家图书馆藏。

第六章

共同体

一般情形下，时尚由具有权力的社会阶层所主导，其他次等的阶层紧跟着模仿。明人袁宏道（1568—1610）曾经谈到晚明的器物玩好如何浸淫至士大夫间，并弥漫为一时风气，他甚至直接以“时尚”作为这篇文章的标题。[1]“时尚”作为一个语词，袁是较早的使用者，尽管他的指涉并无褒贬，与今天在不同的上下文中时尚可能具有更微妙的含义还不完全一致。

但从上一章的讨论中我们发现，乾嘉时期的金石时尚，未必是权力影响的结果，因为主导其走向的，常常是黄易这类职位并不显赫的官吏。这是由拓片本身的性质所决定的。这一时期成熟的拓片市场尚未形成，金石收藏还不像书画收藏那样是一种区隔身份的炫耀性消费，藏品的积聚既不是社会地位（高官）的结果，也不是光花钱（富商）就能成就的。知识、趣味、机缘、人脉、耐心，都是其中关键的因素。在金石时尚圈中，所有参与者都需要与各阶层进行更为紧密的合作，才有机会完善个人收藏的种类、数量与质量。

考察不同阶层的收藏者如何形成一个共同体，以及这个共同体如何运作，也许能够帮助我们理解乾嘉金石学问的某些特殊之处。

收藏的门槛

历来的文人收藏，以书画、法帖、图书为主要对象。明代中叶以来，在富庶的江南城市中，艺术品消费渐渐展现出活力，收藏书画的风气非常浓厚。黄易所在的浙江，嘉靖年间出过宁波范氏与丰氏等重要藏家，他们不仅藏书，也收藏书画、碑帖与印章。万历年间，嘉兴一地又有项元汴（1525—1590）、李日华（1565—1635）、汪珂玉（1587—？）等一批大鉴藏家先后崛起。

将碑刻拓片当作艺术品来收藏，很可能是明代中叶以后的事。《华山庙碑》因唐人徐浩（703—783）《古迹记》定为蔡邕所书，[2]素为士林所重，但后来人们在碑上发现了“郭香察书”的署名，[3]

图6.1　汉《西岳华山庙碑》华阴本　故宫博物院藏

说明此碑并非出自蔡邕手笔。即使如此，比之绝大多数无名氏碑刻，《西岳华山庙碑》因有书丹者姓名，仍有一定的优越性。此碑在明嘉靖年间的一场地震中震毁，它的墨拓仅有三种存世，其中一张是整拓，曾为宁波万卷楼主人丰熙（1468—1537）收藏（称四明本）；另外两份为剪裱本，一为明代华阴东云驹、东云雏兄弟旧藏（称华阴本），后来赠送给郭宗昌；【图6.1】另一份曾是明末清初长垣人王鹏冲的旧藏（称长垣本）。入清以后，四明本经全祖望（1705—1755）、钱东壁、阮元等递藏，华阴本经王弘撰（1622—1696）、朱筠等递藏，长垣本则经宋荦、陈崇本、成亲王（1752—1823）等递藏。[4]《华山庙碑》三种拓本为著名学者有序递藏，其意义非同一般。

书画收藏在明清动乱中出现了一次意外的大规模流动，趁着南方旧家的衰败以及北京内府收藏在1644年春天的流散，袁枢（？—1645）、王镛（？—1652以后）、孙承泽、王鹏冲、梁清标、耿昭忠（1640—1686）、耿嘉祚、王永宁（？—1672）、张若麒（？—1668以后）、张应甲等北方收藏家先后崛起。至乾隆一朝，由于人主对于书画的强烈爱好，许多重要的书画收藏源源不断由民间汇入内府，清廷还组织力量完成了《石渠宝笈》与《秘殿珠林》两部大型图书的编撰，对内府收藏进行了一次规模性的清点与著录。

尽管有人仍专力于书画收藏，但要获得令人惊艳的宋元名品，已是困难重重。安岐（1683—1745）那样的大收藏家，留给后来者的，是难以企及的高大背影。书画的价格也颇为惊人，乾隆内府购入安岐旧藏黄公望（1269—1354）《富春山居图》时，花费了2000两银子。对于一般人而言，如果没有强有力的经济后盾，收藏活动难以持久。而刻帖的价格也相当昂贵，在康熙年间，孙承泽卖给王鸿绪（1645—1723）一部《太清楼帖》，以100两银子成交；乾隆时期，有人售卖孙承泽旧藏《澄清堂残帖》，索价达到300两。[5]毕沅收购宋拓《圣教序》与旧拓翻刻《周季侯碑》，则花费京平银200两。[6]像黄易这样少年清贫、以刑名之学游食莲幕的普通文人，这样的投入难以想象。

就我们所知，黄易年少时也曾将名人书札与《兰亭》刻帖作为收藏目标，但自1770年代开始，他的收藏重心渐渐转向了金石拓片。古书画实在难得，即使有幸相遇，价格也昂贵异常。黄易晚年以金石收藏大致完备，重新投入书画收藏，所收也只是名人书画扇面，许多还是当朝书画家的作品。这一方面或与扇面便于装册庋藏有关，另一方面黄易一定也考虑到价格和他的承受能力。嘉庆初年，黄易的经济状况异常糟糕，因为没有买山之资，即便屡屡患病请假，他也不敢轻易放弃如同鸡肋的五品官位。[7]

与书画相比，人们收藏金石拓片的机会要大得多（除了像《华山庙碑》这样的名碑），且价格相当低廉。1777年秋日，黄易在京从董元镜处得到三段《石经残字》的宋拓本，只帮董氏出了一份嫁妆的费用。[8]倘若换作宋人书画，或是宋拓《阁帖》与《集王圣教序》，价格将是这笔费用的数百倍。拓片也是古代的文字与图画，但价格比之书画、刻帖，实在是低到了尘埃里，因而大多数人都能够买得起，也就都有机会收藏。[9]而且黄易游宦的直隶、山东等地，古代金石非常多见，那些扑倒于乡野莽榛间的古碑，制作拓本甚至只需要花费纸墨与人工成本。

前文我们谈到过，除了对于文字书法的欣赏，金石的文献与文学价值也令人期待，甚至拓片的物质属性——字口、凹凸、斑驳、拓墨层次乃至气味——也有嗜好者，他们能够从中体会到打上历史印记的“古意”。因此，搜集与收藏拓片的，除了喜爱书法与刻印的艺术家，从事经史研究的学者，热衷前人佚文的作家，也有古物收藏者、将拓片当土特产的地方官员以及希望从中获利的古董商。

在众多收藏家中，黄易的藏品最为全面，无论金石，无论品类，无论时代，他都有系统的搜集，我们常常以为石刻拓片是他最主要的收藏，但他的友人王宗敬遍观他的收藏，却认为他“搜辑古镜、古钱最多”。[10]也有一些藏家，专收某一时代的古物拓片（如只收汉代）或专收某一品种及其拓片（如只收印章、钱币），他们根据朋友圈流通的目录，不断补充自己的藏品，这很像20世纪八九十年代流行一时的集邮，收藏者从不同的渠道征集、交换，凑成一套套完整的邮票。由于各种层次的人群中都有喜欢、收藏金石拓片的，拓片慢慢变得紧俏。说乾嘉金石学刺激了拓片的制作与消费，或者说拓片的制作与消费刺激了金石学的研究，可能都有一定的道理。

虽说金石学在明末清初已有振兴之势，但访求碑刻与搜集拓片的风气，还只局限于极少数的学者与书法家。到了乾嘉时期，金石收藏的规模扩大了许多，但全国性的流通市场还远未形成，“帖估”“帖贾”或是“帖友”还只是偶然出现在收藏者的生活中。不像晚清时期，拓片的征集虽然也依赖朋友圈，但已经有了相当程度的市场性，王懿荣、叶昌炽等人需要不时与碑帖贩子打交道并时刻提防赝品。在王懿荣与友人的通信中，常常涉及作伪与欺饰，多是帖估所为，所谓“潍物每一真者出，必有无数伪者随之”，〔11〕“山东新造之古陶、古埙不少，无从辨也。侄皆洞识原委，特不能直言之，渠都不背我，是以不能直言。”〔12〕以至于王懿荣自辑赝刻一本，留待后来者验证。〔13〕有些伪造的铭文几乎不成文理，但潘祖荫、吴大澂还是常常上当。〔14〕

既然乾嘉时期的收藏家还无法仰赖市场的供给，要获得心仪的拓片，一个金石收藏的共同体的存在，就显得格外必要。

金石圈的生态

乾嘉时期的几大学幕因集中修书，将许多重要学者招致麾下，因为编写金石著作，他们也招罗了许多访碑能手，宋葆淳、赵魏、段松苓、江凤彝等人因此有机会与严长明、洪亮吉、孙星衍、钱坫、武亿等大学者朝夕相处。朱文藻先后出入多家幕府，他曾经协助黄易编《济宁金石录》，〔15〕而黄易又受孙星衍之委编《寰宇访碑录》。这种层层延聘的方式，拉近了布衣与高官、大学者之间的关系。朱文藻在《山左碑目》的序言中，谈及他虽有金石之好，但欲购藏则无赀，欲远访则无事，不过他一生游幕，前后在王杰、黄易、阮元、王昶那里得见碑刻四千余种，自幸以为海内嗜古之士难以企及。〔16〕

如果说学幕的运作仍带有一定的体制性，黄易与翁方纲的社交圈则更具有私人化的色彩。前文我们已经细致勾画了黄易的金石征集网络，换成翁方纲，情形也大致相仿，为了获得自己需要的拓片，他必须与各个层次的人物打交道：拓取济宁碑版，他要找济宁的官员黄易；拓取关中碑版，他要找游幕彼地的钱坫；拓取云峰山碑，他要找掖县知县汤惟镜；拓取《琅琊台碑》，他要找青州诸生段松苓；拓取《国山碑》，他要找寓居宜兴的吴骞……

因为黄易的绍介，赵魏1784年秋日入京之后，翁方纲与他曾有短暂交往。虽然此后一直暌隔，但赵魏心坚金石，为翁方纲所激赏。在1790—1792年间写给黄易的信中，他曾数度询问赵魏的消息：

> 今闻赵晋斋兄即来，因更寄上《金石记》一部，乞为转致，并道相念之深也。（1790年十二月二十九日）[17]
>
> 拙著《两汉金石记》寄晋斋者未知收到否？（1791年四月二十七日）
>
> 赵晋斋兄此刻想已来尊署，乞代弟致候为感。（1792年八九月）[18]
>
> 晋斋兄来否？铁桥虽本处人，然济宁已试毕，似亦不妨晤之，即先恳致意也。附上拙刻一册，余再致。（1792年二月十七日）[19]
>
> 晋斋有信否？（1792年四月九日）[20]
>
> 晋斋有来信否？（1792年七月二十八日）[21]

除了信札，翁在诗文中也屡屡提及赵魏。如1790年春，翁方纲至济宁访黄易，分手之后，作《德州道中赠秋盦》追忆在济宁与黄易对案题跋、商量金石的乐趣，诗中也提到赵魏六月将到济宁，他为不能等待赵的到来而深感遗憾。[22] 1793年春，翁方纲按试济宁，所作《四年三至诗》亦有“未得晋斋来，癖嗜同结集”之句。[23] 1794年冬，在为黄易《得碑十二图》所写序言中，翁再一次提到赵魏即将北来的消息。【图6.2】但赵魏的济宁之约最终并未践行。翁方纲对于赵魏北来的期待，前后持续了五年之久。

赵魏这样的江南布衣，翁方纲对他的期待，除了友谊的因素，

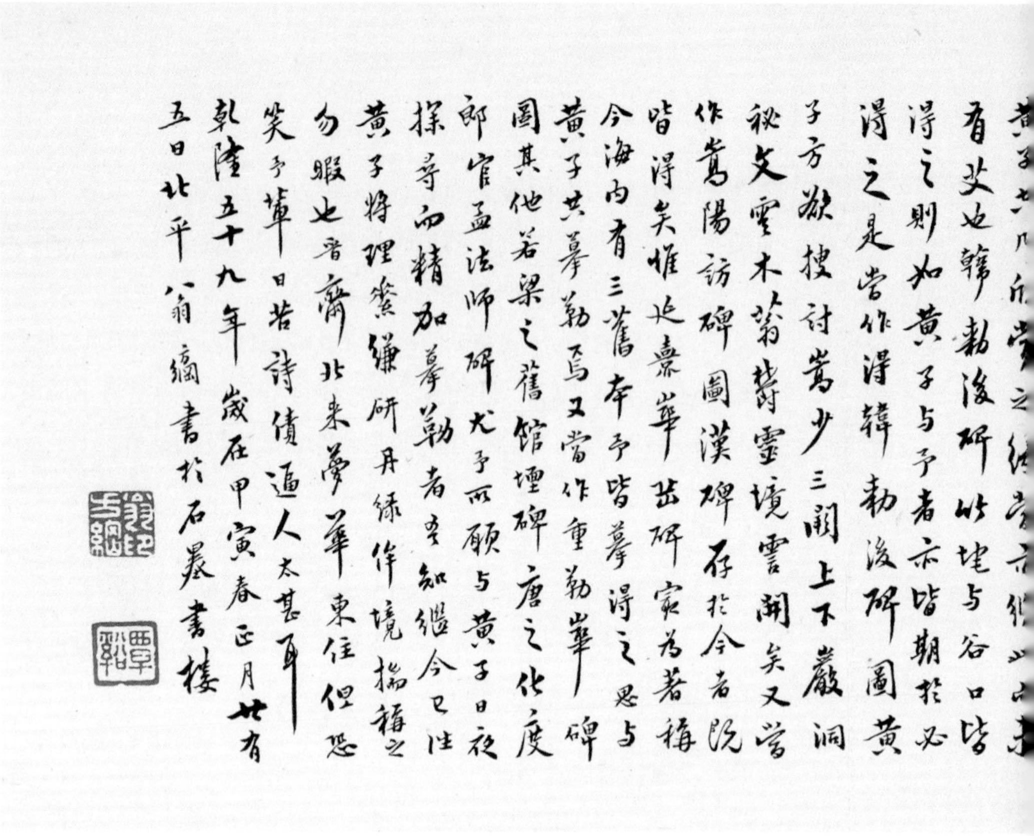

图6.2　黄易《得碑十二图》翁方纲序

还有他魂牵梦绕的拓片与旧画。1784年在京期间，赵魏曾赠翁方纲小玲珑馆旧藏《鲁峻碑阴》拓本，[24]清初翁嵩年（1647—1728）画轴，[25]以及淤泥寺唐贞观二十二年（648）《心经》石刻。[26]赵魏还告知翁方纲，西湖石刻惟东坡题字尚存真迹，翁意欲赵拓此见饷。嗣后，翁又请他与何元锡为访《许长史旧馆坛碑》踪迹。[27]而翁方纲回报赵魏的，除了赵魏赴陕时，翁曾在宋葆淳所作《竹崦盦卷》上为摹赵雍（1289—1369）篆书引首，[28]还为赵的藏品《宋孝宗书纨扇》等作跋。[29]何元锡是翁方纲牵挂的另一位浙江布衣，因为爱古成癖，人目之为“何三风儿”，他也就以“风子”自号。[30]他曾为翁拓得无锡惠山李阳冰篆书“听松”二字，[31]又寄南宋绍兴二十八年（1158）所刻径山苏诗，[32]建武泉范等。[33]1793年四月二十五日，翁方纲在黄易济宁衙斋小集，当日何元锡约而未至，让

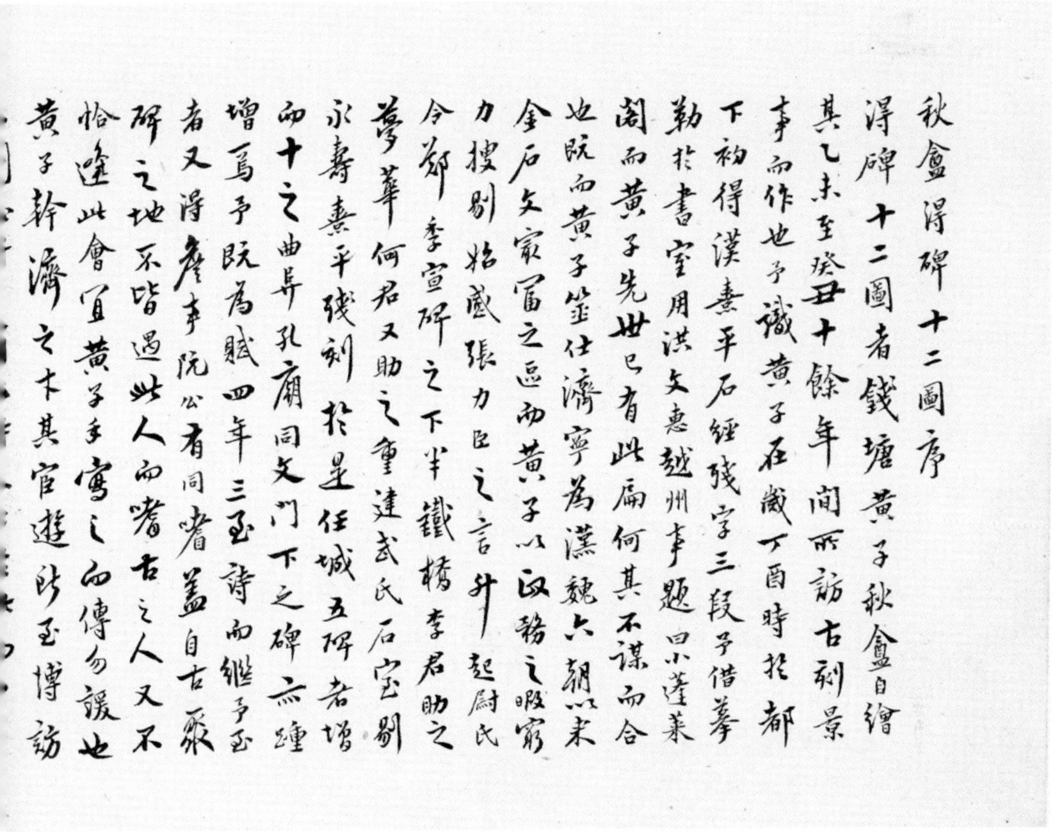
秋盦得碑十二圖序
得碑十二圖者錢塘黃子秋盦自繪其乙未至癸丑十餘年間所訪古刻景事而作也予識黃子在歲丁酉時於都下初得漢熹平石經殘字三段予借摹勒於書室用洪文惠越州本題曰小蓬萊閣而黃子先世已有此扁何其不謀而合也既而黃子筮仕濟寧爲漢魏六朝以來金石文字富之區而黃子以政務之暇窮力搜剔搨藏張力臣之言升起尉氏令鄭季宣碑之下半鐵橋李君助之夢華何君又助之重建武氏石室剔永壽熹平殘刻於是任城五碑者增而十之曲阜孔廟同文門下之碑亦踵增焉予既爲賦四年三至詩而繼予至者又得詹事阮公有同嗜蓋自古聚碑之地不皆遇此人而嗜古之人又不恰逢此會宜黃子手寫之而傳[illegible]也黃子於濟之[illegible]其宦遊所至博訪

翁大失所望。[34]翁方纲对何的回报，是为他的藏品以及具有纪念意义的《梦华涤碑图》等题诗。

再看另外一位碑刻藏家顾文鉷，他是江南长洲人，但大部分时间寓居于济宁，直到晚年才回到故乡。1785 年三月，顾曾到北京拜访同乡张埙，此时翁方纲正为黄易题《王稚子阙旧拓本》，顾文鉷在一边旁观叫绝。[35]顾文鉷返回济宁时，张埙、翁方纲为他所收藏的《文徵明缩临兰亭》题识。[36]1792 年夏日，顾文鉷再访翁方纲于济南，并赠以汉苑囿瓦文“六畜蕃息”。[37]

黄易的挚友李东琪，藏碑亦有名于时。翁方纲与他相识出于黄易的引介。[38]1780 年代，翁方纲曾题李东琪《得石第一图》，1794 年，又题《得石第二图》，这两幅图都由黄易绘制，为纪念李发现《王君庙门断碑》与《范式残碑》。[39]李东琪为翁方纲所贡献的拓本目前尚不清楚，但此二碑的拓片必不可少。

翁方纲从上述的几位布衣收藏家那里得到（或索求）拓片，回报他们的则是各种题跋与诗文。换言之，收藏家用拓片从翁这里换取能够标志文化身份，或者让他的藏品增值的文字。

事实上，赵魏、顾文铁、李东琪等人因常与碑帖贩子打交道，不免市侩习气。丁敬之子丁传在给黄易的信中，曾揭发赵魏骗取朱枫旧藏有价值的钱币，并倒卖给王昶，朱氏之子恨之切齿。在同一封信中，丁传还大骂黄易另外一位同乡挚友陈灿，在友人所撰传记中，他与黄易同为丁敬弟子，“性恬淡，不事干谒，虽饔飧不给，无戚戚容”，〔40〕但丁传称他有负丁氏教授之恩，“骗去先君名印数方，且假先君篆隶，扣印谎钱”。因为陈灿造丁敬的假字，并钤盖骗来的真印，丁传特意写信向黄易求救。〔41〕李东琪则因收碑，常常与帖客合伙牟利。他晚年双耳重听，且无后嗣。有人认为，这是因为他“倡率他省沽名之士混镌名号，刻毁汉碑”，故应该得到这样的报应。〔42〕而根据王宗敬的记载，顾文铁精于摹刻，在济宁亦终日刮磨金石，摹仿名人笔墨。〔43〕

前文举证翁方纲与赵魏、李东琪、顾文铁等人的交往，旨在说明，这些人既是收藏家、读书人，同时也是掮客、商贩，尽管对待古物多少有些不端的行为（或毁坏、或造假、或诈骗），但他们却是翁方纲朋友圈中重要的角色，因为地缘与机缘，有些拓片只能由他们提供。碑刻在地的特性，决定了一些地产碑刻只能仰仗于本地人，或有机会前往寻访的。即使足迹遍天下如王昶，他曾“两仕江西，一仕秦三年，在滇五年，在蜀六出兴桓而北，以至往来青徐兖豫吴楚燕赵之境”，所至无不访求碑刻，〔44〕但山东一地的碑版，他仍需请山东按察使缪其吉等人帮忙。〔45〕

对于收藏家而言，有时一份拓片尚不能餍足，将不同时期、不同精粗的拓本放在一起比较，往往会有出人意料的发现。即使是同一时期所拓，副本亦可用于交换。因此，他们需要动用各种关系征集各种版本的拓片，如翁方纲记载给他寄赠“长生未央”汉砖拓本的先后有毕沅、王昶、严长明、张埙、宋葆淳、钱坫与赵魏。[46]黄易收藏存世石刻的拓本，也常备两份，一份整幅，一份剪裱。[47]1796年九月，黄易亲往中岳拓《嵩山三阙》，而1787年武亿就曾为他制作过一套拓片，[48]1794年春他又获得过整套的精拓本。[49]

与黄易往来通信的200多人，大多曾为他的收藏活动提供过帮助，从高官、地方官、幕僚、山长到布衣、掮客、罪犯，不一而足。通过拓片，他们之间形成了一个事实上的金石学共同体。这个共同体虽然没有明确的组织构造，但它的成员具有相似的知识背景，在情感方式与趣味体验上也有相当的统一性，比如他们多少都了解金石的文献价值与书法价值，至少认同拓本可以作为风雅的礼物。这个共同体的活力，在于其中的任何人都有可能接触到金石拓本，并愿意与其他人分享拓本以及对拓本的感受。在这个共同体中，学者可以贡献意义赋予与美学鉴赏，地方官员可以动用权力组织搜访与椎拓，幕僚与访碑者可以贡献足迹所至的金石拓片，在地的文人可以贡献本地碑版，古物收藏者可以贡献旧拓本，掮客可以贡献较为隐秘的信息，商人可以贡献拓本的转移与流动。

一般情形下，学者官员与收藏家可以从共同体中获得信息与拓片，地方官员可以获得人情或是其他方面的便利，布衣可以获得身份资本，掮客与商人则可以获得利润。总体上看，拓本自下而上流动，身份资本的流动方向则相反。我们很少会看到翁方纲向何元锡提供拓片，或者张燕昌为翁方纲的收藏题跋。但黄易恰恰处于这个双向流动的中间点，他既为那些地位比他高的人，也为那些地位比他低的人提供拓片，或为他们题跋藏品；反过来，那些地位比黄易更高或更低的，也都为他提供拓片，或为他的藏品题跋。所以无论是拓本，还是同时人的题跋，他所占有的要比其他人多。

下面这个例子，或许可以大致说明官员、学者/收藏家与商人在这一共同体中的关系。毕沅就任陕西巡抚时，有感于西安碑林

“俗工日事捶拓，贞珉将有日损之势”，遂将《开成石经》《石台孝经》及宋元以前碑版都砌置屋宇之内，“其锁钥有司掌之，帖估不得恣意摹榻”。[50]钥匙掌握在地方官员的手中，无论观赏还是椎拓碑刻，都需要得到他们的允许。而这里所说的帖估，就是买卖拓片的商人，他们需要与官员搞好关系，以便顺利获得椎拓的许可，虽说在学者与藏家的笔下，这些商人是古碑的破坏者、狡黠的欺骗者与不能餍足的利益之徒，然而，四处流通的拓片，却有不少正出自他们手中。[51]

虽然在本书中我们刻画的是作为金石收藏家的黄易，但也触及他复杂的身份：幕僚、官员、河道专家、学者、收藏家、艺术家、出版家，他甚至还是采购者与销售员。不同的身份可能对应着不同的资源与社会交流，黄易充分利用这些资源与人脉，为金石学共同体的成员提供各种可能的便利与帮助，而黄易收藏的金石拓片，有相当部分就是这个共同体的成员给予的回报。如果我们研究乾嘉时期任何一位金石收藏家，就会发现他们在拓本的搜集、交换、转手、宣传与研究等方面的协作，都是通过这一事实存在的共同体来实现的。

不过，黄易的成功只能出现于这一特定的时代，不会在之前，也不会在之后。清初学术尚未大量求助于金石文字，赏玩拓片也远未形成风气，整个社会对拓片的需求尚不如乾嘉时期那样旺盛，而晚清已经形成较为成熟的市场，无论是拓片的流通、集资椎拓或是影印出版，也渐趋发达，一般的拓片资料已不再需要层层人情的委托，与金石收藏关系最大的不再是地方官、幕客、访碑人与布衣文人，而是拓工与帖估。

当然，黄易复杂的身份，也会引起我们对于公私不分的疑虑。中国文人官员如何处理日常工作与个人业余生活之间的关系，一直是颇具挑战性的议题。18世纪西方的工业革命带来专业的社会分工，家庭与工作彻底分离，公与私也有了明确的界限，这些都直接促进了社会走向高效运转。而在同时期的中国，公私之间尚未划出一道不可逾越的鸿沟。不过有经验的官员似乎总能够在公私之间游刃有余，如严长明“中年所历，皆烦剧要地，他人奔走不遑，……（严长明）未尝一日废学，且流连文酒，搜讨金石，而公事无不立办”。[52]黄易身在运河厅，簿书冗杂，他曾向孔继涑抱怨随河道总督驻节豫中三四个月，“黄流駴目，笔札纠纷”，[53]有时他还得为长官作画、刻印，作为总督府的贡品或是礼品。黄易曾向弟弟黄童描述过异常忙碌的情形：

> 但兄近日不独差幕之事忙不可言，自辰及暮无片刻之闲，而大人又以画山水贡扇五十柄见委，须得一日一柄，已乡居闭门为之，偷暇仍至道署办事。[54]

此外，黄易还要定期处理查泉、筑堤、防汛之类的实际事务。事实上，他在河防上具有非常专业的技术，曾指导荆州知府张方理完善堤工，张在1791年的信中写道：“是年堤工即遵层土层硪连环套打之法，于今三经大汛，稳固无虞，安澜叠报者，多藉九兄大人指示之功。”[55]1796年六七月间，江南漫口，南河总督兰第锡请黄易即刻前往查看，他在防汛方面的经验深得兰氏信赖。[56]

不过因为水患，黄易也曾遭到友人问责，1799年秋，吴县监生金学莲自京师返回江南，途经南阳、夏镇，眼见河堤冲裂百有余里，其间南旺、蜀山二湖几合为一，近水的居民湮没庐舍甚众。当地人告诉金氏，河水秋涨已经持续数年，官吏每年所花费的公帑皆以万计，却不能保一岁之安。在其时规谏黄易的诗中，金直言不讳地写道：

> 我闻土人言，此患历年久。或来下吏防，或闻长官守。不然民已鱼，岂能坐束手。一朝当其冲，蒿目见荒亩。嗟嗟土木烦，胥徒乐奔走。岁支十万钱，此工既非偶。大吏无一言，问谁尸厥咎？即事敢告君，不识君知否？[57]

两句发问，都指向河道官员（包括黄易在内）尸位素餐，浪费公帑。但要细致研究这样的问题仍然困难重重，因为无论是严长明还是黄易，今天与他们相关的文献大多指向业余兴趣，而不是居官作为，这或许给人留下这样的印象：官员的业余爱好所占的比重很可能超过了他的本职工作。而这也许是少有文献记载日常案牍所带来的某种误解。

不可否认，当黄易花费大量精力访碑、椎拓、装池、请人题跋、编辑成书时，他超越了一个河道官员的职业对他的限制，而进入了精英汇聚的金石学共同体，并在其中获得极高的评价。1800 年，何道生前往济宁巡漕，在与黄易相见之后，曾有诗云："我职《河渠书》，我志《金石录》。何期遇双井，熊鱼兼所欲。"[58] 何与黄有类似的职业，类似的志趣，黄易二者兼得，让他心生羡慕。比之运河的行政工作，黄易业余爱好的一面似乎展现得更为精彩，也更有意义，这在一个专业严格分工的社会是难以想象的。

纸上聚会

前文我们已经谈到，当人们过分强调乾嘉学术是文字狱的消极结果时，很可能忽视了学术发展的自身逻辑，或者说"内在理路"。就金石研究这一重要的辅助学问而言，自明末以来，学者们就普遍重视金石遗文的学术与艺术价值，随着文物出土日多，他们不仅发展出新的学术方法与艺术取径，也从中获得非凡的乐趣。听一听黄易于嵩山发现一"马"字的惊喜，再听一听翁方纲获知《郭有道碑》已无一字的叹息，也许我们才能回到那个特殊的情境之中，对他们予以同情的理解。

翁、黄对于金石的挚爱，并不是他们个体的行为，在乾嘉金石学的特殊生态中，无论是高官、硕儒，还是地方官、布衣，都曾为一块碑刻的发现、一件拓本的露面而欣喜若狂。而他们之间也因为拓片而发生各种关联，进而发展出深厚的友谊。他们通过书信，或是在一张拓片上次第题写跋文，[59]就金石的真伪、释文与考证发表各自的见解，这种平等的知识的交换与意义的累积，是乾嘉学术值得珍视的一个侧影。

书信的交流大多是两人之间的，如1777年秋，黄易所得《汉石经残字》，赵魏细审之后，以为不甚佳，定为翻刻无疑，他觉得像黄易这样的明眼人不必以此劳诸梦寐。[60]他同时认为，翁方纲重摹《石经》虽称古劲，也绝少精彩，其底本断断不是鸿都旧迹。[61]又如1780年，黄庭在给黄易的信中，谈到《裴岑纪功碑》原石近甚剥落，凸处光滑如珠，殊不易拓。考虑到次年仲秋放还经过巴里坤时，正值严冬风雪，恐怕难以拓取，因此他在迪化城先为黄易找了一部原拓。黄易细辨之下，以为波折劲古，与纪晓岚（1724—1805）双钩原本对勘，皆一一吻合。[62]他自认为此拓信而可征，并随即寄给赵魏：

> 《裴岑》真拓，家兄已为觅得壹本，碑虽泐甚，而波磔宛然，与平日所钩纪晓岚本悉合，惟纪本作“立德祠”，褚（峻）钩本并《金石图》作“立海祠”，今弟所得本亦俨然“海”字，是褚本不为无据，惟文义则不可解，乞教示。[63]

【图6.3】

但赵魏以所存原本进行比较，发现迥然不同，于是在回信中表示：“聪明绝世如兄者，且信之，弟复何言？”[64]在另一封信中又说：“《裴岑碑》拜赐有日，反复审之，恐非原刻，兄当再察之。”[65]《裴岑纪功碑》立于汉永和二年（137），在考篆隶源流、书势变迁，以及一时代万里同文时，是极为关键的材料。但拓本的真伪是讨论得以推进的基础，赵魏并没有明确说此碑何以不是原刻，但“立海祠”应该是一个重要的疑点，新疆僻在西北，何海之有？但孔继涵却不这么认为，1783年夏，他借观此碑拓本累月，作

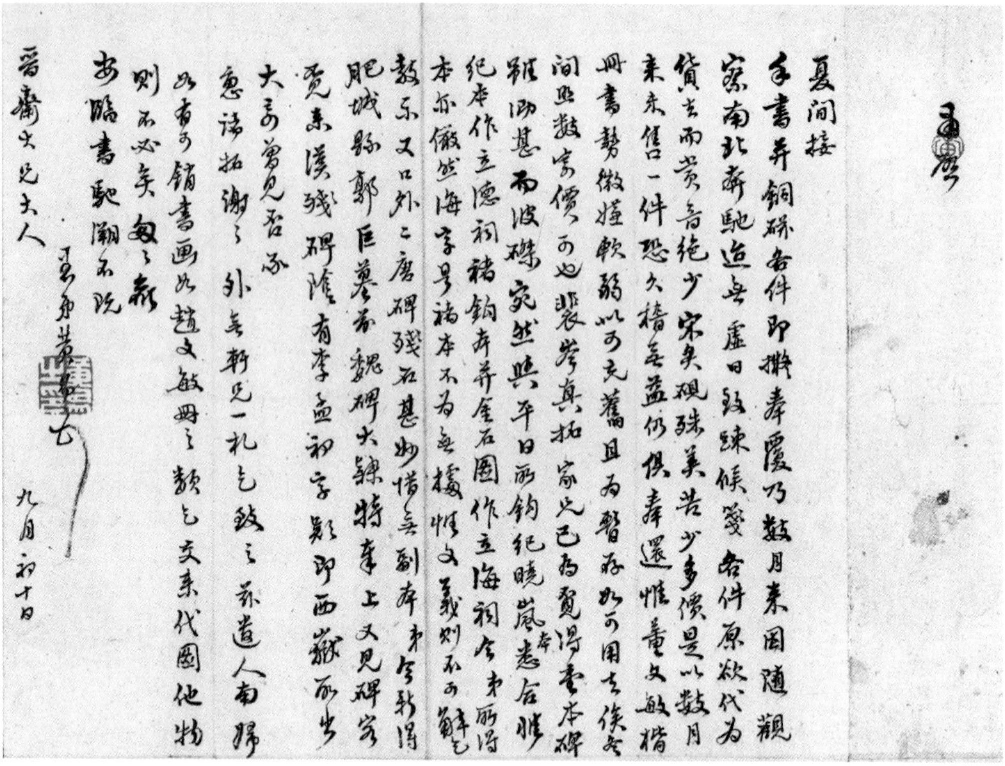

图6.3　黄易《致赵魏》 收入《故宫藏黄易尺牍研究·手迹》

跋考证：

> 至碑云“立海祠”，考苏尔□□疆志曰：哈玛淖尔在巴里坤城西四十里尖山子，地方南北十余里，东西六七十里，每天晴气朗，日西晛之际，远望淖尔中城垣屋阁，彩霞闪烁，逾时而息，如海市然。则碑言“立海祠”，正谓是也。木本不得其说而改之，误矣。[66]

孔继涵根据地方志中对傍晚城市景象的记载，将“海”理解为“海市”，碑刻中改为“立德祠”，反而是因为不明“立海祠”所指而致误。不过他对于自己的推测也不能十分坐实，因此在跋文的最后，要求黄易“请询之西归银鹿，得目验以证实”。

赵魏提出质疑的，还有黄易所摹《丰润鼎》，赵以为其文与杭州旧志所载三茅观中《宋绍兴时赐汉鼎》对看，以为绝相似，但志多出十六字。汪师韩当日曾辨《丰润鼎》为宋铸，但并未引志文，不知《丰润鼎》是不是仿此而删去十六字？除了文字，赵魏也告知在方志的记录中，鼎高一尺九寸，广一尺，两旁出曲，上有三尺牛首，他要求黄易进一步对照款式是否相符。[67]综合这两方面的差异，才能够对《丰润鼎》的真伪做出判断。

造假的碑刻与拓本在乾嘉时期开始渐渐出现，1777年，黄易得到嵩山《东阙题名》与《季度铭》，很可能是褚峻所伪托。在当时的舆论中，稍早的褚峻、董金瓯与同时的秦柏厓、巴瘦生，都制作了不少伪作，他们的目的，除了好利，就是好奇。[68]赵魏曾经得到一本篆书《王君碑》，谛视之下，也怀疑是褚峻之流的狡狯手段。[69]而官员出使自安徽回京，向翁方纲出示歙县巴慰祖所赠新出汉隶数种，翁一眼就发现其中的《杨孟文石门清颂》《王府君造石積碑》《杨伯邳碑》皆一手赝作。[70]正因为对伪作的警惕，拓片辨伪成为黄易友人书信中的重要话题。

书信中也常谈到对所见碑刻的心得，有时是单纯的考证，有时则体现出知识的融会贯通。如1780年桂馥在北京时，宋葆淳曾以黄易所赠《郭巨石室画像》见示，中有一像：众人在船上，共举一鼎，系绚两耳，岸上人分牵之，脱去一耳。宋葆淳命为作跋，桂以不解其意辞之。在1792年写给黄易的信中，他说：

> 昨看书偶得其事，《南越书》云：熙安县山下有神鼎，天清水澄则见，刺史刘道锡常使系其耳而牵之，耳脱而鼎潜，继而执绚者莫不疾耳。盖尉佗之鼎也。馥谓画像即此事，恨不速使芝山闻之，又无画像题其上，姑为执事述之。[71]【图6.4】

十二年悬而未解的问题，一朝偶然冰释，桂馥得意而又急切地希望与友人分享。同一年，桂馥在给黄易的信中又谈到武亿所赠《魏王基碑》，仅有中段，上下皆未刻，桂指出其碑“刑”字、“荆”字皆

图6.4　桂馥《致黄易》 见《小蓬莱阁同人往来信札》第一册

从“井”，作“荆”。查考汉印中的“刑”“荆”字也是从“井”，而《说文》原有从“开”、从“井”二字，而草部“荆”字从“刑”。《说文解字》中的一个错误，赖《魏王基碑》及汉印可证，正说明了金石文字的妙处。[72]桂馥是乾嘉小学四大家之一，金石文字为他提供了许多第一手的证据。

书信中的对话有时是针对当代学者的。如黄易收到赵魏所借唐人姜稀正所书《姜遐断碑》，细校一过，自觉妙不可言，不仅文字比《金石萃编》多出三四倍，而且王昶为剪贴本所误，以为合葬于昭陵之旧茔，中间无“神迹乡”三字，因大发议论。如今得到完整的拓本，“方决其言之大不然也”。[73]

又如，1798年四月安阳四汉碑发现之后，翁方纲致札黄易，询问其中一碑铭内“简在帝心凡之”，其中“凡”字不知是何字，如果释为“凡”字，似乎“于文义未肖”。[74]【图版17】黄易在回信中

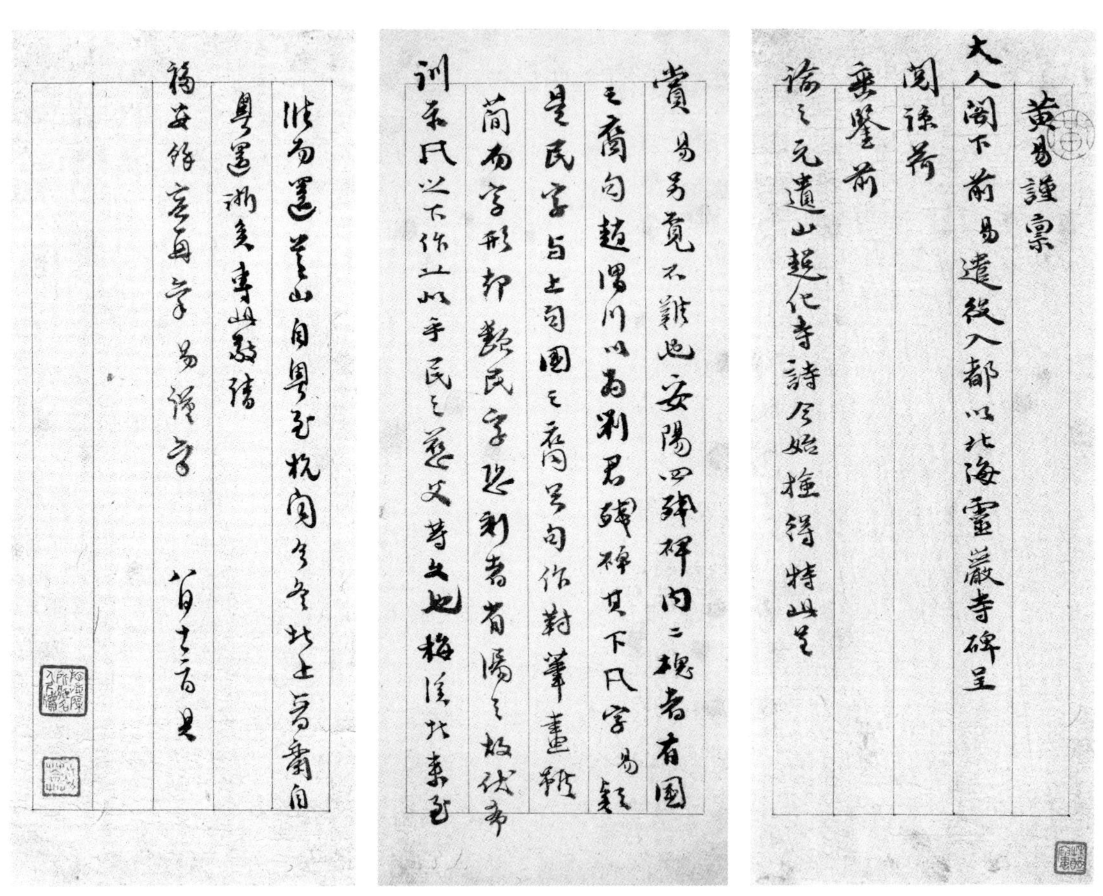

图6.5　黄易《致翁方纲》 收入《故宫藏黄易尺牍研究·手迹》

指出：

> 《安阳四残碑》内二块者有“国之裔”句，赵渭川以为《刘君残碑》，其下“凡”字，易疑是“民”字，与上句“国之裔兮”句作对，笔画虽简，而字形却类“民”字，恐刻者省漏之故，伏希训示。“凡”之下作“之”，似乎“民之慈父”等文也。[75]【图6.5】

赵希璜《和覃溪诗题访碑图原韵》云：“近复审出‘凡’‘彦’字（于《刘君碑》残泐处复剔出‘彦’字之半，当是‘凡之彦兮’为句），似铭国裔该初终。”[76]黄易的意见正针对此而发。嗣后，翁方纲题赵希璜所寄《刘君残碑》精拓本，提到了黄易的释文意见，但也无法做最终的结论：

> 二石（即《刘君残碑》）在西门君庙门左右，穿作门关。……初拓此铭，“国之”下一字不可辨，及再精拓，审视是“裔”字也。此行下“凡”字，究不能定是何字，黄秋盦云，当是“民”字，镌刻有误。此未敢遽定。[77]

信札中也有与前代学者的对话。如孔继涵考证《魏元丕碑》，认为是册为装潢家截断十四字，脱去十七字，比如一“厌”字及“流”“以”“荡”三字误装在“德是与拜渔”五字之上，但洪适的释文与此相合，说明这就是洪当时所见之本。孔又根据碑刻末尾题名十六人应按尚书令、刺史、太守、议郎、令、尚书郎、长的次序，但装潢者不问其列，而按行之先后为序，故错综亦夥。他还指出，各人名都注明了郡县，唯独北海郡五人不冠以北海，所以他怀疑碑为北海人所立。[78]

武亿则在一封长札中，细论洪适二书的不足，如：

> 《樊毅修华岳碑》云：“有汉元舅，五侯之胄，谢阳之孙。”洪氏谓：“《水经》云：‘泚水西南流，谢水注之，《诗》所谓申伯番番，既入于谢者，樊丹封谢阳即其国。’又云：‘自广陵出白马湖，径山阳城西，即射阳县之故城，高祖封项缠为射阳侯，乃其地。’据此则传以丹为射阳误。”

据武亿考，其实射、谢古多通用，碑言谢阳即传所谓射阳，盖同为一地，而传非误，误在章怀太子注不解古义，遽指临淮别有射阳，又疑远非此地，以致洪氏更据《水经》之注而訾及传文。又如：

《汉都乡正街弹碑》，洪氏根据《水经注》“鲁阳县有《都乡正衛碑》，平氏县有《南阳都乡正衛弹劝碑》”，指赵明诚误认“衛”为“街”。但《周礼》注正作“街弹”，疏中说“汉时在街置室，检弹一里之民”，以此碑证之符合。

此外，《隶续》论《衡方碑》案语有云：“尝为会稽东部都尉，乃威宗之时，则东都盖有此官，未尝并省。范史虽不具载，而他书亦可稽据。”但武亿番翻检《后汉书》，于《彭修传》发现他是会稽毗陵人，仕郡为功曹，时西部都尉宰鼌行太守事。汉代会稽设东西部都尉，又见于史如此。[79] 洪适说“范史虽不具载”，其实是他自己读书不细。

题跋是当日金石圈学术交流重要的方式，而且与通信稍有不同的是，这种交流最终将公开化，因此可以称之为“纸上聚会”。尽管题跋是元明以来书画鉴定 / 鉴赏的重要方式，[80] 但书画题跋大多涉及真伪与美学，而与更宽广的学术议题关系不大。在乾嘉时期，围绕着金石拓本的题跋所构成对话关系常常是针锋相对的，拓本既是对话的媒介，也成为对话的载体。

如《祀三公山碑》，翁方纲、赵魏都曾为黄易的裱本题跋，黄易注意到翁方纲所跋与赵魏稍异。[81] 具体而言，碑首惟“初”字可辨，此碑的立碑时间，黄易与赵魏认为是“永初四年”，朱筠、翁方纲则认为是“元初四年”。赵魏跋文谓《通鉴》有“永初二年，先灵羌寇河内，诏常山作坞堠以御之”云云，推测“初”之上一字未“永”。但翁方纲认为，“此是《后汉书》西羌传之文，在五年春，非二年也。冯君到官，承蝗旱之后，乃是元初四年丁巳之岁。”[82] 孔继涵也指出赵魏引永元二年当是五年之误：“羌人扰攘起于元年，故碑云尔范史可，按《封龙》无极灵山，《白石》俱有刻石，即唐所谓都望八山，在八都坛内者。”[83]

又如，王念孙指出，关于《祀三公山文》，翁方纲、黄易与赵魏虽释文已详，但仍有未安，如第三行“蝗罕鬲□”，鬲下一字，翁作

"我"，黄作"并"，黄易的根据是《汉书》记载安帝时尚书仆射陈忠上书云"隔并屡臻"，当是"鬲并"二字。王念孙以黄易之说为是，并再举数例：如《管子》《汉书》《汉碑》多以"鬲"为"隔"，李贤注《陈忠传》云："隔并，谓水旱不节也。"又引《顺帝纪》《郎觊传》《陈蕃传》《翟酺传》《参同契》，证明汉人多有"隔并"之语。[84]对于翁方纲关于《祀三公山碑》的释文，李东琪也曾枚举其不足：

> 其中"三尚御"定为御字，极是，豪无可疑者矣，汉碑"御"内从"先"者甚多。其"醮祠希罕"，"希罕"二字无可疑者。下接"[illegible][illegible][illegible][illegible]"，鄙见疑是"咎贞"二字，断非"焚奠"，亦非"敬奠"也。按《六书通》载"咎"字，古《老子》作[illegible]，《汗简》作[illegible]，碑作[illegible]，似是从各、从人，又加土于内耳。愚意因醮祀希罕而神道降咎祯之令不行，以至蝗旱为灾，亦未可知。其"卜择吉土"是"土"字无疑，碑中"三"字凡三见，皆作[illegible]，其末笔下垂，又不独此也。"三公[illegible]广"，"德"字无疑。弟初见此碑时即辨是"德"，不是"慈"也。"治东[illegible]衡山起堂立坛"，遗落"就"字。[85]
>
> 【图版18】

因为对释文意见不一，翁方纲、王念孙这样的大学者，与黄易、赵魏、李东琪等普通的读书人在同一个场合进行论争。离开这种仔细搜集相关材料，并对之进行勾连、推演的学术氛围，这样的论辩根本不可能发生。正是在这种背景下，研究中出现的任何错误会很快被他人驳斥，而真相也在一次次的商榷与论辩中逐渐清晰。

再如黄易所得汉魏五碑，翁方纲、张埙、孔继涵、申兆定、孙星衍等都曾参与《魏元丕碑》的释文，翁补释七字，孔补释"公邱"二字。但翁方纲所释"类"字，孙星衍认为是"貌"字，其上从"草"，他列举《太室阙》《颍川太守铭》《武荣碑》等碑中都能见到类似的写法。《朱龟碑》，张埙所释"綵""边"等字，翁方纲以为皆不确，要求"观者勿信"，几乎是当面拆台。《范式碑》，翁方纲亲自响拓一本，不仅补出桂馥所未辨之字十一个，且声称"其鉴弗确"。他还指出张埙跋文谓"啧"非"赜"是正确的，但训为"至"则非。[86]

1794年，江清、江凤彝父子获《晋任城太守孙夫人碑》，此碑欧、赵、洪诸书皆未著录，黄易为作释文，并考碑中若干字，不过，"石在荒野，风摧雨剥，漫漶太甚，精拓数勘，稍通其文，姑为释出，然微露笔迹之字，疑信相半，俟博雅论定焉"。【图6.6】如前所述，金石学研究的一个先决条件，是对金石刻铭进行释文。释文谁都能做，这中间比的是知识、经验与推理能力，尤其在遇到碑刻漫漶含糊时，学者们的意见往往不一。这就如同考证学本身，其魅力也在于既有若干确定的条件，又有材料的断裂与佚失，学者之间的竞争不仅是读书广博，闻见博洽，还有归纳与推理的思维训练。这件拓本后来由江凤彝带至北京，1798年七月，翁方纲作跋时指出，朱文藻考是碑为"泰始八年"，武亿考为"泰始六年"，翁认为作八年者是："谛审石本，八年下泐处似是十字，以月朔推之八年十月有庚寅，则或是八年十月庚寅卒。"在考证是碑书体时，钱大昕认为接近《范式》，孙星衍则拟为《王基》，翁方纲指出："汉晋以后隶法渐趋于觚棱鏉觚矣，直至北齐后周以暨唐初欧褚诸家，皆得准此以论其概耳。此亦隶势之原流也。"[87]他反对钱、孙寻找类似风格的做法，而将该碑放在隶书自汉晋至北朝的发展脉络中加以考察，并延伸至唐初欧阳询、褚遂良等人的楷书。这一考察视角很难说对阮元后来提出南北书派没有启发。同年九月三日，江凤彝又将拓本带到赵怀玉那里，赵认为黄易的释文及孙星衍的补释者尚有未尽，因就其所见补疏于后，以质之江凤彝，并质之黄易与孙星衍。[88]

阅读他人的跋文，附陈本人所得进行质疑，是乾嘉学人最为常见的交流方式。通过题跋，金石学共同体的成员针对一碑一拓进行讨论、商榷，虽然都是很小的题目，但涉及大量的材料与缜密的论

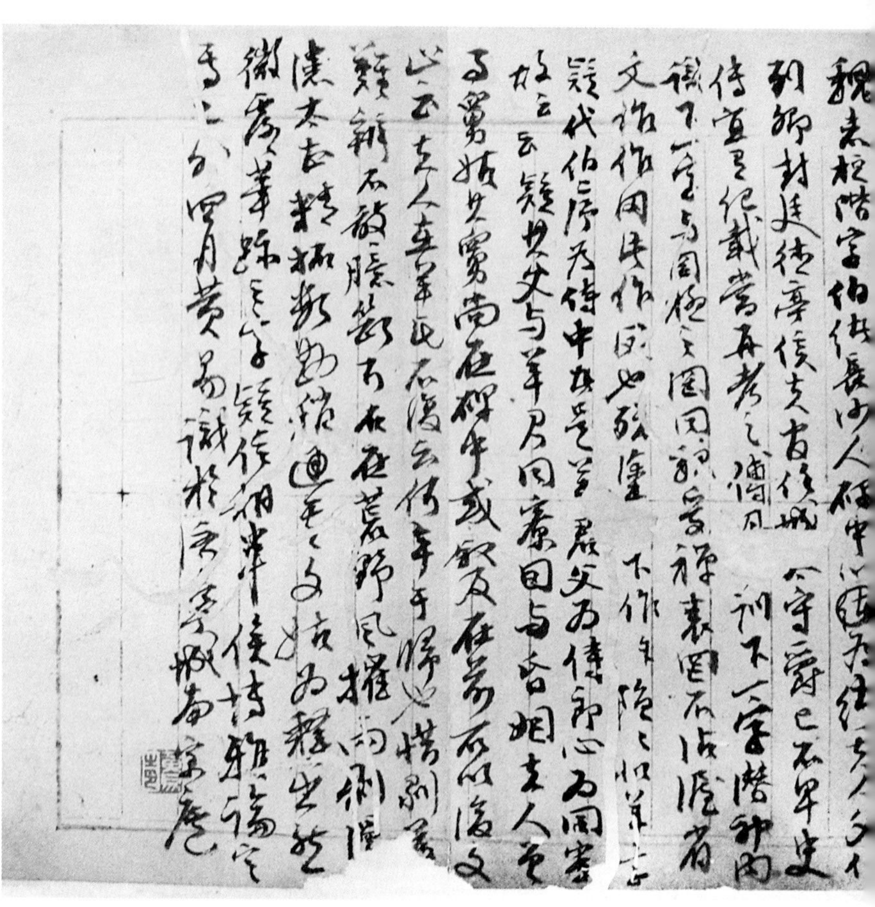

证，这是乾嘉时期考证学愈益精致巧妙的重要保证；而普通的布衣不受身份制约，与著名学者进行平等的商榷与交流，也体现出乾嘉学术的气象。

论学的题跋一旦编入图书出版，其影响将波及整个学术圈。《山左金石志》收入《武氏前石室画像十五石》的第二石“人首鸟身”，同时刊出了朱文藻与毕沅截然相左的意见。朱文藻认为：

> 西洋各画亦有人首而鸟翼者，正与此同。又济宁火德庙所藏明人水陆功德象中，亦作人首而鸟身者，是西方异物，皆出佛经，汉人当亦本此，乃知碑中所坐者为佛无疑矣。

乾嘉时期，学界对于西学并不陌生，朱文藻认为人首鸟身的图像来

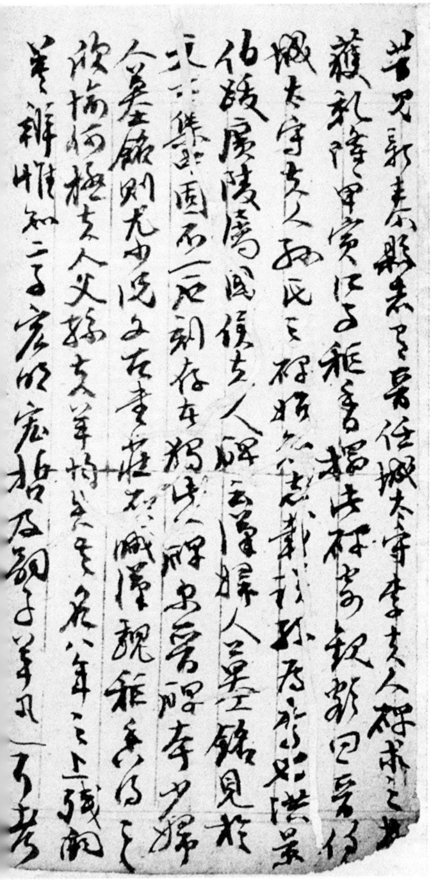

图6.6　黄易跋《晋孙夫人碑》
国家图书馆藏

源于佛教，无疑是大胆而又有创见的看法，不过毕沅虽认为“不为无据”，但他仍倾向于从传统文献中寻求解释，在按语中他写道：

> 《山海经》一书所言鸟兽多与此合，经云似人形者，不过略有相似，未尝言怪也。碑或据此以图其异，遂乃怪怪奇奇，靡所不有。余校刊《山海经》尝论及此书作于禹，益非后人所能及。朗斋舍此而远引外域佛经，未免失检。[89]

朱文藻来自杭州，曾短暂担任过黄易的幕僚，1794年毕沅任山东巡抚后曾计划延请课读，但他很快被再授湖广总督，此后，朱为山东学政阮元延聘编《山左金石志》。毕沅虽然不同意朱的说法，却决定将之刻入书中，可见在学术论争中他对于布衣学者没有丝毫的轻视。时至今日，武梁祠画像中一些母题来自西方的说法，越来越得到学者们的证实，[90]朱文藻的观点因《山左金石志》一书得以让后代学者了解，是何等幸运的事。

颜崇槼所藏“距末”也是一个有趣的例子，这件铜器由曲阜人掘地所得，收入《山左金石志》卷二。铭文小篆八字“愕作距末，用厘商国”，翁方纲据“商国”二字定为商器，[91]阮元则认为此字不类商铭，且色泽亦不肖商之古，他根据《左传·哀公九年》“利以伐姜，不利子商”与《左传·哀公二十四年》“孝、惠娶于商”的记载，将之定为周朝宋国器物。[92]此后，桂馥再为阮元提供两则材料，其一见于《左传·僖二十二年》：“宋公将战，大司马固谏曰：天之弃商久矣”，另一见于《左传·昭八年》：“自根牟至于商卫，注云：商，宋地，鲁境接宋卫也。”[93]翁方纲通过铭文中的“商国”就将铜器的制作时代定为商代，但在阮元看来，不免望文生义。他的疑窦，首先是字体与书法与所见商代铭文不合，而从物质性的角度而言，其色泽与商器也不相合。这种怀疑，促使他进一步在文献中寻找证据，如他所愿，《左传》中有两条材料说明，“商国”其实是周朝的宋国，而非殷商。在此基础上，桂馥又提供了同书中的另外两条材料，进一步坐实了阮元的判断。就读书的细致程度而言，桂馥似乎更胜一筹。

本书无意于对乾嘉考证学进行系统的介绍与评价，但是，在什么样的背景与条件下，学术研究可以以上述的方式展开？对此，我愿意稍作粗疏的概括：

首先是资料的公开，大至碑刻、画像，小到瓦文、印章，乾嘉时期的新发现常常会很快向外界公布，而不是秘而不宣。但到了同光之际，拓本作为财富的意义进一步凸显，收藏家之间的竞争也日益加剧，即使是友朋间的拓片交流，也需要银钱。如王懿荣屡为陈介祺销售拓片，“一纸一金”，通常很快销光，[94]但王懿荣从陈介祺那里分得的拓片，仍须计值收费。[95]潘祖荫喜欢巧取豪夺，作为门生的王懿荣不得不加以提防，他要求陈介祺不要向潘透露他新近收获的任何古器，出于同样的担心，景其浚（？—1876）在收入一《丙申角》之后，让琉璃厂的商贩放话，托言此角乃是海东人购去。[96]至于因精细的专业分工带来的材料垄断，一件出土文物的考古报告常常二三十年以后仍未发表，得到一张照片也难于登天，今日的学者比之乾嘉，更不知是幸运，还是不幸？

二是研究内容——如释文、考证——多针对具体的事实，如小学、历史、地理、职官、名物等等，这类研究不像思辨性很强的宋学，见多识广的读书人都可能有所发现，比如在解释画像时，除了文献知识，多识鸟兽草木之名也格外重要，对于衣冠服饰、家具日用、坐姿跪姿的时代认知，都可能起到直接的作用。这种研究旨趣一直延续到晚清，王懿荣在讨论古文字时，将“形象”作为重要的研究对象，他认为：“有形象而后有文字，有文字而后有声音，有声音而后有训诂，有训诂而后有义理。居今日而欲求义理，则非通训诂不可，通训诂非通声音不可，通声音非通文字不可，通文字非通形象不可，欲通真有形象之文字，则非钟鼎古文不可，通钟鼎古文则非见真古器文字不可，舍古器固无他。”在解释经典时，王懿荣的方法比经师徒求古注更为奏效，如他论《尚书》“宁王贻我大宝龟”“率宁人有兹疆土”之义，根据古文形象，指出“文”与“宁”形绝似，故“宁王”“宁人”实为“文王”“文人”，“此不俟前人烦言而解此犹浅也。”[97]但尽管如此，由于晚清的研究重心向青铜器等其他商周古物转移，研究门槛无疑还是提高了。

三是在乾嘉考证学中，不少讨论都是以题跋（或是类似题跋）的方式进行的，题跋可长可短，文体十分灵活，即便愚者一得，亦可及时贡献。这一形式——或许今天看来有很强的业余色彩，却决定了共同体成员的广泛参与，同时也促进了针对某一研究的精致化。题跋的拓片（或刊印本）在共同体内流传，每一个看到题跋或是继续作跋的人，都能对之做出公允的评价，官阶、身份、地位在此都让位于学术。这也是乾嘉时代许多重要学者一生仕途平淡，甚至从未进入仕途，却毫不影响其学术地位的一个原因。

与其他历史时期的学术研究常常具有很强的精英性不同，梁启超曾经以“群众化”来形容乾嘉时期的考证学。[98]如果借用社会学分层理论的概念，我们可以说乾嘉金石学拥有非常广泛的“中间阶层”，他们既是金石收藏与研究的主体力量，也决定着关于金石古物的主流价值观，甚至还引导着某种文化消费，而黄易也许是这个中间阶层最典型的代表。在他们眼中，金石不仅是一种物质，还体现为学术结构中非常活跃的因素。参与金石学问的读书人，治学的精深程度自然有所差别，但他们在解释金石的器型、文字、图像、文献、书法及其物质性特征时，有着对话的基础，而这最终决定了纸上聚会的发生。这种聚会不仅充分体现了知识交流的乐趣——这是另一种形式的“古欢”，也潜在地带动了金石学在这一时期的长足发展，并激发了乾嘉学术趣味的深层转向。

注　释

〔1〕　袁宏道《袁中郎全集》卷十六《时尚》，《四库全书存目丛书》集部第174册，页556。

〔2〕　徐浩《古迹记》，收入张彦远《法书要录》，页118。

〔3〕　“郭香察书”，有两种理解，一为“郭香”检查校对书丹文字；一为“郭香察”书丹。后者以赵崡与郭宗昌为代表，他们的看法较受今人认同。

〔4〕　此碑名气日隆，也与双钩本、翻刻本众多有关。翻刻者有：如皋姜任修、歙县巴氏、江氏，曲阜孔继涑、商邱陈崇本等。双钩则有张燕昌、翁方纲等。

〔5〕　翁方纲《复初斋文集》卷二十八《跋澄清堂残帖》，页286。

〔6〕　毕沅《致起老》，故宫博物院藏。

〔7〕　王宗敬《我暇编》所收《黄小松》云：“近年公以中痰甫愈，请假时多。”页389。

〔8〕　王昶《金石萃编》卷十六《石经残字》，王昶按语云：“孙氏岘山斋本后流传今户部郎中董君元镜所，黄君见而借之，会董方嫁女，贫甚，黄为置奁具直白金数十两，董君无以偿，遂举石经归之。”页291。

〔9〕　参见本书附论《十八世纪后期文化商品的价格：以黄易的朋友圈为中心》，原载《中国书法》2017年第9期，页158—173。

〔10〕　黄易所椎拓的小铜器、钱币等，今天仍可见到精心装池的若干册页。如国家图书馆藏

《泉文》四册，山东省博物馆藏《黄小松辑释吉金拓本》，其中不少来自潘有为、翁树培、司马亶、陆绳、武亿、袁枚等人的馈赠。

〔11〕 王懿荣《致潘祖荫》，国家图书馆藏。

〔12〕 王懿荣《致王瓘》，国家图书馆藏。

〔13〕 王懿荣《致孙汝梅》，国家图书馆藏。

〔14〕 王懿荣《致陈介祺》曾提到，"河阳（即潘祖荫）性最急，一日不见古器则急，急则市侩有以挟持而务求备类，恐不免有充数者渐厕其中"。"伯寅先生（潘祖荫）花钱如水，近似少窘，得丈指示其所购器之真伪，逐件汰而退之，贾者伤心，亦可笑也。"国家图书馆藏。

〔15〕 翁方纲《复初斋诗集》卷四十四《四月二十五日由南池太白楼浣笔泉至济宁学》小注："秋盦将属朱朗斋为辑《济宁金石录》也。"诗作于1793年。页72—73。

〔16〕《山左碑目》，页5。

〔17〕 收入《古今尺牍墨迹大观》第十二册。

〔18〕 此二札见《翁方纲题跋手札集录》，页574。

〔19〕 收入《故宫藏黄易尺牍研究·手迹》，页222—223。

〔20〕 见于广东崇正2017年春拍。

〔21〕 甘肃省博物馆藏。

〔22〕《复初斋集外诗》卷二十一《德州道中赠秋盦》有云："恨不济宁留过夏，题襟待得晋斋来（闻赵晋斋将以六月到济宁也）。"《续修四库全书》第1454册，页574。

〔23〕《复初斋诗集》卷四十五《四年三至诗》，《续修四库全书》第1455册，页77—78。

〔24〕《复初斋诗集》卷二十九《鲁峻碑阴歌报黄秋盦作》："小玲珑馆旧拓本，归我缃囊非忝窃（晋斋所赠）。"《续修四库全书》第1454册，页623。

〔25〕《复初斋诗集》卷二十九《题赵晋斋所赠萝轩先生画轴》，《续修四库全书》第1454册，页617。

〔26〕《复初斋诗集》卷二十九《京城内西南淤泥寺贞观二十二年心经石刻，……今晋斋来京拓以见饷，予赋诗报之，时晋斋将之陕》，《续修四库全书》第1454册，页619。

〔27〕《复初斋诗集》卷六十七《于四明范氏天一阁访许长史旧馆坛碑不可得，赋寄犊山，兼致晋斋梦华》小注："欲乞赵晋斋、何梦华二君访此帖踪迹也。"《续修四库全书》第1455册，页305。

〔28〕《复初斋集外诗》卷十八《晋斋出都，宋芝山孝廉为仿元人竹西图意写〈竹崦盦卷〉，予为临赵仲穆篆题首用仲穆韵》，《续修四库全书》第1454册，页540。

〔29〕《复初斋诗集》卷二十九《题仁和赵晋斋所藏〈宋孝宗书纨扇〉》，《续修四库全书》第1454册，页617。

〔30〕 张廷济《桂馨堂集》感逝诗"何梦华"条，《清代诗文集汇编》第490册，页468。

〔31〕《复初斋诗集》卷四十八《梦华为予精拓惠山"听松"篆并后题字，赋此报之》，《续修四库全书》第1455册，页108。

〔32〕《复初斋诗集》卷五十一《梦华拓径山苏诗见寄　绍兴廿八年刻》，《续修四库全书》第1455册，页142。

〔33〕《复初斋诗集》卷六十七《建武泉范歌》小注："张芑堂、何梦华昔年于丁龙泓斋摹拓，尚有误。"《续修四库全书》第1455册，页304。

〔34〕《复初斋外集》卷二十二《秋盦济宁衙斋小集 四月廿五日》"官斋此会人争羡，不独何郎倚夕曛"句小注："是日梦华约而未至。"页591。

〔35〕《复初斋诗集》卷三十一《王稚子阙旧拓本为黄秋盦题》，《续修四库全书》第1454册，页643—644。

〔36〕《复初斋诗集》卷三十《次瘦同韵题顾芦汀所藏文衡山缩临兰亭，即送芦汀归济宁二首》，《续修四库全书》第1454册，页633。

〔37〕《复初斋集外诗》卷第二十二《吴门顾芦汀以汉苑囿瓦文见赠，赋此报谢，即送其往真定，兼寄铁香太守"六畜蕃息"四字环写》，页586。

〔38〕《复初斋诗集》卷三十九《济宁学宫观碑歌　秋盦署斋观所藏金石，秋盦为作图，同赋三首，三月十七日》末句云："又借秋盦识铁桥。"《续修四库全书》第1455册，页35。

〔39〕《复初斋集外诗》卷十五《〈得石图〉歌，图为黄小松画济宁李铁桥于州学古松下得〈汉胶东令王君庙碑〉事也，事在乙未夏，予已有诗》，页510；卷二十三《秋盦为铁桥作得石第二图》，页592。

〔40〕潘曾莹《小鸥波馆文钞》卷二《陈二西传》，《清代诗文集汇编》第629册，页231—232。

〔41〕丁传《致黄易》，《小蓬莱阁同人往来信札》第四册。

〔42〕《我暇编》，页391。

〔43〕《我暇编》，页392。

〔44〕王昶《金石萃编》序，页3。

〔45〕赵魏《致黄易》，《黄小松友朋书札》第五册。

〔46〕《复初斋诗集》卷三十二《长生未央汉砖歌，题钱献之所寄拓本》，《续修四库全书》第1454册，页659—660。

〔47〕《小蓬莱阁金石文字》"汉故圉令赵君之碑"黄易跋云："易所收汉刻金时碑石尚存者皆拓两本，一整幅，一裱册。"页649。

〔48〕武亿《授堂文钞》续集卷九《与黄小松》，页161。

〔49〕黄易藏《太室石阙铭》："乾隆甲寅（1794）三月，精拓本。"题《少室石阙》："乾隆甲寅三月，精拓足本，只此一册，秋盦至宝。"题《少室东阙题名》："乾隆甲寅三月，精拓本。"题《嵩高山请雨铭》："乾隆甲寅三月，精拓本。"故宫博物院藏。

〔50〕严长明《（乾隆）西安府志》卷十九《学校志》引《陕甘资政录》，页5。

〔51〕这些商人也被称为碑估、帖估、帖友。如吴骞《愚谷文存》卷五《汉史晨后碑跋》："《史晨碑》于汉隶中最有名，而佳者绝难得。此后碑虽不能初拓，然视近日帖估所卖为俗工修凿之本，痴肥顽钝，全失其神者，相去远矣。"《清代诗文集汇编》第380册，页230。钱大昕《潜研堂金石文跋尾》续卷一《淮源桐柏庙碑》："汉刻久亡，元至正四年，同知唐州事杜昭既修祠庙，乃请翰林待制浚仪吴炳重书，……中州罕拓碑手，故流传者寡。而碑估之黠者往往割去炳重书字及碑后记，装界成册，收藏家未见全文，遂以为真汉刻矣。"页461。赵魏《致黄易》："外此大率流传旧本无石者，帖友得之，皆索高价，非数

金不得一种，弟一时绵力，当徐徐图之，不难也。”《黄小松友朋书札》第三册。

〔52〕严观《府君行述》，转引自康锐《国图藏严长明致黄易三札系年》，见《学术交流》2018年第7期，页137。

〔53〕收入《故宫藏黄易尺牍研究·手迹》，页158—159。从书写速度判断，黄易的信札大多作于匆遽之中。除了早年曾经还算精致地临摹过王献之《玉版十三行》，黄易的小楷也大多写得速度极快。无锡博物院藏。

〔54〕收入《故宫藏黄易尺牍研究·手迹》，页24—25。

〔55〕张方理《致黄易》，《黄小松友朋书札》第十册。

〔56〕黄易《致郑震堂》，北京艺术博物馆藏。

〔57〕金学莲《三李堂集》卷四《河水十上韵寄黄小松同知易》，《清代诗文集汇编》第508册，页167—168。

〔58〕何道生《双藤书屋诗集》卷十《至泲宁喜晤黄小松司马易》，页54。

〔59〕梁启超曾经揭橥清儒不喜欢像宋明人聚徒讲学，其学术的交流很大程度上依赖于互通函札，这类函札，他认为实即著述。同样，他也强调当时的学者社会中，札记是最为可贵的学术成果。《清代学术概论》，页63—64。从性质上说，金石题跋也是札记之属。

〔60〕赵魏《致黄易》，《黄小松友朋书札》第三册。

〔61〕赵魏《致黄易》，《黄小松友朋书札》第十三册。

〔62〕《裴岑纪功碑》黄易跋，国家图书馆藏。

〔63〕黄易《致赵魏》，见《故宫藏黄易尺牍研究·手迹》，页172—173。

〔64〕赵魏《致黄易》，《黄小松友朋书札》第十三册。

〔65〕赵魏《致黄易》，《黄小松友朋书札》第十三册。

〔66〕《裴岑纪功碑》孔继涵跋，国家图书馆藏。

〔67〕赵魏《致黄易》，《黄小松友朋书札》第十三册。

〔68〕黄易《致赵魏》，上海图书馆藏。

〔69〕赵魏《致黄易》，《黄小松友朋书札》第四册。

〔70〕翁方纲《致黄易》，上海图书馆藏。

〔71〕桂馥《致黄易》，《小蓬莱阁同人往来信札》第一册。

〔72〕桂馥《致黄易》，见于日本关西竞买2017年春拍。

〔73〕李志刚、刘凯编《袁氏藏明清名人尺牍》，页639。字伪，内容可信。

〔74〕翁方纲《致黄易》，故宫博物院藏。

〔75〕黄易《致翁方纲》，收入《故宫藏黄易尺牍研究·手迹》。

〔76〕赵希璜《四百三十二峰草堂诗钞》卷二十（戊午），页148。

〔77〕见罗振玉《雪堂所藏金石文字簿录》所收《刘梁残碑》条，页37—38。秦明《故宫藏黄易〈北海札〉考》曾经引用，《故宫学刊》2013年总第10辑，页467—477。

〔78〕孔继涵《致黄易》，故宫博物院藏《魏元丕碑册》后。

〔79〕《授堂文钞》卷三《答黄小松书》，页100。

〔80〕参见何传馨《元代书画题咏文化——亦李士行〈江乡秋晚〉卷为例》，《故宫学术季刊》第

19卷第4期，页11—30。

〔81〕 黄易《致赵魏》，张廷济录本，见《故宫藏黄易尺牍研究·手迹》，页44—46。

〔82〕《小蓬莱阁金石文字》“三公山碑”条，页615—617。

〔83〕 孔继涵《致黄易》，私人藏。

〔84〕 王念孙《汉隶拾遗》所收《三公山碑》，页597。

〔85〕 李东琪《致黄易》，《黄小松友朋书札》第七册。

〔86〕 黄易《小蓬莱阁金石文字》，页550、561、610—611。

〔87〕 翁方纲还提道：“数年来黄君秋盦、桂君未谷、孙君渊如、何君梦华先后以拓本见寄，今得题秬香兄装册后，何啻诸君握手披榛薜剔时也。”可见诸人都曾请翁作跋。

〔88〕《王学浩、程庭鹭、奚冈等晋任城太守孙夫人碑拓并题画诗合册》，见于上海敬华2006年春拍。江凤彝赠黄易拓本，今藏国家图书馆。

〔89〕《山左金石志》卷七《武氏前石室画像十五石》，页14433。

〔90〕 这一方面比较重要的成果，以缪哲《汉代艺术中外来母题举例——以画像石为中心》为代表，南京师范大学2017年博士学位论文。

〔91〕 见《翁方纲题跋手札集录》，页22。

〔92〕《山左金石志》卷二《距末》，页14368。

〔93〕 桂馥《札朴》卷八，《续修四库全书》第1156册，页152—153。

〔94〕 王懿荣《致陈介祺》：“其属分销十纸，遵原示一纸一金，现已全销，得市平高银十两正。”陈介祺最大的买家是潘祖荫与吴大澂，如潘祖荫《致王懿荣》提及：“友人索寿卿拓本之银已送来，此计一百卅，是否先送银而后取拓本？”吴大澂《致王懿荣》也谈道：“兹由寄簠斋丈拓值京平纹银一百两，乞转寄潍城为感。”三札皆国家图书馆藏。

〔95〕 王懿荣《致王瓘》：“侄则土物心盛，簠斋以重分千种计值与侄，仲饴为讲价去矣。”国家图书馆藏。

〔96〕 王懿荣《致陈介祺》：“以上二器皆侄昔岁童年困乏时所得，不欲令河阳知，重添一番往返。”国家图书馆藏。

〔97〕 王懿荣《致陈介祺》，国家图书馆藏。

〔98〕 梁启超《清代学术概论》，页29。

结语

乾隆五十八年（1793）九月二十七日，济宁运河道道台归朝煦在赴任途中致札黄易，提到“夷使此时想早过境”，[1]所言夷使，即英国马戛尔尼（1737—1806）使团的船队，此时他们在北京觐见了乾隆帝，经济宁前往宁波。关于马戛尔尼有没有向乾隆帝下跪，中英两国的文献各有不同的说法，[2]但这是两国之间一次失败的外交，却毋庸置疑。在此以后，清廷不断遭到来自西方世界的挑战与挤压。五十年不到的光景，第一次鸦片战争发生，战争以清廷割地赔款暂告段落。

越是处于国家危难之际，业余的收藏与研究就越容易让人产生“玩物丧志”的焦虑。但大多数的承平年代里，没有人认为业余爱好会对“公”造成负面影响；相反，这种爱好是一种风雅，是区隔于“俗吏”的鲜明标志。但鸦片战争的失败，打破了中国社会相对封闭的运行结构与思维习惯，官员们不断受到来自外界的越来越强烈的挤压。吴荣光（1773—1843）在鸦片战争结束后去世，晚年的他已经不得不为自己的金石收藏寻求说辞：

> 余之有此故纸也，竭资力则伤财，穷毡蜡则罢民，运舟车则招谤，而卒以保古人千百年之精神命脉于不敝，至老而不悔也，不亦重可哂乎？[3]

而沉浸于金石收藏的吴大澂，因为在甲午战争中主动请缨却以战败告终，其沉溺于古物鉴藏就遭到强烈质疑，甚至成为黄遵宪（1848—1905）等人批判的靶子。[4]

幸运的是，乾嘉是一个鼓励金石收藏的时代，黄易生逢其时，并创造了一个收藏史上的奇迹。当吴大澂在《郑斋金石题跋记序》中写下“萃翁、黄之遗珍，补欧、赵之未录”时，[5]黄易、翁方纲成了他眼中与欧阳修、赵明诚比肩的杰出人物。

除了这样的历史土壤，黄易的成功也有他个人的际遇。1780年，与他只有一面之缘的沔县知县李衍孙，在诗中称他“冰雪襟抱仙人姿”，[6] 1796年经过济宁的户部主事张燮，也说他“平生侠骨兼仙骨”。[7] 两人都揭出一“仙”字，赞赏他的人生境界超越于寻常俗吏之上，而这种超越，正来自于他对金石古物的狂热爱好。

在钱大昕所稔熟的同时二十多位金石学者中，“嗜之笃而鉴之精，则首推钱唐黄君秋盦”。他所刻画的黄易的形象，不仅博极群书，元元本本，对于吉金乐石，更是寝食依之，虽然簿书络绎，车马尘鞅，但只要有片刻之暇，他一定会打开那些拓片，摩挲研玩。[8] 翁方纲作为黄易最亲密的知己，也说他每得古物，双目顿时炯炯，颧颊顿时绯红，他收藏的汉印、吉金杂器，终日摩挲而不肯去手。[9] 即便病痛之中所作书札，奚冈依旧能从中感受到英峻之气与尚古之心，金石书画就像黄易的头目脑髓，与往日相比，有增无减。[10]

黄易在乾嘉金石学共同体中的形象，除了友人的塑造，也有他的自我塑造。本书并未满足于黄易个人史的描述，而是企图重构他收藏活动中的若干重要环节——诸如信息、征集与回报方式等，而通过拓本题跋、翻刻、刊印、绘图等手段，黄易努力推动碑刻与拓本的经典化，这样的努力虽未必全部成功，但此类衍生产品却意外地开辟出乾嘉学术崭新的文化景观，金石学因此由偏重铭文的学问转化为更具综合性——椎拓、装池、比勘、题跋、诗画、书法、鉴藏——的学问。可以说，在短短的三十年中，黄不仅建立了可观的收藏，也形塑了自身在这一共同体中独特的形象。[11] 而黄易赖以闪光的乾嘉金石学的生态，也是本书所关心的问题之一，不同层次的官员、学者、收藏家甚至是古董商，以拓片为纽带，完成了在金石发现、椎拓与传播上的协作，而以书信、题跋为载体，他们也为后人呈现了平等而又严肃的学术交流。讨论乾嘉金石学的成就及其特色，这样的环境没有理由被忽视。

注 释

〔1〕 归朝煦《致黄易》,《黄小松友朋书札》第二册。

〔2〕 黄一农《印象与真相：清朝中英两国的觐礼之争》,《中央研究院历史语言研究所集刊》第七十八本第一分册，页 35—106。

〔3〕 吴荣光《筠清馆金石录》自序,《石刻史料新编》第 3 辑第 1 册，页 389。参见何碧琪《吴荣光鉴藏相关的群体及其雅集的意涵刍议：思想史角度的观察》，收入《历史脉络中的收藏与鉴定》。

〔4〕 白谦慎《社会精英结构的变化对 20 世纪中国书法的影响》,《艺术学研究》第 2 辑，页 188—192。

〔5〕 沈树镛《郑斋金石题跋记》吴大澂序言，页 1。

〔6〕《武定诗续钞》卷七李衍孙《得石图诗为家铁桥作即示黄九》，页 12b—13b。

〔7〕 张燮《味经书屋诗稿》卷十一《哭黄小松司马》,《清代诗文集汇编》第 434 册，页 627。类似的评价，还有余集《黄小松小影赞时年五十，癸丑十月》:“人以为练干之吏，吾以为翰墨之仙也。”《秋室学古录》卷二，页 23。

〔8〕《小蓬莱阁金石文字》钱大昕序，页 531。何道生的观察与钱大昕相似，在《小蓬莱阁观碑图为小松题》中，他写道：“先生宴坐手欲胼，古碑千纸相周旋。订残补阙证史编，爬搜直突欧洪前。”《双藤书屋诗集》卷十，页 55。

〔9〕 翁方纲《黄秋盦传》，页 471。

〔10〕 奚冈《致黄易》,《古今尺牍墨迹大观》第 3 辑第 13 册，页 84—89。

〔11〕 不过，在黄易身后，他的子嗣未能世守他的收藏，长子黄元长虽秉性聪颖，但不肖其先志，而女婿李大峻，乃济宁富家郎，亦不知岳父一生裒辑之功。参见王宗敬《我暇编》，页 389。黄易藏品的散失，如道光十七年（1837）《王稚子二阙》已为刘燕庭所有，见瞿中溶《瞿木夫先生自订年谱》本年三月条,《北京图书馆藏珍本年谱丛刊》第 131 册，页 358。又《石经残字》为沈树镛所得，何绍基《东洲草堂诗钞》卷三十收《访沈韵初舍人得观熹平石经残字拓本，即黄小松旧藏而翁覃溪所题也》，页 111。庄缙度得黄易旧藏《裴岑纪功碑》，跋云：“司马物故，子孙不能守其业，□□珍品，皆如银杯羽化。是册流落任城郭氏，闻其出售，急属陈麋翁为之介绍，以纹银卅两得之。□□生平所见惟刘氏竟古所藏与此二者而已。渔人记。”国家图书馆藏。

附论

十八世纪后期文化商品的价格

以黄易的朋友圈为中心

乾隆二十四年（1759），已经卸任数年的郑板桥为自己的书画订出润格：

> 大幅六，中幅四，小幅二，书条对联一，扇子、斗方五钱。凡送礼物食物，总不如白银为妙，公之所送，未必弟之所好也，送现银则中心喜乐，书画皆佳。礼物既属纠缠，赊欠尤易赖帐，年老神倦，亦不能陪诸君子作无益语言也。画竹多于买竹钱，纸高六尺价三千。任渠话旧论交接，只当秋风过耳边。[1]

在这段文字中，郑板桥为自己各种形式的书法与画竹订出了价码：按尺幅，大、中、小分别是6两、4两、2两，书法条幅、对联则是1两，扇面与斗方递减为5钱。六尺高的竹子卖钱3000文，换算约银4两，当为郑板桥所说的中幅。[2]郑氏的润格因其风趣，传布甚广，成为我们了解乾隆时期活着的艺术家作品价格的重要资料。

润格或是买卖，表达的是文人的经济关切，这些内容很少会发表于公众场合，或是收入正式的诗文集。研究文化经济史的学者常常感叹材料难得，他们对一个时期文化商品价格的推断，亦往往建立在较为单薄的制度性规定之上。事实上，更多的材料在各时期的信札与日记中不断被发现，尤其是那些收信人较为集中的批量信札，往往有可能构成较为完整的文化商品的价格目录。

2001年，陈智超先生整理出版徽州方氏700余通信札，其中不少涉及书画价格及其区域转移（自苏州、南京销售到徽州），是非常难得的关于万历时期江南书画市场的材料。[3]近年来，白谦慎先生亦从吴大澂及其友人的信札、日记中，清晰勾勒出晚清书画、碑帖、古董的价格与流通情况。[4]新近不断披露的黄易友朋书札，则几乎完整地涵盖了18世纪后期各类文化商品与服务的价格。这些书札，集中于18世纪最后30年间，黄易先后在盐城伍佑场、北直清苑、南宫、山东济宁、河南开封等地佐幕或是做官，其中在济宁运河衙门的任职时间超过 20 年。

济宁为运河上南北交通的重要中转站，依托于这样的便利，黄易一方面帮助家乡友人在北方销售字画、古董与书籍，同时也向杭州、苏州、扬州、南京等地友人求购这类文化商品，尤其是在他的晚年；另一方面，作为乾隆时期最重要的金石收藏家，举凡刻帖、碑拓、刻工、拓工等的价格，在黄易往来书札中也有反映。本文在考释这些书札的基础上，试图向读者呈现较完整的信息，同时也关心黄易的收入与生活消费，并借此理解他这一类低级官吏的收藏倾向。

书画

乾隆三十六年（1771）八月，黄易自杭州北上，前往盐城伍佑场郑制锦幕中，二十七日经过扬州时，他给老友陈灿写信，提及"尊画尚未售去"。三十日他到了场中，又发出一信："所委觅馆、售画均未能报命，可愧之至。"除了受陈灿之托为卖藏画，他还答应为老师何琪谋馆，但初来乍到，局面一时难以打开。到了这一年冬天，黄易再一次向陈报告："弟自扬来场，所谋之事，徒成画饼。尊画一幅未售，奈何！弟尚无就绪，枯坐而已。"[5]【图附 1】

自从黄易北上游幕，接受家乡友人的委托，为他们销售字画、书籍等物，便成为他的义务之一。他常常为不能及时脱手感到抱歉，有时甚至还要先行垫付。1776 年，赵魏在给黄易的信中，要求他帮忙为所藏赵孟頫《道德经》找到销处，"五十金亦可售矣"。黄易久未售出，赵魏表示可还价到 20 两，[6] 但还是未有接手者，黄在一封信中说："弟有银存奚九哥处，请大哥先取十两应用，余俟岁底赵册如卖去，弟当找寄。"[7] 赵回信则说："松雪书不必亟亟，如无售处，不妨寄还。"[8] 直到 1780 年，赵册仍未售出。此时赵魏再将

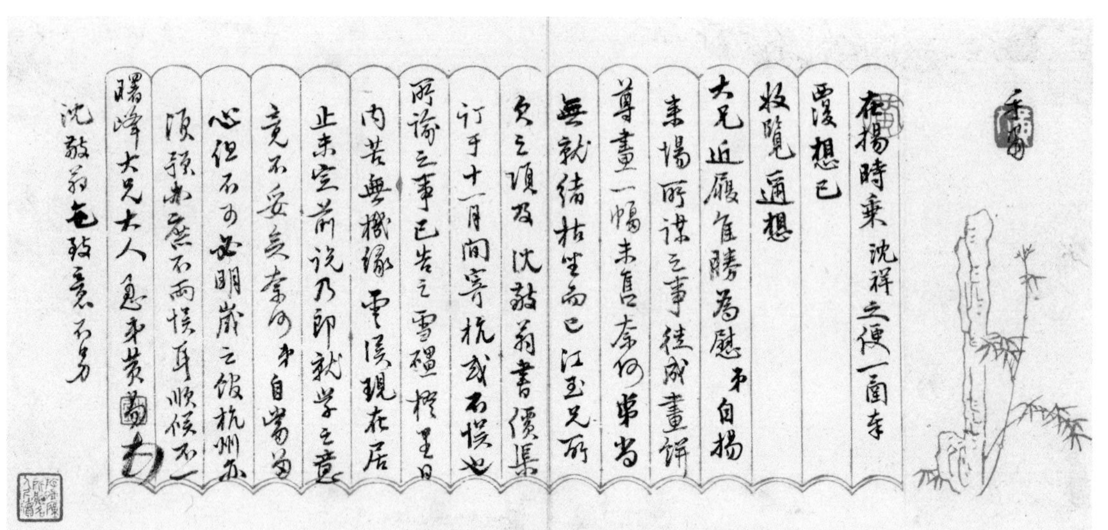

图附1　黄易《致陈灿》 收入《故宫藏黄易尺牍研究 · 手迹》

磁、铜器物十余件，开价请黄易帮忙销售，其中“宋炙砚希世之物，弟本不欲去者，知己能为我谋一善价，亦可作御冬之计”。[9] 黄易接信之后表示：“各件原欲代为货去，而赏音绝少，宋炙砚殊美，苦少多价，是以数月来未售一件，恐久稽无益，仍俱奉还。”并说，“如有可销书画，如赵文敏册之类，乞交来代图，他物则不必矣。”[10] 此时的黄易，刚刚入仕，人脉尚未如后来那般广大，友人托售书画与书籍，他常常无法措置。但赵魏这样的友人，委托却源源不断，1792 年，赵给黄易寄上十帧装好的奚冈画作，“谅已收拾，恳为布置。前梦华（何元锡）所携，或者难销，乞存尊处，容弟来再商亦可。”何元锡在给黄易的信中也说：“晋斋（赵魏）坐困在家，急切颇难就道，前有画片托阁下代售，谅必为渠设法也。”[11] 黄易能否为朋友卖出东西，几乎关系到他们的基本生活。黄易在回信中总是克制着他不耐烦的情绪。

在与赵魏的通信中，我们看到赵孟頫《道德经》的两次开价：50 两与 20 两，到底售出价如何，我们不得而知。同样是赵孟頫的

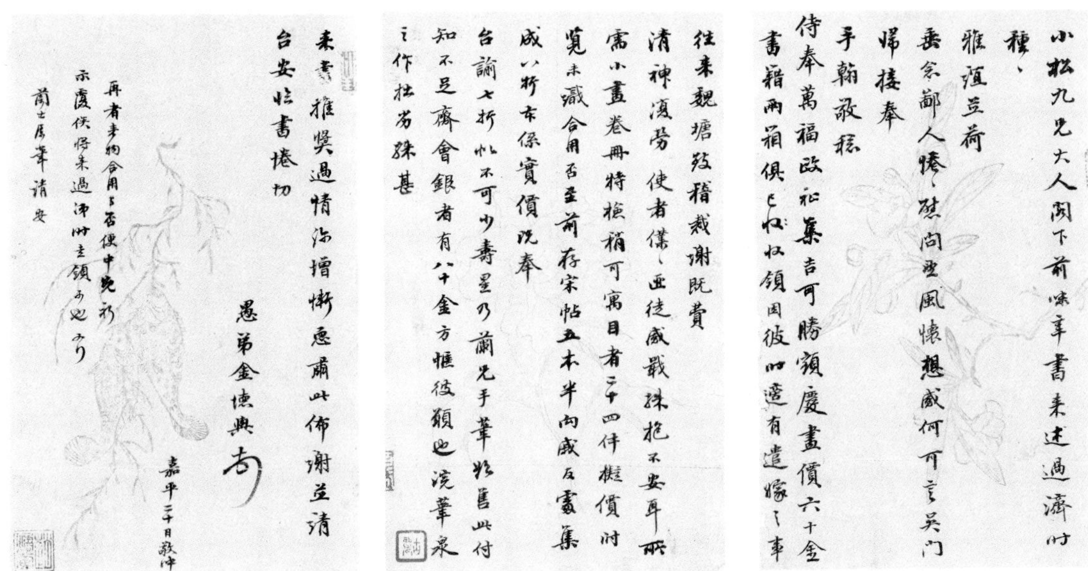
小松九兄大人閣下前承手書未述過濟付
種種
雅誼並荷
垂念鄙人慘慘慰向風懷想感何可言吳門
歸棲奉
手翰敬悉
侍奉萬福政祉集吉可勝頌慶畫價六十金
書籍兩箱俱已收收領因彼此遙有遺嫁之事
往來覬塘致稽裁謝既費
清神復勞使者僕僕亟徒感戢殊甚不安耳所
需小畫卷冊特檢稍可寓目者二十四件擬價附
覽未識合用否並前存宋帖五本半向戚友處集
成八折本係實價況奉
台諭七折似不可少壽星乃蘭兄手筆欲售此付
知不足齋會銀者有八十金方愜彼願也浣葦泉
之作拙劣殊甚
來書推獎過情深增慚恧肅此佈謝並請
台安臨書惓切
愚弟金德輿 [illegible]
嘉平二十日 [illegible]
再者手物合用與否便中覓示
示覆俟將來過滬附上領可也
蘭士居[illegible]請安

图附2　金德舆《致黄易》 见《小蓬莱阁同人往来信札》第一册

手笔，1797年陈灿委托的《马卷》，黄易询问周边同人，只肯出银6两，“弟不敢擅卖，暂存之，如可减值，弟当留心，否则明春寄还也”。[12] 1777年，在给陈灿的信中，黄易报告“方画（方薰）尚未售，秋间徐图之”；1780年，为陈灿卖出项（圣谟）画，得银4两。除此之外，我们知道1792年，黄易曾为金德舆卖画，寄银60两，金在随后的信中声称：“前存宋帖五本，半向戚友处集成，八折本系实价，况奉台谕，七折似不可少”，而方薰《寿星》，“欲售此付知不足斋会银者，有八十金，方惬彼愿也。”[13]【图附2】他表示，宋代的刻帖，再如何还价不能低于开价的七折，而方薰的画则索价80两。兜售这些作品成为黄易极为费神之事，1793年，金德舆在信中催促：“前件得销与否，务于弟未起身前邮示覆音。”[14] 金的姊丈赵怀玉则为此深感不安，他在给黄易的信中写道：“云庄（金德舆）托销诸件，深感费神，余者竟贮尊斋，得售与否，俟伊明岁北上，面交若何？”[15]

黄易也委托南方友人购买书画作品。这中间大致有两种情形，一是作为进贡的礼品。1780年，黄易在写给弟弟黄童的信中，谈到河督“以画山水贡扇五十柄见委，须得一日一柄，已乡居闭门为之”，[16]黄易此时画名并不大，相信他的画作只用作比较次要的礼品，重要的进贡还是需要古字画或是古物。[17]1792年，黄易曾委托金德舆为买小画卷册，金检所藏明末清初名家之作24件，拟价附览：

> 王文恪《字卷》、李竹懒《山水卷》、王雅宜《洛神赋袖卷》、董思翁《岩居高士图卷》、丁南羽《罗汉卷》、黄尊古《渔父图卷》；沈石田《写生蔬果册》、项易庵《山水册》、王忘庵《花卉册》、张文敏《兰花册》；王友石《山水》、董思翁《细笔山水》、陈白阳《水仙梅花》、徐天池《右军书扇图》、戴苹岩（按：当为岩苹）《墨竹》、杨子鹤《春林散牧图》（俱立轴）；张成龙、宋石门、文文水、曹羲山水四轴（共一匣）；沈狮峰、徐昭质、项东井、恽南田（花卉）山水四轴（共一匣）。共二十四件。[18]【图版19】

这批字画从沈周、王鏊、王宠、陈淳等吴门名家，到晚明徐渭、董其昌、丁云鹏、项圣谟，再到清初戴明说、恽寿平、张照等，一应俱全，无疑是充贡之物，可惜金德舆的“拟价”未能流传下来。1797年，黄易的两个同僚徐、袁二君欲给河宪送礼，出银100两，由黄易委托陈灿办理，在信中黄易不仅点名要哪种画，还附有参考价。他所点的画作包括：华秋岳人物花鸟（名色不碍者，当然寿意更妙），每幅数两至10两以内；好颜色美人二三幅；王元勋工致美人、福寿及寿意堂画，每幅数两银子；汪姓友人所藏崔子忠《旌阳移家图》约24两，沈周《山水条幅》约16两，夏珪《山水卷》10两，“如肯割爱，也为买下。类乎此者，价不甚昂，亦可买，总要裱好者”。至于友人奚冈的真笔，横披山水每幅1至3两，扇面每件数钱也可以买。董其昌、梁同书的刻板对子，买三四副，每副 2000 余文。梁的真笔单款对子，也买二副。[19]

黄易以收藏金石拓本著名于时，但他对于书画也有兴趣。早在 1777 年，他就曾委托陈灿帮助购买章谷的作品："《雪梅》一幅，弟甚爱之，乞大兄代弟买之，数金可也，奉托奉托。"[20]章谷是清初杭州画家，工于烘染，黄易曾在周亮工《读画录》中见到他的传记，他为章谷《雪梅》开出的价格是数两银子。这个价格与京师读画楼（画店）主人给黄易开的清早期画家的价目表差别并不大："陈章侯《人物册》一本，银十六两；张白苎《山水册》一本，银十两；潘南田《梅花卷》一个，银八两；明僧□《山水画》一轴，银六两。上黄九太爷，东读画楼具。"[21]陈洪绶的人物册页只有 16 两，其他人的山水、花卉价格更低。在 1770 年代，黄易还曾将所藏董其昌《紫茄五咏》以 1 两银子卖给魏嘉縠，后来反悔，希望能够赎回，"今寄一金奉还。闻此卷在松窗处，若另有质押，其价不敷，弟再当补上，或松窗甚爱，借弟三年何如？"[22]可见董其昌作品这一时期价格甚为低廉。

黄易购买书画，除了浙江乡贤，对扬州八怪尤为倾心，他的隶书也颇受汪士慎的影响。[23]1791 年，黄易书致时在扬州的储润书，储主动承担了购觅的工作，"今先寄上汪士慎行隶书四纸，金寿门八分一幅，希查收。随后再当续寄也"。在另一信中，储润书提及，"所觅各件，现在留心访购，随后寄上。现有数种，索价过昂，少平即可行也。"[24]1792 年，黄易让徐嘉縠转告南京梅镠，托他代购李复堂、华秋岳画片，以及汉铜章等。梅在回信中表示，"二家之画伪作颇多，又或大轴虽真，不便邮寄"，他首先为黄购买了铜印两枚、《景君碑》旧拓及《黄叔度碑》拓本，并表示"其他俟从容留意，不敢忘也"。[25]1796 年，陈灿帮助黄易买到丁敬字一幅，金农扇面一个，黄易还写信给罗聘，请他转让张四教《琵琶美人》及金农《兰亭》。[26]

1797年，黄易请陈灿代买《梅竹合璧》(作者不知)，花了12两银子，虽觉得稍贵，但毕竟是流传有序的家藏之物。陈又为买扇面，花去三四两。在这封信中，他还提到已经买下的王冕《梅轴》，希望能够退货，如对方不肯退，希望奚冈能鼎力为换扇面。在稍早的一封信中，黄易提及，这件梅花乃通过奚冈以24两银子购得，因其上有丁敬题字，故虽然黯淡，当时决意买之。[27]

黄易还为朋友之间的买卖居中，1778年，潘应椿在他的介绍下购买陈焯所藏宋人王升墨迹，花出40两银子，潘在给陈的信说："读小松手书，再得观《羔羊老人墨迹》，不觉为之狂喜。……刻虽囊涩，断不忍舍之他去。谨如数四十金奉缴。"[28]

在山东，黄易与当地友人也有书画交易。1791年，他询问同在济宁的苏州顾文铁："王新建书、周公瑕单条，实价几何？乞问明示知。"大约同一时期，在给颜崇椝的信中，黄易询及书画及宋版书，以作送礼之用："曲阜有欲销此种否，乞六兄留心，或开价而付来人带回更妙。尊处曾见王雅宜《小楷卷》、李秋锦《灌园图》，尚在否？"[29]【图附3】大约在1796至1797年间，黄易与济宁郑震堂讨论书画相当频繁，其中有鉴定与买卖活动，他所提到的作品有：沈周赝迹、方士庶立幅、沈士充《山水卷》、周鼒《墨竹》、鲜于枢字卷、恽南田册页、徐有贞字卷、《女士扇》、李流芳轴、王翚小卷、金农书册、杨崑源册、勾龙爽画轴等，其中鲜于枢价约数十金，"不可错过也。"[30]

黄易与友人往来信札中提到的价格，20两以上的只有王升墨迹、赵孟頫《道德经》、鲜于枢字卷、王冕《梅轴》与崔子忠《旌阳移家图》。此外，1778年，黄易还曾打算花20两银购买元文宗"永怀"二字拓本，后有康里巎巎小楷题跋。此卷藏于鲍以文，黄易委托陈灿居中求购，然此事并无下文，后因黄易帮助鲍销售了大量的书籍与字画，鲍以文将此作为50岁生日的礼物赠予黄易。[31]王升宋代人，赵孟頫、鲜于枢、康里巎巎、王冕皆元代人。崔子忠是晚明人，

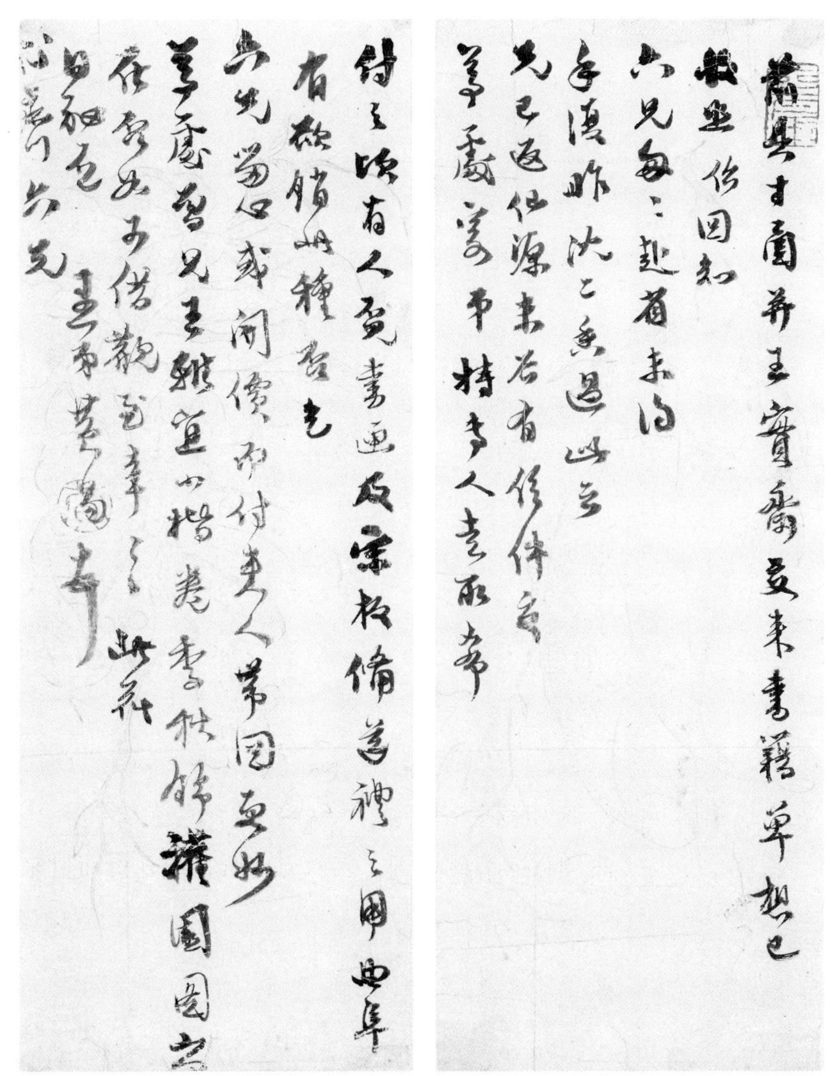

图附3　黄易《致颜崇槼》 辽宁省博物馆藏

索价 24 两；方薰当代人，索价 80 两，可能是因为尺幅较大或是画面繁复。总体上看，晚明与本朝作品大都在 10 两以内，这与翁方纲记载宋葆淳 1777 年以 10 两购得明人张宣《自书诗卷》，[32] 张照书作真而佳者不过 4 两[33] 的说法，基本一致。

图书

黄易也通过南方友人买书，或是帮助他们销售所刻之书。陈灿、

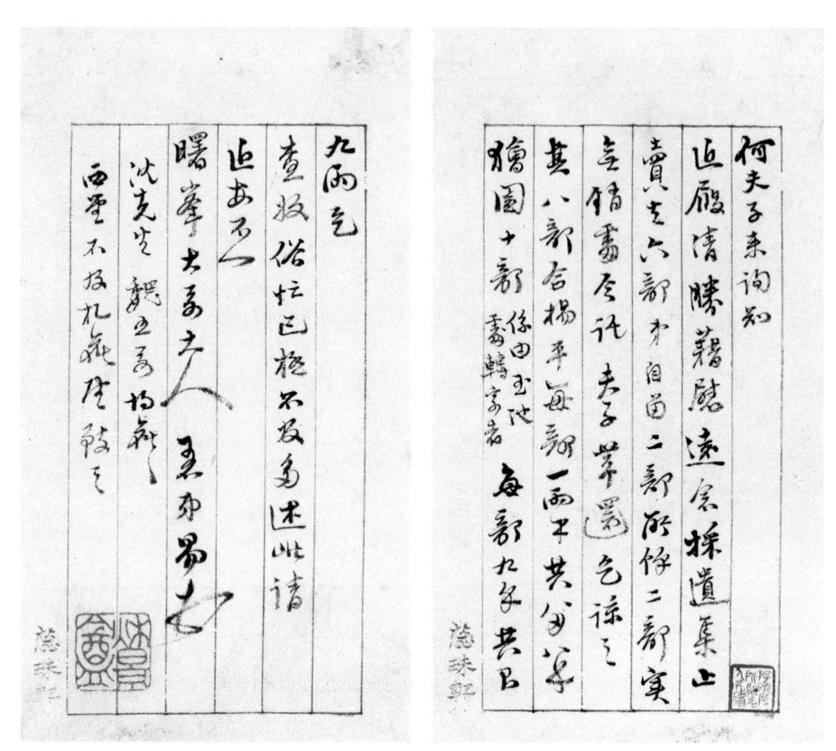
何夫子来询知
近履清胜 藉悉 遗集止
卖去六部 弟自留二部 所余二部实
无销处 今托夫子带还 乞谅之
其八部合扬平每部一两一钱共八两
猃园十部（系由玉池处转寄者） 每部九钱共银

图附4　黄易《致陈灿》　收入《故宫藏黄易尺牍研究·手迹》

鲍以文等人都有刻书，鲍的知不足斋丛书有名于时。书在北方的销路似乎并不好，1771 年，黄易初到伍佑场时，陈灿托卖书 40 部，黄表示：“此间不识丁者居多，于无可如何之中极力想法，只好留下十部，其价遵命，所少无多也，其价中秋后措寄，此中甚抱不安。然好此书者甚少，且限于时地。”1774 年，黄易向陈灿报告：“《采遗集》止卖去六部，弟自留二部，所余二部，实无销处，今托夫子带还，乞谅之。其八部合扬平每部一两一钱，共八两八钱。《猃园》十部（系由玉池处转寄者），每部九钱共银九两。”[34]【图附 4】1771 年留下的 10 部书，三年后才卖掉 6 部，黄易自己又买下 2 部，另外 2 部只能由何琪带回交还。书的价格每部在 1 两银子左右。

1777 年，黄易佐幕北直，陈灿为他所购杭世骏《堇浦集》在寄送中途车上遭火灾，仅存诗一部半，文则尽去。“我兄当此窘况，岂可落空，弟当归价另寄。”在另外一信中又说：“杭集虽火，弟必归价。此时有人来北，然多书不能带，只可数部而已。”可知陈灿此际不断让人带书，托黄易销售。1778年九月，陈灿自济宁回杭，所带书籍黄易让他只留几部，“余者只可带回”。[35] 1780年，黄易奉上6部书价，共银28两，每部合4两6钱多。

1778年，鲍廷博曾为黄易寄书，除了家中藏板刷印不收费用外，《十六国春秋》一部，价1两6钱；《隶释》一部，价3两2钱。[36]总体上看，新书的价格比小名头书画的价格更为昂贵。

书板也有售卖的例子。如1798年五月，因有便船至济宁，身在杭州的阮元特将前两年所刻《山左金石志》的书板带上，因此板存南无用，故欲暂存济宁，如有人愿意印刷发行，可以给他，但要求回馈一部分图书，一半由黄易送人，一半待阮元入京时送人。[37]这里说的其实是一种合作，阮元出书板，刷印人则出材料人工，双方各得一部分图书。但1783年十月盛百二给桂馥的信中，却提到1743至1744年间，有一苏人以汲古阁本《说文解字》（1713）及《乐府诗集》（1706以前）、吴郡张氏泽存堂所刻《玉篇》及《广韵》（1704）的书板求售，索价一总不过二百金，但无有售者。其后遂皆归马氏。[38]四部精校精刻的图书，其书板平均每部要价只有50两。

碑帖

与毕沅刻《经训堂帖》秘而不宣不同，曲阜孔继涑刻《玉虹鉴真帖》一直对外销售。根据周震荣、孔继涑1786年写给黄易的书札，由黄易充当中介，永定河南岸同知周震荣自《孔氏帖单》中选购刻帖8种，[39]“付库平纹银十三两一钱五分”，[40]孔在收钱后，立即根据要求转去所需刻帖。[41]【图版20】8种刻帖总共13两1钱5分，平均1两6钱多一种，与书籍价格相若。嘉庆年间钱泳为成亲王所刻《诒晋斋帖》十卷，一部的售价差不多4两。[42]

孔氏刻帖在当日名声不小，相比之下，赵魏将家藏赵孟𫖯书欧阳修《憎苍蝇赋》刊石卖钱，就不那么容易，1776年，他给黄易寄上20本，“价二星，如可销则销之，否则掷还无妨。”[43]即使是2钱一本，似乎仍不好卖，黄易最终留下4本，归还了16本。[44]

相比之下，旧帖的价格要高许多。1776年，黄易听说“梁玉立孙枝有古帖二箧，质于库，欲售五十金”，为之扰乱心曲。他将这一信息报告了赵魏，[45]赵在次年的回信中要求黄易买下："梁氏古帖为蕉林书屋旧藏，必多明吴恭顺及退谷古帙，兄如不欲为弟致之，当奉上价也。"[46]梁氏所刻《秋碧堂帖》共8册，收西晋陆机至元代赵孟𫖯作品，成于1691年以后，梁清标旧藏多有得自吴国华（恭顺侯，崇祯年间）与孙承泽的名作，故赵魏亟欲得之。而在翁方纲的记载中，康熙间王鸿绪自孙承泽处购得《太清楼帖》，花费100两银。而孙承泽所藏《澄清堂残帖》，1780年二月书估向翁方纲推销时，索价300两。[47]虽然可以讨价还价，但不会相差太大。而钱泳记载当日吴中既有伪书画，又造伪法帖，谓之充头货。买得翻板《绛帖》一部，将每卷头尾两张重刻年月，以新纸染色拓之，充作宋刻，各省碑客，买者纷纷，其价甚贱，不过每部千文而已。但经过一番旧锦、檀匣的装潢，钤上项元汴、高士奇的图章，价格从数十两到三五百两不等。[48]

在一封给友人的信中，翁方纲指出，《善才寺碑》乃魏栖梧所书，书名不比褚遂良，拓本“不过十余金买之，太贵亦不必”。[49]虽说魏栖梧名不及褚遂良，其帖价格只有10余两，但与18世纪后期无名氏汉魏碑刻旧拓的价格仍不能相提并论。1776年，黄易在京获《熹平石经》残拓三种，自称董元镜所赠，但根据王昶的记载，黄易其实在董氏嫁女时提供了一份嫁妆，相当于数十两银子。[50]同一年，赵魏向黄易报告南方流传的碑拓价格，“旧本无石者，帖友得之，皆索高价，非数金不得一种。”[51]一件早期的碑刻拓本，价格也就数两银子。潘有为在1777年的一封来信中讲到他购得孔庙汉隶二种（当亦旧本），花费了6两银子，平均一种3两。[52]1783年，王淳为黄易谋取山东人聂剑光所藏汉碑拓片20余种，在信中，他要求黄易预备百金，所有拓本“俱可为先生所有”。[53]100两银子可以全得，则每种5两不到。但这项连锅端的买卖并未成交，两年后，聊州知府张玉树从聂处购得《灵台》《朱龟》《谯敏》旧拓三种，赠予黄易。[54]

古董

在黄易的时代，器物的收藏多为小件，比如印章、钱币、古戈、瓦当等，这是因为青铜器出土尚少，而碑刻则大多难以移动，像汪中那样收藏《射阳石门画像》原石的并不多见。[55]1777年，丰润县发现欧阳询所书《九歌》石刻，虽然获得了拓本，但赵魏还是希望能不惜重资购得刻帖原石，并认为此事与薛绍彭获《定武兰亭》原石意义相当。[56]不过黄易似乎并未接受赵的建议。

有关铜器价格，仅见1794年翁树培一札，翁在北京肆上见一《周敦》，认为是真物，极其重厚，内有款识两行。翁特地在店内借纸拓出，寄给黄易，并说主人索价35两，如果连同配置紫檀盖座买，则需要60两，只买敦的话，价钱再少些亦可。“老伯如要，侄可代买，但无力能垫耳。稍迟又恐为人买去。”[57]

1786年，赵魏在陕西王昶幕中，购得汉玉二件，赵氏平日十分穷困，自称此玉值数百两银子，希望自己回杭州时能在扬州卖掉。黄易在伍佑场作幕时常常往来扬州，朋友众多，故赵希望黄易作札绍介，以便往谋。[58]

古旧文房在其时也有市场。1793年，黄易得到江都汪氏所赠金农用研，铭曰：“锐头且秃，不修边幅，腹中有墨君所独。”是黄易之父所书，被他当作至宝。[59]此时颜崇椝向他通报，在北京见到黄汝亨砚台，“此研（砚）今存黄左君处。九哥大人须端札致之，或以他研相易，当可必得耳。”[60]这些砚台值多少钱，没有明说。但1775年新乐知县刘启秀通过黄易自陈焯处购得一砚，价格4两。[61]

1793年，何琪还曾托人带给黄易藏经纸13张，请他代售。[62]在1795年写给张爱鼎的多封信中，黄易屡屡提及此事，并请好友、临颍知县王复帮忙处置：“易有业师何东甫先生托售藏金纸卷筒者，十三张，物虽好，那得知音以重价购之？然千里远托，不可不为设法。计惟王秋塍明府可以消脱，今不知在何处，特托尊处代为寄达，取其回信带掷，感佩不浅。”最终王复答应帮忙，黄易留其稍次者3张，为装潢古迹卷首之用，择其洁净者10张，装潢妥善，交与王复。[63]宋代藏经纸最有名的有金粟山、法隆寺等处所制，在明中叶的吴门十分流行，祝允明、陈淳、文徵明、王宠等都喜欢挥洒其上。但200多年过去，藏经纸越来越少，即使是乾隆内府，也只用于装潢引首或是诗塘，足见稀罕。这10张纸到底卖了多少钱，我们未见到明确的信息。

工人价格

在黄易的友朋信札中，还常常提到各种工人的费用。

先看装裱价格。1775年，黄易委托奚冈装裱册子、条幅等大小14件，册页1两2钱，锦套4钱，细纸裱画7轴，每幅1钱8分半，一共2两8钱9分半。通过银、钱换算，这批作品装裱费共计2026文。[64]【图附5】因为常有书画在南方装裱，黄易甚至存了一笔钱在友人陈灿那里，1786年，他委托陈灿帮助装裱恽南田画作，“其工价以内子买物之银扣用可耳。”1797年，陈灿为黄易代裱《梅卷》，花去5000余文。南方裱工远胜于北，故黄易买书画，常常要求已经装裱好的，1795年，他回乡葬母之际，还将张爱鼎所藏王翚《江山无尽图》长卷带至杭州装裱。[65]

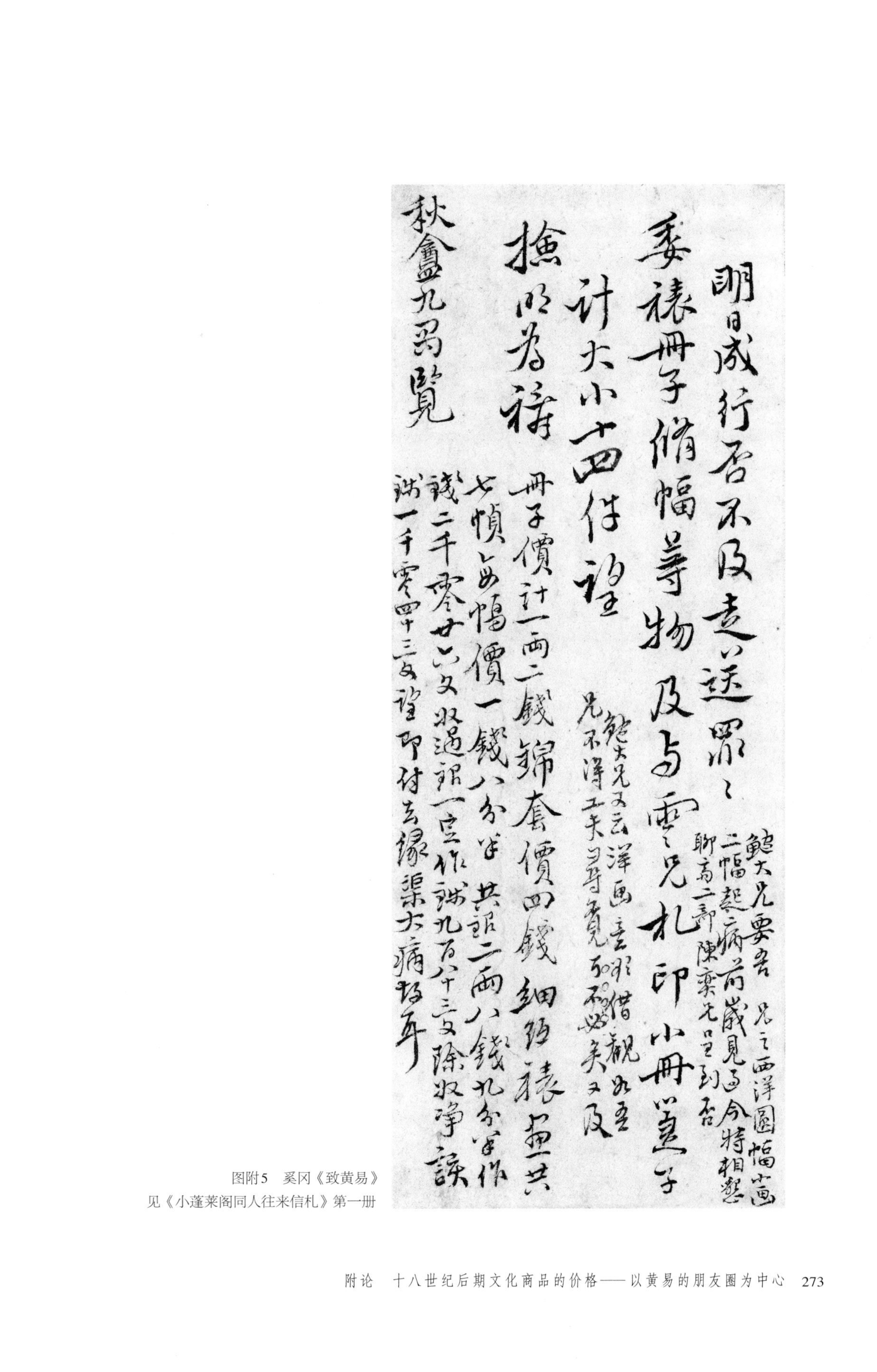

图附5　奚冈《致黄易》
见《小蓬莱阁同人往来信札》第一册

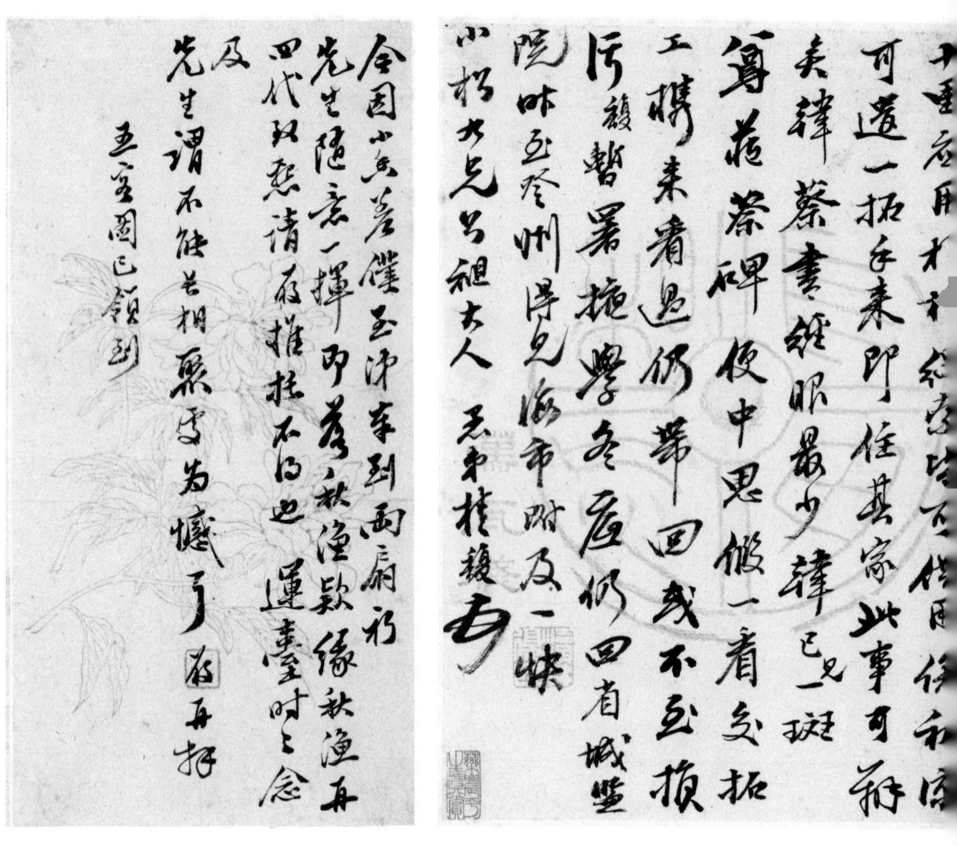

图附6　桂馥《致黄易》 见《小蓬莱阁同人往来信札》第一册

再看刻书价格。1777年，黄易致潘应椿札提及翁方纲为丰润古鼎作跋，交陈焯带回面致，并说："翁跋已刻就样本，寄上，工人需价已令向贵书酌付矣。"〔66〕此书当由丰润知县潘应椿出资，翁跋只有4页，〔67〕具体工价不得而知。但1792年夏日写给黄易的信中，桂馥谈到了具体的刻书价格，他的《缪篆分韵》需50两银子，而《三十五举》则需30两，都由友人集资助刊："馥所集《缪篆分韵》，昨接京信，知司马舍人（名亶）出二十金，江秋史侍御出十金，刘明府（名大观）出二十金，秋冬之间便可刻完；重订《三十五举》，有郑三兄（名光澈）独任之，不过三十金，即附《缪篆》后，俟印来当寄上。"〔68〕【图附6】

至于刻碑（帖），黄易1792年托钱泳为摹刻《石经》3页，次年十月钱泳领银后，告知黄易将在明年正月中旬告成奉寄，〔69〕但具体

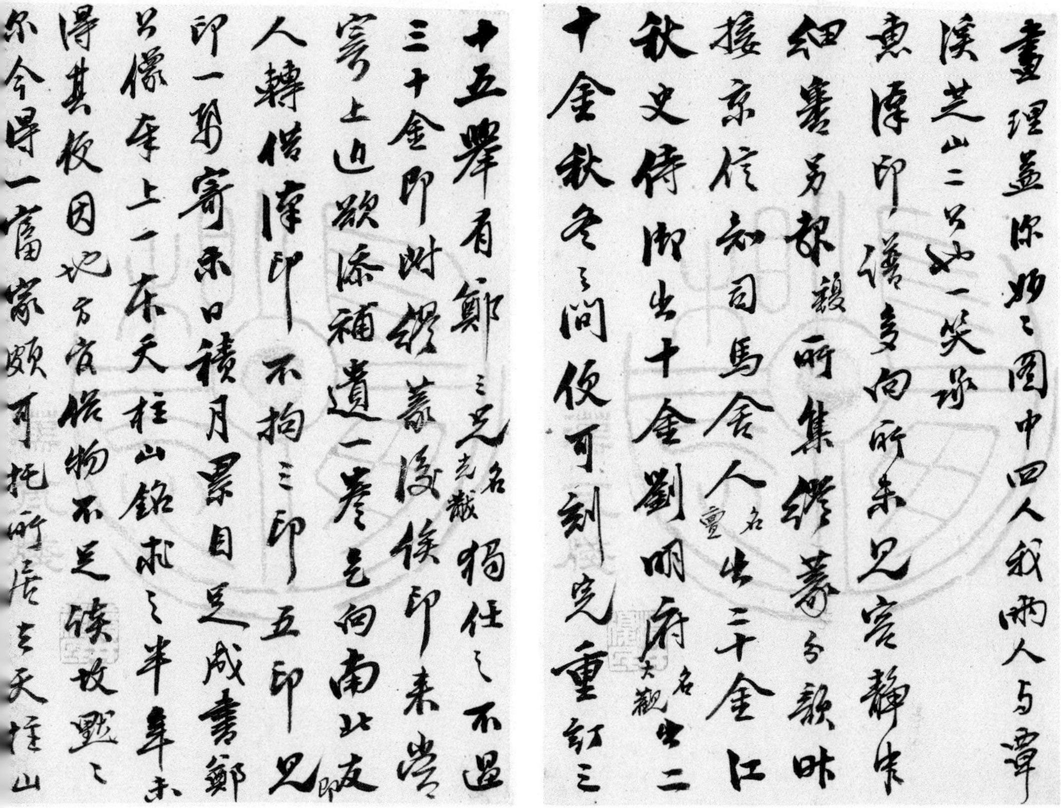

多少钱不明。嘉庆初年，钱泳在两浙转运使张映玑署，仿《熹平石经》体书《孝经》《论语》《大学》《中庸》诸经，欲立石曲阜，阮元曾资助 40 两银子，望黄易为之继续筹款。[70] 1795 年，黄易帮助张爱鼎联系到曲阜高姓刻字工人，为刻赵孟頫《无逸》帖，“系孔十二公家人，业已转借来此，其每字工价照易给发者开明”。刻工是按字计价，但具体多少亦不清楚。[71] 翁方纲在一封写给桂馥的信中，提到他对《宋太翁志》刻工不甚满意，刻手太板，不见神气。更让翁不忿的是，“其石前日原讲二尺宽，三尺高，渠要八两，今量原式止一尺一分宽，二尺六寸高，而渠执定仍必八两，如此减半而价不改，则加入作神道碑，要倍半而价亦不改矣。其人执拗如此”。[72] 可见，6 平尺大小的墓志，缩水到一半，刻工费用仍要 8 两。

据王宗敬《我暇编》，黄易“集宋以上碑帖过五千种，搜辑古镜、古钱最多”，[73]拓片收藏风气兴起甚晚，黄易的时代除了市面上少量旧碑（所谓唐本、宋本，多不可靠），大多是新拓。拓碑有定价，1777年，周震荣致黄易云："欧碑不可不拓，蒙分二十通，非知我者能如是耶。谨奉到五两二钱拓工费用也，希收入。"[74]周震荣从黄易这里分得欧阳询《九歌》拓本20份，费用共5两2钱，平均一份2钱6分。[75]1792年秋，黄易曾派拓工至桂馥处，在其指引下拓《天柱山铭》等摩崖，黄易付银10两，拓工有些不满，桂馥在信中说："来札云付银十两，彼云代买许多东西，又拓许多碑，皆此十两，安有余银？益知此人之不中抬举矣。"[76]次年，桂馥接受四川总督惠龄的委托，为拓曲阜、济宁所有汉碑。"曲阜碑已托运生料理，济宁碑乞命打碑人全拓，工本若干示知酬之。"[77]可见虽为高官服务，拓碑也必收取工本费。

黄易收藏的大部分碑拓，都来自于友人或是地方官的馈赠，有时他用自己的书画或是印章来进行交换，这些拓本大多当时椎拓，其成本只是纸墨与工人的费用，相比起收藏书画，花费要小很多。

黄易的收入

黄易自15岁随长兄黄庭在湖北一带作幕，后黄庭缘事发配新疆，黄易则自固安、武冈，转郑制锦伍佑场、清苑、南宫幕中，"初习刑名，有声幕府。其在清苑，文移鞅掌，不废风雅"。[78]在州县幕中，以刑名、钱谷幕僚的收入较丰厚，书记、挂号、征比一年只有100两银左右，少的只有四五十两。而且刑名、钱谷易谋得职位，其余幕僚失馆之事常有，且职位不易得。治刑名的幕友，大约一年能有260两的收入。[79]

黄易后来也常常为友人谋馆事。如1774年，黄易为老师何琪在伍佑场谋得教席："外聘金六两先送，修金二十两，其盘费令薛凤自办。"[80]1780年，他在济宁为陈灿谋教职时，陈的心理价位是40

两，比何琪的高出一倍："昨小价言及，吾兄归时曾云，若得一四十金之馆，即可屈驾而来。"〔81〕1793年，黄易再次为何琪谋江西广信州的幕宾之席，说好修脯200两，但广信知府张某最终只肯出120两，职责是管理笔墨事项。何琪虽然最终就道，但并不满意。〔82〕1801年，赵缉宁在写给黄易的信中抱怨："弟与陈秋堂三兄时时聚首，现在俱有馆，然不过四五十金，无济于事。"〔83〕这个价格可能也是西席教职，而非幕友师爷。

乾隆四十三年（1778）春，经郑制锦循例报捐，黄易得授河东主簿，拣发河东，成为一名从九品的小官，根据规定，他的俸禄只有银31两5钱2分。到乾隆五十四年（1789）升运河同知，官至五品，每年俸银也只有52两1分6厘，加上运河同知养廉银，他一年的合法收入不到900两，〔84〕只相当于他早年作幕收入的3倍多，这笔钱全部用来买字画，只够一卷赵孟頫的《兰亭十三跋》。〔85〕

我们还应考虑到愈来愈高的粮价与物价。钱泳记载，康熙时米每升十六七文，雍正乾隆初十余文，二十年因虫荒涨至三十五六文，后以十四五文为常价。五十年大旱，每升五十六七文，此后常价为三十四五文之间。〔86〕这与魏成宪的说法基本一致，魏成宪《致黄易》云："家江上年积旱，西湖如带，竟作葑田，即七八十老翁亦云前所未睹。石米价值四千，他物亦不少贱，生计实难，流离载道。"〔87〕不仅米价，百物价格皆涨，乾隆初田价七八两至十余两，50年后达到五十余两。上升了五六倍。〔88〕但官员的俸禄粮饷几乎百年未变。

乾隆五十二年（1787）六月，黄易与李克正、南正炎等在武梁祠原址重立祠堂，黄易因主其事，捐款14万，约150余两银，差不多是他三年的俸禄，若没有其他的收入来源，这几乎是不可能的事。更不必说黄易常年要接待往来经过济宁的友人。1778年，陈灿离开济宁回杭，黄易奉上20两银子，以作盘费。1789年，卢荫文中进士，新晋进士开销甚大，黄易"谨奉六十金，聊展寸意，不足言助”。[89]1791年，黄易为部署赵魏赴东，“托桐乡朱毓山先生由淮城带银五十金赴杭，交至尊处，部署赴东。”[90]大约同时，顾文鉷打算自济宁返回苏州老家，黄易“愧无绵力，勉奉青蚨两千”，[91]而邱学敏受黄易之托，“为之设法凑半百两，端人赍到济州，聊解庚癸之厄。嗣此广为区画，俾得挈眷南还，方了此愿”。[92]1792年，陈灿及何琪之子回杭，黄易各赠40两银子，《与魏成宪》云：“何五世兄与陈象昭大兄夏间过我，俱留住敝斋，极力图维，百无一就。而老五归心益迫，急欲南归，因各赠四十金而去。”[93]像这样资助江南到山东的旅费，一次就得银四五十两。而朋友远在家乡，黄易有些人情开销仍无法免除，如1771年，黄易从陈恺信中得知陈灿抱恙，寄上银5钱，以示慰问；嗣后又寄一金，聊佐湖楼半醉；1786年，陈灿向黄易借钱，黄“苦当羞涩，勉奉十金”；1795年，在无法为陈灿在浙江或是济宁推荐位置之时，黄易赠予10两银子，以表歉意；1798年，吴锡麒丧父，黄易不能亲诣叩奠，“楮仪四金，绫额一悬”。[94]

黄易出手虽然不小气，但他大部分时候并不富裕。1780年，在写给弟弟黄童的信中，自称“此时兄用度益大，无日不典质，日日如过除夕。今年三月矣，而家用未寄，心急如焚，虚言非人类也，以是徒深浩叹”，对于弟弟提出的觅屋要求无以回应。[95]1792年，在写给魏成宪的信中，黄易提到家乡某亲友三次来济宁打秋风，三次俱不甚满意，“益其到署目击困苦情形，始各他往。地当水陆交冲，支持不易，今年河工更困，自上至下，无不患贫，迥非前数年之比。”[96]正因为如此，黄易此际自称官兴渐阑，然家无薄积，退步良难。

1795年七月，黄易回杭葬母之前，在给张爱鼎的信中写道：“往年除夕结算，不过四千余两之缺，乃四维复来，事事刻薄，以致同人店欠至八千余两。”[97]前文提及因俸禄太低，各级官员无法养家糊口，故时有贪污之事。黄易这里提到的8000两垫欠，就是将官员贪污的责任归咎于“民欠”。[98]运河道负责汶水分流、运河蓄泄及支河湖港疏浚堤防之事，每年都有大量工程，即俗称河工，与公款打交道，贪污极易发生。根据清朝的规定，官员亏空钱粮例应追赔，若无银钱可赔，限满则将房产、什物变价抵还，谓之变抵。据黄易所说，此次亏空，一方面得到河督李奉翰的施恩——“河宪亦所深知，施恩于易，格外垂慈，应缴之四数，宪谕赏给，断不肯收”；另一方面有亲家李锺沛帮衬——“今累李亲家代担，易无颜以对至戚，并无颜以对小女”，他才得以逃脱惩罚。但从“不过四千两之缺”可以看出，每年亏空数千两，几乎是黄易官场生活的常态。

在张爱鼎的帮助下，黄易乾隆六十年（1795）九月五日抵杭，安葬其母。但他并未在家乡多作停留，“故乡无屋无资，贱眷不能久住，乘此河路通行，先令返东。易俟窀穸完备，亦即赴济”。[99]因为丁忧期间没有俸禄或是俸禄减半，[100]黄易身在杭州，经济上毫无来源，于是葬事一结束，全家立即返回济宁。1797年，丁忧期间的黄易，“甚苦空乏，而杭州帮船过此，亲友纷集”，加之此际江南漫口，他要帮助南河总督兰第锡往看，“日内即须束装，颇形拮据”，他只得写信给女婿李大峻的从兄弟李琬，以及济宁友人郑震堂，希望将自己的一件海貂褂质押100两，稍后又说，能有220两，亦可脱去，并一度请李帮助借钱，“银钱均可，子金即烦酌定示知，当照送。弟现缘办差急需用”。最后这件海龙褂卖得京银25千文。[101]这大概是黄易一生生活最困窘的时期。

在这一时期写给陈灿的信中，他提及“捕河一缺，或者可以借补”。不过此时渐形老景，只愿闲小之地，聊以藏拙，“然买山之资，不易办也。”[102]1798年，在给赵魏的信中，对于艰难近况也有类似的描述：“弟服官至今，贫病交深，欲拂袖而去，奈家无担石，何恋此一官，真是万不得已。”[103]即使此时半身不遂，贫病交困，黄易实际上仍然恋此一官，俸禄毕竟是黄易最基本的经济来源。

简要的讨论

前文已经谈到，黄易收藏金石拓片，是较为恰当的收藏方向。以他的收入，若介入宋元书画名品的收藏，几乎没有可能，而当日尚未成熟的碑帖市场却给黄易提供了很多机会。大多数碑刻都是临时拓取，其价格远远低于字画与书籍。[104]当毕沅以1000两银子买了一件假苏轼书法时，[105]黄易可以用这笔钱买下200余种碑刻旧拓，或者派出100人为他拓取各种摩崖石刻。因为这个原因，黄易虽然是较低级的官员，但很快成为当日金石收藏的明星，也成为他朋友圈中举足轻重的人物。

如同我们前面所谈到的，黄易也收藏字画，但基本是晚近的作品，价格大多低廉。乾隆时期一些重要的宋元名作的交易价，则往往达到数百甚至数千两。如乾隆内府在傅恒的介绍下，以2000两银购入安岐旧藏黄公望《富春山居图》。[106]翁方纲也曾记载，谭祖绶以800两银买下扬州吴绍浣所藏赵孟頫《兰亭十三跋》。[107]钱泳则说，尉迟乙僧的《天王像》后有宣和、绍兴小玺及内府图书之印，为项墨林家物，毕沅以500两得之，并于乾隆五十六年（1791）七月进呈。[108]嘉庆初年，成亲王向宋荦后人购王蒙《听雨楼图》，花费500两，而王蒙《乐志论图》及赵孟頫临《黄庭经》，有人放在刘墉处寄卖，成亲王只以160两就得到两件名作，极其合算。[109]像这样大手笔的开销，在黄易及其朋友身上从未发生过。

黄易早期的收藏活动中，似乎也曾计划收藏刻帖与尺牍，[110]但后来均未作为重点。[111]在他的晚年，当金石拓本收藏基本齐备时，其收藏兴趣转移到了扇面，[112]王宗敬《我暇编》云："近年公以中痰甫愈，请假时多，得常常晤，且时饮食，尽展所有以示，收藏之精，世所罕及。名人扇面尤多。凡作扇诸公，均为署其家世本末，而于倪云林、左太冲及本朝陈恪勤诸忠义之士每拳拳不忍释，公之秉性亦可见矣。"嘉庆初年，黄易与友人往来信札亦屡屡提及扇面：

黄易《与赵魏》：近来癖嗜扇面，而相好朋友之迹尤为宝爱，祈大兄一书一画扇面见惠，以便入册，至要至要。[113]

黄易《与陈灿》：弟所收扇面不拘新旧，总以书画有笔趣者为佳。……弟现有之扇面，令渭符录一清单带回，弟欲觅之扇面，亦开一单奉阅，乞大兄留神。[114]

黄易《致顾文铁》：扇面已有三百余面，四王之画已有，甚思汪退谷、姜西溟、查初白等人一幅，不可得耳。[115]

陆恭《致黄易》：旧人扇面十枚（五字五画），……烟客、廉州扇面俟觅得再寄。[116]

袁廷梼《致黄易》：承赐《云山图卷》，……感此琼玖之投，惭无桃李之报，容觅扇头，以供清玩。[117]

宋葆淳：今托驾堂先生带去铜戈一件，何缓斋扇面十册，旧牙嵌印章盒一件，旧甸漆印章盒一件，查收。

何元锡：前云扇面俟尊处差人之便，可令其来取。[118]

相信黄易并非不喜欢大尺幅的卷轴，形制小而价格便宜必是重要的原因。前面我们曾经提到，黄易购买扇面的价格基本在 1 两以内，一件沈周山水立轴值 16 两，这笔钱用来买扇面，可获三四十件。

在收藏活动中，黄易除了有意识地将他的访碑与购藏包装为金石圈的焦点之外，[119] 也时刻伴随着各种买卖。虽然大多数情况下，他只是居中的角色，接受友人或是上司、同僚的委托，但他从事收藏需要更多的钱，收藏活动本身也应该为他生出更多的钱。虽然我们无法得知黄易是否或者如何从中牟利，但我们注意到，南方友人寄来的一些名声不大的画作，为了便于销售，黄易特别为之题跋、装潢，如 1777 年给陈灿的信中说道：

其画有佳者，有醉墨淋漓，弟知其妙，而人不知者，容徐为题识装潢设法。看来不能多售，弟知兄贫，敢不尽

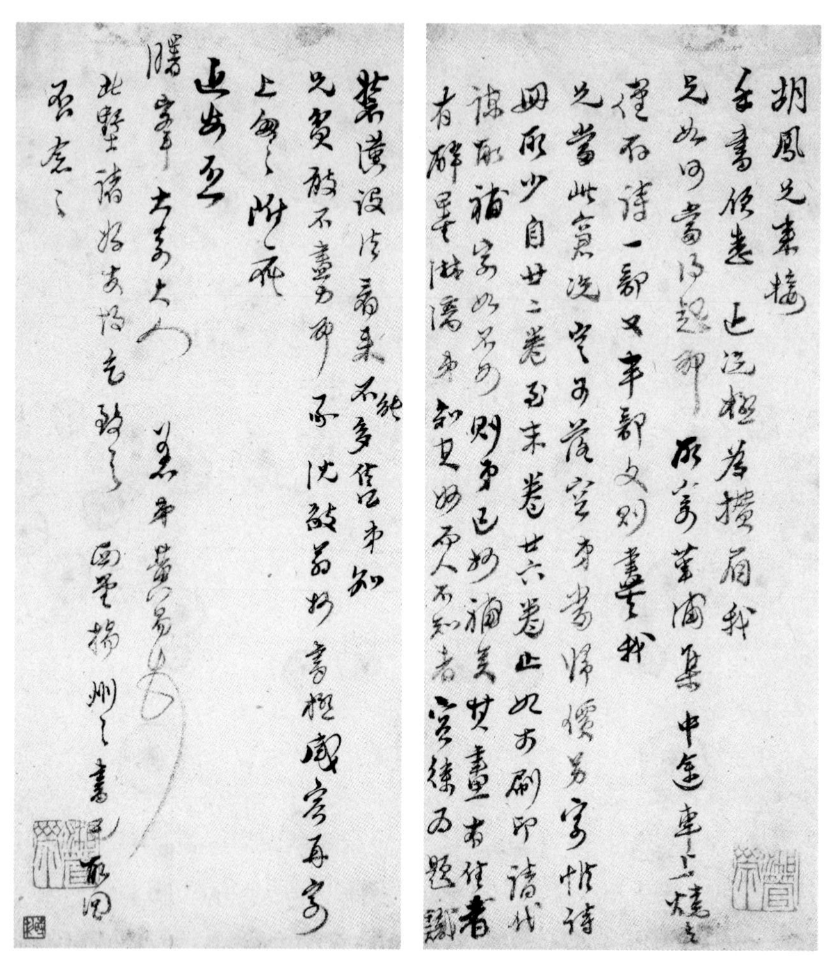

图附7　黄易《致陈灿》 收入《故宫藏黄易尺牍研究·手迹》

力耶？[120]【图附7】

1780年在给赵魏的信中，黄易甚至提及一件书势微嫌软弱的董其昌《楷册》，但“似可充旧，且为暂存。”[121]而在帮助同僚购买贡件时，他也会将自己要的东西囊括在内。[122]

黄易在济宁交往密切的李东琪与顾文铁，都有作假的名声。《我暇编》谈到李时，称其常与帖客混在一起，因为“搆帖以牟利”，结果双耳重听，而且没有后嗣，“说者以其倡率他省沽名之士混镌名号，刻毁汉碑，宜有是报。”[123]黄易在一封写给顾的信中，也曾向他打听：“红铜欲作古色，如前作建初尺相仿，不知用何物为之？然不须积绿色也，乞示知。”[124]顾深于做旧之法，黄易专门在信中向他取经。我们虽无法确信黄易也曾参与制造赝品，但这番询问难免瓜李之嫌。

（本文原载《中国书法》2017年第9期，页158—173）

注　释

〔1〕郑燮《板桥润格》,《郑板桥集》，页184。

〔2〕汪辉祖《清汪辉祖先生自定年谱（一名《病榻梦痕录》）》乾隆五十七年（1792）条：“辛巳以前，库平纹银一两易钱不过七百八九十文。”页255。

〔3〕陈智超《美国哈佛大学哈佛燕京图书馆藏明代徽州方氏亲友手札七百通考释》。参见白谦慎、薛龙春《尘事的史迹》,《读书》2006年第1期，页51—58。

〔4〕白谦慎《拓本流通与晚清的艺术和学术》有专节讨论同光之际的拓片市场，页160—171。另外一文《晚清文物市场与官员收藏活动管窥——以吴大澂及其友人为中心》，则较多讨论器物及书画市场,《故宫学术季刊》第33卷第1期，页399—438。

〔5〕《故宫藏黄易尺牍研究·手迹》，页93—97。

〔6〕国家图书馆藏《黄小松友朋书札》第三册。

〔7〕《故宫藏黄易尺牍研究·手迹》，页164—169。

〔8〕《黄小松友朋书札》第十三册。

〔9〕《黄小松友朋书札》第四册。

〔10〕《故宫藏黄易尺牍研究·手迹》，页172—173。

〔11〕《黄小松友朋书札》第七册。

〔12〕《故宫藏黄易尺牍研究·手迹》，页84—85。

〔13〕《小蓬莱阁同人往来信札》第一册。

〔14〕《小蓬莱阁同人往来信札》第一册。

〔15〕《黄小松友朋书札》第十册。

〔16〕《故宫藏黄易尺牍研究·手迹》，页24—25。

〔17〕1764年，汉阳知县王凤仪在写给黄庭的信中说：“接得手札，并示古器，洵足珍赏。但此数种气魄均小，为案头佳玩则可，以充贡篚似乎不足。”可见官员对贡物的基本要求。《黄小松友朋书札》第一册。1797年左右，山东巡抚伊江阿计划觐见并进贡，请黄易帮

忙购买古董文玩："弟意漕船北上后当乘空奉请陛见，寻常可不进贡，此行须备贡数件恭进，方于心安。无如旧物中木石根、旧笔筒、水盛之类，若得数件为佳。价之多宽，不恤也。兄赏鉴家，法眼极高，可为弟谋之否？……或旧铜磁凑一都盛盘亦妙。"见《小蓬莱阁同人往来信札》第二册。

〔18〕《小蓬莱阁同人往来信札》第一册。

〔19〕《故宫藏黄易尺牍研究·手迹》，页106—111。

〔20〕《故宫藏黄易尺牍研究·手迹》，页59。

〔21〕《黄小松友朋书札》第三册。

〔22〕《故宫藏黄易尺牍研究·手迹》，页90—91。

〔23〕沈阳故宫博物院藏黄易临《尹宙碑》轴，款识云："以汪巢林体临《鄢陵尹宙碑》，乾隆戊戌（1778）清和九日雨窗，钱塘黄易。"

〔24〕《黄小松友朋书札》第十一册。

〔25〕《小蓬莱阁同人往来信札》第四册。

〔26〕《故宫藏黄易尺牍研究·手迹》，页116—117。

〔27〕奚冈《致黄易》："二西札来云，九兄欲得姚氏所藏煮石翁画梅，今特寄上，俟惬雅赏，再行定夺。其价值多少，托二西作札上闻。"《故宫藏黄易尺牍研究·手迹》，页84—85、106—111、220—221。

〔28〕《黄小松友朋书札》第五册。

〔29〕辽宁省博物馆藏。

〔30〕黄易致郑震堂札有数十封，分别藏于故宫博物院、北京艺术博物馆。郑氏富而好古，在黄易去世以后，王宗敬特嘱其留意，收购黄易之子不断散出的藏品，"庶黄公一生哀辑之功，承其志者不在子而在友，亦书画金石之幸也"。见《我暇编》，页389。

〔31〕《小蓬莱阁同人尺牍》第一册。一些友人也通过向黄易赠送所需书画，求取他的隶书及印章。1791年，储润书馆于扬州洪锡豫，在一封信中，他告知黄易，市上见到王澍行书致黄易之父黄树穀尺牍四页，洪为设法购得，其交换条件是黄易为洪锡豫作书刻印。储还提及黄雅南赠黄易金农八分书一幅，"雅南书法极佳，所藏前人墨迹多可赏玩，而心慕吾九哥之铁笔与画与字，钦仰已非一朝，前曾乞书联句，现已镂板。今又青田石二方，奉求九哥为渠镌作名号，以为临书之用"。亦以金农书法换黄易对联与印章。《黄小松友朋书札》第十一册。

〔32〕翁方纲《复初斋文集》卷三十一《跋张藻仲诗卷》，《清代诗文集汇编》第382册，页305。

〔33〕翁方纲《致董洵》，上海图书馆藏。见《翁方纲题跋手札集录》，页579。

〔34〕《故宫藏黄易尺牍研究·手迹》，页92。

〔35〕《故宫藏黄易尺牍研究·手迹》，页72—73。在此次写给陈灿的信中，他还答应帮陈代销他带来的蟒袍，不过只可卖60两银子。黄易有时也主动为人售书，1789年，余集托吴人骥为售书，书寄到黄易处，黄主动留下十部，并为售去，余集在信中说："远颁书价，今已照数收领。感谢之至。"《黄小松友朋书札》第九册。

〔36〕《黄小松友朋书札》第四册。

〔37〕 国家图书馆藏《二家书札》。

〔38〕 国家图书馆藏《乾嘉名人书札》。

〔39〕 这类帖单很可能是一种宣传品，类似于后来的出版书目。

〔40〕《黄小松友朋书札》第六册。

〔41〕《小蓬莱阁同人往来信札》第二册。

〔42〕 钱樾《致钱泳》:“《诒晋斋帖》十二部，……现银四十八两。”故宫博物院藏。

〔43〕《黄小松友朋书札》第三册。

〔44〕《故宫藏黄易尺牍研究 · 手迹》，页 164—169。

〔45〕《故宫藏黄易尺牍研究 · 手迹》，页 43—44。

〔46〕《黄小松友朋书札》第十三册。

〔47〕 翁方纲《复初斋文集》卷二十八《跋澄清堂残帖》，页 286。

〔48〕 钱泳《履园丛话》卷九《伪法帖》，页 256—257。

〔49〕 见于嘉德四季第 44 期拍卖会。

〔50〕 王昶《金石萃编》卷十六汉十二《石经残字》按语，页 291。

〔51〕《黄小松友朋书札》第三册。

〔52〕《黄小松友朋书札》第十三册。

〔53〕《黄小松友朋书札》第四册。

〔54〕 1783 年夏，王淳自济南购赠《范式碑》《凉州刺史魏元平碑》，这两种皆聂氏所无者。见《得碑十二图》第七图《良友赠碑图》题识。黄易所得《汉魏五种》，皆赵国麟旧藏。

〔55〕 1786 年，洪亮吉《致黄易》云 :“前所赠汉《射阳县石门画像》今在宝应县，其石则友人汪容甫已辇之而回。”《黄小松友朋书札》第五册。

〔56〕《黄小松友朋书札》第十三册。

〔57〕《小蓬莱阁同人往来信札》第一册。关于钱币价格，1793 年江德量去世之后，王芑孙屡在扬州肆上见到他旧藏铜钱，有人持其所著《古泉录》，古泉虽已卖去大半，犹索价 400 两。见法式善《存素堂文集》卷三《汪云壑、江秋史、程兰翘遗墨合册跋》王芑孙批语，页 361。

〔58〕《黄小松友朋书札》第五册。

〔59〕 见于上海崇源 2002 年首拍。

〔60〕《黄小松友朋书札》第十二册。

〔61〕《黄小松友朋书札》第三册。

〔62〕《小蓬莱阁同人往来信札》第三册。

〔63〕《故宫藏黄易尺牍研究 · 手迹》，页 130—135、136—139、140—143。

〔64〕《小蓬莱阁同人往来信札》第一册。

〔65〕《故宫藏黄易尺牍研究 · 手迹》，页 66—67、84—85、130—135。

〔66〕 故宫博物院藏。

〔67〕 黄易《丰润古鼎考》，国家图书馆藏。古鼎图正、背面、铭文、释文各 1 页，潘应椿题诗

6页，汪师韩《丰润古鼎考并歌》及陈焯跋7页，翁方纲跋文4页。

〔68〕《小蓬莱阁同人往来信札》第一册。

〔69〕《小蓬莱阁同人往来信札》第四册。

〔70〕阮元《致钱泳》、钱泳《致黄易》，皆藏故宫博物院。

〔71〕《故宫藏黄易尺牍研究·手迹》，页130—135。

〔72〕上海图书馆藏《苏斋手札》，见《翁方纲题跋手札集录》，页554。

〔73〕《我暇编》，页389。

〔74〕《黄小松友朋书札》第十三册。

〔75〕晚清陈介祺拓六朝藏石，每份银一钱五分，价格相差不大。见陈介祺《致王懿荣》，收入《簠斋尺牍》。参见白谦慎《拓本流通与晚清的艺术和学术》的讨论，页179。

〔76〕《小蓬莱阁同人往来信札》第一册。

〔77〕《小蓬莱阁同人往来信札》第一册。

〔78〕《小蓬莱阁金石文字》钱大昕序言，页531。

〔79〕《清汪辉祖先生自订年谱》自述乾隆十二年（1747）开始课徒，馆修为12缗，即12千文，折银15两。乾隆十七年入金山知县幕，月修三金，每年有36两的收入。十九年入扬州盐商程氏，岁修160金。但他还是赴常州知府招，掌书记，岁修24金。次年每月增8金。乾隆五十年，汪曾有这样的比较："余初幕时，岁修之数，治刑名不过二百六十金，钱谷不过二百二十金，已为极丰。松江董君非三百金不就，号称'董三百'。壬午（即乾隆二十七年）以后渐次增加。至甲辰、乙巳（乾隆四十九、五十年），有至八百金者。"页109—110。汪辉祖（1730—1807）生活时代与黄易相仿。

〔80〕见于西泠拍卖2007年秋拍。

〔81〕《故宫藏黄易尺牍研究·手迹》，页76—77。

〔82〕《小蓬莱阁同人往来信札》第三册。

〔83〕《小蓬莱阁同人往来信札》第二册。

〔84〕《大清会典》卷十八，《续修四库全书》第798册，页345。《（道光）济宁直隶州志》卷三之四："运河同知俸银五十二两一分六厘。""运河同知养廉银八百两。"页17、19。

〔85〕翁方纲《苏斋题跋》，《续修四库全书》第1068册，页623。

〔86〕钱泳《履园丛话》卷一《米价》，页27。

〔87〕《黄小松友朋书札》第六册。汪辉祖记载，乾隆二十年，绍兴秋收大歉，次年春夏之交，米价斗三百钱。二十五年，米一石银一两。至五十一年江南水灾，无锡米价为一石四千三百钱，丹阳更昂，每石四千八百钱。"忆十余岁时，米价斗九十或一百文，间至一百二十文。乾隆十三年价至一百六十文，十余年来，此为常价。或斗二百钱，则以为贱矣。"页254。

〔88〕《履园丛话》卷一《田价》，页27。

〔89〕《故宫藏黄易尺牍研究·手迹》，页48。

〔90〕见于2015年北京保利十周年秋拍。

〔91〕辽宁省博物馆藏。

〔92〕《黄小松友朋书札》第十册。

〔93〕国家图书馆藏《黄小松等书札》。

〔94〕故宫博物院藏。关于黄易接受他人礼钱的例子不多，如1796年，黄易与武亿等嵩山访碑，林知县邹蔚祖奉上12两银子，“少佐小松先生膏秣之需，不惟其物，惟其意，当亦先生所不忍却也”。《小蓬莱阁同人往来信札》第三册。

〔95〕《故宫藏黄易尺牍研究·手迹》，页24—25。

〔96〕收入《黄小松等书札》。

〔97〕《故宫藏黄易尺牍研究·手迹》，页136—139。

〔98〕赵尔巽等《清史稿》卷一百二十一《赋役》收同治二年两江总督曾国藩、江苏巡抚李鸿章奏疏云：“又官垫民欠一款，不过移杂垫正，移缓垫急，移新垫旧，移银垫米，以官中之钱完官中之粮，将来或豁免，或摊赔，同归无着。”页3540。

〔99〕《故宫藏黄易尺牍研究·手迹》，页144—145。

〔100〕盖志芳、黄继红《以孝管官：孝与古代丁忧制度》，页199。

〔101〕黄易为售卖衣物写给李琬信札，分别见国家图书馆藏《黄秋庵书札》、2015北京保利十周年秋拍；致郑震堂书札，北京艺术博物馆藏。

〔102〕《故宫藏黄易尺牍研究·手迹》，页84—85。

〔103〕收入《西泠八家の书画篆刻》。

〔104〕但到了同光间，拓本也成为收藏家追逐的对象，变得越来越昂贵。一些有名家题跋的旧拓，有些高达数千两银子，如阮元将所藏四明本《华山碑》整拓以500两银子质于完颜崇实，梁章钜之子梁恭辰以300两银子获得有钱谦益、王铎等人题跋的华阴本《华山碑》。但一般的拓片价格仍在半两至数两。参见白谦慎《拓本流通与晚清的艺术和学术》，页165—166。

〔105〕《履园丛话》卷十：“文忠《橘颂卷》有赵松雪题跋，向藏洞庭山席氏。乾隆丙午，有沈某兄弟二人善作伪书，以售于人，遂借以双钩，与原迹无二，以示毕秋帆先生，时先生为河南巡抚，竟以千金得之，实伪迹也。”页272。

〔106〕《石渠宝笈》卷四十二，《文渊阁四库全书》第825册，页606。

〔107〕同注〔85〕。

〔108〕《履园丛话》卷十，页268。

〔109〕李佐贤《书画鉴影》卷五《王叔明乐志论图卷》，《续修四库全书》第1085册，页692。此图见于2016年北京保利春拍。

〔110〕如黄易佐幕北直时，汪大镛曾割爱赠予曹、朱尺牍，见黄易《致汪大镛》，上海图书馆藏。

〔111〕收藏尺牍在当时已成风气，如郑辰曾赠黄易黄汝亨尺牍五通，《黄小松友朋书札》第十二册；潘有为《致黄易》称，张燕昌一次性赠予宋葆淳明人尺牍一百余幅，《黄小松友朋书札》第五册；黄易《致梁同书》云：“龚氏尺牍止获纪映钟、杜于皇等四纸，昨已由赵复堂观察呈上，谅邀清照。颜氏尺牍最多，渠今选四会令，不日过曲阜，当求得数种，另行呈上。”《故宫藏黄易尺牍研究·手迹》，页124—125；奚冈在给黄易的信中提及一位亲

戚曹雪泉，“此人精藏尺牍，明人者几有五六千纸”。《故宫藏黄易尺牍研究·手迹》，页218—219。

〔112〕袁廷梼《致黄易》：“阁下以金石搜求将尽，复怡神于书画，为颐养之乐，此古人所谓特健药耳。……扇面亦必留意，有以副命。”《小蓬莱阁同人往来信札》第三册。黄易藏扇至少达到32册，参见吴式芬《致瑛棨札》：“小松札内所云扇面不少，即是现在所看之三十二册。”收入《清代名人手札汇编》第一册，页147。

〔113〕收入《西泠八家の书画篆刻》。

〔114〕《故宫藏黄易尺牍研究·手迹》，页84—85。

〔115〕北京艺术博物馆藏。

〔116〕《黄小松友朋书札》第二册。

〔117〕见《小蓬莱阁同人往来信札》第三册。

〔118〕《故宫藏黄易尺牍研究·手迹》，页214、216—217。

〔119〕包装的目的是获得身份资本，这一行为本身也有其经济目的。

〔120〕《故宫藏黄易尺牍研究·手迹》，页65。

〔121〕《故宫藏黄易尺牍研究·手迹》，页174—175。

〔122〕黄易《致陈灿》：“承购扇面，价五星，大妙，即于此数内扣算之。”《故宫藏黄易尺牍研究·手迹》，页106—111。

〔123〕《我暇编》，页391。

〔124〕辽宁省博物馆藏。

参考文献

一 黄易著作及藏品

黄易《小蓬莱阁金石文字》，国家图书馆藏清刻本

黄易《小蓬莱阁金石文字》，北京大学图书馆藏清嘉庆五年刻本

黄易《小蓬莱阁金石文字》（附《续刻小蓬莱阁金石文字》），北京大学图书馆藏清道光二十二、二十三年高学治陵苕馆摹刻本

黄易《小蓬莱阁金石文字》，影清道光十四年摹刻本，《石刻史料新编》第3辑第1册，台北：新文丰出版公司，1986

黄易《小蓬莱阁金石目》，南京图书馆藏抄本

黄易《秦汉魏六朝碑刻舆地考》，收入《漱六编》，清道光二十年仁和王氏刻本

黄易《嵩洛访碑日记暨丙辰随录手稿》（丙辰当为乙卯、丙辰之误），西泠印社2014年春拍

黄易《秋盦题跋》，《续修四库全书》第1466册，上海古籍出版社，1995

黄易《秋盦诗草》，《续修四库全书》第1466册

黄易《嵩洛访碑日记》，国家图书馆藏清钞本

黄易《岱岩访古日记》，国家图书馆藏清钞本

黄易辑《先人手泽》，北京大学图书馆藏钤印本

黄易旧藏《汉魏五碑》（《故庐江太守范府君之碑》《小黄门谯敏碑》《魏元丕碑》《范式碑》《成阳灵台碑》《朱龟碑》）拓本，故宫博物院藏

黄易旧藏《石经残字》拓本，故宫博物院藏

黄易旧藏《裴岑纪功碑》拓本，国家图书馆藏

黄易旧藏《武氏祠画像题字黄易监拓批校本》，收入《上海图书馆善本碑帖综录》，上海书画出版社，2017

黄易旧藏《唐拓武梁祠画像》，故宫博物院藏

黄易旧藏《三公山碑》拓本，故宫博物院藏

黄易旧藏欧阳询《九歌》《千字文》拓本，国家图书馆藏

黄易旧藏《麻姑仙坛记》拓本，国家图书馆藏

黄易旧藏《白石神君碑》拓本，私人藏

黄易旧藏《听松》拓本，故宫博物院藏

黄易旧藏《秦汉瓦当》拓本四册，故宫博物院藏

黄易旧藏《泉文》四册，国家图书馆藏

黄易《丰润古鼎考》，国家图书馆藏刻本

《黄小松辑释吉金拓本》，山东省博物馆藏

黄易《晋阳山题刻》，北京大学图书馆藏拓本

二　书画作品

黄易《得碑十二图册》，天津博物馆藏

黄易《嵩洛访碑图册》，故宫博物院藏

黄易《岱麓访碑图册》，故宫博物院藏

黄易《访古纪游图册》，故宫博物院藏

黄易《云峰拓碑图册》，国家图书馆藏

黄易《铁山图轴》，广州艺术博物馆藏

黄易《山水卷》，浙江省博物馆藏，收入《中国古代书画图目》（北京：文物出版社，1991—2003）第十一册

黄易《山水册》，中国嘉德 2017 年秋拍

黄易《书画册》，无锡博物院藏

黄易《书画册》，台北私人藏

黄易《山水十开册》，上海博物馆藏

黄易《梅花轴》，苏州笃斋藏

黄易《武亿画像轴》，故宫博物院藏

黄易《赠武亿五言联》，上海博物馆藏

黄易《临杨太尉碑轴》，故宫博物院藏

黄易《临汉碑册》，江西省博物馆藏

黄易《临纪泰山铭册》，故宫博物院藏

黄易《临尹宙碑轴》，沈阳故宫博物院藏

黄易《功德顶访碑图》（存疑），上海博物馆藏

黄易《祷墓访碑图轴》（伪），收入谦慎书道会编《西泠八家の书画篆刻》，东京：二玄社，1996

顾湘《小石山房印苑》，清光绪三十年顾氏藏板

小林斗盦编《篆刻全集》第四册《中国（清）丁敬　蒋仁　黄易　奚冈》，东京：二玄社，2001

郑簠《隶书册》，北京保利 2016 年春拍

华嵒《九狮图轴》，中国嘉德 2010 年秋拍

王学浩、程庭鹭、奚冈等《晋任城太守孙夫人碑拓并题画诗合册》，上海敬华 2006 年春拍

吴大澂《愙斋公临黄小松司马嵩洛访碑廿四图》，上海：有正书局影印本，民国六年（1917）

吴大澂《临黄易山水册》，北京翰海 2011 年春拍

三　尺牍

黄易辑《黄小松友朋书札》第一至十三册，国家图书馆藏

黄易辑《小蓬莱阁同人往来信札》，故宫博物院藏
黄易等《黄小松等书札》，国家图书馆藏
黄易《致何元锡》二札，上海图书馆藏
黄易《致赵魏》二札，上海图书馆藏
黄易《致赵魏》，上海图书馆藏，收入梁颖整理《庞虚斋藏清朝名贤手札》第四册，南京：凤凰出版社，2016
黄易《致赵魏》，收入《西泠八家の书画篆刻》
黄易《致赵魏》(存疑)，收入李志刚、刘凯编《袁氏藏明清名人尺牍》，香港：翰墨轩出版有限公司，2016
黄易《致郑震堂》，北京艺术博物馆藏
黄易《致钱大昕》，私人藏
黄易《致顾文鉷》，上海图书馆藏
黄易《致顾文鉷》，北京艺术博物馆藏
黄易《致袁枚》，中国嘉德 2016 年春拍
黄易《致李鼎元》，北京艺术博物馆藏
黄易《致颜崇椝》，见吴长瑛辑《清代名人手札甲集》，收入沈云龙编《近代中国史料丛刊》第 15 辑，台北：文海出版社，1966—1973
黄易《致颜崇椝》，收入《内藤湖南藏清人书画：关西大学图书馆内藤文库所藏品集》，日本：关西大学出版部，平成二十一年
黄易《致颜崇椝》，北京艺术博物馆藏
黄易《致李东琪》，辽宁省博物馆藏
黄易《致邱学敏》，上海图书馆藏
黄易《致吴骞》，上海图书馆藏，收入《庞虚斋藏清朝名贤手札》第四册
黄易《致李衍孙》，辽宁省博物馆藏
黄易《致汪大镛》，上海图书馆藏
黄易《致潘应椿》，上海图书馆藏
黄易《致友人》，四川省博物院藏
黄易《致陆飞》，私人藏
黄易《致李琬》，私人藏
翁方纲《致黄易》，故宫博物院藏
翁方纲《致黄易》，上海图书馆藏
翁方纲《致黄易》(存疑)，广东崇正 2017 年春拍
翁方纲《致黄易》，上海枫江书屋藏
翁方纲《致黄易》，收入《翁覃溪尺牍》，上海图书馆藏
翁方纲《致桂馥》，收入《翁方纲等手札》，上海图书馆藏
翁方纲《致黄易》，收入《翁方纲、翁同龢翰墨》，上海图书馆藏
翁方纲《致黄易》，收入《苏斋手札》，上海图书馆藏

翁方纲《致友人》，嘉德四季第 44 期拍卖会
孙星衍《致黄易》，日本关西竞买 2017 年春拍
孙星衍《致黄易》，故宫博物院藏
毕沅《致起老》，故宫博物院藏
阮元《致黄易》，《古今尺牍墨迹大观》第 3 辑第 14 册，武汉：湖北美术出版社，2013
阮元《致江凤彝》，故宫博物院藏
阮元、孙星衍《致赵魏》，收入《二家书札》，国家图书馆藏
孔继涵《致黄易》，私人藏
武亿《致黄易》，苏州笃斋藏
武亿《致黄易》，冯阳藏，收入五柳堂藏《明清名贤百家书札真迹》，台湾：世界书局，1954
蒋仁《致黄易》，收入《西泠八家の书画篆刻》
瞿中溶《致黄易》，收入《王士禛等书札》，国家图书馆藏
江凤彝《致颜崇椝》，故宫博物院藏
潘应椿《致黄易》，上海图书馆藏
董元镜《致黄易》，西泠拍卖 2018 年春网拍
奚冈《致黄易》，收入《奚铁生手札不分卷》，民国间影印
奚冈《致黄易》，《古今尺牍墨迹大观》第 3 辑第 13 册
钱坫《致黄易》，私人藏
赵魏《致黄易》，上海图书馆藏，收入《庞虚斋藏清朝名贤手札》第四册
洪亮吉《致黄易》，黄易《功德顶访碑图》卷拖尾，上海博物馆藏
朱筠《字条》，故宫博物院藏
宋葆淳《致罗聘》，故宫博物院藏
孔继涑《致黄易》，《古今尺牍墨迹大观》第 3 辑第 12 册
钱大昕《致黄易》，《古今尺牍墨迹大观》第 3 辑第 12 册
何道生《题李铁桥得石图并柬小松九兄，时待闸袁口，被酒作》，中国嘉德 2016 年秋拍
桂馥《致黄易》，日本关西竞买 2017 年春拍
钱樾《致钱泳》，故宫博物院藏
吴式芬《致瑛棨》，北京大学图书馆古籍善本特藏部编《清代名人手札汇编》第一册，北京：国际文化出版公司，2002
王懿荣《致陈介祺》，国家图书馆藏
王懿荣《致王瓘》，国家图书馆藏
王懿荣《家书》，国家图书馆藏
王懿荣《致潘祖荫》，国家图书馆藏
王懿荣《致孙汝梅》，国家图书馆藏
潘祖荫《致王懿荣》，国家图书馆藏
吴大澂《致王懿荣》，国家图书馆藏

四　史籍

赵尔巽等《清史稿》，北京：中华书局，1977

《清高宗实录》，台湾“中研院”史语所汉籍电子文献资料

张廷玉等《清朝文献通考》，《文渊阁四库全书》第 633 册，台北：台湾商务印书馆，1986

《大清会典》，《续修四库全书》第 798 册

李元度《国朝先正事略补编》，清光绪十一年敦怀书屋刻本

李斗《扬州画舫录》，《续修四库全书》第 733 册

李放《皇清书史》，《丛书集成续编》史部第 38 册

阮元《小沧浪笔谈》，《丛书集成新编》第 79 册，台北：新文丰出版公司，2001

《(民国)华阳县志》，民国二十三年刻本

《(宣统)番禺县续志》，民国二十年重印本

《(康熙)邹县志》，康熙五十四年刊本

《(乾隆)西安府志》，清乾隆刻本

《(同治)续纂江宁府志》，清光绪六年刊本

张绍南《孙渊如先生年谱》，《北京图书馆藏珍本年谱丛刊》第 119 册，北京图书馆出版社，1999

胡源、褚逢春《梅溪先生年谱》，民国间海宁共读楼写本，《北京图书馆藏珍本年谱丛刊》第 122 册

瞿中溶《瞿木夫先生自订年谱》，《北京图书馆藏珍本年谱丛刊》第 131 册

汪辉祖《清汪辉祖先生自定年谱（一名《病榻梦痕录》)》，台北：台湾商务印书馆，1980

钱大昕撰、何元锡编《竹汀先生日记钞》，《历代日记丛钞》第 28 册，北京：学苑出版社，2006

叶昌炽《缘督庐日记钞》，《续修四库全书》第 576 册

钱泳《履园丛话》，北京：中华书局：1979

王宗敬《我暇编》，《续修四库全书》第 1179 册

江藩、方东树《汉学师承记》，上海：中西书局，2012

赵明诚《金石录》，《石刻史料新编》第 1 辑第 12 册，台北：新文丰出版公司，1977

洪适《隶释》，《石刻史料新编》第 1 辑第 9 册

洪适《隶续》，《石刻史料新编》第 1 辑第 10 册

王昶《金石萃编》卷，《石刻史料新编》第 1 辑第 1 册

翁方纲《两汉金石记》，《石刻史料新编》第 1 辑第 10 册

王念孙《汉隶拾遗》，《石刻史料新编》第 3 辑第 2 册

钱大昕《潜研堂金石文跋尾》，《续修四库全书》第 891 册

瞿中溶《汉武梁祠堂石刻画像考》，国家图书馆藏清刻本

顾炎武《求古录》，《丛书集成续编》史部第 72 册，上海书店出版社，1994

叶奕苞《金石录补》，《石刻史料新编》第 1 辑第 12 册

赵崡《石墨镌华》，《石刻史料新编》第 1 辑第 25 册

王弘撰《砥斋题跋》，收入卢辅圣主编《中国书画全书》第 8 册，上海书画出版社，1993—1998

郭宗昌《松谈阁印史》，上海枫江书屋藏

欧阳棐《集古录目》,《石刻史料新编》第 1 辑第 24 册
牛运震、褚峻《金石图》,《四库全书存目丛书》史部第 278 册，济南：齐鲁书社，1997
纳新《河朔访古记》,《石刻史料新编》第 3 辑第 25 册
毕沅、阮元《山左金石志》,《石刻史料新编》第 1 辑第 19 册
钱坫《浣花拜石轩镜铭集录》，收入《百一庐金石丛书》第五册，民国十年海昌陈氏影印本
孙星衍《寰宇访碑录》,《石刻史料新编》第 1 辑第 26 册
张燕昌《金石契》,《石刻史料新编》第 2 辑第 6 册，台北：新文丰出版公司，1979
张埙《张氏吉金贞石录》,《石刻史料新编》第 1 辑第 12 册，页 9303
段松苓《山左碑目》,《石刻史料新编》第 2 辑第 20 册
潘应椿《周秦汉魏六朝隋唐金石记》，国家图书馆藏钞本
钱大昕等辑《天一阁碑目》,《石刻史料新编》第 2 辑第 20 册
鲍昌熙《金石屑》,《石刻史料新编》第 2 辑第 6 册
林侗《来斋金石文考略》,《石刻史料新编》第 2 辑第 8 册
段松苓《山左碑目》，抄本，国家图书馆藏
武亿《授堂金石文字续跋》,《续修四库全书》第 892 册
吴骞《国山碑考》,《石刻史料新编》第 3 辑第 34 册
钱坫《十六长乐堂古器款识考》,《续修四库全书》第 901 册
魏锡曾《积语堂论印汇录·论印诗二十四首》，收入邓实、黄宾虹主编《美术丛书》(上海：神州国光社，1920)后集第 2 集
钱泳《金涂铜塔考》，清乾隆五十九年表忠观刻本
齐学裘《见闻续笔》,《续修四库全书》第 1181 册
李遇孙《金石学录》,《续修四库全书》第 894 册
钱泳《汉碑大观》,《石刻史料新编》第 2 辑第 8 册
翁方纲《题嵩洛访碑图》,《石刻史料新编》第 3 辑第 29 册
阮元《汉延熹西岳华山碑考》，清嘉庆十八年仪征阮氏文选楼丛书本
吴荣光《筠清馆金石录》,《石刻史料新编》第 3 辑第 1 册
吴式芬《金石汇目分编》,《石刻史料新编》第 1 辑第 27 册
沈树镛《郑斋金石题跋记》,《中国艺术文献丛刊》本，杭州：浙江人民美术出版社，2012
叶昌炽撰、柯昌泗评《语石异同评》，北京：中华书局，1994
罗振玉《雪堂所藏金石文字簿录》，民国十六年东方学会石印本
凌霞《癖好堂收藏金石书目》，民国瑞安陈氏刊湫漻斋丛书本
宋洪遵撰、丁福保删节《泉志菁华录》，民国二十五年上海医学书局刊印本
方朔《枕经堂金石题跋》,《石刻石料新编》第 2 辑，台北：新文丰出版公司，1979
徐浩《古迹记》，收入张彦远《法书要录》，北京：人民美术出版社，1994
葛金烺《爱日吟庐书画录》,《续修四库全书》第 1088 册
孙承泽《庚子销夏记》,《中国书画全书》第 7 册
庞元济《虚斋名画录》,《续修四库全书》第 1091 册

陶梁《红豆树馆书画记》,《续修四库全书》第 1082 册
李佐贤《书画鉴影》,《续修四库全书》第 1085 册
端方《壬寅消夏录》,《续修四库全书》第 1089 册
叶衍兰、叶恭绰编《清代学者象传》，上海书店出版社，2001
梁启超《清代学术概论》，上海古籍出版社，1998

五 诗文集

袁宏道《袁中郎全集》,《四库全书存目丛书》集部第 174 册
顾炎武《亭林文集》,《清代诗文集汇编》第 42 册，上海古籍出版社，2010
周亮工《赖古堂集》，上海古籍出版社，1979
曹溶《静惕堂诗集》，清雍正三年刻本
吴苑《北黔山人诗》，清康熙刻本
许士佐《野耕集》，汪世清先生手抄本
曹溶《静惕堂诗集》，清雍正三年刻本
颜光敏辑《颜氏家藏尺牍》,《丛书集成新编》第 89 册
颜光敏《乐圃集》,《四库全书存目丛书》集部第 218 册
郑燮《郑板桥集》，上海古籍出版社，1979
厉鹗《樊榭山房集》，四部丛刊景清振绮堂本
汪士慎《巢林集》,《清代诗文集汇编》第 259 册
梁同书《频罗庵遗集》,《清代诗文集汇编》第 353 册
王昶辑《湖海文传》，清道光十七年经训堂刻本
王昶《春融堂集》,《续修四库全书》第 1437 册
钱大昕《潜研堂文集》,《清代诗文集汇编》第 364 册
钱大昕《潜研堂诗集》,《清代诗文集汇编》第 364 册
朱筠《笥河文集》,《清代诗文集汇编》第 366 册
朱筠《笥河诗集》,《续修四库全书》第 1439 册
翁方纲《复初斋文集》,《续修四库全书》第 1455 册
翁方纲《复初斋文集》(稿本),《清代稿本百种汇刊》第 67 册，台北：文海出版社，1974
翁方纲《复初斋诗集》,《续修四库全书》第 1454—1455 册
翁方纲《复初斋集外诗》,《清代诗文集汇编》第 382 册
谢启昆《树经堂诗续集》,《清代诗文集汇编》第 392 册
孙星衍《孙渊如先生全集》,《续修四库全书》第 1477 册
仇梦岩《贻轩集》,《稀见清代四部辑刊》第 9 辑第 91 册，台北：经学文化事业有限公司，2016
顾文铁《云林小砚斋诗钞》,《清代诗文集汇编》第 341 册
余集《忆漫盦賸稿》,《清代诗文集汇编》第 395 册
伊秉绶《留春草堂诗钞》,《清代诗文集汇编》第 439 册
武亿《授堂文钞》,《续修四库全书》第 1466 册，页 161

胡寿芝《东目馆诗集》,《清代诗文集汇编》第 352 册

赵怀玉《亦有生斋集》，收入《清代诗文集汇编》第 419 册

阮元《揅经室集》,《续修四库全书》第 1479 册

张埙《竹叶庵文集》,《清代诗文集汇编》第 375 册

陈文述《颐道堂集》,《续修四库全书》第 1505 册

赵希璜《四百三十二峰草堂诗钞》,《清代诗文集汇编》第 413 册

奚冈《冬花庵烬余稿》,《清代诗文集汇编》第 412 册

桂馥《晚学集》,《续修四库全书》集部第 1458 册

桂馥《札朴》,《续修四库全书》第 1156 册

法式善《存素堂文集》,《清代诗文集汇编》第 435 册

法式善《存素堂诗初集录存》、《存素堂诗二集》,《清代诗文集汇编》第 435 册

石卓槐《留剑山庄初稿》,《清代诗文集汇编》第 392 册

潘奕隽《三松堂集》,《清代诗文集汇编》第 399 册

魏成宪《清爱堂集》,《清代诗文集汇编》第 446 册

朱珪《知足斋诗集》,《清代诗文集汇编》第 376 册

张问陶《船山诗草》,《清代诗文集汇编》第 476 册

毛琛《俟盦剩稿》,《清代诗文集汇编》第 379 册

王芑孙《渊雅堂全集》,《续修四库全书》第 1480 册

李赓芸《稻香吟馆诗文集》,《清代诗文集汇编》第 435 册

陈锦《勤余文牍》,《续修四库全书》第 1548 册

何绍基《东洲草堂诗钞》,《续修四库全书》第 1528 册

王元文《北溪诗文集》,《清代诗文集汇编》第 377 册

武亿《授堂诗钞》,《续修四库全书》第 1466 册

桂馥《未谷诗集》,《续修四库全书》第 1458 册

吴骞《拜经楼诗集》,《清代诗文集汇编》第 380 册

吴骞《愚谷文存》,《清代诗文集汇编》第 380 册

刘大绅《寄庵诗钞》,《清代诗文集汇编》第 421 册

张燮《味经书屋诗稿》,《清代诗文集汇编》第 434 册

何道生《双藤书屋诗集》,《清代诗文集汇编》第 481 册

顾广圻《思适斋集》、《思适斋集补遗》,《清代诗文集汇编》第 482 册

郭麐《灵芬馆诗三集》,《清代诗文集汇编》第 485 册

张廷济《桂馨堂集》,《清代诗文集汇编》第 490 册

瞿中溶《奕载堂文集》《古泉山馆诗集》,《清代诗文集汇编》第 492 册

金学莲《三李堂集》,《清代诗文集汇编》第 508 册

徐宗幹《斯未信斋杂录》,《清代诗文集汇编》第 593 册

李佐贤《石泉书屋类稿》,《清代诗文集汇编》第 624 册

潘曾莹《小鸥波馆文钞》,《清代诗文集汇编》第 629 册

李佐贤辑《武定诗续钞》，清同治六年利津李氏刻石泉书屋全集本

六　今人著述

内藤湖南《东洋文化史研究》，上海：复旦大学出版社，2016
杨联陞《报——中国社会关系的一个基础》，收入费正清编、段国昌等译《中国思想制度论集》，台北：联经出版公司，1981
余英时《论戴震与章学诚》，北京：生活·读书·新知三联书店，2000
韩天衡编订《历代印学论文选》，杭州，西泠印社出版社，1999
沈津辑《翁方纲题跋手札集录》，南宁：广西师范大学出版社，2002
陈智超《美国哈佛大学哈佛燕京图书馆藏明代徽州方氏亲友手札七百通考释》，合肥：安徽大学出版社，2001
黄一农《印象与真相：清朝中英两国的觐礼之争》，《中央研究院历史语言研究所集刊》第78本第1分册
何传馨《元代书画题咏文化——亦李士行〈江乡秋晚〉卷为例》，《故宫学术季刊》第19卷第4期，2002年夏季
缪哲《汉代艺术中外来母题举例——以画像石为中心》，南京师范大学2007年博士学位论文
商伟《假作真时真亦假：〈红楼梦〉与清代宫廷的视觉艺术》，南京大学文学院主编《文学研究》第4卷第1期，2018年6月
魏长宝《顾炎武与乾嘉学派》，见《江汉论坛》2000年第3期
漆永祥《乾嘉学术成因新探》，《西北师大报》1991年第2期
胡凡《二十年来乾嘉学派形成原因与学术分野研究综述》，《中国史研究动态》2003年第2期
尚小明《学人游幕与清代学术》，北京：社会科学文献出版社，1991
盖志芳、黄继红《以孝管官：孝与古代丁忧制度》，北京：中国国际广播出版社，2014
汪孔田《济宁是京杭大运河的河都——从元明清三代派驻济宁司运机构看济宁的历史地位》，《济宁师范专科学校学报》2003年第4期
曾蓝莹《媒介与信息：武氏祠的再发现与清代的文化生产》，收入秦明主编《黄易与金石学论集》，北京：故宫出版社，2012
巫鸿《武梁祠：中国古代画像艺术的思想性》，北京：生活·读书·新知三联书店，2006
巫鸿《说“拓片”：一种图像再现方式的物质性和历史性》，《时空中的美术：巫鸿中国美术史文编二集》，北京：生活·读书·新知三联书店，2010
白谦慎《黄易及其友人的知识遗产：对〈重塑中国往昔〉有关问题的反思》，《中国美术》2018年第2期
白谦慎《吴大澂和他的拓工》，北京：海豚出版社，2013
白谦慎《拓本流通与晚清的艺术和学术》，《台大美术史集刊》第42期，2017年春
白谦慎《社会精英结构的变化对20世纪中国书法的影响》，《艺术学研究》第2卷，南京：南京大学出版社，2008
白谦慎《晚清文物市场与官员收藏活动管窥——以吴大澂及其友人为中心》，《故宫学术季刊》第

33 卷第 1 期，2015 年秋
白谦慎、薛龙春《尘事的史迹》,《读书》2006 年第 1 期
薛龙春《郑簠研究》，北京：荣宝斋出版社，2007
秦明《从记载历史到被历史记载——黄易〈得碑十二图〉册读记》，收入薛龙春编《历史脉络中的收藏与鉴定》，北京：北京大学出版社，2019
秦明《黄易小像考》,《西泠印社国际学术研讨会论文集》，杭州：西泠印社出版社，2013
秦明《吴湖帆旧藏〈黄小松功德顶访碑图卷〉考鉴》，见《故宫学刊》总第 17 辑，北京：故宫出版社，2016
秦明《黄易“小蓬莱阁”印沿用考》,《西泠艺丛》2017 年第 9 期
秦明《故宫藏黄易〈携琴访友图卷〉考——兼谈黄易早期绘画中的古琴要素》，收入秦明主编《内涵暨外延：故宫黄易尺牍研究国际学术讨论会论文集》，北京：故宫出版社，2018
秦明《黄易〈访古纪游图〉册误改纪年考》,《中国国家博物馆馆刊》2017 年第 1 期
秦明《故宫藏黄易〈北海札〉考》,《故宫学刊》总第 10 辑，2013
秦明主编《蓬莱宿约：故宫藏黄易汉魏碑刻特集》，北京：紫禁城出版社，2010
秦明等编《故宫藏黄易尺牍研究·手迹》，北京：故宫出版社，2014
冀亚平、卢芳玉《国家图书馆藏拓中的黄易题跋述略》，收入秦明主编《黄易与金石学论集》，北京：故宫出版社，2012
卢慧纹《汉碑图画出文章——从济宁州学的汉碑谈 18 世纪后期的访碑活动》，收入《黄易与金石学论集》
杨虎《故宫藏〈小蓬莱阁金石文字〉版刻年代辨析》，收入《黄易与金石学论集》
于芹《山东省博物馆藏〈黄小松辑释吉金拓本〉考述》，收入《内涵暨外延：故宫黄易尺牍研究国际学术讨论会论文集》
桑椹《东汉〈祀三公山碑〉早期拓本流传及其后世影响〉》，收入《黄易与金石学论集》
桑椹《乾嘉时期的秦汉瓦当收藏》,《中国美术》2018 年第 2 期
施安昌《汉西岳华山庙碑纪事》,《中国书法》2012 年第 2 期
曾雪梅《翁方纲致黄易手札考释》,《兰州大学学报》2012 年第 7 期
许隽超《故宫博物院藏黄易致王毂札考释》,《中国书法》2017 年第 5 期
郭丹、张盈袖《〈秋盦书札〉考及相关问题》,《中国书法》2017 年第 5 期
康锐《国图藏严长明致黄易三札系年》,《学术交流》2018 年第 7 期
李军《吴大澂的绘画与临摹黄易〈访碑图〉问题之再探讨》,《中国国家博物馆馆刊》2014 年第 12 期
何碧琪《吴荣光鉴藏相关的群体及其雅集的意涵刍议：思想史角度的观察》，收入《历史脉络中的收藏与鉴定》
余立《钱泳碑帖摹刻活动研究》，南京艺术学院 2012 年硕士学位论文

图版目录

图版1　潘有为《致黄易》　见《黄小松友朋书札》第十三册

图版2　汉《祀三公山碑》　黄易鉴藏本　故宫博物院藏

图版3　黄易《致顾文铁》　上海图书馆藏

图版4　武亿《致黄易》　苏州笃斋藏

图版5　桂馥《致黄易》　见《小蓬莱阁同人往来信札》第一册

图版6　黄易《笻屐访碑图轴》　中国嘉德2010年春拍

图版7　黄易《致赵魏》　上海图书馆藏

图版8　黄易“小松所得金石”及边款　收入小林斗盦编《篆刻全集》第四册

图版9　翁方纲《致黄易》　故宫博物院藏

图版10　钱坫《致黄易》　私人藏

图版11　黄易《致潘应椿》　上海图书馆藏

图版12　黄易《临听松》《临成阳灵台碑》　见台北私人藏黄易《书画册》

图版13　李奉翰《致黄易》　见《小蓬莱阁同人往来信札》第三册

图版14　黄易《嵩洛访碑日记》稿本　见《嵩洛访碑日记暨丙辰随录手稿》

图版15　黄易《岱麓访碑图》“后石屋”　故宫博物院藏

图版16　黄易《得碑十二图》“紫云山探碑图”　天津博物院藏

图版17　翁方纲《致黄易》　故宫博物院藏

图版18　李东琪《致黄易》　见《黄小松友朋书札》第七册

图版19　金德舆《致黄易》　见《小蓬莱阁同人往来信札》第一册

图版20　孔继涑《致黄易》　见《小蓬莱阁同人往来信札》第二册

插图目录

图引1 《唐拓武梁祠画像》 黄易旧藏本 故宫博物院藏
图引2 汉《武梁祠堂画像》 黄易鉴藏本 故宫博物院藏
图引3 黄易《致何元锡》 上海图书馆藏
图引4 汉《孔子见老子画像》 清拓本 故宫博物院藏
图引5 汉《武氏祠画像题字》李克正、刘肇镛题刻 黄易监拓批校本 上海图书馆藏
图引6 黄易《得碑十二图》钱大昕等题诗 天津博物院藏

图1.1 黄易《嵩洛访碑图》"平等寺" 故宫博物院藏
图1.2 黄易《得碑十二图》"济宁学宫升碑图"
图1.3 汉《熹平石经残石》 黄易旧藏本 故宫博物院藏
图1.4 汉《范式碑》及黄易跋 黄易旧藏本 故宫博物院藏
图1.5 邓石如印章"邓石如""顽伯""完白山人""石如"
图1.6 陈鸿寿隶书对联 上海博物馆藏
图1.7 黄易《临杨太尉碑轴》 故宫博物院藏
图1.8 黄易《临裴岑纪功碑》 见黄易《书画册》 无锡博物院藏
图1.9 黄易跋《郑谷口隶书册》 北京保利2016年春拍
图1.10 登封中岳庙前石人"马"字 清拓本 故宫博物院藏
图1.11 汉《武梁祠画像》"伯瑜"及榜题 黄易鉴藏本

图2.1 黄易《得碑十二图》"肥城孝堂山石室图"
图2.2 汉《周公辅成王画像》 民国拓本 故宫博物院藏
图2.3 黄易《致陈灿》 收入《故宫藏黄易尺牍研究·手迹》
图2.4 江清《致黄易》 见《小蓬莱阁同人往来信札》第三册
图2.5 黄易《致李鼎元》 上海图书馆藏
图2.6 黄易《得碑十二图》"三公山移碑图"
图2.7 黄易《致李东琪》 辽宁省博物馆藏
图2.8 黄易《致邱学敏》 上海图书馆藏
图2.9 汉《敦煌太守裴岑碑》及清人题识 黄易旧藏本 故宫博物院藏
图2.10 黄易《致李衍孙》 辽宁省博物馆藏

图3.1 黄易《致汪大镛》 上海图书馆藏
图3.2 黄易《致邱学敏》 收入《故宫藏黄易尺牍研究·手迹》
图3.3 黄易《致王复》 收入《故宫藏黄易尺牍研究·手迹》
图3.4 黄易《致赵魏》 上海图书馆藏
图3.5 孔继涵《致黄易》 私人藏
图3.6 江凤彝《致颜崇椝》 故宫博物院藏

图3.7　潘应椿《致黄易》　上海图书馆藏
图3.8　康仪钧《致黄易》　见《小蓬莱阁同人往来信札》第四册
图3.9　黄易《致赵魏》　收入《西泠八家の书画篆刻》
图3.10　翁方纲《致黄易》　上海枫江书屋藏
图3.11　钱坫《致黄易》　见《黄小松友朋书札》第九册
图3.12　孙星衍《致黄易》　故宫博物院藏
图3.13　洪亮吉《致黄易》　见《黄小松友朋书札》第五册
图3.14　黄易《嵩洛访碑图》“小石山房”
图3.15　伊秉绶《致黄易》　见《黄小松友朋书札》第二册
图3.16　印鸿纬《致黄易》　见《小蓬莱阁同人往来信札》第一册

图4.1　何琪《致黄易》　见《小蓬莱阁同人往来信札》第三册
图4.2　翁方纲《致黄易》　上海枫江书屋藏
图4.3　储润书《致黄易》　见《小蓬莱阁同人往来信札》第三册
图4.4　王昶《致黄易》　故宫博物院藏
图4.5　黄易《致赵魏》　上海图书馆藏
图4.6　翁树培《致黄易》　见《黄小松友朋书札》第七册
图4.7　丁敬篆刻“何琪东甫”“东甫”
图4.8　黄易篆刻“葆醇”“竹崦盦”“季逑父”“松屏”
图4.9　钱坫《致黄易》　见《黄小松友朋书札》第四册
图4.10　黄易《临江立瓶花轴》　中国嘉德2019年春拍
图4.11　黄易为乡友陆飞、陈灿、梁同书、陈恺、赵魏、梁履绳、魏成宪、魏嘉穀、奚冈所刻印章
图4.12　奚冈《致黄易》　收入《故宫藏黄易尺牍研究·手迹》
图4.13　黄易为袁廷梼所作《五砚楼图》　北京艺术博物馆藏
图4.14　李阳冰《听松》及题识　黄易旧藏本　故宫博物院藏
图4.15　黄易为翁方纲刻“覃溪”“诗境”“小蓬莱阁”“石墨楼”“覃溪鉴藏”　黄易《致王复》故宫博物院藏　翁方刚《致黄易》　上海博物馆藏
图4.16　黄易为潘有为刻“有为日笺”“六松居士”“看篆楼”　取自潘有为《致黄易》　见《黄小松友朋书札》第五、七册
图4.17　黄易为桂馥刻“老苔”　桂馥《致黄易》　见《小蓬莱阁同人往来信札》第一册
图4.18　梁肯堂《致黄易》　见《小蓬莱阁同人往来信札》第二册
图4.19　黄易为吴人骥治印印稿　见《嵩洛访碑日记暨丙辰随录手稿》　西泠拍卖2014年春拍
图4.20　邹蔚祖《致黄易》　见《小蓬莱阁同人尺牍》第三册
图4.21　吴友松《致黄易》　见《小蓬莱阁同人往来信札》第一册
图4.22　黄易为吴友松作《梅花轴》　苏州笃斋藏

图5.1　吴越王《金涂铜塔瓦文》　收入钱泳《金涂铜塔考》
图5.2　周震荣《致黄易》　见《黄小松友朋书札》第三册
图5.3　翁方纲《致黄易》　上海枫江书屋藏
图5.4　汉《熹平石经残字拓本》潘有为等观款　黄易旧藏本
图5.5　翁方纲《致钱泳》　故宫博物院藏
图5.6　翁方纲《致黄易》　故宫博物院藏

致谢

我从未想过写这样一本书。在敲完最后一个字符的时候，我仍然非常忐忑，因为短时间内完成一个并不太小的写作计划，这样的经验我前所未有。我要真诚感谢白谦慎教授与三联书店的孙晓林女士，没有他们的提议与督促，我未必有挑战自己的勇气。书中的不足定然很多，恳请读者诸君不吝指教。

本书在搜集资料的过程中，得到许多朋友的热心帮助，其中故宫博物院的秦明先生、上海图书馆的梁颖先生出力尤多。我对黄易的兴趣是由好友秦明启发的，他是黄易研究专家，当我每有所求，他必慷慨回应。国家图书馆陈红彦女士、田晓春女士、孙俊女士、卢芳玉女士也给予我很多关照。一些私人藏家如杨崇和先生、李俊先生、林永裕先生、冯阳先生向我提供了他们的藏品照片。刘涛先生与陈麦青先生得知我从事此项研究，都给予热情的鼓励。方小壮、钱松、刘有林、李良、陈超、刘鹏、尚磊明、陈硕、蔡春旭、张鹏、贺笑一、田振宇诸学友曾为我提供资料或咨询，在此谨致谢忱。

2018 年秋学期，我被遴选为北京大学人文社科研究院访问教授，利用这四个月时间，我在初稿的基础上，完成了对本书的大幅度拓展与改写。感谢文研院为我们营造了极为平静而又充满活力的研究环境，感谢其他十余位与我一同到访的学者，他们来自历史学、考古学、文学、社会学等不同学科，每周一到两次的跨领域研讨活动，让我获益良多。

孙晓林老师一直对我抱有期待，且鼓励有加。这份难得的情谊，何尝不是黄易笔下的“古欢”？

薛龙春，2018 年 11 月